野中兼山
(帰全山公園, 長岡郡本山町)

坂本龍馬(桂浜, 高知市)

中岡慎太郎
(室戸岬, 室戸市)

長宗我部元親
(若宮八幡宮, 高知市)

自由民権運動

東洋大日本国国憲案
（植木枝盛起草）

植木枝盛
（高知市桜馬場に旧邸跡）

婦人参政権発祥の地
（高知市立第四小学校校門前，高知市上町）

板垣退助
（高知市本町に誕生地の碑）

山嶽倶楽部の旗
(高知市土佐山西川に山嶽社跡)

中江兆民
(高知市はりまや町に生誕地の碑)

立志社跡
(高知市中央公園, 高知市帯屋町)

片岡健吉
(高知市本町に誕生地の碑)

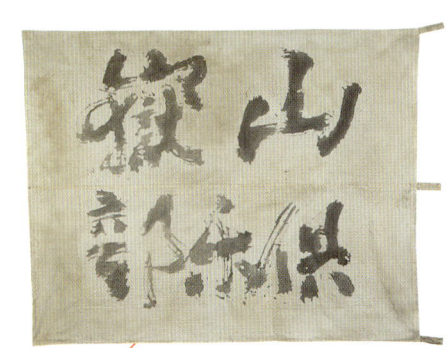

土佐の祭り

本川神楽(吾川郡いの町)

秋葉祭
(秋葉神社,吾川郡仁淀川町)

津野山神楽
(三嶋神社,高岡郡檮原町)

久礼大祭
(久礼八幡宮,高岡郡中土佐町)

不破八幡宮御輿洗い
(四万十市不破)

いざなぎ流御祈禱（香美市物部町）

御弓祭
（木積星神社，安芸郡北川村）

御田祭
（御田八幡宮，室戸市吉良川町）

どろめ祭り（香南市赤岡町）

絵金祭り（香南市赤岡町）

海の幸・山の幸

皿鉢料理(さわちりょうり)

姿寿司(すがたずし)

鮎(あゆ)

ごり

手長えび(てなが)

四万十川の幸(しまんとがわのさち)

鰻(うなぎ)

青海苔(あおのり)

アイスクリン

文旦(ぶんたん)・小夏(こなつ)

どろめ

ウツボのたたき

のれそれ

田舎寿司(いなかずし)

カツオのたたき

もくじ　　赤字はコラム

高知市

❶ 高知城からはりまや橋へ -- 4
　　高知城／高知市の街路市／野中兼山邸跡／山内容堂誕生地／北会所跡と教授館跡／よさこい祭り／武市瑞山殉節の地／吉田東洋遭難の地／立志社跡

❷ はりまや橋から下町へ -- 16
　　中山高陽生誕地／河田小龍生誕地墨雲洞跡／開成館跡／皿鉢料理／北光社移民団出航の地／武市瑞山(半平太)邸跡／中江兆民生誕地

❸ 城下から上町へ --- 25
　　旧山内家下屋敷長屋／板垣退助誕生地／福岡孝弟誕生地／吉野朝廷時代古戦場址／馬場辰猪・孤蝶生誕地／フランク・チャンピオンの碑／坂本龍馬誕生地／婦人参政権発祥之地／城下町高知──旧町名あれこれ／近藤長次郎生誕地

❹ 江ノ口川以北の史跡 --- 37
　　大川筋武家屋敷資料館／寺田寅彦邸跡(寺田寅彦記念館)／植木枝盛旧邸跡／坂本家の墓所／鹿持雅澄邸跡

❺ 北山街道を薊野・一宮・布師田へ -- 44
　　龍乗院／掛川神社／土佐神社／布師田御殿跡

❻ 秦泉寺から北山へ --- 49
　　片岡健吉・美遊の墓／秦泉寺廃寺跡／七ツ淵神社

❼ 久万から円行寺街道，柴巻へ -- 53
　　谷干城邸跡／日吉神社と円行寺薬師堂

❽ 鏡川源流域の土佐山・鏡へ -- 55
　　山嶽社跡／大利の太刀踊

❾ 鏡川以南の史跡 --- 58
　　能茶山窯跡／潮江天満宮／野中兼山の墓所／土佐の自由民権運動／板垣退助邸跡

❿ 田園都市春野の史跡 --- 63
　　荒倉神社／新川の落とし／種間寺／観音正寺観音堂

⓫ 長浜から桂浜へ --- 68

谷時中の墓(清川神社)／雪蹊寺／若宮八幡宮／一領具足供養の碑(石丸神社)／高知県立坂本龍馬記念館／桂浜／坂本龍馬の魅力
- ⑫ 五台山から三里へ--- 77
  竹林寺／よさこい節――坊さんかんざしの真相／吸江寺／濱口雄幸生家／武市瑞山旧宅と墓／田中貢太郎誕生地／中城家と篠竹の道

高知県中央部

- ❶ 高知市東郊の介良・大津-- 88
  朝峯神社・源希義の墓／紀貫之船出の地碑／明見彦山古墳群
- ❷ 土佐のまほろば南国市-- 92
  小蓮古墳と舟岩古墳群／岡豊城跡／谷家の墓地／国分寺／江戸の科学者――からくり半蔵／土佐国衙跡と紀貫之邸跡／比江廃寺塔跡／禅師峯寺／田村城跡／掩体／田村遺跡群
- ❸ 吉野川上流域の嶺北地方-- 103
  八坂神社の大杉／豊楽寺／定福寺／旧立川番所書院／帰全山／若一王子宮／平石の乳イチョウ
- ❹ 高知市朝倉からいの・日高へ------------------------------------ 111
  朝倉城跡／朝倉神社／土佐の七守護(土佐戦国の七雄)／朝倉古墳／宗安寺／八代の舞台／椙本神社／土佐和紙／山中家住宅／小村神社／寺川郷談／葛原神社
- ❺ 佐川から仁淀川に沿って-- 123
  松尾城跡／青山文庫／青源寺庭園と乗台寺庭園／不動ヶ岩屋洞窟遺跡／大乗院／瑞応の盆踊り／横倉山／寺村観音堂／秋葉祭

もくじ

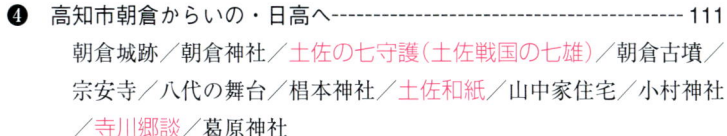

高知県東部

❶ 物部川流域を山田・香北・物部へ---------------------------------- 138
　谷秦山の墓／津野親忠の墓／土佐山田の遺跡／山田城跡／山田堰跡／フラフ／龍河洞／土佐の打刃物／美良布神社／塩の道／高照寺／奥物部の自然／吉井勇記念館／いざなぎ流御祈禱

❷ 香南地方--- 152
　野市の三叉／大日寺／森田正馬／香宗城跡／姫倉月見山／天神の大杉／絵金の町赤岡／手結港／尼ヶ森城跡

❸ 安芸ところどころ--- 163
　琴ヶ浜／浄貞寺／岩崎弥太郎生家／青少年時代の岩崎弥太郎／安芸城址と土居廓中／内原野公園／妙山寺／黒岩涙香旧宅／童謡の里安芸／大山岬

❹ 安田川に沿って馬路へ--------------------------------------- 173
　神峯神社／安田八幡宮／謎の年号「天晴」／安田城跡／北寺／金林寺／馬路熊野神社／千本山

❺ 田野から奈半利川をさかのぼり北川へ------------------------ 184
　田野八幡宮／岡御殿／二十三士の墓・福田寺／濱口雄幸旧邸／奈半利の二重柿／三光院／野根山街道／コゴロク廃寺跡／多気坂本神社／木積星神社／中岡慎太郎生家／お弓祭／妙楽寺跡の仏像／成願寺の仏像

❻ 室戸岬とその周辺--- 199
　鑑雄神社／吉良川の町並み／室戸の神祭１／金剛頂寺／四国八十八所／室津港・津呂港／土佐の勇魚（クジラ）とり／室戸岬／最御崎寺

❼ 室戸をまわって--- 210
　佐喜浜経塚／室戸の神祭２／名留川観音堂古仏群／白浜／甲浦港

高知県西部

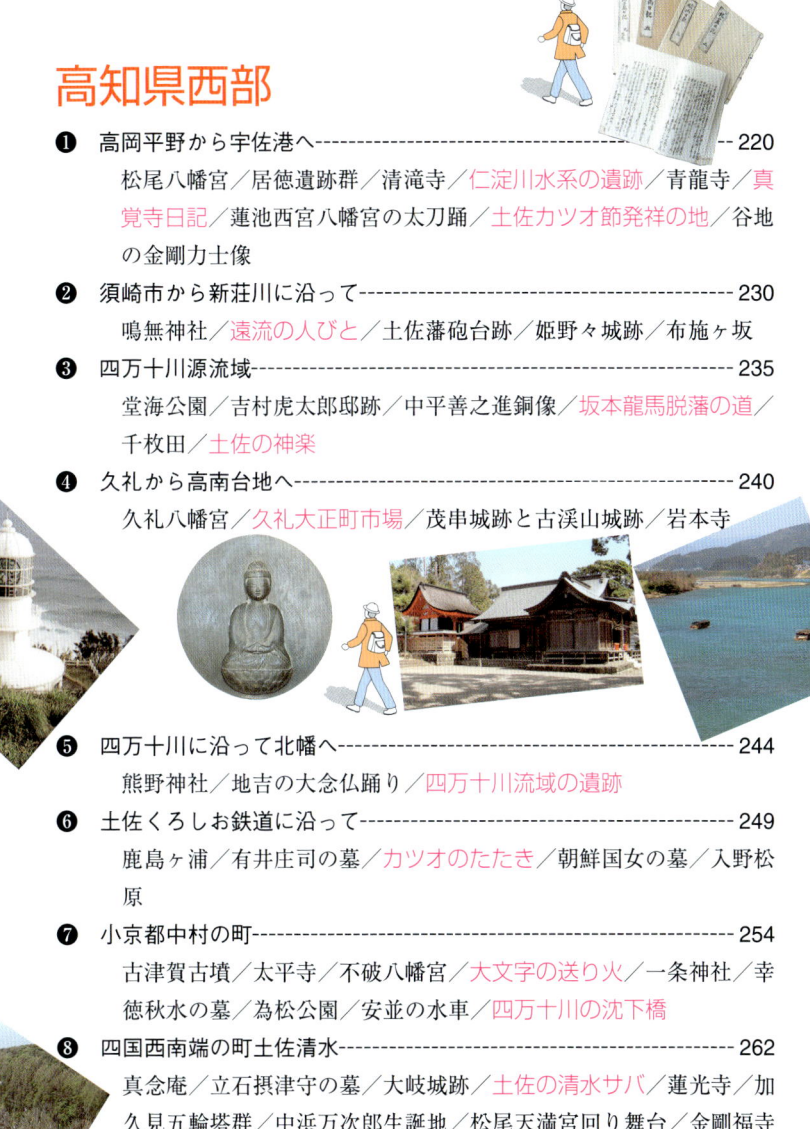

❶ 高岡平野から宇佐港へ-- 220
　　松尾八幡宮／居徳遺跡群／清滝寺／仁淀川水系の遺跡／青龍寺／真覚寺日記／蓮池西宮八幡宮の太刀踊／土佐カツオ節発祥の地／谷地の金剛力士像

❷ 須崎市から新荘川に沿って--- 230
　　鳴無神社／遠流の人びと／土佐藩砲台跡／姫野々城跡／布施ヶ坂

❸ 四万十川源流域--- 235
　　堂海公園／吉村虎太郎邸跡／中平善之進銅像／坂本龍馬脱藩の道／千枚田／土佐の神楽

❹ 久礼から高南台地へ--- 240
　　久礼八幡宮／久礼大正町市場／茂串城跡と古渓山城跡／岩本寺

❺ 四万十川に沿って北幡へ--- 244
　　熊野神社／地吉の大念仏踊り／四万十川流域の遺跡

❻ 土佐くろしお鉄道に沿って--- 249
　　鹿島ヶ浦／有井庄司の墓／カツオのたたき／朝鮮国女の墓／入野松原

❼ 小京都中村の町--- 254
　　古津賀古墳／太平寺／不破八幡宮／大文字の送り火／一条神社／幸徳秋水の墓／為松公園／安並の水車／四万十川の沈下橋

❽ 四国西南端の町土佐清水--- 262
　　真念庵／立石摂津守の墓／大岐城跡／土佐の清水サバ／蓮光寺／加久見五輪塔群／中浜万次郎生誕地／松尾天満宮回り舞台／金剛福寺と足摺岬周辺

❾ 西の玄関宿毛市--- 273
　　浜田の泊屋／高知坐神社／土佐硯／延光寺／宿毛城跡／安東（伊賀）

もくじ

家墓所・野中兼山遺族の墓／宿毛の先人たち／宿毛貝塚／円覚寺／柏島石堤

あとがき／高知県のあゆみ／地域の概観／文化財公開施設／無形民俗文化財／おもな祭り／有形民俗文化財／無形文化財／散歩便利帳／参考文献／年表／索引

[本書の利用にあたって]

1. 散歩モデルコースで使われているおもな記号は，つぎのとおりです。なお，数字は所要時間(分)をあらわします。

   ················· 電車　　　　　　━━━━━━ 地下鉄
   ──────── バス　　　　　　▪▪▪▪▪▪▪▪▪▪▪▪▪▪ 車
   ------------ 徒歩　　　　　　～～～～～～ 船

2. 本文で使われているおもな記号は，つぎのとおりです。

   🚶 徒歩　　　🚌 バス　　　P 駐車場あり
   🚗 車　　　　🚢 船　　　　✈ 飛行機

   〈M▶P.○○〉は，地図の該当ページを示します。

3. 各項目の後ろにある丸数字は，章の地図上の丸数字に対応します。

4. 本文中のおもな文化財の区別は，つぎのとおりです。
   国指定重要文化財＝(国重文)，国指定史跡＝(国史跡)，国指定天然記念物＝(国天然)，国指定名勝＝(国名勝)，国指定重要有形民俗文化財・国指定重要無形民俗文化財＝(国民俗)，国登録有形文化財＝(国登録)
   都道府県もこれに準じています。

5. コラムのマークは，つぎのとおりです。

泊	歴史的な宿	憩	名湯	食	飲む・食べる
み	土産	作	作る	体	体験する
祭	祭り	行	民俗行事	芸	民俗芸能
人	人物	伝	伝説	産	伝統産業
‼	そのほか				

6. 本書掲載のデータは，2012年10月1日現在のものです。今後変更になる場合もありますので，事前にお確かめください。

高知市 *Kōchishi*

日曜市と高知城

桂浜

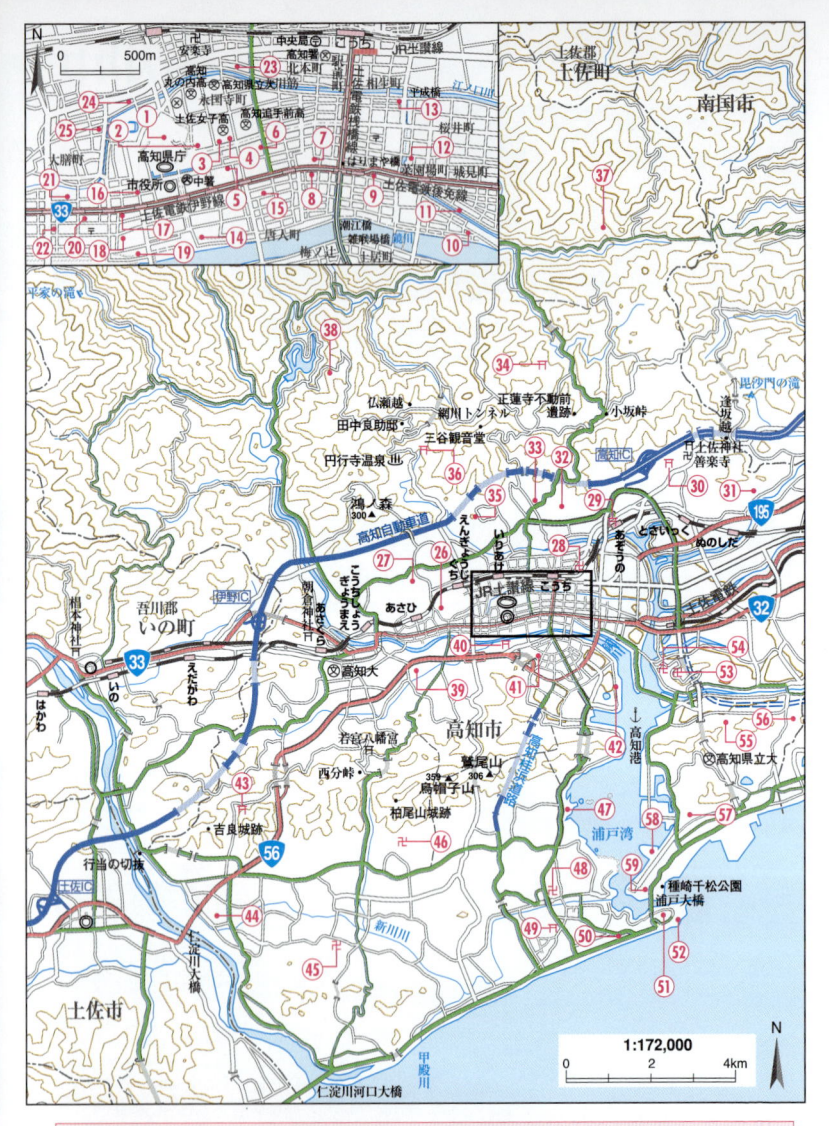

①高知城	⑥吉田東洋遭難の地	⑩開成館跡	⑬中江兆民生誕地
②野中兼山邸跡	⑦立志社跡	⑪北光社移民団出航	⑭旧山内家下屋敷長屋
③山内容堂誕生地	⑧中山高陽生誕地	の地	⑮板垣退助生誕地
④北会所跡と教授館跡	⑨河田小龍生誕地墨	⑫武市瑞山(半平太)	⑯福岡孝弟生誕地
⑤武市瑞山殉節の地	雲洞跡	邸跡	

2　高知市

◎高知市散歩モデルコース

高知城〜はりまや橋コース　JR土讃線高知駅 10 土佐電鉄高知城前電停 5 高知城 1 野中兼山邸跡 3 山内容堂誕生地 1 北会所跡・教授館跡 3 武市瑞山殉節の地 5 吉田東洋遭難の地 10 立志社跡 5 土佐電鉄はりまや橋電停

はりまや橋〜自由民権記念館コース　土佐電鉄はりまや橋電停 3 中山高陽生誕地 10 河田小龍生誕地墨雲洞跡 5 修立社跡 5 横山隆一記念まんが館 1 九反田地蔵尊 10 開成館跡 15 北光社移民団出航の地 25 高知市立自由民権記念館 1 土佐電鉄桟橋通4丁目電停

武市瑞山邸跡〜中江兆民生誕地コース　JR土讃線高知駅 10 土佐電鉄菜園場町電停 5 武市瑞山邸跡 5 永野修身生誕地 3 桜井跡 3 岡本寧甫塾舎跡 10 中江兆民生誕地 15 JR高知駅

板垣退助誕生地〜龍馬の生まれた上町コース　JR土讃線高知駅 10 土佐電鉄大橋通電停 3 板垣退助誕生地 10 山内容堂公邸跡 1 旧山内家下屋敷長屋 3 山内神社・土佐山内家宝物資料館 5 フランク・チャンピオンの碑，水丁場の碑 10 坂本龍馬誕生地 3 高知市立龍馬の生まれたまち記念館 10 婦人参政権発祥之地・河野敏鎌生誕地・嶽洋社跡 10 近藤長次郎生誕地 1 土佐電鉄上町2丁目電停

江の口川以北周遊コース　JR土讃線高知駅 20 大川筋武家屋敷資料館 10 寺田寅彦邸跡 5 開成館の正門 5 植木枝盛旧邸跡 25 坂本家の墓所 20 鹿持雅澄邸跡 60 鴻ノ森城跡 30 土佐電鉄はりまや橋電停

鏡川以南周遊コース　JR土讃線高知駅 30 能茶山窯跡 25 和霊神社 45 潮江天満宮 2 真如寺 2 山内家墓所 2 要法寺 15 野中兼山の墓所 30 板垣退助邸跡 15 JR高知駅

雪蹊寺から桂浜の龍馬銅像コース　JR土讃線高知駅 35 雪蹊寺 15 戸ノ本古戦場跡 20 若宮八幡宮 3 長宗我部元親像 20 長宗我部元親の墓 30 石丸神社 15 浦戸城跡・高知県立坂本龍馬記念館 15 桂浜・坂本龍馬像 45 JR高知駅

⑰吉野朝廷時代古戦場址
⑱馬場辰猪・孤蝶生誕地
⑲フランク・チャンピオンの碑
⑳坂本龍馬誕生地
㉑婦人参政権発祥之地
㉒近藤長次郎生誕地
㉓大川筋武家屋敷資料館
㉔寺田寅彦邸跡(寺田寅彦記念館)
㉕植木枝盛旧邸跡
㉖坂本家の墓所
㉗鹿持雅澄邸跡
㉘龍乗院
㉙掛川神社
㉚土佐神社
㉛布師田御殿跡
㉜片岡健吉・美遊の墓
㉝秦泉寺廃寺跡
㉞七ツ淵神社
㉟谷干城邸跡
㊱日吉神社・円行寺薬師堂
㊲山嶽社跡
㊳大利の太刀踊
㊴能茶山窯跡
㊵潮江天満宮
㊶野中兼山の墓所
㊷板垣退助邸跡
㊸荒倉神社
㊹新川の落とし
㊺種間寺
㊻観音正寺観音堂
㊼谷時中の墓(清川神社)
㊽雪蹊寺
㊾若宮八幡宮
㊿一領具足供養の碑(石丸神社)
(51)高知県立坂本龍馬記念館
(52)桂浜
(53)竹林寺
(54)吸江寺
(55)濱口雄幸生家
(56)武市瑞山旧宅と墓
(57)田中貢太郎誕生地
(58)中城家
(59)篠竹の道

高知城からはりまや橋へ

1

山内氏が築いた高知城から、日曜市の開かれる追手筋を東に進む。城下町の中心は、今も高知の代表的な繁華街。

高知城 ❶
088-872-2776

〈M ▶ P.2, 4〉高知市丸の内1-2 P
土佐電鉄路面電車いの線高知城前電停 🚶 5分

数少ない木造天守閣　一豊の妻見性院の銅像

　高知城前電停から公園通り交差点を北に約100m進むと、高知城（国史跡）の堀がある。堀に沿ってさらに北に50m進むと、道は「日本の道百選」にも選ばれた追手筋の西端につながる。追手筋では毎日曜日に約1.3kmにもおよぶ市が開かれ、日曜市として多くの市民や観光客で賑わう。

　高知城は関ヶ原の戦い（1600年）後、遠州掛川（現、静岡県掛川市）から土佐に入国した山内一豊が築いた城である。もともとこの地

高知城周辺の史跡

4　高知市

高知城天守閣

は大高坂山とよばれる山で，南北朝時代に南朝方として活躍した大高坂松王丸の居城があった。安土・桃山時代には，長宗我部元親が長岡郡岡豊（現，南国市岡豊）からこの地に居城を移したが，潮江川（鏡川）や江ノ口川の水害に苦労し，わずか3年で海岸部の浦戸（現，高知市浦戸）に移った。ちなみに石垣の整備事業に伴う発掘調査により，現在の石垣の内側から長宗我部時代のものと考えられる石垣が発見されている。

　山内一豊は，築城の総奉行に城普請の名手として名高い百々越前守を任命し，工事にあたらせた。なお越前守の居宅のあった高知城の西には，現在も越前町の名が残る。越前守は城普請のおもな職人を上方から迎えるとともに，城周辺の老人や子どもまで日当を払って動員し，1日に約1300人もの人夫を使役した。また，石材は高知市北部の久万・万々，西部の朝倉，南部の神田・潮江などから，木材は久万・万々のほか，北部の秦泉寺・円行寺・一宮から伐りだした。築城工事は大がかりなものであり，最後に三ノ丸が完成するのは，一豊の没後6年を経た1611（慶長16）年，2代藩主忠義のときである。

　築城中にもたびたび水害に見舞われたため，忠義は五台山竹林寺（真言宗）の空鏡上人と相談し，1610（慶長15）年に，当初河中山であった当地の地名を改字して高智山とした。これが現在の「高知」の始まりである。

　その後，1727（享保12）

高知城追手門

高知城からはりまや橋へ

板垣退助銅像

年に，城下の大火が飛び火して追手門など一部の建物をのぞいて焼失。天守が再建されたのは1749(寛延2)年のことであった。1873(明治6)年に高知公園として開放されたが，建物の多くは取りこわされ，現在では享保の大火に焼け残った追手門のほか，天守閣・本丸御殿・黒鉄門・東多聞・西多聞・廊下門・詰門など15棟が国の重要文化財に指定されている。

追手筋から城に向かうと，前面は巨大な石垣でふさがれている。ここが枡形で，敵をはばみ石垣の上の狭間塀の3方から攻撃する仕組みである。追手門をぬけて左側，天守閣に向かう石段上り口脇に，自由民権運動の指導者板垣退助の銅像がある。

石段をのぼって最初の段が杉ノ段である。現在は花壇公園になっているが，かつてはスギが多かったところなので，この名称がある。ここには，夫のために名馬購入費用をだすなど内助の功で有名な一豊の妻見性院と名馬大田黒の銅像のほか，「秋風の　ふくいの里に妹をおきて　安芸の大山　越えかてぬかも」ときざまれた，幕末の国学者鹿持雅澄の愛妻の碑がある。

杉ノ段から三ノ丸に向かう途中には，深さ約18mの井戸がある。毎日3回この水をくみあげ，藩主の住む二ノ丸まで運んだといわれる。三ノ丸の入口にあたる鉄門跡は，追手門と同じく枡形になっており，石落としや城壁に鉄串を並べた忍び返しなどの仕組みとともに，ここにも城防御の工夫がみられる。

三ノ丸は，新年などに家臣を集めて儀礼を行う大書院があった場所である。二ノ丸は藩主の居屋敷と奥御殿があったところで，南西側の下は梅林のある梅ノ段である。ここから本丸につうじる通路は詰門の2階廊下で，本丸を警備する武士の詰所になっている。本丸の入口には廊下門があり，この上部に多聞櫓がたてられ，現在で

高知市の街路市

コラム

300余年の歴史 庶民の台所

　高知城追手門から東にのびる追手筋。正月三カ日と夏のよさこい祭りの8月9〜12日をのぞく毎週日曜，この追手筋に1300m余にわたって650店ほどが軒を連ねる日曜市は，高知を代表する街路市として有名である。全国的に朝市がたつところは多いが，この日曜市の場合，市がたつのは春夏は午前5時から午後6時，秋冬は午前6時から午後5時とされており，おおむね日の出から日没までといってよい。

　市では高知市および近郊でつくられた農作物のほか，魚介類・乾物・生花・木工製品・菓子・玩具・雑貨・骨董品，さらには寿司や天ぷら，金魚や子犬などまで売られており，俗に売っていないものはないといわれるほど，多種多様な品がそろっている。

　高知の街路市の起源については，はっきりしたことはわからないが，1690（元禄3）年，土佐藩4代藩主山内豊昌のときに定められた藩の法令である『大御定目』の市町定のなかに，毎月2日と17日に朝倉町，7日と22日に蓮池町，12日と27日に新市町で，それぞれ市を開くことを定めた1項があり，少なくとも1690年までに城下に市がたっていたことはまちがいない。

　高知市内では，ほかにも上町4丁目から5丁目の火曜市，県庁前の木曜市，愛宕町1丁目の金曜市など，月曜日をのぞくすべての曜日に，規模の大小はあるものの，市内のどこかで市がたっている。観光客で賑わう日曜市と違って，これらの市には，地元の庶民の台所といった様相がまだまだ残っており，日曜市とは違った雰囲気を楽しむことができる。

はそのなかに，高知城をはじめ土佐の歴史を紹介するパネルなどが展示されている。西側には鉄板を打ちつけた黒鉄門がある。

　本丸御殿（懐徳館）は大小14室からなり，藩の重要書類をいれておく納戸蔵がついている。高さ18mの天守は一豊の旧領の掛川城に似せたといわれ，3層6階で，小規模ながら入母屋破風・千鳥破風・唐破風などを取り入れており，優美な造りになっている。また鯱は珍しい青銅製である。最上階からは高知市街や周辺の山々を一望できる。なお，城の北西麓，城西公園の一角にある高知県立武道館の門は，藩校致道館の正門である。

　現在，木造天守が残る城は，高知城を含め全国に12カ所しかなく，その意味でも貴重な文化遺産であるといえる。

高知城からはりまや橋へ　7

野中兼山邸跡 ❷

〈M▶P.2, 4〉高知市丸の内1-1
土佐電鉄路面電車いの線高知城前電停🚶5分

藩政初期の名執政 郷士制度の生みの親

　高知城追手門の東側，堀端に野中兼山先生邸址の碑がある。ここから堀をはさんだ向かいの高知城内に，土佐藩政初期に奉行職として約30年間にわたり政治手腕をふるった野中兼山の邸宅があった。

　野中兼山は，名は良継・伝右衛門などといい，播磨国姫路（現，兵庫県姫路市）で生まれた。父良明は山内一豊の甥にあたり重用されたが，一豊の死後，2代藩主忠義から幡多郡のうち1万5000石をあたえるとされたのに対し，一豊との約束である2万石にたりないという理由で拒絶。土佐を離れて浪人となり，諸国を放浪していた。父の死後，4歳の兼山は母万につれられて土佐に戻り，父の従弟野中直継の養子となった。17歳のとき，忠義により養父直継と同役の奉行職に任命された。

　兼山は，長宗我部旧臣の子孫のなかから，家筋の正しい者を，3町歩の新田開発を条件に武士身分である郷士に登用したが，これには石高増加と反山内感情の緩和，また藩の軍事力拡充などのねらいがあった。

　また，港を開削し，物部川・仁淀川・松田川などに大きな井堰を設け，舟入川・新川川という大用水路をとおして，流域の荒地や畑地を灌漑し，約3000町歩の新田開発を行うとともに，流域にはいくつかの新町を創出させた。なかでも来住する者に地子や課役の免除を認め，御免町（現，南国市後免）を創設したことは有名である。兼山のこれらの政策は，その後の土佐藩財政だけではなく，高知県財政の土台を築いたものとして高く評価されてよい。思想的には小倉三省や吸江寺の絶蔵主（のちの山崎闇斎），谷時中らとともに南学（朱子学）を興隆させた。

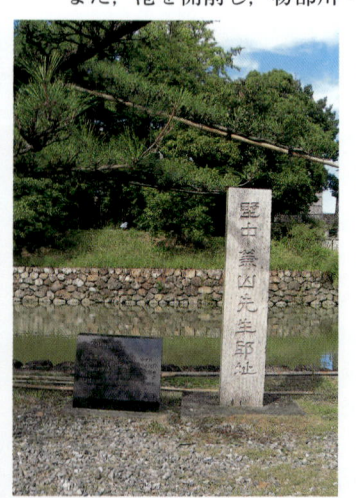

野中兼山邸跡

しかし大規模な土木工事や新田開発，茶・紙・漆などの専売制の強行など，兼山の強引ともいえる政治手法は，庶民の疲弊を招いた。また通常4人で構成される奉行職が，1660(万治3)年以降はほとんど兼山1人の状態になっていたこともあって，兼山の苛政・独裁への藩内の不満の声は高まり，1663(寛文3)年7月，彼は奉行職を解任され，藩政は大きく転換した。これを寛文の改替という。奉行職辞職後の兼山は，知行所である香美郡中野村(現，香美市中野)に隠退し，同年12月15日に急逝する。享年49歳。

　兼山の死後，野中家は改易となり，その邸宅は藩主の下屋敷として使われ，1805(文化2)年には藩祖一豊・妻の見性院・2代藩主忠義を祭神とする藤並明神(のち，藤並神社)がその跡地に造営された。現在では高知県立図書館・高知県立文学館などの施設がある。県立図書館には多くの郷土資料が蔵されており，県立文学館では田中貢太郎・田岡典夫ら高知県出身の文学者ゆかりの品々を展示するとともに，館内に寺田寅彦記念室が設けられ，物理学者で文筆家でもあった寅彦の足跡をわかりやすく解説する。また，県立図書館前には一豊の銅像がたつ。

山内容堂誕生地 ❸

〈M▶P.2.4〉高知市追手筋2-3
土佐電鉄路面電車いの線高知城前電停★5分

幕末四賢公の1人　将軍慶喜に大政奉還を建白

　追手門から追手筋に沿って東へ約150m，最初の信号を渡った天理教会の角に遍路石が残る。山口県出身の中務茂平衛が1895(明治28)年，四国霊場巡り145度目のときに先祖代々の供養のために建立したものである。中務の四国巡礼は，その生涯のうちに279回におよび，280回目の途上で没したといわれる。

　そこからさらに東に向かって進むと，天理教会の南側に山内容堂誕生地の石碑がある。山内容堂，名は豊信，幕末に中央政界で活躍し，薩摩藩国父の尊称をもつ島津久光・越前藩主松平慶永(春嶽)・宇和島藩主伊達宗城とともに幕末四賢公と称された。「容堂」の号は水戸の儒者藤田東湖によるものといわれる。

　1827(文政10)年，容堂は南邸山内氏である山内豊著の側室の子として生まれたが，本家の14代藩主豊惇が嗣子のないまま急逝したため，急遽本家をつぎ，1848(嘉永元)年15代藩主となった。藩政

山内容堂誕生地碑

においては、学者として有能な吉田東洋を抜擢して藩政改革を行い国力の強化をはかるとともに幕政にも参加、持論である公武合体論を推し進めた。しかし、容堂不在の国元では、尊王論を掲げた武市瑞山らによる土佐勤王党の結成、彼らによる吉田東洋暗殺事件などがおこり、藩論は尊王論へと傾きつつあった。そこで容堂は、土佐帰国と同時に勤王党を弾圧、瑞山を切腹させ、さらに東洋門下でもあった後藤象二郎らを登用して開成館を開設し、殖産興業・富国強兵策を展開させた。

一方、幕府の衰退は著しく、坂本龍馬の大政奉還の建言を後藤から進言された容堂は、15代将軍徳川慶喜に建白し、実現させた。幕府の政権返上は平和裏に行われたが、その後、鳥羽・伏見の戦いがおこり、容堂の公武合体実現の意図は完全に潰えた。

明治新政府では議定などをつとめたが、むしろ「鯨海酔侯」「九十九洋外史」「五斗先生」などの雅号で、酒と美女に親しむ風流人としてすぐれた詩文を残した。

北会所跡と教授館跡 ❹

〈M▶P.2,4〉高知市追手筋2-3-1
土佐電鉄路面電車いの線高知城前電停 🚶 5分

藩の諸役所
土佐藩最初の藩校

追手門より追手筋を150mほど東進する。天理教会の東隣に位置するのは、1881(明治14)年に設立された高知共立学校を前身とする土佐女子中学校・高校である。土佐女子中学校・高校の通用門前には北会所跡と教授館跡の石碑がたつ。会所とは藩の役所のことで、南・北の2つが設置された。北会所では郡奉行所をはじめ、免方(租税)・普請方・山方・浦方などの諸役所がおかれていた。また、1760(宝暦10)年には最初の藩校である教授館が北会所内に設置された。教授館には、藩士であれば身分の上下を問わず入学できた。教授役には谷真潮・宮地春樹・戸部良熙らの碩学が名を連ね、おもに朱子学を教えた。教授館は約100年間続いたが、幕末になって、教

よさこい祭り

コラム

自由さが持ち味
全国よさこいの発祥地

　高知の暑い夏を代表する「よさこい祭り」。毎年8月9日の前夜祭から10・11日の本祭、12日の後夜祭・全国大会までの期間中、高知市追手筋の本部競演場を中心に、市内各所に設けられた競演場・演舞場で、ファッショナブルな衣装に身をつつんだ踊り子たちが、鳴子を両手にそれぞれ趣向をこらした踊りを披露する。地方車から響き渡る音楽とともに街は祭り一色につつまれ、舞台と化すといっても過言ではない。

　札幌のよさこいソーラン祭りなど、今や全国各地に広がるよさこい祭りだが、その歴史はそれほど長いものではない。第1回よさこい祭りが開催されたのは1954(昭和29)年のことで、徳島の阿波踊りに対抗できるお祭りを土佐にも、という思いのもと、高知市の経済振興を目的としてはじめられた。第1回に参加した踊り子は総数21団体、750人で、鳴子踊りだけでは間がもたないとして、諸木の太刀踊り・夜須町の盆踊り・山北の棒踊りなど、県内各地の伝統芸能も披露されたという。ちなみに2005(平成17)年の第52回では、踊り子総数は県外からの参加も含め177団体、約1万9000人であるから、まさに隔世の感がある。

　よさこい祭りがこれだけ発展した最大の理由は、ルールがきわめて簡単ということである。1団体の人数制限などは別として、踊りのルールは、鳴子をもつこと、地方車を先頭にして前進して踊ること、音楽によさこい節のフレーズをいれることの3点だけである。つまり各団体で思い思いの衣装を選び、振り付け・音楽を自由に考えることができるのである。

　よさこい祭りの自由さは、第1回開催時のエピソードにもうかがえる。8月の祭りにまにあわせるために、わずか5日間でよさこい踊りの曲と歌詞をつくった武政英策は、祭りのあとででた「下品な歌である」との批判に、歌詞はどうかえても結構だと聞き流したという。また難航していた振り付けに対しても、「踊りも時代とともに変わっていく。気楽にやりや。」と助言した(『よさこい祭り40年』より)。

　ともあれ、出発点から自由を内包していたよさこい祭りは、その自由さをエネルギーにかえて、老若男女を問わず、踊る人・観る人の心をとらえて離さないのである。

よさこい祭り

高知城からはりまや橋へ

北会所跡・教授館跡碑

授内容が封建的道徳や文学にかたよっているとの理由から、時勢に応じた教育機関として城西に文武館(のちの致道館)が創設されて、教授館はその役割を終えた。

また、土佐女子中学校・高校の北東隅、体育館の前には、寛政・享和年間(1789〜1804)の町奉行として名高い馬詰親音誕生地の石碑がある。親音は本名権之助、文武につうじた人物で、とくに町奉行として手腕を発揮した。その業績には、製糖業の土佐への導入や、町方直営の貸本業をはじめるなどの庶民教育のほか、1800(寛政12)年に近江から井戸掘り職人を招いて揉貫井戸を掘らせ、城下下町方面の飲料水問題を解決したことなどがある。

武市瑞山殉節の地 ❺

〈M▶P.2.4〉高知市帯屋町2-5-18
土佐電鉄路面電車いの線大橋通電停🚶3分

藩の南会所跡 土佐勤王党首領の最期の地

土佐女子中学校・高校の東をとおる道は、追手筋を南に渡るとすぐ大橋通りのアーケードへと続く。アーケード北側には、食堂・居酒屋・雑貨屋・骨董屋・みやげ物屋など、さまざまな店が並ぶ「ひろめ市場」がある。ここはかつて土佐藩筆頭家老で佐川1万石を領した深尾氏の屋敷があったところで、「ひろめ」という名称も幕末の当主深尾弘人に由来する。現在のような形になる前は、小さな住宅や商店が軒を並べ、弘人屋敷と通称されていた。

ひろめ市場南の交差点を西におれて50mほどいくと、四国銀行帯屋町支店の角に武市瑞

武市瑞山殉節の地

高知市

山殉節の地の石碑がある。ここは藩の南会所があったところで、藩の政務をとる官舎や揚屋と称される武家用の牢屋などがおかれていた。

1863（文久3）年の八月十八日の政変後、藩政に復帰した山内容堂は吉田東洋暗殺を土佐勤王党の仕業とみて、勤王党員らの弾圧に乗りだした。土佐に帰った勤王党首領の瑞山もとらえられ、南会所の揚屋で後藤象二郎らの尋問をうけた。長い取り調べのなかで、瑞山の弟田内衛吉の自害や、島村衛吉の拷問死などがあったが、瑞山は東洋暗殺を否認したまま、1865（慶応元）年閏5月11日、南会所で切腹を命じられた。享年37歳。ほかに獄死2人・斬首3人・禁固7人であった。京都で「人斬り以蔵」とよばれた岡田以蔵は、獄門という厳しい処分であった。

吉田東洋遭難の地 ❻

〈M▶P.2.4〉高知市帯屋町2-1-12
土佐電鉄路面電車いの線堀詰電停 🚶 5分

容堂の側近象二郎・弥太郎らの師

土佐女子中学校・高校の東側には、寺田寅彦やライオン宰相濱口雄幸らを輩出した県立高知追手前高等学校がある。時計台のある校舎は、1931（昭和6）年の帝冠様式の建築。

土佐女子中学校・高校の東側の道を北に300mほど進み、豊栄橋手前の角を左におれるとすぐ、キリスト教矯風会の門前に、明治時代の詩人・評論家の大町桂月誕生地を示す石碑がある。桂月は本名芳衛。明治時代後期から大正時代にかけて、『太陽』『中学世界』などの雑誌を舞台に、史伝・随筆・紀行文・人生論などの多方面にわたる執筆活動を行い、当時を代表する美文家として活躍した。酒と旅を愛し、晩年は十和田湖の美しさにひかれ、青森県蔦温泉に移住、その地で57歳で亡くなった。

追手筋から帯屋町アーケードに向かう右側歩道脇に「吉田東洋先生記念之地」の石碑がある。吉田東洋は高知城下

吉田東洋遭難の地

帯屋町に生まれた。吉田家の祖は長宗我部元親の武将吉田政重といわれ、藩政下では山内家につかえ、馬廻の家格をもつ上級武士であった。東洋は、名は正秋、通称は元吉で、学者としても有名であった。兄の死後、家督をつぎ、郡奉行などを経て大目付となり、1853（嘉永6）年、山内容堂に参政（仕置役）として登用された。翌年、山内家の親戚にあたる旗本松下嘉兵衛を殴打する事件をおこして失職したが、1858（安政5）年には再び参政の座につき、文武館を設立して洋学などを学ぶ道を開き、『海南政典』を編纂して藩政の基準をつくり、財政改革を行った。

しかし、東洋は容堂の公武合体論を助け、その中心的な役割をになったため、土佐勤王党とは対立を深めた。1862（文久2）年4月8日、東洋は16代藩主豊範に『日本外史』のうち「本能寺の変」を講義し、豊範江戸参勤前の最終の進講日だったこともあって、酒肴をだされたのち、亥の刻（午後10時）に追手門をでて帯屋町の自邸に向かう途中、この辺りで待ち伏せていた土佐勤王党の刺客那須信吾・安岡嘉助・大石団蔵の3人に襲撃された。気丈な東洋は那須の初太刀を背中にうけながらも、抜刀して立ち向かったが、さすがに勝負にならず殺害されたという。享年48歳。

東洋の死後、藩政は土佐勤王党と守旧派の奇妙な連帯感のなかで尊王に一時傾くが、東洋の遺業は門下の後藤象二郎や岩崎弥太郎らにうけつがれ、やがて商業の積極策や軍事力の強化、西洋文明の輸入を促進するといった開成館仕法などの動きに結びついていく。

立志社跡 ❼ 〈M▶P.2,16〉 高知市帯屋町1-11 P
土佐電鉄路面電車はりまや橋電停 🚶 3分

自由民権の中心的政社 幾多の論客を輩出

はりまや橋電停の西約200m、堀詰電停の北東すぐのところに中央公園がある。この中央公園の東入口に立志社跡の碑がたつ。

1874（明治7）年、征韓論に敗れて下野した板垣退助を中心に結成された政治結社立志社は、社長に片岡健吉、副社長には福岡精馬（福岡孝弟の兄）が就任、子弟教育のための立志学舎のほか、法律研究所・商局などさまざまな部局をおき、『土陽新誌』『海南新誌』などの機関誌の発行や、演説会・討論会などを行った。本部は現在記念碑のある京町旧町会所跡に、学校である立志学舎は九反田（現、高

立志社跡　　　　　　　　　　　　　　　　　　　　　　　　　　　　　　　　　はりまや橋

知市九反田)の旧開成館においた。立志社は言論による政治の革新を企図して民撰議院の開設を目標とし，種々の弾圧をうけつつも，自由民権運動の中心として活動。やがて愛国社再興(1878年)，国会期成同盟(1880年)・自由党の結成(1881年)へとつながっていく。

　中央公園東口から高知大丸前をとおり東進する。京町商店街のアーケードをぬけると，はりまや橋交差点の北側にはりまや橋がある。かつては橋下を流れた堀川も埋め立てられ，ほとんど橋の面影はない。藩政初期，堀をはさんで住んでいた御用商人の播磨屋宗徳と櫃屋道清が，両家を往来するために設けた私設の仮橋が，はりまや橋の最初といわれる。やがて公橋となり，橋幅も拡張，幕末のころには夜店がでるなど賑わうようになった。現在，橋の下の東西の連絡路となっている地下道には，はりまや橋や高知市の歴史を紹介するパネル展示などがある。

② はりまや橋から下町へ

はりまや橋から東，江戸時代に船着場や米蔵がおかれた下町は，高知城下町の海の玄関口として，また商人町として栄えた。

中山高陽生誕地 ❽ 〈M▶P.2, 16〉 高知市 堺町2-28
土佐電鉄路面電車はりまや橋電停 🚶 3分

土佐文人画の第一人者　画論書『画譚鶏肋』

　はりまや橋電停の西約200m，中央公園の南向かい側，堺町バス停のすぐかたわらに中山高陽生誕地の碑がたつ。近世土佐を代表する文人画家である高陽は，1717（享保2）年，富商阿波屋の2男として生まれた。阿波屋（中山氏）は戦国時代の有力国人香宗我部氏の後裔にあたる。幼少より学問や書画に才を示した高陽は，1758（宝暦8）年末には藩の許可を得て江戸にいき，以後，江戸の文人たちとまじわって多くの書画や著作を残した。その代表的な画論書に『画譚鶏肋』がある。藩では高陽の勉学を認めて，終身3人扶持をあたえたという。1780（安永9）

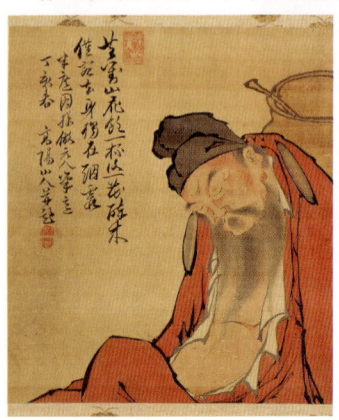

中山高陽画「酔李白図」

はりまや橋周辺の史跡

年3月に病に倒れ,海路帰国の途中に没した。墓は高知市薊野にある。また高陽の残した粉本357点は,高知市民図書館に保管されている。

　はりまや橋交差点を南に進み,1つ目の信号を左におれるとすぐのところに,武藤致和邸跡の碑がある。武藤家の屋号は美濃屋で,石灰業や薬種業などを手広く営む豪商であり,1741(寛保元)年に生まれた7代目の致和は,藩主への御目見を許され,町年寄をつとめた。致和はその豊かな財力を背景に,1805(文化2)年,土佐国の歴史・地理・故実などに関する史料を広く網羅した『南路志』の編纂に取りかかり,1813年1月に完成。その年の9月に,致和は73歳で死去した。

河田小龍生誕地墨雲洞跡 ❾

〈M▶P.2,16〉高知市南はりまや町2-1
土佐電鉄路面電車はりまや橋電停🚶3分

幕末土佐の代表的画人 龍馬に影響をあたえる

　はりまや橋交差点を南に渡り,電車通りに沿って東に歩くと,はりまや橋バス停に面して料亭得月楼がある。その歴史は古く,1872(明治5)年に初代松岡寅八が上町玉水新地で営業をはじめた陽暉楼にはじまる。寅八は楼内で書画会を開くなどして城下の文化人を集め,それまでの料亭経営とは異なる新味あふれる商法を取り入れた。得月楼の名は,1878年に谷干城が登楼したおりにつけた。

　1882年には高知県下の自由党壮士800人が得月楼で大懇親会をもよおし,南海第一楼とたたえられた。本館(国登録)は1950(昭和25)年,客間(国登録)は1937(昭和12)年に建築されたものである。

　得月楼前からさらに50mほど東,土佐橋のたもとの広場に,水天宮(有馬神社)の小祠と並んで河田小龍生誕地墨雲洞跡の碑がたつ。河田小龍は御船頭小姓組土生玉助の長男として生まれ,のちに祖

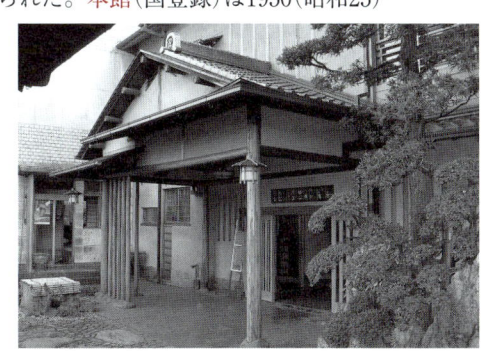

料亭得月楼

はりまや橋から下町へ

河田小龍画「捕鯨図」

父の生家川田家をついだ。12歳のころから画人を志し、1844(弘化元)年には吉田東洋にしたがって上方に遊学して書画を学び、1848(嘉永元)年には師である狩野永岳とともに京都二条城襖絵の修理に従事した。1852年には漂流民となって渡米後帰国した中浜万次郎の取り調べにあたって、万次郎の見聞を聞き書きした『漂巽紀略』をまとめた。万次郎の見聞談は小龍の世界観にも大きな影響をあたえ、安政地震(1854年)後に築屋敷の小龍仮寓を訪れた坂本龍馬に対し、航海通商の開明論を説いたという。小龍の画塾墨雲洞からは、長岡謙吉・新宮馬之助・近藤長次郎らの俊秀が出、彼らは龍馬のもとで活躍した。墓所は京都の等持院にある。

　小龍生誕地から50mほど南の左手に得月楼の専用駐車場がある。ここは海援隊の文司として「船中八策」や大政奉還の建白書の起草・執筆にもかかわり、龍馬没後に海援隊隊長もつとめた長岡謙吉の生誕地と伝えられる。駐車場角を左折すると、幡多倉公園の道路をはさんだ斜め向かいに、民権政社の1つ修立社跡を示す標柱がある。修立社社長の一圓正興はのちに初代高知市長となり、その頌徳碑が高知市役所前にたつ。

　修立社跡からさらに100mほど東には、高知市文化プラザかるぽーとがある。文化の風をうけて進む帆船のイメージでデザインされたこの建物は、藩米の収納蔵跡にたつが、建物内には高知市出身の漫画家横山隆一の作品や遺品をおさめた横山隆一記念まんが館がおかれている。

開成館跡 ❿　〈M▶P. 2, 16〉高知市九反田17
　　　　　　土佐電鉄路面電車ごめん線菜園場町 電停 🚶15分

菜園場町電停から交差点を南にくだり、堀川にかかる大鋸屋橋を

皿鉢料理

コラム

土佐の「お客」の定番　豪快さが命

　高知の酒席に必ず登場するのが皿鉢料理である。漢字では「砂鉢」「佐波知」「沙鉢」などとも書かれる。浅い大きな丸皿にさまざまな料理をのせるこの料理は，すでに18世紀後半の文献にもその存在を確認できる。高知独特の料理と思われる向きも多いが，神事のあとの直会で，神と人が共食をした伝統を残す京の膳式が，今に伝わったものである。明治時代中期以降，他の地方ではしだいに本膳式に移っていったが，高知では豪快，おおらかに，皆が好きずきに大皿の上の料理を取りあって食べる皿鉢料理が，その後も「お客」（宴会）の料理として残り定着している。

　皿鉢料理は刺身と組み物からなる。刺身は「なま」とよばれ，しきつめたダイコンやキュウリのつまの上に，彩りよく季節の魚を平作りにした刺身が盛られる。また，多数の皿鉢をだす際には，1皿をカツオの「たたき」にすることが多い。組み物は「組肴」「盛り込み」「組み物鉢」などとよばれる。各種の寿司・煮物・和え物・酢の物・揚げ物・焼き物・羊羹などを1枚の皿に盛りつけたものである。

　以前は「なま」「寿司（サバの姿寿司）」「組み物」の3種類が不可欠とされていたが，現在では寿司を組み物に盛り込むことが多い。寿司を一緒に盛り込んだものを「盛り込み」といい，寿司がないものを「組み物」ということもある。盛りつけ方には，県下各地域によってさまざまな規則や習慣があるが，色彩・見栄えが重視されることは共通である。

　本膳料理とは違い，一度宴会で残った料理を再び組み合わせてつぎの宴会にだすこともできるため，経済的でかつ労力も少ない。また招かれる側も好きなものを好きなだけとって食べることができるため，概して好評を博する。

　豪放磊落で議論好き，自由の気風を尊ぶ土佐にあって山海の珍味を盛りつけた皿鉢料理は，淡麗辛口と評判の土佐の地酒との相性も抜群で今も昔も宴席の主役を張り続けている。

盛り込み

　渡って右にはいると，50mほどさきに九反田地蔵尊のお堂がある。ここにはもと称名寺（浄土宗）があったが，1660（万治3）年の火災で潮江に移転し，その跡は藩の御米蔵になっていた。ところが

はりまや橋から下町へ

開成館跡の碑

富国強兵の原動力 板垣・西郷・木戸会談

米蔵の1つがときどき鳴動するため，蔵のなかを掘ると，首のない地蔵と板碑がでてきた。かつて関ヶ原敗軍の将石田三成の娘をつれた乳母が，近江出身の住職がいる称名寺をたよって土佐に来国したが，娘は7歳のときに腫物で死んだと伝えられることから，地蔵は三成の娘を供養するもので，板碑は乳母の墓石であろうといわれ，地蔵堂をたててまつったのが始まりである。現在でも腫物除けの利益があるとされる。

大鋸屋橋から南へ進み，最初の信号を左折して東へ300mほど歩くと，東九反田公園がある。ここは1866(慶応2)年に殖産興業・富国強兵などを目的として設置された開成館のあった場所で，現在は記念碑がたつ。開成館では軍艦局・貨殖局・勧業局などの11の局を設け，山内容堂のあと押しの下，後藤象二郎が中心となって，幕末土佐の原動力になるとともに近代化に重要な役割をはたした。

明治維新後にその役割をおえた開成館は，1870(明治3)年賓客を接待する寅賓館と改称され，翌1871年1月には薩摩の西郷隆盛・大久保利通，長州の木戸孝允・杉孫三郎らが訪れ，板垣退助・福岡孝弟らと会談が行われた。その内容は，新政府への親兵献上に関する内談が中心であったようである。現在，高知城北西に位置する県立高知小津高校敷地内に，開成館の門が移築されて現存する。

現在，この東九反田公園内には，「憲政之祖国」ときざまれた大きな石塔があるが，これは1942年に高知の政治家・実業家でつくる大松倶楽部が中心となって，開成館跡地に板垣の旧邸を移築して憲政館としたときの記念碑である。公園北隅の「嗚呼不朽」の碑には，当時の経緯などがきざまれているが，しだいに軍国色が強まるなかでのこの事業には，軍国主義に反発し憲政を重んじようとするささやかな抵抗もみえ隠れする。憲政館は1965年に高知市によって新築されて憲政記念館となったが，それも老朽化が進んだため2004(平

成16)年に取りこわされた。同館の蔵書などは，桟橋(さんばし)通りの高知市立自由民権記念館に移管されている。

北光社移民団出航(ほっこうしゃいみんだんしゅっこう)の地(ち) ⓫

〈M ▶ P.2,16〉高知市農人町(のうにん)6
土佐電鉄路面電車ごめん線菜園場町電停
🚶10分

社長は龍馬の甥　北海道北見市の礎

　大鋸屋橋を渡らずに手前を左折し，堀川北岸を東に100mほど歩くと，右手に北光社移民団出航の地の記念碑がある。北光社は1896(明治29)年，北海道北見訓子府原野を視察した坂本直寛(南海男)が中心となり，西原清東(さいばらせいとう)・沢本楠弥(さわもとくすや)とともに北海道開拓・移住を目的として設立した合資会社である。坂本直寛は龍馬の甥(おい)にあたり，自由民権運動の論客として活躍していたが，1885(明治18)年に片岡健吉(けんきち)らとともにプロテスタントの洗礼をうけた。「北光社移住規則」には，飲酒・賭博(とばく)の禁止や日曜日を休日とすることなど，キリスト教精神に基づくいくつかの条項がみえる。北光社は『土陽新聞』紙上で北海道への移住を希望する者の募集を行い，1897年3月，北光社のよびかけに応じた112戸が，この地から出発した。北光社の北海道開拓は必ずしも順調なものとはいえず，3年間で221戸が入植する一方で，逃亡も159戸におよび，1903年に残っていたのは62戸であった。1914(大正3)年，北光社が開拓した632町余の農場は黒田四郎の黒田農場に譲渡され，キリスト教の理想に燃えた北光社はその活動に幕をおろす。彼らが開拓の先鞭(せんべん)をつけた訓子府原野は現在の北見市にあたり，1986(昭和61)年北見市開基90周年を記念して，北見市と高知市の間で姉妹都市締結の調印がなされた。

　北光社の記念碑からさらに150mほど東に向かうと，右手に三ツ頭(みつがしら)番所の説明板がたつ。三ツ頭番所は城下三番所の1つで，この辺りは，堀川・鏡川(かがみ)・浦戸(うらど)湾の水がまじわることからこの名でよばれた。また堀

北光社移民団出航の地碑

はりまや橋から下町へ

川沿いの松並木の端にあったことから松ヶ鼻番所ともいわれた。

武市瑞山（半平太）邸跡 ⑫

〈M▶P.2, 16〉 高知市菜園場町1
土佐電鉄路面電車ごめん線菜園場町電停 🚶
5分

土佐勤王党の拠点 志士たちの剣術修行の場

菜園場町電停から菜園場商店街を北進し、最初の交差点を左折すると、新堀橋の手前の横堀公園北東隅に、武市瑞山（半平太）邸跡の石碑がたつ。

長岡郡吹井村（現、高知市吹井）に生まれた瑞山は、新町田淵とよばれたこの地に道場を開き、下士の子弟を中心に剣術を教えた。のちに剣術修行のため江戸にでた瑞山は、千葉周作・斎藤弥九郎とともに、江戸三剣士とよばれた鏡新明智流桃井春蔵の士学館に入門し、門下として重きをなす一方、各地の志士と交流を重ねた。そして安政の大獄で藩主山内豊信（容堂）が蟄居を命じられてのち、挙藩勤王を念頭に1861（文久元）年には土佐勤王党を結成した。帰郷後の勤王党血盟書には、田淵道場の門弟らも多く名を連ねる。実際に道場があったのは、碑のたつ場所から30mほど東の道路北側と推定される。

武市邸跡から菜園場商店街の通りに戻り、再び北へいき1つ目の信号を右折して50mほど進むと、右手に明治時代の政治家であり貴族院副議長もつとめた細川潤次郎の生誕地を示す標柱がたつ。

細川潤次郎生誕地からさらに東へ進み、最初の角を左折して北に150mほど歩くと、左手に明治時代の民権政社共行社跡を示す標柱がたつ。共行社は1880（明治13）年、当時の中心人物水野寅次郎が板垣と意見対立してから、国権派として政治活動を行うようになる。水野は1882年に伊藤博文の意をうけて、福地源一郎らとともに政

武市瑞山邸跡の碑

府党である立憲帝政党を組織，のちには奈良県知事などもつとめた。

中江 兆民生誕地 ⓭

〈M ▶ P. 2, 16〉高知市はりまや町3-18
JR土讃線高知駅 🚶 12分

東洋のルソー
幸徳秋水の師

　武市瑞山邸跡の碑がたつ横堀公園から，道路をはさんで北にはいる路地がある。この路地を北に向かい，1つ目の交差点をこえて20mほど進んだ左手に，海軍大将永野修身生誕地の石碑がたつ。

　永野修身生誕地からさらに北に進む。つぎの交差点を左折すると，桜井橋のたもとに桜井跡の記念碑がある。この辺りは潮田を埋め立てた造成地で，上質な水が得にくかった。そこで1800(寛政12)年に町奉行の馬詰親音が近江の職人を招いて開削したのが，土佐でははじめての揉貫井戸である桜井であった。桜井の水は上質だったようで，安政の大地震(1854年)にも水がにごることはなかったと，当時の記録にある。実際の桜井跡は橋の手前，道路中央付近にある。

　桜井跡の交差点を北に渡り，20mほど北に歩くと，左手に岡本寧甫塾舎跡の石柱がたつ。幕末の儒学者である岡本寧甫は，1846(弘化3)年に官を辞してからこの地に家塾紅友社を開き，子弟を教育した。1000人にもおよぶという門弟のなかには，岩崎弥太郎・清岡道之助・河田小龍らがいる。

　寧甫の塾舎跡からさらに北に進む。最初の交差点を左折し，新堀川にかかる大正橋を渡って右折，20mほど進んだ川べりに「兆民通り」の碑がたち，かたわらには中江兆民誕生地への道標がある。この「兆民通り」の碑から西へ50mほどいった右手に，中江兆民生誕

桜井跡

高知八幡宮

はりまや橋から下町へ　23

地の碑がたつ。

　思想家であり文学者でもある中江兆民は，本名篤介。土佐藩足軽中江元助の長男として生まれた。藩校文武館で漢学を学び，陽明学や英学を学んだのち，1865（慶応元）年には長崎に遊学，フランス語を学んだ。このとき同地で坂本龍馬にも会っている。その後，江戸にでて仏学を学び，フランス公使ロッシュの通訳をつとめたのち，1870（明治3）年には大学南校（現，東京大学）の助教となり仏学を教えた。翌年にはフランスに留学し，2年半にわたって滞在。同地で自由と民権の思想に深く感化された。

　帰国後は1875年に東京外国語学校長に就任したが3カ月で辞職。元老院権少書記官をつとめたのち，1881年，西園寺公望が『東洋自由新聞』を創刊すると，編集委員長をつとめた。政府の弾圧で同紙が廃刊したあと，自由党創立に参加，機関紙『自由新聞』で社説係を担当する。1887年の保安条例で大阪に移ってからは，『東雲新聞』の主筆として，文筆で自由民権思想の啓発につとめ，民権運動の理論家として活躍した。1890年には大阪から選出されて衆議院議員となったが，土佐派の民権派議員の政府との妥協に立腹し，議会を「無血虫の陳列場」と断じて辞職した。

　1901年，喉頭癌で余命1年半と診断されたのちに執筆した『一年有半』『続一年有半』は，弟子の幸徳秋水の尽力で博文館から出版され，ベストセラーとなった。同年12月13日，東京で死去。55歳。小国として歩むべき非戦の道を示した『三酔人経綸問答』をはじめとして，現代にも通用する多くの著作を残した。

　兆民が少年期をすごしたこの辺りには藩の獄舎があり，幕末に武市瑞山とともに藩政改革を企てた間崎哲馬（滄浪）・平井収二郎・広瀬健太の3人も投獄された。彼ら3人の切腹の様子を獄の塀にのぼって見物した思い出について，兆民は随筆「平井収二郎君切腹の現状」に記している。

　兆民生誕地から北西に100mほどの，江ノ口川べりに鎮座する高知八幡宮は，もとは高知城の城八幡宮として城内にあったものを，1871（明治4）年にこの地に移したものである。

③ 城下から上町へ

板垣退助や後藤象二郎ら明治時代に活躍する政治家をうんだ郭中から、坂本龍馬生誕地上町へ。鏡川沿いの散策路。

旧山内家下屋敷長屋 ⑭
088-873-1429

〈M▶P.2,26〉高知市鷹匠町1-3-35 Ⓟ
土佐電鉄路面電車いの線県庁前電停 🚶 3分

西郷隆盛と山内容堂会見地
国宝「高野切」

　県庁前交差点を南へ歩く。この通りの西側歩道には、木曜市がたち、市民に親しまれている。左手に高知県民文化ホールなどをみながら、通りを突き当りまで歩くと鷹匠公園があり、公園の北側入口付近に山内容堂公邸跡の石標がたつ。ここは土佐藩15代藩主山内豊信(容堂)の父、豊著の屋敷だったところで南邸とよばれていた。容堂は現在の追手筋天理教会付近にあった追手邸で生まれたのち、6歳から22歳で藩主になるまでをこの南邸ですごした。

　鷹匠公園と道路をはさんだ東側には、現在、三翠園ホテルがあるが、このホテルの門に連なる長屋が、1865(慶応元)年建築の旧山内家下屋敷長屋(国重文)である。1864(元治元)年から翌年にかけて、郭中南詰めにあたるこの地に、16代藩主山内豊範の別邸散田邸がつくられた。史料によれば、その敷地は東西約130m・南北約122mという広大なものであった。下屋敷長屋はこの散田邸の一角にたてられたもので、桁行約31.5m・梁間約4.5mの南北に長い2階建て。1階6室、2階は3室に分けられ、多数の武士が宿泊警備を担当できるようになっていた。現在、公開されており、武家の生活道具などが展示されている。

　また散田邸では、1867(慶応3)年2月、薩摩の島津久光の使者として訪れた西郷隆盛・吉井友実らと容堂が会見した。会見の席上、上京を要請する西郷らに対し、容堂も「京都東山の土になる」決意をかためたといわれる。

　下屋敷長屋の前の坂道を

旧山内家下屋敷長屋

鷹匠町周辺の史跡

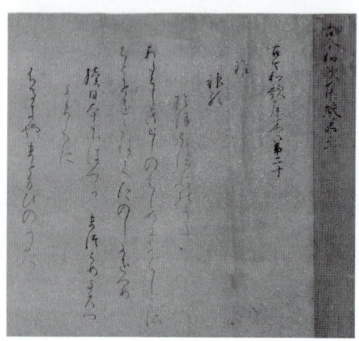

「高野切」

鏡川のほうに向かってのぼると、右手に参道があり、その奥に1871（明治4）年創建の山内神社が鎮座する。祭神として容堂と豊範をまつり、のちに藤並神社の祭神であった初代藩主山内一豊とその妻見性院、2代藩主忠義のほか、歴代藩主も合祀された。境内には酒盃を手にした容堂の銅像のほか、「一輪ノ皎月中天ニ輝クヲ見タリ」

とぎざまれた馬場孤蝶の記念碑などもある。社殿は第二次世界大戦による戦災で焼失後、1970（昭和45）年に再建されたものである。

社殿西隣の土佐山内家宝物資料館では、『古今和歌集』の最古写本である国宝「高野切」を含む、藩主山内家に旧蔵された文書・美術工芸品・武具・道具類などのすべてを所蔵管理し、一部を展示している。

板垣退助生誕地 ⓯

〈M▶P.2, 26〉高知市本町2-3-18
土佐電気鉄道路面電車いの線大橋通電停 ★ 3分

自由民権の象徴「板垣死すとも」の名句

大橋通電停から天神橋通商店街を南進し、信号のある2つ目の角を左折して20m、左手の高野寺（真言宗）の門の脇に「板垣退助先生誕生之地」の石碑がたつ。

板垣は上士乾栄六の長子としてこの地に出生。吉田東洋に抜擢されてしだいに頭角をあらわし、おもに藩の軍事面で実力をたくわえた。

1867（慶応3）年には薩摩の西郷隆盛らと討幕を密約。翌年の戊辰

板垣退助誕生地碑

戦争に際しては、東征大総督有栖川宮熾仁親王の下で東山道先鋒総督府参謀、土佐藩迅衝大隊司令として従軍。甲府（現、山梨県）攻めの際に、乾家の遠祖である武田氏家臣板垣駿河守信形にちなんで板垣と改姓し、人心を収攬。板垣の下に結集した甲斐の人びとは断金隊を結成して、以後、新政府軍に加わった。

維新後は高知藩大参事に就任、1871（明治4）年の廃藩置県後は明治政府の参議となった。その後、征韓論争に敗れて、西郷・後藤象二郎・副島種臣・江藤新平らとともに参議を辞任。翌年1月民撰議院設立建白書を政府に提出し、高知に戻って立志社を設立、1877年の西南戦争にも同調することなく、自由民権運動を指導・推進した。

民権運動の全国的な展開をはかって大阪に愛国社を再興、これを発展させて自由党を結成し、総理となった。1882年遊説先の岐阜で暴漢に刺された際にさけんだともいわれる「板垣死すとも自由は死せず」の名言も手伝って、その声望は全国にとどろいた。同年11月から翌年6月まで、後藤象二郎とともにヨーロッパを周遊したが、その旅費の出所に対する疑惑は民権運動に深刻な影響をおよぼした。帰国後、1884年、政府の弾圧や運動の急進化により自由党を解散した。

1890年の国会開設後は立憲自由党を率い、1898年には大隈重信と隈板内閣を組閣して内務大臣となったが、約4カ月で崩壊。その後政界を引退し、社会改良運動家として生涯をおえた。

板垣退助誕生地から東へ約100m進むと、左手に片岡健吉誕生地の碑がたつ。片岡健吉は土佐藩馬廻格片岡俊平の長男として生まれた。1874（明治7）年立志社の初代社長となって、板垣とともに国会期成同盟や自由党結成に尽力し、民権運動を推進した。高知県会の初代議長をつとめたほか、第1回総選挙以来8回連続当選した衆議院でも、第12議会から議長をつとめた。また1885（明治18）年に洗

城下から上町へ

礼をうけて以来，温厚篤実なクリスチャン(キリスト)でもあり，高知教会長老や日本基督教会伝道局総裁，同志社社長兼校長などを歴任した。高知県議会議事堂前には片岡の銅像がある。

　板垣誕生地から天神橋通り商店街に戻って南へ150ｍほどいくと，天神橋手前左手の土佐教会前に後藤象二郎誕生地の碑がある。象二郎は馬廻格150石の家に生まれ，1歳違いの板垣とは竹馬(ちくば)の友であった。幕末の参政(さんせい)吉田東洋は義理の叔父にあたり，東洋の下で学び抜擢され幡多郡奉行(はたこおりぶぎょう)などをつとめた。東洋暗殺事件後は一時失脚するが，1863(文久3)年山内容堂が藩政の実権を握るとともに復帰。大監察として土佐勤王党の処断に辣腕(らつわん)をふるった。

　1866(慶応2)年開成館奉行として長崎に赴き，同地で活発な商業活動を行い，上海(シャンハイ)にも渡って見聞を広めた。坂本龍馬(りょうま)とも接触し，龍馬の「船中八策(せんちゅうはっさく)」をうけいれて容堂に進言，1867(慶応3)年の大政奉還の立役者となった。

　維新後は基本的に板垣と行動をともにし，民権運動にもかかわった。

福岡孝弟誕生地(ふくおかたかちかたんじょうち) ⓖ

〈M ▶ P. 2, 26〉高知市升形(ますがた)1-1
土佐電鉄路面電車いの線グランド通電停 🚶 1分

"海南政典"編纂
「五箇条の誓文」起草

福岡孝弟誕生地碑

　グランド通電停付近は，かつて乗出(のりだし)とよばれていた。この辺りが，土佐藩の正月の嘉例(かれい)行事として，正月11日に本丁(ほんちょう)(現，電車通り)を騎乗の藩士がかけぬけた御駅初(おのりぞめ)の出発点であったことの名残りである。

　御駅初は，藩祖山内一豊が，近江長浜(現，滋賀県長浜市)で正月に家来衆の騎馬揃(ぞろえ)を閲兵したことにはじまるとされる。待機場所である西の升形からここまできた騎馬は，ここから東に向かって疾走し，筆頭家老深尾(ふかお)氏邸(現，県庁前電気ビル付近)内に設けられた御櫓(おぐら)にすわる藩

28　高知市

主の前をかけぬけ、東の堀詰まで走りぬけた。

　グランド通電停から北にはいると、突き当りに高知地方裁判所がみえる。2001（平成13）年の裁判所新庁舎建設に伴う発掘調査では、多数の近世陶磁器・漆器・山内氏家紋瓦や「松平土佐守」と墨書された木簡など、藩政時代の生活を想像させる遺物が多数出土した。

　グランド通電停から裁判所につきあたる1本手前の通りの角に福岡孝弟誕生地の標柱がたつ。土佐藩士福岡左近兵衛の2男として生まれた孝弟は、吉田東洋門下の俊秀として知られ、1859（安政6）年東洋が参政として藩政の中心にすわるとともに、抜擢されて大監察となった。また土佐藩法令の集大成である『海南政典』の編纂にも参加している。東洋没後も後藤象二郎とともに15代藩主山内容堂の命をうけて、大政奉還を将軍慶喜に勧告するなど、土佐藩重役として活躍し、1867（慶応3）年12月には新政府の参与となって、「五箇条の誓文」の起草にも参画した。

吉野朝廷時代古戦場址 ⓱

〈M▶P.2, 26〉高知市升形5-29 Ⓟ
土佐電鉄路面電車いの線枡形電停🚶1分

南北朝時代の古戦場　北朝方が南朝方を圧倒

　枡形電停の南東に出雲大社土佐分祠の鳥居がたつ。その前に吉野朝廷時代古戦場址の古めかしい碑がある。南北朝時代の土佐の動乱には、大きく分けて3つの波があったとされる。

　その1つは、1336（建武3・延元元）年正月から10月にかけての、現在の高知城の前身、大高坂城などを中心に、東は香美郡の深淵城（現、香南市）、西は高岡郡浦ノ内の神崎城（現、須崎市）に至る広範囲を舞台とした動乱であり、南朝方の中心である大高坂氏に対して、北朝方から派遣された細川顕氏・皇海兄弟や、吉良長氏・佐竹彦三郎らが、須留田氏・香宗我部氏らを統合して対抗した。

　2つ目は1339（暦応2・延元4）年10月から翌年正月にかけての戦いで、南朝方は四国入りした後醍醐天皇の子満良親王を中心に、和食・有井・佐河・斗賀野氏らの国人が大高坂氏と呼応しつつ足利方に対抗。足利方には細川皇海の下に、津野・香宗我部・長宗我部・須留田氏らの国人が結集した。そして、大高坂城からこの辺り一帯を舞台に激闘が展開され、大高坂松王丸は戦死、大高坂城は落城し、以後、南朝方の勢力は著しく衰退していく。碑が示すのは、

城下から上町へ　29

この1339年から翌年にかけての戦場である。なお大高坂松王丸の奮闘を記念する碑は，高知市役所敷地内にもたつ。

最後は1342(康永元・興国3)年に南朝方の佐河氏に，足利方の津野氏や佐竹氏が攻撃を加えたものであったが，いずれにしてもこの3つの合戦の終結とともに，土佐でも足利方が勝利をおさめることになった。

馬場辰猪・孤蝶生誕地 ⑱

〈M▶P.2, 26〉高知市升形9-44
土佐電鉄路面電車いの線枡形電停 🚶 3分

兄は自由民権の論客
弟は文学者

枡形電停から南へ100m，2番目の信号から東へ進むと，左手に称名寺(浄土宗)があり，称名寺の斜め前に自由民権左派の理論家馬場辰猪生誕地の標柱がたつ。馬場家は甲州武田家の名将馬場美濃守の末裔と伝え，幕末には馬廻だったが，いくつかの不祥事で，辰猪が相続したときには小姓組に格下げされていた。

17歳のとき，藩校致道館での成績が評価され，蒸気機関学修業を命じられて江戸にいき，英学を学ぶため福沢諭吉に入門。一時，長崎のオランダ人宣教師フルベッキにも学んだが，1869(明治2)年正月には慶応義塾と改称した福沢の塾の教師となった。翌年，高知藩留学生5人のうちに選ばれ，英国へ留学。留学中，片岡健吉・中江兆民・小野梓らと日本人留学生を組織した日本学生会をつくった。英国留学は，一時帰国をはさんで都合2度にわたった。

1878年に帰国後は，しだいに自由民権運動にかかわるようになり，やがて自由党の常議員となり，演説や機関紙『自由新聞』で自由民権の論理を展開する。

1883年9月，板垣の洋行に反対して自由党を離党。その後，1885年には横浜の英人商館で爆発物の買い入れ手続きなどを問い合わせたことにより逮捕され，約6カ月間投獄される。無罪釈放ののち，渡米。家伝の武具甲冑を身に着けて米国人聴衆を集め，日本の藩閥政治打倒への協力を訴えるなどした。米国フィラデルフィアの大学病院で肺疾患のため死去。著書には『条約改正論』『天賦人権論』などがある。

兄辰猪を終生尊敬してやまなかった文学者の馬場孤蝶(勝弥)も，この地で生まれた。1878年両親らとともに上京した孤蝶は，1889年

に明治学院普通学部に入学，島崎藤村らと親しんだ。卒業後，帰郷して高知共立学校(現，土佐女子中学校・高校)で教鞭をとるが，藤村が訪ねてきたことで文学的刺激をうけ，1893年8月上京。藤村らの『文学界』同人に加わり，浪漫的な小説・詩などを発表し，評論も書いた。この間，樋口一葉と知り合い，一葉の死後，斎藤緑雨の意をうけて『一葉全集』の編集も手がけた。

滋賀県彦根や埼玉県浦和の中学校で教鞭をとるなどしたのち，1906年9月から1930(昭和5)年3月まで慶応義塾で文学を講じた。創作のほか，英・仏・露文学などの翻訳紹介も多く，明治文壇への海外文芸思潮の移入に先駆的な役割をはたした。

フランク・チャンピオンの碑 ⓳

〈M▶P.2,26〉高知市鷹匠町2-5
土佐電鉄路面電車いの線グランド通
電停 🚶 5分

米国の飛行家 江戸期の大水対策

グランド通電停から南にくだり，山内神社の鳥居を左にみつつ，柳原橋北詰めを右にまがって少し歩くと，右手の忠霊塔の奥に「フランクチャムピオン之碑」ときざまれた石塔がたつ。

チャンピオンは，米国人飛行家で曲芸飛行を得意とした。1917(大正6)年10月，俠客鬼頭良之助(本名森田良吉)の招きで来高したチャンピオンは，約10万人の見物客の前で飛行ショーを展開，高度な飛行技術を披露したが，午後の2回目の飛行中に左翼がおれ，1200mの高度から墜落，死去した。彼の死を悼んだ鬼頭らによって翌年にたてられたのがこの碑である。小さくて読みづらいが，碑の面には，当時の帝国飛行協会会長であった大隈重信による，チャンピオンの功績をたたえる文章がきざまれている。

フランク・チャンピオンの記念碑のすぐ東側に小さな石柱があり，その東面には「従是東七ノ丁場」，西面には「従是西六ノ丁場」ときざまれている。これが藩政時代の水防組織である水丁場の受け持ち区域

フランク・チャンピオンの碑

城下から上町へ

を示す石柱である。上町観音堂から下町雑喉場までを12区画に分け、水防受け持ち区域である水丁場を定め、それぞれ担当の組と町庄屋を設置し、潮江川増水時には、これらの人びとが城の鐘の音を合図に担当の水丁場に出動した。

水丁場を示す石柱は、ここから大堤防の上を西へ400mの、上町1丁目交差点から南下した道が築屋敷にであう角にも1基残っている。また新月橋北側の秋葉山神社のかたわらにも1基残るが、これは道路工事などにより原位置から西へ移されたものである。

坂本龍馬誕生地 ⑳

〈M▶P.2, 26〉高知市上町1-7
土佐電鉄路面電車いの線枡形電停 🚶 1分

明治維新の立役者
夢は世界の海援隊

枡形電停から西へ50m、南側の病院前に坂本龍馬誕生地の碑がある。坂本家の先祖は明智光秀の一族で、落人として土佐へきたと伝えられる。江戸時代初期には長岡郡才谷（現、南国市）の百姓であったが、17世紀なかばごろに城下にでて商人となり、才谷屋を屋号とした。

才谷屋は質屋と酒屋を営み短期間で富をなし、2代目のときには町老をつとめ藩主への御目見を許されるに至った。3代直益は家業を2男につがせ、郷士株を取得して長男に郷士として一家を構えさせた。これが郷士坂本家の始まりで、龍馬はその4代目にあたる。

幼少のころの龍馬は臆病で泣き虫、そのうえ14歳をすぎるまで夜尿癖がなおらなかったといわれる。12歳で生母に死別。その後は4歳年上の姉乙女が母代わりとなった。「坂本のお仁王様」とよばれるほどたくましかった乙女は、龍馬を厳しく育てたばかりでなく、生涯にわたりよき理解者となった。筆まめで多くの書簡を残す龍馬だが、乙女に宛てた書簡のかざらない文章は、龍馬の姉乙女への敬慕と親愛の情を伝える。

坂本龍馬誕生地碑

龍馬が大きく成長するのは14〜15歳のころ，鏡川べりの日根野弁治の道場で剣術修行をはじめてからである。日根野道場で剣の腕をあげた龍馬は，その後，19歳から24歳までの間に2度も江戸にいき，北辰一刀流千葉定吉道場で修行した。ちょうどそのころ浦賀（現，神奈川県横須賀市）にペリーの来航があり，高知に戻れば河田小龍から海運の重要性について説かれるなど，龍馬はしだいに見識を広めていく。

　武市瑞山は龍馬の遠縁にあたり，瑞山が土佐勤王党を結成すると龍馬もすぐに加盟した。しかし，瑞山の挙藩勤王の考え方に疑問をもち脱藩。瑞山は龍馬を「土佐にあだたぬ（おさまりきらない）やつ」と評した。脱藩後の龍馬は幕臣で開国論者の勝海舟に入門，海舟を助けて神戸海軍操練所で航海術を学び，福井藩主松平春嶽，外国奉行も勤めた幕臣大久保一翁，福井藩の政治顧問である横井小楠ら当代一流の人物の知遇を得た。

　やがて神戸海軍操練所が廃止されたので，薩摩藩の保護の下，長崎に亀山社中を開き，脱藩した青年たちを中心に海運業に従事し，他方では中岡慎太郎らと協力して薩長同盟成立に尽力，討幕派が政局の主導権を握る土台をつくった。後藤象二郎らはこうした天下の形勢をみて龍馬に接近，龍馬発案による「船中八策」をもとに大政奉還を推進した。以後，亀山社中は土佐藩の後援をうけて海援隊として活動する。

　そのめざましい活躍により，龍馬は佐幕派からもっとも恐れられ，つけねらわれる存在になっていた。薩長同盟を結んだ直後，伏見（現，京都市伏見区）の船宿寺田屋で幕吏の襲撃をうけたときは，宿で働いていたのちの妻お龍の急報により，手傷をうけながらも難をのがれた。

　慶応3（1867）年11月15日，大政奉還の1カ月後，京都近江屋で陸援隊隊長中岡慎太郎と密談中を数人の刺客に襲撃され落命。享年33歳。奇しくもその日は龍馬の誕生日であった。

　龍馬誕生地のかたわら，老舗旅館である城西館の南側には，高知市立龍馬の生まれたまち記念館があり，パネルや映像で幼少期の龍馬がすごした上町の様子を紹介する。また同館では観光ボランテ

ィアガイドによる上町周辺の史跡案内も行っている。

婦人参政権発祥之地 ㉑　〈M▶P. 2, 26〉高知市上町2-1-11
土佐電鉄路面電車いの線上町1丁目電停🚶3分

「民権ばあさん」楠瀬喜多　日本初の女性参政権

　坂本龍馬誕生地から100mほど西進し，最初の交差点で電車通りを横断して北進するとすぐ，市立第四小学校にいきあたる。同校の南門付近に3つの碑が並びたち，なかでも婦人参政権発祥之地と刻された碑がもっとも大きく目をひく。

　1878(明治11)年，大区・小区制に伴う区会議員選挙に際して，戸主でありながら女性であることを理由に投票を認められなかった楠瀬喜多は，それを不服として税金を滞納。県からの納税督促に対して「納税ノ儀ニ付御指令願ノ事」とする文書を県庁に提出した。そのなかで喜多は，男女の権利に差異があるや否やを迫ったが，差異ありとするならば納税拒否，差異なしならば投票を認めさせるとする巧妙な策であった。喜多の要求は県にはねつけられ不首尾におわったが，これはわが国における最初の女性の選挙権要求である。喜多の要求から2年ののち，この地にあった上町町会で，日本初の女性参政権が認められた。

　後年，喜多は「民権ばあさん」とよばれ，のちに玄洋社を結成した福岡出身の頭山満や，福島の自由民権運動の中心人物河野広中らとも親交があった。「マダイキテオルカ」という頭山の電報に対し，「イキスギテコマル」と喜多が返電したのは有名なエピソード。高知市塩屋崎町の妙国寺裏山にある喜多の墓には，「頭山満建之」「河野廣中書」ときざまれている。

　婦人参政権発祥之地の碑の隣には，河野敏鎌の生誕地を示す石標がたつ。土佐勤王党に参加した敏鎌は永牢処分となるが，明治維新とともに出獄。新政府に出仕し，のちに農商務相・司法相・内相・文相などを歴任した。

　敏鎌の碑の隣には，民権政社嶽洋社跡の石標がたつ。嶽洋社社員には坂本直寛や宇田淵溟らがいた。

34　高知市

城下町高知──旧町名あれこれ

コラム

川にはさまれた城下町
歴史伝える旧町名

　関ヶ原の戦い後、長宗我部氏にかわって土佐の国主となった山内一豊は、1601（慶長6）年に入国するとまもなく高知城築城に取りかかり、同時に本格的な城下町の整備も進めた。

　城下町建設にあたっては、旧主長宗我部氏も手を焼いた水防と水利が重要な課題となった。町の南を流れる潮江川（鏡川）には、高さ3ｍ近くにもなる大堤防が築かれ、城を中心とする郭中にも、郭中堤防・升形堤防・上町堤防を築く大土木工事が実施された。

　城下町は北の江ノ口川、南の潮江川にはさまれ、郭中には山内氏とともに入国してきた上士が多く居住し、直線的に整備された道路は、南北の道が「通り」、東西の道が「筋」とよばれた。堀詰から東の下町は、商人の町であるとともに浦戸湾に続く港町としての側面ももっていた。また升形以西の上町は、武家につかえる奉公人や中間、下代といった人びとが多く住んでいた。

　城下の各町にはさまざまな特色ある名前がつけられた。

　城下町建設にあわせて、藩内各地や藩外からも商人をはじめとした人びとが移住してきたが、それらの人びとの集住した町には、浦戸町（吾川郡浦戸村から）、山田町（香美郡山田村から）、蓮池町（高岡郡蓮池村から）や、堺町（泉州堺から）、掛川町（山内氏旧領の遠州掛川から）などがあった。

　またそこに住む人びとの職掌に由来した名をもつ町もできた。藩主の御鷹部屋がおかれ、鷹匠が居住した鷹匠町、江ノ口川堤防警備のために藩が鉄砲足軽組を居住させたといわれる鉄砲町、中間などが多く居住していた南北の奉公人町、指物師や鋳物師などが多く居住した細工町、材木問屋や大工が集住した材木町などがそれである。

　かわったところでは、かつて藩主のための菜園所があった菜園場町や、1592（文禄元）年の豊臣秀吉朝鮮出兵の際、長宗我部元親によって土佐につれてこられた朝鮮慶尚道秋月城主朴好仁（パクホイン）らが、一豊入国後、豆腐の商いを許されて居住した唐人町などがある。

　これら、その町の性格や歴史を物語る町名は、住居表示の整備・変更などの都市開発のなかで多くが失われてしまったが、2001（平成13）年、高知城築城400年記念事業の一環として、これら高知城下旧町名の案内標識が、高知市内の旧郭中・下町・上町の各所に設置された。

　これらの標識は、往古の城下町をしのんで歴史散歩をする者にとって、格好の道標となっている。

城下から上町へ

近藤長次郎生誕地 ㉒

饅頭屋長次郎 龍馬の右腕

〈M▶P.2, 26〉高知市上町2-7
土佐電鉄路面電車いの線上町2丁目電停🚶1分

坂本龍馬誕生地から西に300mの上町2丁目交差点を左折し，南に向かって150mほど歩き，水道町と交差する角をこえてすぐのところに，近藤長次郎生誕地を示す標柱がたつ。長次郎は坂本龍馬らとともに活躍した幕末の志士で，生家は大里屋の屋号で餅菓子づくりを営んでおり，そのことから「饅頭屋長次郎」ともよばれる。早くから学問に親しみ，河田小龍に師事した。またこのころ，南奉公人町（現，高知市）にいた甲藤市三郎や，神田村（現，高知市）にいた岩崎弥太郎らにも学んで

近藤長次郎肖像

いる。

　1859（安政6）年正月，藩重役の下僕として江戸にでて，弥太郎の師でもあった安積艮斎に入門。1862（文久2）年10月に坂本龍馬が勝海舟に入門すると，龍馬のすすめで翌月には長次郎も海舟の門にはいったといわれる。1863（文久3）年，海舟にしたがって神戸海軍操練所にはいる。

　その後，龍馬のおこした亀山社中に参加。龍馬の下で薩長同盟に奔走し，長州のためにユニオン号（桜島丸，のち乙丑丸）購入に尽力した。その報奨として単身英国渡航を計画し，一度は英商人グラバーの船に乗り込むが，このことが亀山社中の仲間に露見し密航を断念。社中内で，「海援隊約規」に記された利益の公平な分配の原則にもふれる，その秘密裏の行動をせめられて，1866（慶応2）年正月，長崎で切腹した。29歳であった。京都にいて近藤の死を聞いた龍馬は，「俺が居ったら殺しはせぬのじゃった」と残念がったという。

4 江ノ口川以北の史跡

城下町北の外堀的役割をはたした江ノ口川。近代以降，都市化が進んだ川の北方にも，多くの史跡がある。

大川筋武家屋敷資料館 ㉓
088-871-7565

〈M ▶ P. 2, 38〉 高知市大川筋2-2-15 P
JR土讃線高知駅 徒歩15分

数少ない武家屋敷　作家大原富枝も下宿

高知駅前を100mほど西進する。高知警察署前の交差点を左折し，最初の信号を右折して200mほど西進した交差点に，勤王の志士間崎滄浪邸跡の碑がある。さらに西に約200m進むと，県道高知本山線（通称愛宕通り）にいきあたる。すぐ北方の愛宕1丁目交差点西の高知市立江ノ口市民図書館前には，民権政社有信社があったことを示す石柱がたつ。

反転し，県道高知本山線を南に200mほど進んだ中の橋北詰交差点を右折し，150mほど西進した右手にある旧手島家宅は，大川筋武家屋敷資料館となっている。手島家は三河（現，愛知県）出身で，掛川（現，静岡県掛川市）から山内一豊にしたがって入国し，家禄200石の馬廻であった。屋敷は明治維新以降，敷地や家主もかわり，老朽化が進んでいたが，第二次世界大戦で戦災にあった高知市にとっては貴重な武家屋敷であることから，1998（平成10）年に藩政末期の形態に近づける復元工事がなされた。敷地南側に長屋門，門をくぐると主屋がある。主屋の北側の蔵の内部には，武家屋敷復元の経緯や幕末期の城下町を図示したパネルなどが展示されている。

また，ここには1925（大正14）年から1年ほどの間，『婉という女』などの作品で知られる作家大原富枝が女学生時代に下宿しており，富枝はそのころの思い出をエッセイなどに綴っている。

資料館のすぐ北側には，藩政末期に大目付などの重職をつとめ，土佐勤王党にも一定の理解をもっていた小南五郎右衛門生誕地の

大川筋武家屋敷資料館

江ノ口川以北の史跡　37

江ノ口川北岸の史跡

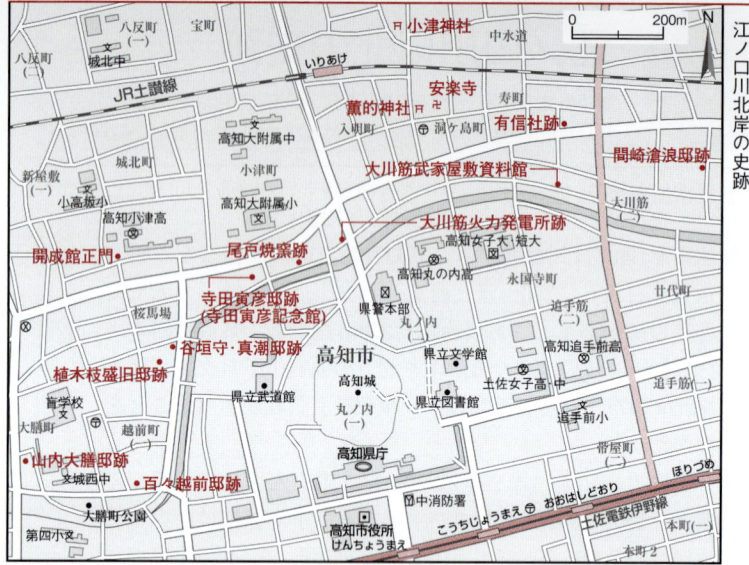

碑がたつ。

　資料館の約200m西にある上の橋北詰交差点の約150m北に，薫的和尚をまつる薫的神社（洞ヶ島神社）がある。この地にはかつて曹洞宗の瑞応寺があった。瑞応寺は長宗我部元親が祖父兼序の菩提寺を再興し，父国親の法号にちなんで名づけたもので，元親が岡豊から居城を移す際にこの地に移った。薫的は同寺の住職であった。

　1665（寛文5）年，2代藩主忠義の一周忌法要に際して，山内家菩提寺の真如寺了谷和尚がつけた法名「竹巌院殿龍山雲公大居士」について，薫的は「岩の上の竹は枯れ，雲は風に流されるものであり，国の長久を文字に込めるべき国主の戒名としてふさわしくない」として批判。また法要の席次で瑞応寺が真如寺より下位にあったことにも猛烈に抗議し，藩に対して隠居を願いでた。翌年藩から隠居の許可がおりるが，薫的は真如寺支配の不当性を江戸の寺社奉行に訴えようとし，強硬な態度をかえなかったため，藩から入牢を命じられ，結局，牢内で絶食して憤死した。遺体は最初小高坂山に葬られたが，1727（享保12）年に瑞応寺裏山に改葬された。

　明治初年の廃仏毀釈で瑞応寺は廃寺となり，1870（明治3）年同地に薫的を祭神としてまつる洞ヶ島神社が創建され，1949（昭和24）

年には,通称にあわせて薫的神社と改称した。東隣の四国霊場番外札所安楽寺(真言宗)は,木造阿弥陀如来坐像(国重文)を所蔵する。

　薫的神社西側の道を北進し,JRの高架を潜ると,左手に小津神社の杜がある。境内には物理学者寺田寅彦の父利正が寅彦の病気平癒祈願の願解に奉納した石灯籠と石橋があり,それぞれに寅彦の名がきざまれている。また東入口すぐそばの玉垣にも,奉納者として寅彦の名がきざまれている。

　小津神社から戻って,上の橋北詰交差点から約250m西には,大川筋火力発電所跡の石碑がある。1898(明治31)年,ここに高知県初の火力発電所が建設され,高知市とその周辺にはじめて電灯がともった。のちに土佐電灯株式会社(現,土佐電気鉄道株式会社)がこの事業を引きつぎ,1904年に路面電車を走らせた。現在も日本でもっとも長い歴史をもつ路面電車として高知市近郊を走っており,市民から「とでん」の愛称で親しまれている。

　発電所跡の石碑から西100mのところに尾戸焼窯跡の石碑がたつ。尾戸焼は2代藩主忠義のとき,奉行職野中兼山が大坂から招いた陶工久野正伯によりはじめられた。この窯は1822(文政5)年,藩命により能茶山(現,高知市鴨部)へ移されるまで続いた(P.58参照)。

寺田寅彦邸跡(寺田寅彦記念館) ㉔　　〈M▶P.2,38〉高知市小津町4-33
088-873-0564　　　　　　　　　　　　　　P
　　　　　　　　　　　　　　　　　　　　JR土讃線入明駅🚶10分

「天災は忘れられたる頃来る」物理学者で漱石門下

　尾戸焼窯跡から西に少し歩くと,寺田寅彦邸跡(寺田寅彦記念館)がある。寅彦は物理学者・随筆家。「天災は忘れられたる頃来る」の警句はとくに有名である。高知出身の陸軍会計監督であった寺田利正の1人息子として東京で生まれた。4歳のとき,大川筋(現,高知市小津町)の家に家族とともに移り住み,江ノ口小学校,県立尋常中学校(現,県立高知追手前高校)を卒業し,19歳で熊本の第五高等学校(現,熊本大学)に入学するまでの青少年期をここですごした。五高では夏目漱石に英語を学び,また俳句の手ほどきをうけた。

　その後,東京帝国大学物理学科を首席で卒業,大学院に進み理学博士となり,32歳で東大助教授に任命された。物理学研究のかたわら,吉村冬彦の筆名で『ホトトギス』誌上に「団栗」「龍舌蘭」な

江ノ口川以北の史跡　39

寺田寅彦記念館

どのすぐれた随筆を数多く執筆，藪柑子の俳号による俳句も発表した。そのほか油絵・水彩画・バイオリン・ピアノ・映画批評などといった趣味も多彩であった。1935（昭和10）年12月31日，東京本郷曙町の自宅で病死，58歳。

寅彦邸南側の道をさらに100mほど西進して，つぎの信号のある交差点を右折する。目前にあるつぎの交差点をこえて北進すると，すぐ県立高知小津高校がある。同校敷地の南西隅には，土佐藩が富国強兵・殖産興業の目的で九反田に設立した開成館の正門（県文化）が移築されている。

開成館正門

植木枝盛旧邸跡 ㉕

〈M▶P.2,38〉高知市桜馬場3-3
土佐電鉄路面電車いの線升形電停 🚶 8分

立志社の若き論客
時代超越の私擬憲法案

寺田寅彦邸跡南側の道を西に100mほど進む。信号を渡り歩道を少し南下すると，路傍に谷垣守・真潮の邸跡を示す石柱がある。2人は南学の学聖谷秦山の子と孫で，谷門の南学を土佐藩教学の中心にすえた功労者である。

谷邸跡南の路地を西にはいるとすぐのところに植木枝盛旧邸跡がある。立志社を代表する論客として有名な植木枝盛は，土佐郡中須賀（現，高知市中須賀町）の生まれ。藩校致道館を経て，東京に山内家が設立した海南私学に学んだが，ここが軍人養成を目的とする学校と知り退学。いったん帰郷するが，板垣退助の演説に感激し，政治を志して再び上京。その後，1877（明治10）年に板垣とともに土佐

植木枝盛旧邸跡

に帰郷し、立志社に加わった。

　帰郷直後に発生した西南戦争の最中、立志社は枝盛の起草した「立志社建白」の天皇への提出を企図し、西郷軍に呼応せず国会開設・地租軽減・不平等条約撤廃の3大要求を中心に自由民権運動を推進していくことを宣言する。立志社はその後1878年、大阪に設立された愛国社をはじめ、国会期成同盟、自由党と続く民権運動の中枢をささえていくが、つねにその中心にあって論を組み立て、最高の論客として活躍したのが枝盛であった。

　この間、1881年にはこの桜馬場の家で、人民主権や抵抗権・革命権などを骨子とし、もっとも民主的な私擬憲法案とされる「東洋大日本国国憲案」を起草。翌年には弾圧を巧妙にかわしながら酒造業者の要望にこたえ、酒造税増税に反対する酒屋会議を企画し、「酒税減額請願書」を政府に提出する。自由党解党後は土陽新聞社に入社し、政治論・女性解放論・社会改良論など数々の論文を発表する。県会議員を経て1890年、第1回総選挙に高知県第3区から出馬して当選。代議士となったが、第2回総選挙の準備中の1892年、持病の胃腸障害が悪化して急死。享年36歳。著書には『民権自由論』『天賦人権弁』などがある。なお、植木枝盛旧邸の書斎部分は高知市立自由民権記念館内に移設され公開されている。

　植木枝盛旧邸跡から西進し、突き当りを左折して200mほど南下すると左手に高知城築城総奉行をつとめた百々越前邸跡の碑がたつ。越前は近江（現、滋賀県）の人で築城の名手といわれ、土佐では知行7000石をあたえられて、養子出雲直安とともに高知城築城に手腕を発揮した。この辺りの現在の地名越前町も、彼の名にちなむ。

　百々越前邸跡南の交差点を右折して西進すると、左手に大膳町公園がある。この公園と道路をはさんだ北側の市立城西中学校敷地とは、かつての高知師範学校跡地であり、公園南側には高知師範之碑ときざまれた碑がたち、正門が残る。また大膳町公園の南東隅には、明治時代初期の洋画家で、みずからがおこした東京の画塾

江ノ口川以北の史跡　41

彰技堂で，わが国初の洋画展覧会を開催した国澤新九郎の生誕地を示す碑がたつ。大膳町公園からさらに西進し，県道弘瀬高知線との交差点を右折すると，大膳町バス停のすぐかたわらに山内大膳邸跡の碑がたつ。山内大膳亮豊明は，土佐藩支藩の中村藩山内家3代藩主で，江戸幕府5代将軍徳川綱吉に気にいられ，1689(元禄2)年4月に幕府奥詰衆，5月には若年寄を命じられたが，若年寄就任を固辞したことが綱吉の忌諱にふれ，所領を没収された。

その後，1692(元禄5)年に許されて帰国し居住したのがこの地であり，大膳にちなんだ町名が今に残る。幕府に没収された中村3万石は，1696年に土佐藩に還付された。

坂本家の墓所 ㉖　〈M▶P.2〉高知市山手町
土佐電鉄路面電車いの線 旭町1丁目電停🚶7分

上町5丁目電停で下車し，50mほど北に進む。江ノ口川の手前を左折して約150m西進すると，陶製位牌(県文化)を有する永福寺(浄土真宗)が川の北側にある。この門前で，1861(文久元)年3月，上士の山田広衛と下士の中平忠次郎が斬りあいとなり，忠次郎が殺害された。その後，さらにこの現場に中平の兄池田寅之進がかけつけ，広衛を殺害した。この井口事件に対する藩の処置は下士の寅之進に厳しかったので，下士の不満がつのり，その団結のきっかけとなった。

永福寺西側の福井橋を渡り，山ぎわを北西に少し進むと坂本家墓所の登り口に至る。龍馬の父八平・母幸・兄権平・2姉栄・3姉乙女らの墓がある。ただし，龍馬の墓はここにはなく，京都霊山墓地にある。乙女は，龍馬が少年のころ亡くなった母のかわりとして，龍馬の人間形成に大きな影響をあたえた人物である。

龍馬姉乙女の眠る墓地　上士対郷士井口事件

坂本家の墓所

坂本家墓所から中須賀通りを南にくだり、江ノ口川にかかる小橋を渡って2つ目の角を左折、50mほど東進すると、右手に植木枝盛先生誕生地之碑がたつ。

鹿持雅澄邸跡 ㉗

〈M ▶ P.2〉 高知市福井町 鹿持団地内
土佐電鉄路面電車はりまや橋電停🚌奥福井行小田口🚶
5分

万葉研究の大家
福井の里の愛妻家

小田口バス停西方の小山に、国学者鹿持雅澄邸跡（県史跡）がある。雅澄は土佐郡福井村（現、高知市福井町）の下士である御用人の家に生まれた。雅澄の先祖は土佐一条氏をたよって戦国時代に来国した公家の飛鳥井雅量であり、幡多郡大方郷加持村（現、黒潮町）に居城があったことから、のちに加持（鹿持）氏を称した。雅澄のころは柳村氏を名乗っていたが、1827（文政10）年に旧姓鹿持に改めた。儒者であり藩校教授館の教授役でもあった宮地仲枝の門で国学を学ぶなど、早くから学問にいそしみ、1810（文化7）年ごろから本格的に『万葉集』の研究にはげんだ。鹿持家はその後、御用人から上士と下士の中間の白札に昇進するが、役職はごく下級であり、生活も楽なものではなかった。そのようななかで『万葉集』研究は休みなく続けられ、のちに『万葉集古義』の大著として結実する。また、彼は福井の邸を国学塾古義軒とし、子弟の教育にも尽力した。

鹿持邸跡には、没後100周年にあたる1958（昭和33）年にたてられた歌碑があり、佐々木信綱の「鹿持翁百年祭歌」3首がきざまれている。また、生誕200周年にあたる1991（平成3）年にたてられた歌碑も隣にあり、亡妻挽歌1首がきざまれている。北西隅には古井戸も残る。1991年の発掘調査では、2棟の掘立柱建物跡の遺構のほか、伊万里・唐津・能茶山焼などの陶磁器が多数出土した。邸跡北西の小高い山には鹿持家墓所や鹿持神社がある。雅澄の墓の隣には妻で武市瑞山の叔母にあたる菊の墓もある。

鹿持邸跡北の鴻ノ森山頂一帯が鴻ノ森城跡である。城跡には、土塁などの遺構が良好に残る。鴻ノ森は、高森・神森・河野森などとも書き、城主は本山氏に属する神森出雲であったが、1561（永禄4）年に長宗我部元親軍に攻められ、出雲は自刃して落城したと伝える。なお、この鴻ノ森からは高知市街地がほぼ一望できる。

江ノ口川以北の史跡

5 北山街道を薊野・一宮・布師田へ

江戸時代後期の参勤交代の道、北山街道。センダンの並木が残る旧道沿いには、掛川神社・土佐神社・布師田御殿跡が残る。

龍乗院㉘　〈M▶P.2,45〉高知市比島町2-10-3　Ｐ
088-875-4097　JR土讃線高知駅🚌比島経由高知営業所行比島アパート前
🚶4分

日讃和尚の長寿伝説　板垣退助生家の門

　高知駅を電車通り沿いに南に進むと、江ノ口川にかかる高知橋に至る。川沿いに東へ歩くと、1つ下流の山田橋に着くが、この橋はかつての参勤交代道である北山街道の起点であった。橋の南は山田橋番所・高札場跡で広小路が残る。

　北山街道はここから山田橋を渡って北に進み、県道高知南国線と交差する。この周辺は、かつては浦戸湾周辺に開発された干拓地帯であり、地名にも塩田町や、開発者の名を冠した弥衛門の名がみられる。東に100mほど進み左折して、かつての北山街道である県道後免中島高知線にはいり、県道高知南国線とJR土讃線を横切り徒歩で約10分北進すると街道の東側に比島山がある。現在は土砂崩れや開発のために様相がかわったが、かつてはその名のとおり浦戸湾に浮かぶ島であった。この南麓に位置するのが龍乗院(天台宗)である。比島アパート前バス停からは、少し南にくだった交差点を東へ進み、比島郵便局前をすぎた角を左折した突き当りにある。

　龍乗院は、1601(慶長6)年、潮江山で日讃和尚によって開かれたが、1671(寛文11)年に現在地に移った。現在の山門は板垣退助の生家の門を移築したものである。日讃和尚は長寿で知られ、164歳で没したと伝えられる。和尚は100歳をすぎたある年の正月に、城中で祈禱のあとにだされたミカンの種をもち帰ろうとして、諺の「七十の接木」をもこえていると笑われたが、

板垣退助生家門(龍乗院山門)

高知市

比島町から一宮周辺の史跡

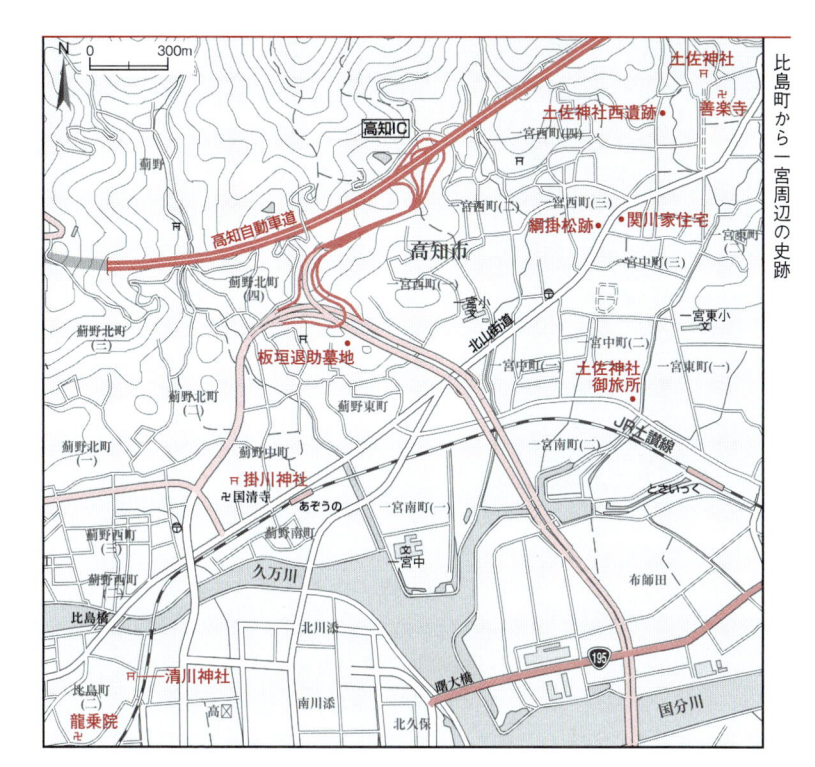

和尚はミカンが大木となるまで長生きし，笑った人びとを招いてミカンの実をふるまい驚かせたという話など，多くの逸話を残す。

寺宝として有名な絹本著色普賢延命像(けんぽんちゃくしょくふげんえんめい)(国重文)は鎌倉時代後期の仏画で，長寿を祈る密教の普賢延命法の本尊である。ほかには，敵討(かたきう)ちで有名な曽我五郎(そがごろう)の愛刀とされる瀬(せ)のぼりの太刀や室町時代後期の梵音具(ぼんおんぐ)などがある。

龍乗院南の歩行者用道路を道なりに北東へ進み，突き当りを右折，JR土讃線にほぼ並行する道を北に進むと，左手に長宗我部元親(ちょうそがべもとちか)・野中兼山(のなかけんざん)・薫的(くんてき)和尚をまつる清川神社がある。藩政後期に政情不安が続いたため，藩主山内家に恨みをもつと考えられた3人の鎮魂のために建立(こんりゅう)されたといわれる。

掛川神社(かけがわじんじゃ) ㉙　〈M▶P. 2, 45〉高知市薊野中町(あぞうのなかまち)8-30　Ｐ
088-845-0005　　JR土讃線高知駅🚌比島経由高知営業所行薊野🚶3分

龍乗院から県道に戻り，比島山を右にみながら県道後免中島高知

北山街道を薊野・一宮・布師田へ

掛川神社

山内家が遠江より勧請
葵紋の手水鉢

線をさらに100mほど北東進する。久万川にかかる比島橋を渡ると薊野である。高知市北部の山麓は昔からの墓地が多く、薊野北部の真宗寺山は、「人斬り以蔵」こと岡田以蔵、「絵金」こと弘瀬洞意の墓などがあり、多くの先人が眠る。また、これより東方の通称板垣山には板垣退助の墓がある。北山街道には、かつて道筋に植えられていたセンダン並木が一部残っており、これを東進すると北側に陽貴山がみえる。薊野バス停からやや西の県道に面してたつ大鳥居が、陽貴山登り口の目印となる。

　この山に鎮座する掛川神社は、2代藩主山内忠義が旧領遠江より掛川天王宮を勧請して建立したもので、祭神は大国主神・素盞嗚命・稲田姫命。社宝の太刀銘国時附糸巻太刀拵と太刀銘康光附錦包太刀拵(ともに国重文、東京国立博物館保管)の2振は、山内家より奉納されたものである。陽貴山には掛川神社とともに建立された国清寺(天台宗)もある。また東照権現の霊屋も設けられたので、歴代藩主は駕籠からおりて拝礼していたが、国清寺の僧侶が駕籠に乗ったままでの拝礼をすすめたので、帽子などをとって挨拶しようとする人に「陽貴山前ではそのまま、そのまま」といって辞退する言葉がうまれたそうである。掛川神社の手水鉢には三つ葉葵の紋がみられる。

土佐神社 ㉚
088-845-1096

〈M▶P.2, 45〉高知市一宮しなね2-16-1　P
JR土讃線高知駅🚌一宮神社前方面行一宮神社前🚶5分

土佐国の一宮
長宗我部元親の再建

　陽貴山をあとにして北山街道をさらに東進すると、布師田別バス停に至る。これより街道は2手に分かれるが、北東の道が土佐神社へ続く道である。その途中にあるのが関川家住宅(国重文)である。郷士の関川家の家屋は、接客部が発達しており、庇を大きくして間数を確保している。関川家住宅の近くには、かつて横穴式石室を有する一宮2号墳(一宮大塚古墳)があったが、西約800mの場所に

46　高知市

土佐神社拝殿

ある太古橋はこの石室の石を使ってつくられたものである。

土佐神社手前，道の北側には綱掛松跡の説明板がある。かつての海岸線はこの付近まではいっており，神幸では，県中西部の須崎市にある鳴無神社まで御船遊びの行事が行われていたが，神輿を乗せた御座舟の綱をかけた松があったところである。土佐神社と鳴無神社の関係は深く，鳴無神社から土左大神が「石のおちたところに宮をまつれ」といって石を投げると，石はこの周辺上空を7日7晩ぐるぐるまわったのち落下したということである。この石は「つぶて石」といわれ，今でも神社東側にある。

ほどなく『延喜式』式内社で土佐の総鎮守，一宮の土佐神社に至る。祭神は一言主神とも味耜高彦根命ともいわれ，460年の創建と伝えられるが，『日本書紀』には675年に「土左大神」の名がみえる。社殿は戦国時代，長宗我部氏と本山氏との戦いで焼失したが，1571(元亀2)年に再建されている。本殿・幣殿及び拝殿(いずれも国重文)は長宗我部元親，鼓楼・楼門(ともに国重文)は山内忠義の建立である。建物の配置を上からみると，トンボが本殿に戻ってくるような形の入蜻蛉式で，戦勝報告をするのにふさわしい形式としてたてられたという。そのほか鰐口・銅鏡・能面を有する。毎年8月25日の大祭は志那祢様とよばれて多くの参拝客が訪れ，土佐の夏のおわりを告げる風物詩となっている。

隣接して四国霊場第30番札所善楽寺(真言宗)がある。空海が土佐神社の別当寺として建立したと伝えられる。天文年間(1532〜55)作の懸仏を所有する。この周辺は浦戸湾最奥部に位置するという地理的要因もあり，古くから脈々と人びとの生活が続けられてきたようで，神社の西には土佐神社西遺跡があり，2003(平成15)年度の発掘調査では，中世前半期の土師器などが出土している。

布師田御殿跡 ㉛　〈M▶P.2.48〉高知市布師田1647
　　　　　　　　　JR土讃線布師田駅🚶13分

北山街道の要地／参勤交代の宿泊地

　土佐神社から南下する。大谷川を南に渡ると、左手にみえる山が一宮城跡である。大谷川を渡らず川沿いに南進すると、布師田別から東にのびる北山街道本道と合流する。ここが土佐神社御旅所で、イチョウの大木がある。この辺りの小字名も「御輿休」である。北山街道をさらに東進し、JR一宮駅の北を少しすぎると、山が道の北側にせりだしてくる。ここが石淵送番所跡であり、江ノ口番所より1里の地点である。

　さらに集落のなかの旧街道を進み、保育園通バス停を北にはいり、保育園の西裏の山にのぼると、飢饉のとき民衆を救った羽根(現、室戸市)の浦役人岡村十兵衛の墓に至る。墓の東方の布師田橋の近くに布師田ふれあいセンターがあるが、ここが布師田御殿跡である。JR布師田駅で下車すると、国分川沿いに上流へ600m進んだ布師田橋の左手である。参勤交代時に藩主の第1日目の宿泊地などに利用された施設であった。

　橋を渡らず国分川の右岸の集落を進むと、山ぎわが布師田1・2号墳所在地である。1号墳は消滅したが、2号墳は羨道が現存する。山ぎわの道を進むと麓に西山寺がある。観音堂のみ現存するが、伝行基作の聖観音像を有する。寺の横の道をのぼると布師田金山城跡である。竪堀・堀切などがよく残る城跡である。

　山腹の道にくだり、国分川右岸をさらに上流に進むと、葛木橋のすぐわきに、『延喜式』式内社に比定された葛木男神社(祭神高皇産霊神または葛城襲津彦神)がある。1対の陶製狛犬が残存しており、「慶安三(1650)年」の銘を有する。葛木橋を渡って東進し、500mほど進んだ県立岡豊高校西方の水田のなかに神社跡が残る。現在は葛木男神社に合祀されている式内社葛木咩神社跡であり、鳥居の扁額や狛犬が残る。

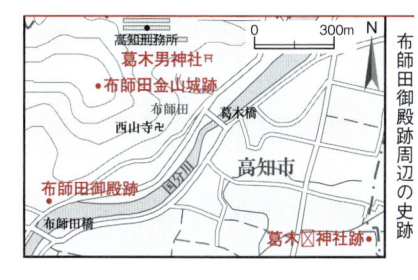

布師田御殿跡周辺の史跡

❻ 秦泉寺から北山へ

古墳群・古代寺院跡が残る高知市北辺の秦泉寺。北山ハイキングコース沿いにも多くの史跡が残る。

片岡健吉・美遊の墓 ㉜　〈M▶P.2,50〉高知市 東秦泉寺
土佐電鉄路面電車はりまや橋電停🚌イオン高知ショッピングセンター行 東谷川橋🚶5分

立志社社長夫妻の墓
土佐藩火伏せの神

　高知駅前から約1km西進し，愛宕1丁目交差点で右折して，愛宕商店街を形成する県道高知本山線を北上する。久万川を渡ると県道は愛宕山の西麓を走る。愛宕山はかつての浦戸湾につきでた岬で，「津ノ崎」とよばれ，岬の西奥には，大津・小津とともに三津とよばれた中津があった。湾北辺の要地だったと思われ，愛宕山北東斜面から出土した石斧から，弥生時代より人びとが暮らしていた様子がうかがわれる。西および南斜面には愛宕山古墳群が点在していたということだが，現在残るのは南斜面の不動堂参道西の竹やぶに所在する愛宕不動堂前古墳と，愛宕神社北側の天熊社の祠となっている愛宕神社裏古墳である。

　愛宕山頂上に鎮座する愛宕神社(祭神伊邪那美大神・火産霊神)は，1629(寛永6)年に2代藩主山内忠義につかえた仙石久勝が，山城国(現，京都府)の愛宕権現を勧請したもので，明治時代に松野尾章行によって編纂された『皆山集』によると，1653(承応2)年に忠義が鎮火防護祈願のために改築したときの棟札が，かつては残っていたようである。以後，火伏せの神として篤く信仰されている。県道に面した場所にある鳥居の寄進者銘には，「従五位理学博士寺田寅彦」の名がみえる。

　愛宕神社から県道高知本山線を300mほど北進する。中秦泉寺バス停付近の交差点を左折し，県道高知北環状線を西進すると，秦小学校の西側が低くくぼんだ地

愛宕不動堂前古墳

秦泉寺から北山へ　49

形となっている。この辺りが中津であったとされる。

　名切川左岸の道をさらに西にはいると、道路北側の薬（くすり）神社境内に宇津野（うつの）2号墳が残る。また神社東側の谷口西側には宇津野1号墳が残り、小川をはさんだ東側には、縄文（じょうもん）時代の磨製石斧が出土した宇津野遺跡がある。

　県道高知本山線と高知北環状線が交差する中秦泉寺バス停に戻る。ここから東に進み、前里橋（まえさとばし）を渡って天場山（てんばやま）の麓（ふもと）の旧県道にはいる。北東に約250m進んで山に50mほどはいった場所に、土居の前古墳（どいのまえこふん）が一部残る。旧県道を東進すると岡三所（おかさんしょ）神社参道に至る。もとは熊野三所権現（くまのさんしょごんげん）などと称した。所蔵する絵金（弘瀬洞意）の絵馬は3年に1度夏祭りに公開される。土居の前古墳の蓋石（ふたいし）は、かつて岡三所神社参道入口の橋に使われていたが、現在は旧県道下にある。天場山をのぼると、立志社（りっししゃ）社長で国会期成同盟で活躍した片岡健吉と、その妻で高知県最初の婦人会・婦人交際会の幹部片岡美遊の墓、そして藩政末期に側近として15代藩主山内容堂につかえる一方で、土佐勤王党（きんのう）への理解もあった小南五郎右衛門（こみなみごろうえもん）の墓がある。

秦泉寺廃寺跡（じんぜんじはいじあと）㉝

〈M▶P. 2, 50〉 高知市中秦泉寺鷹通（なかじんぜんじたかどおり）54
土佐電鉄路面電車はりまや橋電停🚃中秦泉寺方行中秦泉寺🚶2分

土佐の古代寺院跡　白鳳時代の創建

秦泉寺周辺の史跡

　県道高知本山線の中秦泉寺バス停から約150m北方の、秦（はだ）ふれあ

50　　高知市

秦泉寺廃寺跡出土軒丸瓦

いセンターの周辺が秦泉寺廃寺跡である。『皆山集』などによると、古くから古瓦が表採されることが知られており、1983(昭和58)年の発掘調査で出土した軒丸瓦などから、寺の創建は白鳳時代にさかのぼることがわかった。2000(平成12)年の調査では、香川県善通寺などと同范の軒丸瓦が出土。資料の一部は秦ふれあいセンターで見学できる。

センター西にある里山が秦山である。秦山の東沿いの道を少し北に進んで西にはいり、住宅地をぬけて山にのぼる。北麓の登り口の東側には、南学中興の祖となった谷秦山が21歳から暮らした屋敷跡が残る。秦山の号はこの地名による。秦山には谷家の墓のほかに、新国劇創始者澤田正二郎の先祖の墓や、もと小倉城主で関ヶ原の戦い(1600年)に敗れて山内一豊にあずけられた毛利吉成の墓がある。また、秦山の南西部は秦泉寺別城跡であり、堀切などの遺構が残る。

秦ふれあいセンターから県道高知本山線を200mほど北上し、金谷川にかかる金谷橋を渡って左折する。淋シ谷の小川を渡りすぐ左折して進み、二股の分岐を「この先行き止まり」と書いてあるほうに進むと、嘉助道ハイキングコースの登り口に、幕末の志士土方久元生家跡が残る。

金谷橋に戻る。橋を渡り左折すると、北側に金比羅灯籠がある。灯籠後ろには日の岡古墳があったが、現在は残っていない。灯籠から右折して進むと秦泉寺仁井田神社に至る。窪川(現、四万十町)の仁井田神社から勧請されたと伝えられる。また、所蔵する1580(天正8)年の棟札には長宗我部元親の名がみえる。この神社の北東の山麓には仁井田神社裏古墳が残る。灯籠まで戻り、そのまま北西に進み吉弘公民館前の地図にしたがい進むと吉弘古墳に至る。

金谷川沿いを上流に進むと三谷の集落である。集落西から三谷観音にのぼる道の途中にある暦景亭跡は、谷秦山と交友のあった富永新助屋敷跡であり、谷干城晩年の別荘跡でもある。その少し上の三谷観音堂(真言宗)は、『南路志』によると、かつては清水寺といい、806(大同元)年坂上田村麻呂が60余州に建立した勅願寺の1つといわれる。同寺が有する半肉彫絵馬額は、1668(寛文8)年の寄進

秦泉寺から北山へ

で，幅188cm・中央高144cmの大型のもので，高知県立歴史民俗資料館に寄託されている。境内東端には「延享三(1746)年」銘を有する一石六地蔵が，本堂前には「寛文六(1666)年」銘を有する手水鉢がある。集落の東はずれに本山氏の砦といわれる三谷城跡が残り，サクラの名所となっている。

七ツ淵神社 ㉞
088-845-3462
〈M▶P.2〉高知市七ツ淵1492
JR土讃線高知駅🚌七ツ淵方面行七ツ淵🚌15分

平家落人伝説 蟻の詣での提灯行列

　秦泉寺廃寺跡の中秦泉寺バス停付近から県道高知本山線を北進する。200mほどさきの金谷橋バス停から県道をのぼると，道の右側に前里城跡・秦泉寺城跡・薊野城跡と，中世城跡が連なる。とくに秦泉寺城跡は堀切・竪堀の残りがよい。本山氏傘下の秦泉寺掃部が城主であったが，長宗我部氏によって征服されたあとは中島氏にあたえられた。県道高知本山線をのぼりきった小坂峠のバス停から北山スカイラインを西進，英志台を北にはいると縄文・弥生時代の複合遺跡である正蓮寺不動堂前遺跡がある。

　また，小坂峠から土佐山方面に進み，七ツ淵バス停から南西にはいると，七ツ淵神社(祭神市寸島姫命ほか)が鎮座する。神社裏には七ツ淵とよばれる7カ所の滝がある。いちばん下の下女ヶ淵には，平家の落武者がシラサギをみて源氏の白旗と勘違いし，襲撃を恐れた平家の女人が身を投げたという伝説が残る。七ツ淵神社へいくには，かつては椎野道という道が使われたが，和田嘉八によって1882(明治15)年から13年を要して，望六峠をとおる嘉助道が開かれて使われるようになった。秋の例祭には，祭りの前夜からこの道を神社へとのぼる人びとのもつ提灯が連なり，蟻の詣でといわれた。現在は11月13日が大祭である。

七ツ淵

7 久万から円行寺街道，柴巻へ

土佐山と高知平野を結ぶ円行寺街道。戦国時代は本山氏が南下し，幕末期は坂本龍馬がとおった。

谷干城邸跡 ㉟　〈M▶P.2.50〉高知市西久万229
土佐電鉄路面電車はりまや橋電停🚌万々行中久万橋🚶4分

西南戦争の雄 オシドリ夫婦谷干城夫妻の墓

　県道高知北環状線沿いに，東久万第2バス停を北にはいり，道標にしたがうと間崎滄浪の墓に至り，少し西にある道標にしたがい北に進むと寺田寅彦の墓に至る。さらに西にある道標にしたがい北にいくと中久万天満宮に至る。神社の東側の道をのぼると久万城跡詰段に至り，北側には堀切がみられる。

　中久万橋東から久万山南麓方面に向かう道にはいり，2つ目の角を北にのぼると松熊神社が鎮座する。かつて南朝方で活躍した大高坂氏の末裔，松熊をまつる。さらに北西に進み，道標「谷干城邸跡」から北にはいり右側の階段をのぼると，谷干城邸跡碑がある。1871（明治4）年に兵部省にはいった谷干城だが，1869（明治2）年にたてたこの家には毎年帰り，墓参りなどをしてすごした。

　この邸跡のさらに上には干城夫妻の墓があるが，夫人の玖満子は西南戦争（1877年）での熊本城籠城の際には同行し，みずから塀を乗りこえて七輪・鍋を集めておはぎをつくり，将兵を慰労したという。干城は「余の最も恐るるは天子と地震と我妻なり」ともらしていたというが，1909（明治42）年に玖満子が没すると，体調をくずし，1911年に没した。墓碑は家訓により自然石を用いている。

　久万山南麓の道を山に沿うように北西に進み，道なりに久万山北側の南陽ハイツにはいる道を進む。道標から久万山の小道をのぼると，近世初頭，キリシタンとして投獄され獄死した桑名古庵の墓がある。道の北側の住宅街をはさんだ山の南斜面に

谷干城夫妻の墓

久万から円行寺街道，柴巻へ　53

は，ロマン・ロランらを紹介した独仏文学者片山敏彦の墓がある。

日吉神社と円行寺薬師堂 ㊱

〈M▶P.2〉高知市円行寺656
JR土讃線高知駅🚌円行寺行宮の下🚶2分

本山氏の菩提寺
藤原時代の薬師如来坐像

　国道33号線の上町2丁目交差点から，県道弘瀬本山線を3kmほど北進し，久万川にかかる円行寺橋を渡ると，長芝刑場跡の供養塔が残る。豪商川崎家が山腹にたてたものを移したといわれる。磔・火焙り・槍試しといった重罪人の処刑の見物人が大勢集まったということであるが，涙橋とよばれた円行寺橋では，罪人の家族をはじめ，多くの人の涙が流されたとされる。さらに県道を北進し，円行寺峠をこえた北側の盆地奥に，行基が開いたといわれ，戦国時代には本山氏の菩提寺であった円行寺跡がある。伝承によると住職の読経中に大ネズミがあらわれ，灯明の油を棟木にすりつけ尾で火をつけたために大火となった。住職はあわてず，これを本山氏滅亡の運命と悟り，本尊のみもちだして逃げた。寺は焼失し，ほどなく，当主梅慶は死去して本山氏は滅亡したという。ここには現在，日吉神社（祭神大山咋神）が鎮座する。薬師堂に安置される木造薬師如来坐像（県文化）は，ヒノキの寄木造で藤原時代の作である。

　ここより県道をのぼると円行寺温泉がある。歴史は古く戦国時代から，負傷した武将が湯治したという伝承もある。すぐさきの県道から柴巻に分岐する道を進むと案内板がある。ここには坂本龍馬の竹馬の友として知られる田中良助邸が残り，田中良助旧邸資料館として公開されている。この家からは良助が龍馬に用立てた2両の借用書も発見されている。良助は坂本家所有の通称坂本山の山番をつとめており，龍馬はたびたびここを訪れ，近くの八畳岩から城下を眺めたものと思われる。

田中良介邸

高知市

鏡川源流域の土佐山・鏡へ

8

鏡川源流域に残る無形民俗文化財と平家伝説。洞窟遺跡から自由民権史跡まで。

山嶽社跡 ㊲ 〈M▶P.2.55〉高知市土佐山西川
JR土讃線高知駅🚌菖蒲方面行西川🚶5分

土佐山の民権運動拠点 ゆー、みそ、ぜん

　高知市中心部から正蓮寺・重倉をこえて県道高知本山線を進む。梶谷橋のバス停を右折して県道南国伊野線を進んだ菖蒲の集落には，菖蒲白山神社があり，絵金(弘瀬洞意)の絵馬が残る。県道を渡って南側にはいると菖蒲洞(県天然)である。周辺の地盤は石灰岩で，そのすぐ上にも小洞窟があるが，これが初平ヶ岩屋洞窟遺跡である。1940(昭和15)年ごろに弥生土器などが発見されて知られるようになったが，2001(平成13)〜02年の岡山大学の調査では，遺物が出土した地層から縄文時代早期までさかのぼる遺跡である可能性が指摘された。

　菖蒲から県道南国伊野線を少し西に戻ると西川である。西川集落では，自由民権運動期には夜学会が開かれた。医者の和田波治・千秋親子が自宅を寺子屋とし，ここで学んだ者には，秩父事件(1884年)に敗れ高知に潜伏した落合寅市を自宅にかくまった，初代土佐山村長で自由民権運動家の高橋簡吉らがいる。屋敷は現在復元され，山嶽社跡とよばれている。夜学会は珎珎社そして山嶽社と発展し，県内の各社と檜山(現，高知市)で巻狩大懇親会をもよおし，約2000人を集めて気勢をあげた。千秋の子三郎は『自由党史』を執筆し，萱野長知をつうじて孫文の革命運動にも関係した。付近の西川白山

土佐山周辺の史跡

初平ヶ岩屋洞窟遺跡　　　　　　　　　　　　　　　　　山嶽社跡

神社には,「文禄五(1596)年」の銘を有する棟札が残る。

　県道高知本山線に戻り,高知市役所土佐山庁舎を経て3kmほど北進する。高川公民館の30mほどさきを左折して集落をのぼると,左手の墓地の裏側に新築された高川千手観音堂がある。木造千手観音像・木造地蔵菩薩坐像・木造不動明王立像・木造天部像は室町時代のもので,棟札には「天正(1573〜92)」の銘がみられる。九十九折りの道をのぼると高川仁井田神社である。

　この神社で11月8日に行われるのが早飯食いである。この行事では,席配が挨拶すると,参列者は飯を焼味噌だけで食べはじめる。「ゆー,ゆー」と声がかかると当人は焦げ飯を残した鍋で水をわかした飯汁を急いでそそぐ。焼味噌の追加を求める者は「みそ,みそ」とさけぶ。全部飯をかきこんだ者が「ぜん,ぜん」というと,すみやかに膳がさげられ宴がはじまる。源氏に追われた平家が,無防備な食事時間を急いでおわらせた故事からはじまったという説や,収穫を喜びあう行事が起源であるという説がある。神社には室町時代初期の懸仏などが所蔵されている。

　土佐山庁舎まで戻り,右折して土佐山夢産地パーク交流館「かわせみ」への道をのぼる。途中谷側に桑尾仁井田神社(国登録)が鎮座する。土佐山庁舎の100mほど東から県道南国伊野線にはいり,約1.5km西進する。桑尾バス停で右折し,奇岩ゴトゴト岩への山道を1kmほど進み,橋を渡って道標「横平」にしたがって右折すると,すぐ左上に春宮神社(国登録)がある。

　県道を弘瀬の集落まで進むと,土佐山中学校北側の山に弘瀬仁井

田神社がある。神社では11月8日に「おなばれ」という行事が行われる。神社は絵金の絵馬を所蔵する。さらに西進して岩屋渕橋手前の道を北に宿泊施設オーベルジュ土佐山方面の道を進むと、久万川集落にはいる道が分岐する地点に至る。久万川は平家の落人がおちついたという伝承が残るが、やがて源氏方に露見し滅ぼされたという。分岐点からのぼって最初に左折して農道を進むと、戦場ヶ久保という古戦場跡に至る。

県道に戻り、岩屋渕橋を渡り南西に400mほど進むと、谷側におりる車道が分岐するが、分岐点から急な山道をのぼると古井の森城跡である。空堀や詰が良好に残る。発掘調査では詰から建物の礎石が検出された。

大利の太刀踊 ㊳

〈M▶P.2〉高知市 鏡 大利字トチノキ
JR土讃線高知駅🚌川口方面行役場前🚶30分

尾戸焼の狛犬と棟札 太刀踊といざ踊り

役場前バス停から北方に75mほど進み、川口橋手前を右折して山道をのぼると大利新宮神社である。尾戸焼の狛犬や「文明十三(1481)年」「天正十八(1590)年」の棟札を有する。ここで11月3日に行われる太刀踊(県民俗)は、何組かの踊り手が、拍子木を打つ音頭取りの歌にあわせて太刀をふるって足を運ぶ。太刀捌きの動きはよどみなく、足の運びは力強い。

川口橋に戻り、そのまま橋を渡って西に進む。小川口橋を渡り県道南国伊野線を西進し、製茶工場前で右折して小道をのぼると、草峰新田神社である。南朝方の忠臣脇屋義治の終焉の地と伝えられる。県道に戻って西に1kmほどの北側に山崎家住宅(国登録)がみえる。さらに約3km西へいくと、梅ノ木の集落に至る。梅ノ木八坂神社の棟札は、「天正五(1577)年」の紀年を有する。神社の裏山は梅ノ木城跡で、堀切などの遺構の状態は非常によい。畑川橋西詰め近くまで戻り、道を北に進み、六畳大橋を渡って左折すると平家の滝である。平家の女人48人がここで身投げしたと伝えられる。さらに的淵川に沿って上流に進むと柿ノ又河内神社に至る。ここで11月に奉納されるいざ踊りは、刀・長刀と得物を取りかえながら行われる。前田民部丞が、大坂夏の陣に出陣する際に奉納したのが起源といわれる。

鏡川源流域の土佐山・鏡へ

⑨ 鏡川以南の史跡

鏡川以南には、藩主の菩提寺や墓所など藩政期の史跡のほか、自由民権運動に関する史跡も多く残る。

藩政期の窯跡　龍馬祈願の和霊神社

能茶山窯跡 ㊴

〈M▶P.2, 58〉高知市鴨部能茶山1366
土佐電鉄路面電車はりまや橋電停🚏針木方面行能茶山西口
🚶4分

　鏡川橋南詰めの鴨部電停から県道梅ノ辻朝倉線を県立高知西高校方面に進むとすぐ、『延喜式』式内社 郡頭神社が鎮座する。さらに500mほど東に進むと、国道56号線土佐道路と合流する。ここが能茶山交差点である。すぐ南の山の南斜面に能茶山窯跡(県史跡)がある。高知城下の尾戸焼窯が、1822(文政5)年に藩命でここに移された。能茶山は尾戸焼の陶土の採取場でもあった。当時の窯は失われているが、全長約23mの窯の跡が残る。明治時代以降、窯主はたびたびかわりつつも、現在まで製陶が続けられている。

　能茶山から市道を南進する。神田川を渡り500mほど進むと、県道高知春野線と交差する五差路にでる。そのすぐ西には岩崎弥太郎配流の地がある。五差路を横断し、神田南城跡のある井城山東麓を南進すると、和霊神社への道標がある。和霊神社は、1862(文久2)年3月24日、脱藩を決意した28歳の坂本龍馬が、その成功を祈願した神社とされる。同社は龍馬の祖先の八郎兵衛直益が、伊予(現、愛媛県)宇和島の名家老山家清兵衛公頼に感銘をうけて、彼を祭神としている宇和島の和霊神社を勧請したもので、現在では毎年3月24日に近い日曜日に全国の龍馬ファンがここに集まり、龍馬に扮して脱藩の道をたどる龍馬脱藩祭が行われる。和霊神社東方約400mの稲毛大明神境内には、高座古墳が残る。

潮江天満宮 ❹
うしおえてんまんぐう
088-832-2896

〈M▶P.2,60〉 高知市天神町19 20 ℙ
土佐電鉄路面電車いの線大橋通電停 🚶 5分

道真長男高視ゆかりの古社
周辺に山内家墓所

　大橋通電停から天神橋通りを南へ進むと，鏡川にかかる天神橋にさしかかる。「長宗我部地検帳」にも「大橋」の名でみえる天神橋は，藩政期には高知城下で鏡川に架橋された唯一の橋であった。大橋通りの名もこの橋に由来する。天神橋を南に渡ると，すぐ右手に菅原道真をまつる潮江天満宮がある。

　901(昌泰4)年の昌泰の変で菅原道真が大宰府へ左遷された際，長男の高視も土佐介にしりぞけられた。このとき高視が居住したとされる筆山南麓から東麓には，現在も高見の地名が残る。道真の死後，その遺品が高視にとどけられ，これを神体として当社は創建されたという。歴代の藩主の尊崇をうけ，12代藩主山内豊資によって1853(嘉永6)年に建造されたと伝えられる楼門には，中央に巨大な鳳凰の彫刻がほどこされている。

　天満宮の東隣にある真如寺(曹洞宗)は，一豊が山内家の菩提寺として，掛川(現，静岡県掛川市)を領有していたころから縁のあった在川和尚に命じて1602(慶長7)年に開かせた寺院である。寺宝に，菅原道真が醍醐天皇から下賜されたと伝えられる十一面観音(非公開)がある。県道をはさんだ筆山北斜面には，在川和尚の墓と，かつて一豊の父盛豊がつかえた織田信安の墓もある。そのすぐ東側の筆山北登り口の長い石段に沿って，一豊以下歴代藩主が葬られている山内家墓所がある。ふだんは入口の門がとじており非公開。なお15代豊信(容堂)の墓は，東京都品川区東大井4丁目の大井公園にある。

　一豊は，関ヶ原の戦いの功により，1600(慶長5)年，遠州掛川5万9000石の城主から土佐20万2600余石の藩主に取りたてられ，高知城築城と城下町の建設に力をそそぎ，土佐藩政の基礎を築いた。その後，野中兼山を登用した2代藩主忠義以降，1871

潮江天満宮楼門

鏡川以南の史跡　　59

潮江天満宮周辺の史跡

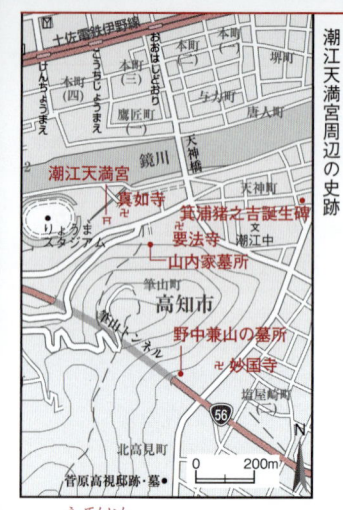

(明治4)年の廃藩置県に至るまで、270年余にわたって山内氏の治世が続いた。

山内家墓所の東隣には、山内家の菩提寺の1つである要法寺(日蓮宗)がある。山内氏の転封に伴い、近江・遠江を経て土佐に移ってきた寺である。浦戸を経て、1603(慶長8)年に高知城下に移されたが、火災にあい、1688(元禄元)年、現在地に再建された。

要法寺は、「山内康豊」「慈仙院」「恵沾院」の画像(いずれも県文化)を有する。山内康豊は一豊の弟で2代藩主忠義の父である。慈仙院は一豊・康豊の妹で野中家に嫁ぎ、その孫に忠義の信任を得た兼山がいる。恵沾院は康豊の娘である。なお境内には康豊の墓もある。

1882(明治15)年5月7日、要法寺に県内の民権家総代100人余りが集まり、『海南自由党規約・規則』を議決し、海南自由党を結成した。海南自由党は、1881(明治14)年10月に東京で結成された自由党の地方組織である。常備委員には、片岡健吉ら5人がついた。境内にある桜井戸は、1990(平成2)年度に土佐の名水に選定された。

要法寺の東約400mのところには箕浦猪之吉の誕生碑がある。1868(慶応4)年、大坂堺警備にあたっていた土佐藩兵が、同地に上陸したフランス水兵を銃撃し十数人を殺傷した堺事件が発生した。箕浦はその際、フランス側の要求により切腹した六番隊長である。

野中兼山の墓所 ❹

〈M▶P.2, 60〉 高知市北高見町
土佐電鉄路面電車はりまや橋電停🚌 孕橋方面行兼山通り🚶3分

野中兼山一族の悲劇 兼山の娘婉の建立

兼山通りバス停の北東約100mの妙国寺(日蓮宗)は、鎌倉時代作の梵鐘(県文化)を有する。

妙国寺の南、筆山トンネル東口脇の石段をのぼりつめた筆山中腹に野中兼山の墓所がある。正面中央の兼山の墓を囲むように、祖父

土佐の自由民権運動

コラム

自由は土佐の山間より
時代超越の私擬憲法案

　土佐の自由民権運動は1874(明治7)年、征韓論争に敗れ下野した前参議板垣退助らの帰郷にはじまる。前年江藤新平らと「民撰議院設立建白書」を左院に提出した板垣らは、議会開設・士族授産などを目的とし、片岡健吉を社長に高知に立志社を設立した。翌年、同社主導で大阪に愛国社が結成されるが、大阪会議の結果、板垣らは政府に復帰し運動は一時沈静化する。

　しかし2年後、西南戦争勃発の際、薩摩呼応も取りざたされた立志社は、少壮の論客植木枝盛起草の「立志社建白」を京都行在所滞在中の天皇に提出し、敢然と言論闘争の選択を宣言した。受理は拒否されたが、建白書には国会開設・地租軽減・不平等条約改正という運動の柱ともいうべき3大要求が盛り込まれていた。

　その後、立志社は1878年に愛国社再興大会を大阪で開催。2年後には2府22県の代表を集めて国会期成同盟を結成する。各地の民権派は翌1881年までに私擬憲法案を作成し、東京に再結集することを約束していったん散会する。立志社作成の私擬憲法案として、現在2つの草案が残る。1つは、植木が1881年8月末の台風の晩にいっきに書きあげたという「東洋大日本国国憲案」(植木案)。もう1つは立志社員北川貞彦らを中心にまとめられたとされる「日本憲法見込案」(立志社案)である。いずれの条文も時代を超越する理念を織り込み、とくに「植木案」に明記される抵抗権や革命権の思想は、その白眉とされる。

　その後、明治十四年の政変(1881年)を経て、国会開設の勅諭が発表される。そして自由党や立憲改進党の結成、運動の分裂、激化事件、そして3大事件建白運動と、運動はこの数年間にめまぐるしい展開をみせる。

　この間、土佐では政府の進める府県会に対抗する形で、1878(明治11)年には土佐州会が開催される。さらに1880年の海南共同会結成、1882年の海南自由党結成などが続く。民権派の『高知新聞』、『土陽新聞』などは、1881年をピークに連日政府攻撃の記事を掲載した。この年発行禁止処分をうけた『高知新聞』の葬式が行われたことは、有名な話である。

　民権運動の本流を東日本中心の激化事件ととらえ、貧農など下層からのつきあげのみえない土佐の民権運動を過小評価する向きもある。しかし植木枝盛らいく多の論客が登壇する県下の諸政社主宰の政談演説会に、多くの民衆が集まり拍手喝采を送ったことも事実である。これは、土佐の自由民権運動が一定の深化をとげていたことの証でもあろう。

　高知県の県詞は、「自由は土佐の山間より」である。

鏡川以南の史跡　61

野中兼山の墓

益継・義父直継・妻池氏・娘婉らの墓碑がたつ。一族の墓は婉がたてたもので，婉の母池氏の墓には，「孤哀婉女泣いてこれを植つ」の文字がきざまれている。野中家の墓所の下段を左へはいると，兼山につかえた古槇次郎八と婉の乳母植野氏の墓がある。次郎八は兼山失脚後も隠居所で近侍した。当時，殉死は禁制であったが，主君にしたがうことを深く願うあまりに自刃をとげると遺書を残し，18歳で殉死した。

　筆山トンネル東口前交差点に戻り，山沿いの市道を南に進み，3つ目の小道を右折してのぼり，墓地内の道をさらに南にいくと菅原高視邸跡と墓に至る。

板垣退助邸跡 ⑫　〈M▶P.2〉高知市萩町2-2
土佐電鉄路面電車桟橋線桟橋通り4丁目電停🚶15分

自由民権のシンボル　丸山台の大宴会

　電停桟橋通り4丁目から交差点を左折して500mほど進み，萩町1丁目の三差路で右折して東洋電化工業の工場に沿ってさらに500mほど進むと，道は正面に弘化台をのぞむ鏡川河口にでる。すぐ右手に板垣退助邸跡碑がある。板垣邸は，もと山内家の釣御殿で，戊辰戦争での板垣の功績をたたえてあたえられたものである。県内外の多数の民権家が集まった記念の地でもある。その約450m北の堤防上には板垣退助帰朝記念碑があるが，これは板垣が1882（明治15）年の欧州外遊後，東沖合いの弘化台西方に浮かぶ丸山台の料亭で，帰国および帰郷の歓迎をうけたことを記念したものである。

丸山台

⑩ 田園都市春野の史跡

県立総合運動公園があり，野球やサッカーの春季キャンプで賑わう春野には，野中兼山が開発した豊かな田園が広がる。

荒倉神社 ㊸

〈M▶P.2〉 高知市春野町弘岡中1111 P
JR土讃線高知駅🚌中島方面行新川通 🚶30分

天保11年の手水鉢 土佐の一乗谷

　国道56号線荒倉トンネルをぬけて約1.5km，中島方面行きのバスを御殿バス停で下車すると，道の右手に南学発祥地（県史跡）の碑がある。戦国時代の有力国人吉良宣経は，周防（現，山口県）から南村梅軒を招き，四書五経を講じさせたという。その学統は，のちに如淵・忍性・天室らの僧侶に，さらに谷時中・野中兼山・小倉三省・山崎闇斎らにうけつがれ，土佐南学が確立したとされる。これらは藩政期の儒者大高坂芝山の著『南学伝』によるものであるが，近年同書の成立過程などへの疑問から，南村梅軒が実在したかどうかを疑問視する声があがっており，この南学発祥地についても異論がでている。碑の100mほど北東を北にはいり約200m進むと，室町時代の木造薬師如来坐像を有する薬師堂に至る。

　南学発祥地碑から1kmほど南西に進むと，国道と県道高知南環状線との分岐に至る。ここに新川通バス停がある。右折して県道を西進し，最初の交差点をさらに右折，あとは道なりに荒倉峠への道を北上すると，峠登り口に荒倉神社（祭神 天闇龗大神・春日大神・諏訪大神）が鎮座する。藩政期には藩主山内家からも崇敬された。所蔵の棟札からは，山内家の寄進により屋根の葺き替えや堂宇の修繕が行われたことがうかがえ，境内には12代藩主豊資寄進の灯籠台なども現存する。鳥居をくぐってすぐ右手には，縦142cm・横121cm・高さ151cmの手水鉢があり，その側面には1840（天保11）年に氏子中によって寄進されたことがきざまれている。この手

荒倉神社

田園都市春野の史跡

水鉢を境内まで運び込んだときの様子を描いた絵馬も残る。

荒倉神社に向かって北進する道の西方には、中世の山城である吉良城跡があるが、城跡に向かうには一度県道まで戻って西進し、標識にしたがって右折してから北進する。600mほど進むと登り口などを示す案内板がある。標高110m余の城跡は南北両嶺からなり、詰は北嶺にある。郭・竪堀・堀切などもよく残り、1984(昭和59)年の発掘調査では、詰跡から数棟の掘立柱建物跡や、その周縁をめぐる柵列跡などが確認された。

城の西山下には、土居の谷といわれる土居屋敷跡があり、発掘調査や「長宗我部地検帳」の記述との照合などにより、中世山城とその山下の土居周辺の状況があきらかになった。

新川の落とし ㊹

〈M ▶ P. 2〉高知市春野町森山新川
JR土讃線高知駅🚌中島方面行大橋北詰🚶20分

野中兼山の遺構　吾南と城下を結ぶ動脈

荒倉神社から県道高知南環状線に戻って2kmほど西に進むと、藩政初期、野中兼山が仁淀川上流の吾川郡八田(現、いの町)に築いた八田堰から弘岡井筋をとおすため岩盤を打ちぬいた行当の切抜が残る。そこから堤防沿いに200mほど南にいくと、室町時代の木造地蔵菩薩坐像を有する阿弥陀堂に至る。

高知南環状線を1.2kmほど戻り、右折して県道甲殿弘岡上線にはいると、右側には新川川が流れる。新川川は本来、弘岡平野南部の高森山や北部の荒倉峠の水を集めて流れていたが、弘岡井筋を引水してその水量を増加させ、さらに下流の唐音の切抜で長浜川とつなげたことにより、仁淀川と高知城下を結ぶ水運の動脈としての性格をもつに至った。下流に向かって県道を約1.5km進むと、堤防上に新川御大師堂がある。「安政五(1858)年」の銘がきざまれた石の常夜灯台がたち、大師堂

新川の落とし

64　高知市

下には四国霊場第35番札所清滝寺まで1里であることを示す「文政六(1823)年」銘の遍路石が残る。

大師堂東方50mほどのところに、新川の落としがある。八田堰から取水された弘岡井筋は、比較的高いところをとおったため、その高低差を調節するために設けられたのが、この落としであった。仁淀川上流から運ばれてきた物資も高知城下から運ばれてきた物資も、ここでいったんおろされ、舟方衆によって運ばれた。そのため新川町は物資集散の中心地としておおいに栄えた。水運が衰退した現在、辺りは静けさにつつまれているが、落とし近隣に残る土蔵などから、往時の賑わいをうかがうことができる。

新川の落としの200mほど東から県道春野赤岡線にはいり、約800m南進すると、堤防東下に森山八幡宮が鎮座する。南朝方の日野資朝の孫勝朝が、勢力回復をはかり廻国中に当地に身を寄せ建立したと伝えられ、日野資朝像などを有する。

種間寺 ㊺

〈M▶P.2,65〉高知市春野町秋山72 P
JR土讃線高知駅🚌高岡・宇佐方面行 堺町乗換え春野町役場前行終点 🚶15分

四国霊場第34番札所
国重要文化財の薬師如来

春野役場前バス停で下車し、庁舎裏の小高い丘をのぼると町立図書館があり、その2階に春野郷土資料館がある。ここでは町内の遺跡からの出土品や古文書・民俗資料などを展示しており、春野の歴史を通観できる。

庁舎前の県道弘岡下種崎線を東へ250mほど進むと、左手に六條八幡宮の鳥居がみえる。六條八幡宮は品陀和気尊(応神天皇)を祭神とし、1402(応永9)年に京都六條左女牛八幡宮から産土神として分霊されたことにはじまる。鎌倉時代末期から室町時代初期の作と推定される木造男神像のほか、室町時代の作と推

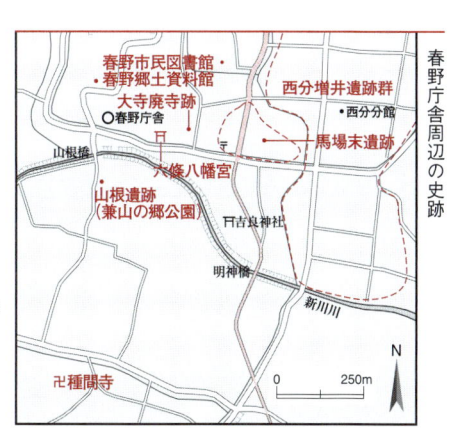

春野庁舎周辺の史跡

田園都市春野の史跡

種間寺薬師如来坐像

定される木造獅子頭 2 点を所蔵。

　周辺の畑からは，白鳳時代の軒丸瓦が出土しており，7世紀の古代寺院大寺廃寺跡であると考えられている。そのすぐ東側は，河内産庄内式土器を含む古式土師器が出土した馬場末遺跡である。さらに太用川をはさんだ東は，縄文時代後期から古代の複合遺跡で，仁淀川流域最大の集落跡と考えられる西分増井遺跡群である。弥生時代後期の竪穴住居跡からは中広形銅矛片，その他の遺構からは広形銅戈片・鉄片，包含層からは銅鐸片・中広形銅矛片・舶載鏡片が出土し，金属器製作が行われていたことがうかがわれる。弥生時代後期から古墳時代初頭にかけてが最盛期と考えられ，竪穴住居跡からは河内産庄内式土器・吉備型甕・東阿波型土器と3地域からの搬入土器が出土し，方形周溝墓も確認されている。

　庁舎前の山根橋を渡れば，そこが縄文時代後期から弥生時代中期の遺跡山根遺跡である。発掘調査では弥生時代前期の竪穴住居や貯蔵穴などが確認された。現在は兼山の郷公園として整備され，公園内一角には野中兼山像もたつ。

　兼山の郷公園から町道を南へ500mほどいけば，鐘楼と客殿がみえてくる。『今昔物語集』にもその名がみえる四国霊場第34番札所種間寺（真言宗）である。難波の四天王寺の建立をおえた仏師らが，百済への帰途に難破して土佐へ漂着した。航海の安全を祈願した彼らが，薬師如来をきざみ寺をたてて安置したのが，種間寺のおこりであると伝える。所蔵の薬師如来坐像（国重文）は，ヒノキの寄木造で，藤原時代末期の定朝様式を示す。また薬師如来立像は32cmの小像であるが，一木造で古様を示す檀像彫刻の形式をもつ藤原時代の像である。鎌倉時代を中心に書写された大般若経も，南北朝時代の経櫃6個におさめられている。境内には，「延宝五(1677)年」銘の手水鉢があるほか，春野町出身の洋画家・農民運動家で，部落

改善融和運動にも尽力した岡崎精郎をたたえる碑もたつ。

観音正寺観音堂 ㊻

〈M▶P.2〉 高知市春野町芳原505-イ
JR土讃線高知駅🚌高岡・宇佐方面行堺町乗換え春野運動公園方面行芳原🚶15分

江戸時代初期の絵馬堂をまもる雲竜

県道南環状線の芳原バス停から約150m西進し，最初の信号を山手に右折，そこから1kmほどいけば観音正寺観音堂（県文化）がある。観音堂への登り口には標示があり，コンクリート造りの石段をのぼり，馬場といわれる広場をぬけると，銅板葺きの観音堂に至る。

寺伝では，聖武天皇のころ，現在の堂の背後の柏尾山山頂に堂をたて，行基のきざんだ観音像を安置して観正寺と号したのが始まりという。これは伝説としても，かつては修験の聖地であった柏尾山中腹には，現在も「テラガダン」とよばれる場所があり，多くの五輪塔が残る。その後，長宗我部氏や山内氏など，時の権力者から崇敬をうけ，数度の移転を経て，現在の位置におちついた。

現存する観音堂は，3間四方で切縁をめぐらし，正面に1間の向拝がついた堂である。1984（昭和59）年に解体修理が行われ，屋根も銅板葺きにかわった。創建当初は柿葺きであったといわれる。江戸時代初期の建築様式をもつが，棟札などは伝来していない。堂内の「曳き馬の図」とよばれる絵馬には「慶安元（1648）年」の銘があり，堂の再建と関係があるものと思われる。建造物細部にも珍しいものが多く，とくに軒下まわりの蟇股とそのなかにきざまれたタチバナ・ウメ・ボタン・ビワ・フジ・キクなどの植物の彫刻や，いろいろな木鼻の絵模様，なかでも向拝の木鼻の雲竜はすばらしい。「観音様」として近隣の人びとの信仰も篤い。なお，柏尾山頂には柏尾山城跡が残るが，そこへは，県道高知春野線の神田トンネル南側から高知市福祉牧場おおなろ園への道を進み，南にのぼるといくことができる。

観音正寺観音堂

田園都市春野の史跡

⑪ 長浜から桂浜へ

県中央部に位置する浦戸湾西岸のこの地は，土佐の玄関口であり，中世から近世への転換の舞台となる。

谷時中の墓（清川神社） ㊼

〈M▶P.2〉高知市横浜東町11　P
土佐電鉄路面電車はりまや橋電停🚌横浜方面行横浜🚶10分

野中兼山らの師　土佐南学草創期の学者

下りの横浜バス停より南へ300m，東側の小高い丘のうえに谷時中の墓（県史跡）がある。

谷時中は南学の学者として，また「いごっそう」（硬骨漢）として知られた人である。安芸郡甲浦（現，東洋町）の生まれだが，浄土真宗の僧侶だった父宗慶について瀬戸（現，高知市）の真乗(常)寺に移る。近くの長浜（現，高知市）の雪蹊寺（臨済宗）の天室(質)上人から儒学を学び，小倉三省・野中兼山・山崎闇斎らの師として，藩政をささえる学問にまで発展させた。自身は官途につかず，また僧籍もすて儒者となった。僧侶であったころから，経典のかわりに『大学』を仏壇におき，読んでいたという。

晩年，所領の田地や山林を高知城下の豪商播磨屋宗徳に銀16貫文で売却し，息子の京都遊学の費用にあて，そのころ土佐にはなかった書物を買い集めさせ，故郷の文化向上に大いに貢献したという。

時中はこれまでの道義や精神のみを重視する観念的な学問から，物質と精神の融合という新しい学問を展開した。少年時代，天室の「金銀財宝は身を滅ぼし家を傾ける原因となるから，君子たるものはむしろもたざるほうが賢明である」という説明に対し，「金銀財宝は人を破滅させようとするものとは思われません。ただ，人がこれを悪用するために禍を招くので，罪は人にあって，金銀にはありません」などと返答して，天室を驚嘆させたというエピソードが残っている。

また，2代藩主忠義出遊の帰途，日暮れになったので近道をして真乗寺の境内を横切ろうとしたのをみて，時中は「ここは寺の境内である。公道をとおられたい」といって，なかにいれなかったという硬骨の逸話もある。51歳で没。大正時代になり墓に祠がたてられ，清川神社と名づけられた。

谷時中の墓から海のほうへ数十m進んだところに、明治維新後、工部卿・枢密顧問官などを歴任した佐々木高行生誕地の標柱がある。また、400mほど南の横浜小学校正門右斜め前には、時中と親交のあった播磨屋宗徳の墓もある。

雪蹊寺 ㊽
088-837-2233

〈M▶P.2.69〉高知市長浜857-3　P
土佐電鉄路面電車はりまや橋電停🚏長浜方面行長浜出張所🚶8分

四国霊場第33番札所　伝運慶作の諸仏

　長浜出張所バス停から南へ90m進み、右折して180mほど進むと、右手に四国霊場第33番札所高福山雪蹊寺(臨済宗)がある。延暦年間(782〜806)空海開基との伝承をもつが、「古文叢」の記述などから、1225(嘉禄元)年創建とされる。もとは高福寺といい真言宗の寺院であったが、戦国時代末期に長宗我部元親の保護をうけ、臨済宗妙心寺派の慶雲寺となった。この寺号の由来は、寺宝となっている仏像が運慶・湛慶らの作品であるからともいわれる。現在の名称は1599(慶長4)年に元親が没し、その菩提寺となってからである。元親の法名雪蹊恕三大禅定門にちなんで改称された。

　雪蹊寺には歴史に名を残す住職が数人いる。慶雲寺時代の僧侶天室は南村梅軒から朱子学を学び、谷時中に伝えたとされる。南学(海南朱子学)の発展に重要な役割をはたした人物で、寺の裏山の麓に墓がある。また、新領主となった山内氏に抵抗して浦戸城に立てこもった長宗我部遺臣と開城を迫る井伊直政家臣鈴木平兵衛の仲介をしたのが、同寺の住職月峰であった。

　明治初期の廃仏毀釈で廃寺となったが、1879(明治12)年に再興された。そのときの住職山本大玄と弟子玄峰は名僧として有名である。

　寺の宝物館は、鎌倉・室町時代の仏像を数多く収蔵する。本尊の木造薬師如来坐像および日光・月光菩薩(いずれも国重文)は運慶作と伝えられ

雪蹊寺周辺の史跡

長浜から桂浜へ

雪蹊寺木造吉祥天立像(左)と木造善膩師童子立像

る。木造十二神将立像(国重文)は10体が現存するが、胎内銘から、1274(文永11)～76(建治2)年筑紫の仏師道雲・海覚らの作と推定される。木造毘沙門天立像および吉祥天・善膩師童子立像(いずれも国重文)は、毘沙門天の左足柄墨書銘により、1225年ごろの湛慶の作であることがわかる。湛慶円熟期の傑作といわれ、いずれもヒノキの寄木造で玉眼をほどこす。また、境内裏手には長宗我部元親の長男で、豊後戸次川の戦い(1586年)で戦死した信親の墓がある。

雪蹊寺の東隣には、明治初年の神仏分離の際、長宗我部元親を祭神として創建された秦神社がある。雪蹊寺にあった木造長宗我部元親坐像(県文化)を神体とする。秦神社は現存する唯一の元親肖像である絹本著色長宗我部元親画像(国重文)を所蔵してきた。この画像には、元親の4男盛親の依頼によって描かれたという京都東福寺の惟杏永哲の賛がある。狩野派の有力画家によるものではないかと推定されている。現在2点とも高知県立歴史民俗資料館で保管されている。神社の背後の山は本山氏の長浜城跡である。また、神社西には幕末天誅組に参加した志士島浪間の墓がある。

雪蹊寺から桂浜方向へ歩いた商店街に少林塾(鶴田塾)跡がある。少林塾は、幕末の土佐藩参政で『海南政典』を編集した吉田東洋が、免職追放となっていた1855(安政2)年から4年間閉居していたころ開いた私塾である。ここで後藤象二郎・福岡孝弟・岩崎弥太郎ら、幕末・維新期に活躍した人材が育てられた。

また、雪蹊寺から南下し新川川(長浜川)南岸沿いを約800m西進した戸ノ本公園に、戸ノ本古戦場跡を示す碑がたつ。1560(永禄3)年

浦戸湾の制海権および土佐中央部の覇権をめぐって，本山茂辰の軍勢と長宗我部国親・元親父子の軍勢がこの辺りで激突した。戦いは初陣であった元親の活躍もあって，長宗我部軍の勝利におわり，本山氏は一度浦戸城へしりぞいたあと，そこもささえきれず朝倉城へと退却した。

若宮八幡宮 ㊾
088-841-2464
〈M▶P.2, 69〉高知市長浜6600 Ｐ
土佐電鉄路面電車はりまや橋電停🚌桂浜行南海中学校通
🚶5分

海をのぞむ青年元親像　無礼講のどろんこ祭り

　南海中学校通バス停から市道を南西に進む。県道34号線を渡るとすぐ若宮八幡宮の参道にいきあたる。左手海側に青年元親像をみて参道を進むと，豊かな緑につつまれた本殿がみえてくる。
　『吾妻鏡』によると，1185（文治元）年，源頼朝が武運長久を願って，京都の六條左女牛若宮八幡宮に土佐国吾川郡一円を神領地として奉納した。この若宮八幡宮は奉納された神地鎮護のため，六條若宮八幡宮の分社として勧請されたと推測される。
　この社は長宗我部元親ゆかりの神社でもある。1508（永正5）年の大平氏・本山氏・吉良氏・山田氏らの襲撃による岡豊落城後，幡多の一条氏をたよった元親の父国親は，1518年に岡豊城に戻り家を再興し，十市氏・池氏をしたがえるようになる。そして宿敵香美郡の山田氏と対決してこれを破り，その勢力は土佐中央を支配する本山氏と並ぶほどになった。浦戸湾の制海権をめぐり長宗我部氏は本山氏と対決する。幼時にはおとなしく，「姫若子」とよばれていた元親にとって，この本山氏との戸ノ本の合戦は，22歳の遅い初陣であった。若宮八幡宮は，このとき元親が必勝を祈願して以来，元親の祈願社となった。
　若宮八幡の建築様式は，土佐神社の入蜻蛉式に対し出蜻蛉式社殿といわれる。手前がトンボの頭部で，両

若宮八幡宮

長浜から桂浜へ

側に広がる屋根を翼とみる。これから戦さに向かう様子があらわされている。

のちに土佐藩2代藩主山内忠義が領地検分のためこの地を訪れた際,早乙女(さおとめ)が投げた苗の泥が忠義の袴(はかま)を汚した。供(とも)の侍が早乙女を無礼討ちにしようとしたところ,「畦道(あぜみち)は民百姓の道である。歩いていたわれわれのほうが邪魔をしたのだ。今後も農事にはげむように」と,許したという。これを喜んだ村人がたがいに泥をかけあいはじまったのが,神田祭り(かみだ)(どろんこ祭り)であるといわれる。

南海中学校通バス停に戻り,桂浜の方角へ県道桂浜はりまや線を500mほど進むと,元親公史跡前バス停がある。ここから北へ約100m進んだ天甫寺山(てんぽじやま)の中腹に長宗我部元親の墓(県史跡)がある。1599(慶長4)年,伏見(ふしみ)(現,京都府)で病没した元親の遺骸(いがい)は,この地に埋葬された。

一領具足供養の碑(石丸神社) ㊿

〈M▶P.2, 73〉高知市浦戸 Ⓟ
土佐電鉄路面電車はりまや橋電停
🚌地蔵前 🚶すぐ

一領具足最後の抵抗 宇賀の長者伝説

若宮八幡宮前から県道桂浜はりまや線を500mほど南下すると,道は海岸にでて県道春野赤岡線(はるのあかおか)(通称,桂浜花街道(はな))にいきあたる。左折して1.5kmはどのところに一領具足供養の碑・六体地蔵を有する石丸神社がある。一領具足とは,土佐統一・四国制覇をなしとげた長宗我部元親軍の主力となる武士で,平時は自分の耕作地で農業を営みつつ,そのかたわらに草鞋(わらじ)などをくくりつけた槍(やり)をたて具足をおいておき,いざ合戦となればそれらを手に戦場にのぞむという,兵農未分離の下級武士集団であった。鎧(よろい)1領・馬1疋(びき)で走りまわったので,このように称された。

六体地蔵

関ヶ原の敗戦(1600

72　高知市

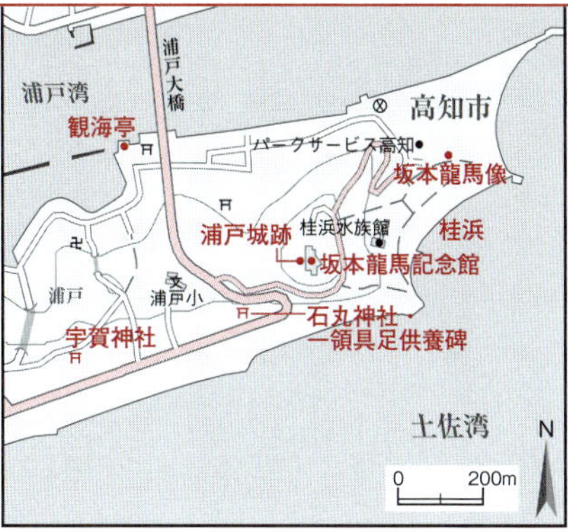

桂浜周辺の史跡

年)後，長宗我部盛親の改易(かいえき)が決まった際，長宗我部氏に1郡でも残すように要求し，浦戸城明け渡しをこばんで籠城(ろうじょう)したのが一領具足たちだった。彼らの抵抗は長宗我部氏の重臣久武親直(ひさたけちかなお)らによっておさめられ，籠城した一領具足273人の首は，大坂の井伊直政(いいなおまさ)に送られた。これを浦戸一揆(いっき)という。

六体地蔵は，1939(昭和14)年，野市町(のいち)(現，香南市(こうなん))の吉祥寺(きっしょうじ)(臨済宗)住職堀川善(全)明尼(ほりかわぜんめい)が，一領具足の供養をするため広く浄財をつのり，第二次世界大戦前に「土佐の交通王」とよばれ，桂浜の坂本龍馬像建立(こんりゅう)にも尽力した野村茂久馬(もくま)らの後援を得て建立されたものである。土井晩翠(どいばんすい)の「忠魂不滅」の詩碑が，六地蔵の東隣にある。

宇賀(うか)神社は，石丸神社から花街道を西に100mほど戻った北側に位置する。イネの精を神格化した宇迦魂神(うかのみたまのかみ)をまつる。社がたつ小丘は宇賀塚または糠塚(ぬか)とよばれる。天武(てんむ)天皇の時代，この辺りの長者だったという宇賀長者がすてた米糠が積もってできたものといわれる。

高知県立坂本龍馬記念館(こうちけんりつさかもとりょうまきねんかん) (51)

088-841-0001

〈M►P. 2, 73〉高知市浦戸城山830 P
土佐電鉄路面電車はりまや橋電停 🚌 桂浜行龍馬記念館前 🚶 5分

龍馬直筆の手紙
往時をしのぶ浦戸城の石垣

1985(昭和60)年龍馬生誕150年記念事業実行委員会が中心となり，坂本龍馬記念館建設運動がはじまった。募金活動，公開設計競技を経て，1991(平成3)年太平洋を一望する桂浜の丘陵上に記念館は完成した。

龍馬がその生涯をとおしてどのように成長し活躍したかを，映像やグラフィックなどを駆使した7つのステージで描く展示形式をとっている。また，姉乙女(おとめ)に宛てた手紙など貴重な資料も展示されている。

坂本龍馬肖像

　記念館の正面に「浦戸城趾」の碑がある。景勝地桂浜の背後の山全体が，長宗我部氏最後の居城浦戸城跡である。浦戸城は，鎌倉時代末期，この地の豪族の城として築かれたのち，本山氏の勢力下におかれた。本山氏滅亡後，長宗我部元親の家臣横山友隆が城番大将となって城をあずかった。元親は1588(天正16)年，岡豊城から大高坂城(現，高知城)に拠点を移したが，治水に悩み大高坂城を放棄し，1591年ごろ，上方との連絡に便利なこの地に居城を移した。関ヶ原の戦いで西軍についた子の盛親が改易されるまでの10年間，ここが土佐の政治・軍事の中心となった。この城は外観2層内部3階の建築で，岡豊城にはなかった天守が設けられていた。

　1596(慶長元)年には，スペイン船サン・フェリペ号が浦戸に漂着。積荷の処分などに対し不満を抱いた乗組員が，スペイン領拡充について大言したことを発端にキリシタンへの弾圧がはじまり，長崎における26聖人殉教へとつながった。関ヶ原の戦い後，土佐の領主となった山内氏は，大高坂山への移転を決定，浦戸城の石垣まで取りこわして運び去り，天守は移築されて高知城三ノ丸の丑寅櫓となった。現在，本丸跡と灯台の間の斜面に石垣の一部が残る。

桂浜 ㊷

〈M▶P.2, 73〉高知市浦戸　P
土佐電鉄路面電車はりまや橋電停🚃桂浜行終点🚶すぐ

太平洋をのぞむ龍馬像　月の名所

　浦戸湾の入口，太平洋にのぞむ桂浜。古くは嘉列浜あるいは，嘉津浦浜・勝浦浜・勝浦ノ浜などと記された。いつのころからか「かつうら」が「かつら」に転じ，「桂」の字があてられた。5代藩主山内豊房の命名ともいわれる。藩政期には勝浦浜村があったが，のち浦戸村に吸収された。

　太平洋に面したこの浜は，月の名所として名高く，歌人吉井勇にうたわれ，詩人大町桂月の雅号にもなり，「みよやみよ　みな月のみの　桂浜　海のおもより　いづる月かげ」と詠まれている。毎

坂本龍馬の魅力

コラム

幕末をかけぬけた青春　司馬龍馬の影響大

　歴史上の人物で人気投票をすると、必ず上位にランクインする坂本龍馬。日本人でその名前を知らない人はいないのではないかとすら思われるほど、坂本龍馬は、桂浜にたつブーツをはいて懐手をした銅像のイメージとともに、よく知られている。

　龍馬が幕末史上ではたした役割には大きなものがあるが、その活躍した期間は、勝海舟に弟子入りしてから京都で暗殺されるまでの5年間と、意外なほど短い。その間に彼は海軍操練所創設に奔走、薩長同盟の仲介、海援隊の組織、「船中八策」の立案、大政奉還実現への根まわしなど、八面六臂の活躍をした。

　現在でこそ知らぬ者はないほどの龍馬だが、はじめから彼の人気がこれほどまでに高く、その業績が広く知れわたっていたわけではない。彼の活躍が世間に最初に紹介されたのは、1883（明治16）年から『土陽新聞』に連載された坂崎紫瀾の小説『汗血千里駒』である。その後、日露戦争時、日本海海戦の前夜に皇后の夢枕に白無垢を着た龍馬がたち、連合艦隊の勝利を約束したとの新聞記事がでて、海軍創設に尽力した忠臣として龍馬の名は巷間に広まった。じつはこの記事がでるにあたっては、当時の宮内大臣で土佐出身の田中光顕の力が働いたともいわれる。いずれにせよ、1928（昭和3）年の龍馬銅像除幕式には、帝国海軍の駆逐艦「浜風」が桂浜沖で礼砲を放ち、式典に華をそえたのである。

　そして1962年、『産経新聞』夕刊に司馬遼太郎の小説『竜馬がゆく』の連載がはじまる。1966年まで書きつがれた司馬の『竜馬がゆく』は大ベストセラーとなり、のちにテレビドラマ化もされた。そこに描かれる龍馬の姿は、その後の龍馬のイメージに決定的な影響をあたえ、龍馬人気を不動のものにしたといえる。その影響があまりにも大きいために、逆に龍馬の実像に迫りにくくなった一面もないとはいえない。

　坂本龍馬の人気の秘密はどこにあるのだろう。彼は大きく動く時代のなかで、多くの人に出会い、学び、みずからもかわり、日本をもかえるきっかけをつくっていく。龍馬の手紙のなかに、「土佐一国にて学問致し候得ば、一国だけの論（に）いで（世界を）横行すれば、又それだけの目を開き、自ら天よりうけ得たる知識を開かずばならぬ」とある。

『汗血千里駒』

長浜から桂浜へ

龍頭岬

年中秋の名月には，この浜で名月酒供養がもよおされ，桂月をしのぶ。

　松林を背に五色石とよばれる珪砂の浜が続く。土佐湾に向かって，龍頭岬の左が東浜，龍頭岬と龍王岬の間が本浜，龍王岬の右が西浜である。
　桂浜公園には桂浜水族館・土佐闘犬センター・坂本龍馬像などの見どころのほか，大町桂月記念碑・高浜虚子の句碑・横山黄木の詩碑・吉井勇の歌碑・豪気節の歌碑・田中桃葉記念碑など，文学関係の碑も多い。龍王岬の巌頭には，海神をまつる龍王の祠がある。
　桂浜近くの浦戸湾に面した磯崎に，もと長宗我部元親の別荘としてたてられたと伝えられる観海亭がある。藩主山内氏が海上参勤を行っていたころは，日和待ちの休憩所となり，船による参勤交代が行われなくなったあとも，しばしば清遊に使用された。安土・桃山時代の建築様式を残し，浦戸御殿または磯崎御殿ともよばれた。現在は個人の所有で，一般公開はされていない。また，この近くには山崎闇斎碑もある。

12 五台山から三里へ

高知市街を一望できる景勝地五台山から、浦戸湾東岸沿いに三里に向かう。

竹林寺㊳
088-882-3085

〈M▶P.2, 78〉 高知市五台山3577 P

土佐電鉄路面電車はりまや橋電停🚌パークタウン・前浜方面行
青柳橋東詰🚶30分、またはJR高知駅🚌MY遊バス竹林寺前🚶すぐ

行基創建と伝える名刹「草木の精」の植物園

　高知市中心部のはりまや橋交差点から国道32号線電車通りを東進し、1kmさきの宝永町交差点で右折し、県道桂浜宝永線にはいる。200m南下し、左折して1kmほど進むと、国分川河口の青柳橋に至る。橋東詰めより五台山の登山道路である県道竹林寺三ツ石線を標識にしたがってしばらくのぼると、山頂近くに四国霊場第31番札所五台山金色院竹林寺(真言宗)がある。寺伝は、霊夢をみた聖武天皇から中国の五台山に似た霊地を探し伽藍の建立を命じられた行基がこの地に創建、その後、空海が中興、さらに藩政期には土佐藩主祈願寺として興隆したと伝える。

　石段をのぼり山門の手前を右にはいると宝物館がある。収蔵の仏像はすべて重要文化財である。木造十一面観音立像は、像高48.8cm、カヤの一木造の小像ながら肩幅広く独特の風格をもち、胸の瓔珞を共木から彫りだしているところも古めかしく、10～11世紀をくだらないものと思われる。木造阿弥陀如来立像は像高86.1cm、ヒノキの寄木造で、温和な面相には沈思の表情をたたえ、体躯は肉づき豊かで安定感がある。衣文はやわらかくのびやかで、典型的な定朝様式である。また、威容に富む木造大威徳明王像・木造愛染明王坐像、おだやかな藤原風の落ち着きをみせる木造増長天立像・木造多聞天立像など、土佐を代表する平安時代から鎌倉時代の仏像が並ぶ。

　本堂脇の客殿(県文化)は、藩主参詣の際の接待用の御

竹林寺本堂

五台山から三里へ　77

竹林寺木造阿弥陀如来坐像

殿といわれ，入母屋造の母屋，切妻造の玄関，唐破風の車寄せからなる。また，庭園(国名勝)は夢窓疎石の作と伝えられ，室町時代の趣を伝えている。

山門をくぐり桜並木の参道を進み，石段をのぼると，右手に本堂(国重文)がある。50年に1度開帳される秘仏の本尊木造文殊菩薩及び侍者像(国重文)をまつるところから，文殊堂ともよばれる。文明年間(1469～87)に建立されたと伝えられる建物で，桁行・梁間とも5間の入母屋造で，廻縁をめぐらす。本堂正面の大師堂の右にある階段をのぼると，総ヒノキ造で，鎌倉時代初期の様式をもつ五重塔が再建されている。五重塔の手前には，願いを1つだけかなえるという一言地蔵がある。本堂左右から西門をぬけ，土壁沿いに坂をのぼると五台山公園展望台があり，初の高知県出身の内閣総理大臣濱口雄幸の銅像がある。また，「よさこい節」にうたわれた純信は，竹林寺の僧侶であった。

竹林寺の駐車場を上に進むと，土佐がうんだ「植物学の父」牧野富太郎博士の功績を記念してつくられた牧野植物園がある。園内には，牧野博士の蔵書や植物画・直筆原稿などを収蔵した牧野文庫，植物に関する研究と生涯学習の場を提供する牧野富太郎記念館がある。記念館は，木の温もりをいかし，みずからを「草木の精」とよんだ富太郎にふさわしい空間をつくりだしている。景観・環境に配慮し

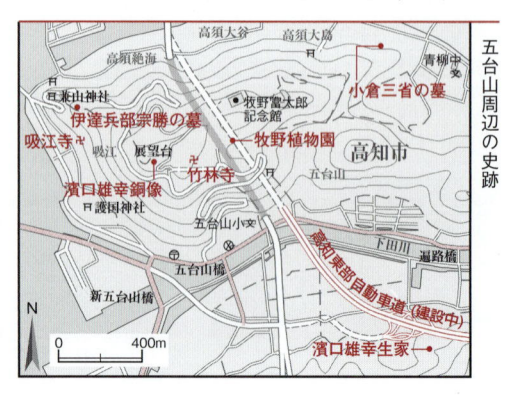

五台山周辺の史跡

コラム

よさこい節──坊さんかんざしの真相 伝

よさこい＝今夜おいで
幕末仏教界堕落の象徴

> おかしことやな　はりまや橋で
> 坊さんかんざし　買いよった

土佐の代表的な民謡「よさこい節」。その起源は定かでなく、高知城築城時にうたわれた木遣が変化したとか、元禄時代（1688〜1704）に流行した江島節から転化したともいわれる。「よさこい」の「よさ」は「夜」に通じ、「よさこい」には「今夜おいで」という意味があるとされる。「よさこい節」には、恋情やお国自慢、そのときどきの出来事などを織り込んだたくさんの歌詞があるが、冒頭の歌詞はとりわけ有名なもので、その背景には、安政年間（1854〜60）に高知城下で実際におこった僧侶のかけおち事件がある。

1855（安政2）年5月、五台山竹林寺南の坊住職純信は、五台山下の鋳掛屋の娘お馬をつれてかけおちし、讃岐金毘羅宮参道の旅籠屋にいるところを土佐藩吏にとらえられた。純信37歳、お馬17歳であったと伝える。

土佐に連行された2人は、城下山田町の牢にて吟味の結果、城下三番所でさらしものにされたあと、純信は国外追放、お馬は安芸川以東追放の処分をうけた。翌年純信が再びお馬をつれだそうとしたこともあり、改めて純信は国外追放、お馬は名護屋坂以西追放となった。その後、純信は愛媛県美川村（現、久万高原町）に居住、1888（明治21）年に没したとされる。お馬のほうは追放先の須崎で大工寺崎米之助と結婚、長男の上京を期に一家で東京に移住し、1903年東京で没した。

ちなみに冒頭の歌詞は、純信がお馬のためにかんざしを買ったことからうまれたとされるが、近年、かんざしを買ったのは純信ではなく、彼の下で修行していた学僧慶全であり、3者の間に三角関係があったとの見方もある。

いずれにせよ、この事件は当時の仏教界の堕落を象徴するもので、宇佐村（現、土佐市宇佐）の真覚寺住職静照も『真覚寺日記』のなかでこの事件にふれ、「誠に諸宗一統の恥辱、末世の有様是非もなき事也」となげく。静照はこのほか、藩の寺社方から各寺に注意の廻文がきたことや、坊さんかんざしの唄の流行、純信・お馬の事件が浄瑠璃本になったことなども記しており、当時の土佐にこの事件があたえた波紋の大きさを知ることができる。

坊さんかんざしの唄に興じた民衆の心中には、当時の権力側の一角である寺・僧侶の堕落に対する皮肉と怒りとがうずまいていた。維新後の土佐では、猛烈な廃仏毀釈の動きがみられるが、廃仏毀釈の嵐と僧侶を揶揄する「よさこい節」の歌詞との間に一脈つうじるものをみることも、あながちまちがいとはいえまい。

五台山から三里へ

た建築物として全国的な評価をうけ，2000（平成12）年，第13回村野藤吾賞をはじめ，数々の賞を受賞した。

五台山麓北東端には，2代藩主山内忠義の時代，野中兼山とともに南学の双璧とたたえられた小倉三省の墓がある。また，野中兼山をまつる兼山神社や，仙台藩（現，宮城県）のお家騒動である伊達騒動により土佐藩にあずけられた伊達兵部宗勝の墓もある。

吸江寺 54
088-883-3695
〈M▶P.2,78〉高知市五台山吸江122イ-2 P
土佐電鉄路面電車はりまや橋電停🚌パークタウン・前浜方面行護国神社前🚶3分

土佐中世禅宗文化の中心 夢窓疎石ゆかりの寺

青柳橋より五台山の山腹の市道を500mほど東進すると，高知県護国神社がある。神社の駐車場をぬけ，山手を少し西に戻ると，右手に吸江寺（臨済宗）がみえてくる。寺は夢窓疎石が1318（文保2）年に開いた吸江庵跡（県史跡）にある。名利をきらう疎石は，鎌倉幕府14代執権北条高時の母覚海尼の招きを辞して土佐にくだり，ここに庵を結んだ。吸江の名は唐の禅僧馬祖の「一口に吸尽す西江の水」という言葉からとったと伝えられる。やがて疎石は土佐を去ったが，この疎石に師事したのが，高岡郡津野新庄（現，津野町）出身の義堂周信と絶海中津で，2人は五山文学の双璧と称され，室町幕府の政治・外交面でも活躍した。戦国時代には長宗我部氏の保護をうけ，南学の祖南村梅軒の弟子忍性も住み，江戸時代初期には山崎闇斎もこの寺で修行した。

吸江寺木造地蔵菩薩坐像

石茶臼（吸江寺）

寺内に安置される木造地蔵菩薩坐像（国重文）は，室町時代の作で，足利尊

氏の守り本尊であったと伝えられる。そのほか寺宝の石茶臼(県文化)，「吸江寺文書」とよばれる貴重な古文書も数多く残る。

濱口雄幸生家 (55)

088-884-8004

〈M►P.2,78〉高知市五台山唐谷4378 P
土佐電鉄路面電車はりまや橋電停🚌パークタウン・前浜方面行へんろ橋🚶10分

ライオン宰相男子の本懐

護国神社から1km余り東へ進むと，道は県道土居五台山線にはいる。県道高知南インター線の高架下をぬけ，さらに500mほど進むと，下田川沿いにへんろ橋バス停がある。対岸の山裾の集落が唐谷である。へんろ橋を渡り道標にしたがって進むと，坂の上に濱口雄幸生家がある。雄幸は1870(明治3)年，水口胤平の3男としてこの地に出生。号の空谷は唐谷にちなんだもの。1889年安芸郡田野村(現，田野町)の濱口義立の養子となり，東京帝国大学政治学科を卒業。大蔵省にはいり，逓信次官・大蔵次官などを歴任。1913(大正2)年立憲同志会に入党，1915年以降衆議院議員に6回当選した。

加藤高明内閣の蔵相，若槻礼次郎内閣の内相を経て，1927(昭和2)年立憲民政党結党とともに総裁となり，1929年内閣総理大臣となる。自由民権の聖地高知県初の首相で，その風貌と剛直な性格から「ライオン宰相」とよばれた。

濱口内閣は金解禁・緊縮財政政策を推進したが，1929年アメリカではじまった世界恐慌の影響をうけ，深刻な不景気を招いた。一方，強硬外交で失敗した立憲政友会田中義一内閣の轍はふまず，協調外交を復活させる。ロンドン海軍軍縮会議(1930年)に代表若槻礼次郎を送り，軍部を中心とする国内の反対をおさえて条約に調印したが，統帥権干犯問題がおこり，軍部や右翼によるファッショ化が顕著になった。1930年11月，軍縮に反対する右翼青年に東京駅プラットホームで狙撃され入院。翌年3月，快復途上で議会答弁にたったこ

濱口雄幸生家

とから病状が急変。8月26日に没した。竹林寺に隣接する五台山公園には、生家をみおろすように雄幸の銅像がたつ。

武市瑞山旧宅と墓 ⑤⑥

幕末勤王の志士 吉田東洋暗殺の首謀者

〈M▶P.2〉高知市仁井田吹井3021 P
土佐電鉄路面電車はりまや橋電停🚌パークタウン方面行瑞山神社前🚶1分

　濱口雄幸生家からへんろ橋バス停に戻り、県道土居五台山線を1kmほど東進する。右折して瑞山橋を渡り県道仁井田竹中線をさらに1kmほど南進する。瑞山神社前バス停正面の道路脇に瑞山旧宅の看板があり、その東方の山麓に武市瑞山旧宅(国史跡)がある。

　武市瑞山は幕末勤王の志士で、通称半平太。本名は小楯。1829(文政12)年、長岡郡仁井田郷吹井村(現、高知市吹井)に出生。家格は郷士出身の白札で、知行は約50石であった。江戸にでて桃井春蔵の門で剣術を学び、塾頭もつとめるほどに上達。余技として絵画を嗜んだ。その後、薩摩・長州・水戸の尊王攘夷派の志士らと交流し、1861(文久元)年に首領として挙藩勤王をめざす土佐勤王党を結成。翌年、同志を動員し、当時の藩政の指導者であり公武合体論者でもあった吉田東洋を暗殺させたのち上洛。勅使の江戸下向の際には、副使姉小路公知の雑掌柳川左門という名で勅使にしたがった。同年末には御留守居組に進み、1863年正月には京都留守居役加役となり、他藩の志士らともつうじ活躍した。

　しかし同年八月十八日の政変後、状況は一変。藩政に復帰した山内容堂は、腹心であった吉田東洋を暗殺した土佐勤王党員らの捕縛・弾圧を開始。土佐に帰った瑞山もとらえられ、2年後の1865(慶応元)年閏5月11日に南会所で切腹を命じられた。享年37歳。旧宅右手には瑞山をまつる瑞山神社、そこからさらにのぼると瑞山夫

武市瑞山旧宅

妻の墓(国史跡)や一族の墓がある。

田中貢太郎誕生地 (57)

〈M►P. 2, 83〉高知市仁井田1758
土佐電鉄路面電車はりまや橋電停🚌種崎行三里文化会館前🚶10分

大衆文学の先駆者 井伏鱒二の師

高知市中心部のはりまや橋交差点から，国道32号線電車通りを東進する。宝永町交差点で右折し，弘化台を経て浦戸湾東岸に沿って県道桂浜宝永線を南下する。三里文化会館前バス停で下車し，南進して最初の交差点を左折し，一方通行の道を進むと，左手に小さな祠がある。そのすぐさきに田中貢太郎先生誕生地の石碑がたつ。

作家田中貢太郎は，1880(明治13)年にこの地に生まれ，小学校の代用教員を経て，1902年に高知実業新聞に入社，桃葉の号で文芸欄を担当した。号は生地三里が桃の名所であったことに由来する。1903年に上京し大町桂月の門にはいるが，まもなく高知に帰り，小学校教師をしながら，『土陽新聞』に小説「武運」を書いた。1907年再度上京。1914(大正３)年，『中央公論』に「田岡嶺雲・幸徳秋水・奥宮健之追懐録」を発表し，これが出世作となった。その後もつぎつぎと作品を発表し，1929(昭和４)年に『大阪毎日新聞』『東京日日新聞』に連載した「旋風時代」は，圧倒的な人気を得た。また貢太郎の家に集まる尾崎士郎・井伏鱒二や高知出身の田岡典夫ら若い作家とともに雑誌『博浪沙』をだしたことも知られる。

仁井田周辺の史跡

田中貢太郎誕生地から200mほど東進すると鳥居がある。左折してさらに200mほど進むと，クスノキの大木がみえてくる。そこが仁井田神社である。1981(昭和56)年，神社拝殿から「夕顔艦運用方」と書かれた夕顔艦

絵馬が発見された。絵馬には黒の船体と白い帆，いちばん高いマストに藩旗と船尾の日の丸などが描かれている。夕顔は1867（慶応3）年6月，坂本龍馬と後藤象二郎が，船上で「船中八策」の構想を練った藩船として有名である。現在この絵馬は，高知市立自由民権記念館に寄託されている。

中城家と篠竹の道 58 59

〈M ► P. 2, 83〉高知市種崎17
土佐電鉄路面電車はりまや橋電停🚌種崎行種崎一区 🚶5分

龍馬の隠れ家、中城家　浦戸城の城下町的雰囲気

　五台山から南にのびる県道桂浜宝永線を進み，三里文化会館前の交差点を右折すると，種崎地区にはいる。県道弘岡下種崎線を西に進んだ種崎一区バス停前の信号のさきに，中城家を示す標識がたつ。1867（慶応3）年，坂本龍馬は土佐藩に小銃を売るため，広島藩船震天丸に乗ってひそかに土佐に帰った。その際に逗留したのが中城家である。中城家は龍馬の母の実家川島家と交際があり，龍馬もその関係で面識があったと考えられる。築100年以上がたち改修がなされているが，家のもつ雰囲気はそこなわれていない。

　中城家から西に進み，種崎簡易郵便局の信号を左折，最初の交差点を右におれると，道路沿いに竹垣がめだつようになる。篠竹は，おれにくく矢柄に適しており，長宗我部元親が浦戸城対岸の種崎を整備した際，砂地に適応することを確かめ，植栽を奨励したという。鉤の手になった道，竹垣など当時の面影が残る。この道を直進し突き当りを右折すると，県道弘岡下種崎線に戻る。この線は種崎から県営渡船で御畳瀬につながる。道路が渡し場方向に右折する三差路から，2軒南の家裏に元親井戸がある。元親の水軍の造船所があった種崎に8つ掘られた井戸のなかで，唯一現存するものである。

中城家

高知県中央部

Kōchiken Chūōbu

豊楽寺薬師堂

八坂神社の大杉

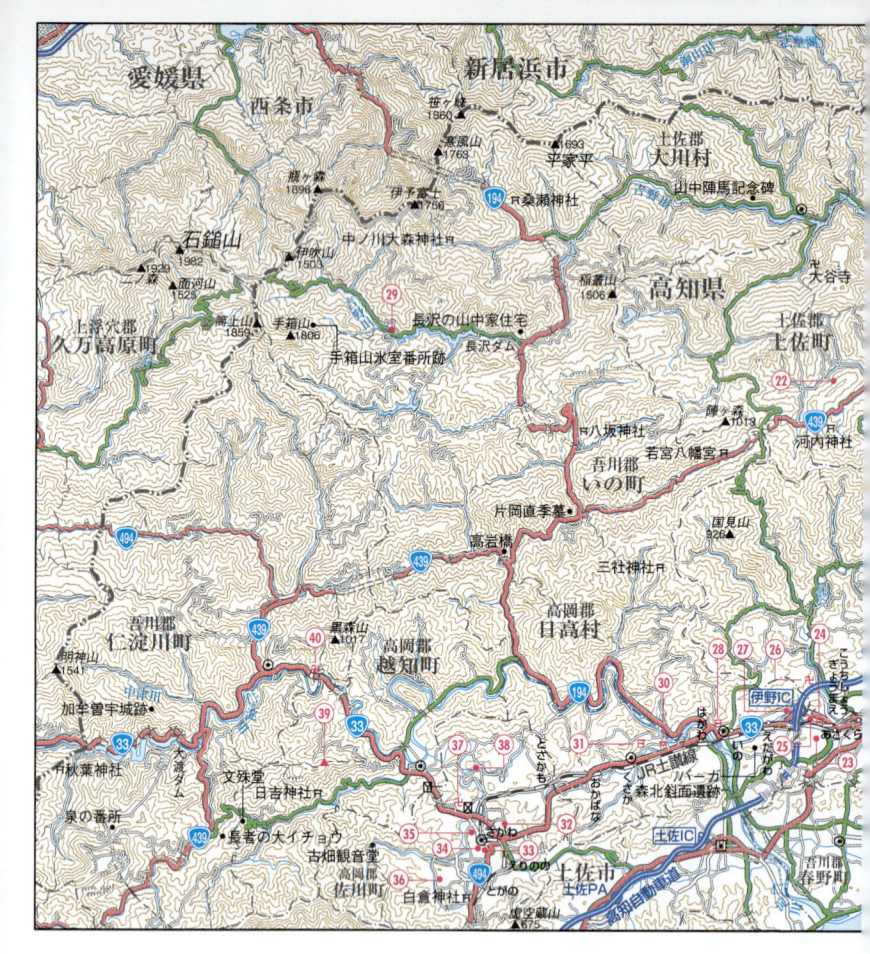

◎高知県中央部散歩モデルコース

高知市東郊散策コース　　　土佐電鉄はりまや橋電停 30 朝峯神社 10 源希義の墓 15 紀貫之船出の地碑 10 明見彦山古墳群 5 土佐電鉄明見橋電停

南国市北部周遊コース　　　JR土讃線高知駅 30 高知県立歴史民俗資料館・岡豊城跡 15 小蓮古墳 15 国分寺 15 土佐国衙跡 10 永源寺 10 比江廃寺塔跡 15 JR土讃線後免駅

南国市南部周遊コース　　　土佐電鉄はりまや橋電停 40 禅師峯寺 15 掩体群 10 田村遺跡群 15 土佐くろしお鉄道立田駅

嶺北周遊コース　　　高知自動車道大豊IC 10 八坂神社の大杉 20 定福寺 20 豊楽寺 30 旧立川番所書院 30 帰全山 15 若一王子宮 25 大豊IC

①朝峯神社	
②源希義の墓	
③紀貫之船出の地碑	
④明見彦山古墳群	
⑤小蓮古墳	
⑥舟岩古墳群	
⑦岡豊城跡	
⑧谷家の墓地	
⑨国分寺	
⑩土佐国衙跡	
⑪紀貫之邸跡	
⑫比江廃寺塔跡	
⑬禅師峯寺	
⑭田村城跡	
⑮田村遺跡群	
⑯八坂神社の大杉	
⑰豊楽寺	
⑱定福寺	
⑲旧立川番所書院	
⑳帰全山	
㉑若一王子宮	
㉒平石の乳イチョウ	
㉓朝倉城跡	
㉔朝倉神社	
㉕朝倉古墳	
㉖宗安寺	
㉗八代の舞台	
㉘椙本神社	
㉙山中家住宅	
㉚小村神社	
㉛葛原神社	
㉜松尾城跡	
㉝青山文庫	
㉞青源寺庭園	
㉟乗台寺庭園	
㊱不動ヶ岩屋洞窟遺跡	
㊲大乗院	
㊳瑞応の盆踊り	
㊴横倉山	
㊵寺村観音堂	

いの・日高周遊コース　JR土讃線朝倉駅_10_朝倉神社_10_朝倉古墳_20_枝川古墳群_15_八代の舞台_20_椙本神社_15_小村神社_10_JR土讃線日下駅

佐川町散策コース　JR土讃線佐川駅_10_青山文庫_2_青源寺_3_牧野富太郎誕生地_10_乗台寺_10_名教館玄関（佐川小学校）_15_JR土讃線西佐川駅

佐川・越知・仁淀川町周遊コース　JR土讃線佐川駅_20_不動ヶ岩屋洞窟遺跡_20_大乗院_15_横倉神社_90_横倉宮_15_安徳天皇御陵参考地_90_横倉神社_20_寺村観音堂_30_JR佐川駅

① 高知市東郊の介良・大津

古くから開けた高知市東郊の里。古代から近代に至るまでの数々の史跡が残る。

朝峯神社・源 希義の墓 ❶❷
088-860-3847

〈M ▶ P. 87, 89〉 高知市介良乙1927 P／高知市介良乙 土佐電鉄路面電車はりまや電停中野団地方面行介良支所前 8分

「延喜式」式内社 頼朝実弟希義の墓

　介良支所前バス停より南進してつきあたる愛善保育園前を，約200m東進して朝峰橋を渡ると，介良富士とよばれる小高い山の麓に『延喜式』式内社朝峯神社(祭神木花開耶姫)がある。古来，安産・子授けの神・酒造りの神として信仰されている。

　朝峰橋北詰めに戻り，介良川右岸の道を西進し，城山橋を渡ってすぐ西側の小道にはいる。山ぎわの鳥居をくぐって山をのぼると，長宗我部氏の家臣横山氏の花熊城跡に至る。城山橋南詰めに戻り，80mほど南西から道標にしたがい山にはいる。右にまがった山道を進むと，西養寺跡と源希義の墓に至る。

　源希義は，源頼朝の同母弟で，父義朝が平治の乱(1159年)で敗れたため，一族が離散，駿河(現，静岡県)に隠れ住んだが，平家方にとらえられ土佐に配流となり，介良荘に住んだ。1180(治承4)年の頼朝挙兵の際，希義もこれに呼応すべく夜須七郎行家をたより，夜須荘(現，香南市夜須町)に向かったが，平氏方の平田俊遠・蓮池権頭家綱らの追撃をうけ，年越山(現，南国市)で最期をとげたと伝えられる。希義の遺骸は葬られることなく打ちすてられていたが，介良の琳猷上人が遺骨を拾って葬ったとされる。

　のちに琳猷が鎌倉幕府から寺領をあたえられ建立したのが西養寺(真言宗)である。1713(正徳3)年に焼

源希義の墓

88　高知県中央部

失後衰え，明治初期の廃仏毀釈によって廃寺となり，現在は当時の石垣の一部が残っている。かたわらの山林中にたつ無縫塔が，源希義の墓と伝えられる。

城山橋から介良川左岸沿いにさらに600mほど南西に進み，白水橋南詰め手前から南にはいると，江戸時代末期から明治時代の民家の家並みが残る白水地区に至る。

紀貫之船出の地碑 ❸
088-866-2124（大津小学校）

〈M ▶ P.87, 89〉 高知市大津乙972
土佐電鉄路面電車ごめん線舟戸電停 徒5分

『土佐日記』ゆかりの地 忠臣まつる白太夫神社

大津地区は，中央を舟入川，北西部を国分川が流れる。昔は付近一面に大きく広がった浦戸湾が内海をなしており，地名は湾内にあった三要津，小津・中津・大津に由来するといわれる。

この大津の名を有名にしたのは，紀貫之の『土佐日記』である。同地は，平安時代には土佐国府と都を結ぶ海路の基点として，重要な位置を占めていたと考えられる。『土佐日記』によると，934（承平4）年，国司の任期をおえた貫之は，12月21日国府の館を出発して舟戸に着いた。ところが，つぎつぎに送別の客が訪れたのか，理由は不詳だが，結局27日にやっと浦戸をさしてこぎだすようになる。貫之の胸中には惜別の情，都への望郷の念，そして在任中に亡くなった娘への情があったと想像される。「都へと思ふをものの　悲しきは　かへらぬ人の　あればなりけり」と，『土佐日記』中に詠まれている。舟戸電停北側の船戸橋を

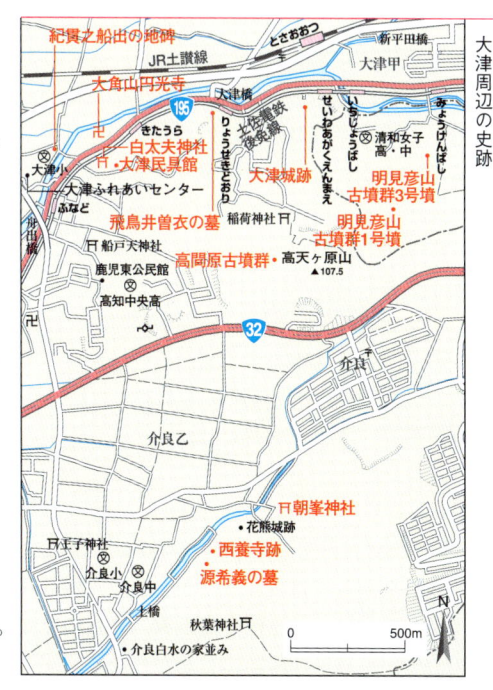

大津周辺の史跡

高知市東郊の介良・大津

紀貫之船出の地碑

渡り，右折してすぐの大津小学校敷地内には，紀貫之船出の地の碑がたつ。

旧長岡郡大津村は，1972（昭和47）年に高知市に吸収合併され，近郊地の便利さから住宅地として発展するとともに，各種工場も進出している。最近では，1998（平成10）年9月の集中豪雨で大津は大水害に見舞われた。舟戸の大津ふれあいセンター前には，浸水時の最高水位を示す碑が高知市合併記念碑と並んでたつ。

舟戸電停から電車通りを北東に200mほど進むと，南側に白太夫神社があり，もと伊勢神宮（現，三重県伊勢市）の神官であった渡会春彦（松木春彦）がまつられている。渡会は菅原道真に大宰府（現，福岡県太宰府市）でつかえた人物で，道真の死後，道真の長男である菅原高視に遺品をとどけようと土佐にはいった。しかし高視とあう前にこの地で力つきたという。この神社のすぐ西側に岩崎山にのぼる道がある。この山の中腹にある大津民具館には，衣料・食・農業・漁業などに関する民俗資料が収集されており，小学校の校外学習にも利用されている。

電車通りに戻り，さらに200mほど東に進むと，北側に大角山円光寺（浄土真宗）があり，木造阿弥陀如来坐像（県文化）を有する。つぎの領石通電停のすぐ東から線路を渡って右上の山にのぼると，土佐一条氏や長宗我部氏に招かれて蹴鞠を伝授した飛鳥井曽衣の墓がある。

明見彦山古墳群 ❹　〈M ▶ P. 87, 89〉南国市明見彦山
　　　　　　　　　土佐電鉄路面電車ごめん線明見橋電停🚶5分

土佐の三大古墳の1つ高間原古墳群の細石器

領石通電停の200mほど西の道標から南にはいり，辻々の電柱の道標にしたがって進むと，たかまのはら稲荷神社に至る。その境内の高天ヶ原山は，大津側を高天原，介良側を高間原と表記する。標高80mの山上および斜面に11基からなる高間原古墳群がある。また

明見彦山1号噴

付近には六郎山古墳・小奈路古墳、狸岩3号古墳などもある。いずれも6世紀中ごろから7世紀に築造されたと考えられる横穴式石室をもち、須恵器・土師器なども出土した。たかまのはら稲荷神社に申し込むと、境内の古墳や高知市内出土では唯一の旧石器時代の細石器を見学できる。

　電車通りに戻って東に進み、清和学園前電停の100mほど西から南へ古城八幡宮への参道をのぼると、長宗我部氏に滅ぼされた天竺右近花氏の居城大津城に至る。天竺氏の滅亡後、この城には、中村（現、四万十市）の土佐一条氏最後の当主一条内政が、長宗我部元親によって迎えられ「大津御所」と称したが、のちに元親から謀反の嫌疑をうけて伊予（現、愛媛県）へ追放され、ここに土佐一条氏は滅亡した。

　電車通りに戻って明見橋電停東の道標から南にはいり、辻々の道標にしたがって進む。遊歩道にはいっていくと明見彦山古墳群の3号墳を示す案内板がある。3号墳は、横穴式石室をもつ。6世紀初頭のものと考えられ、勾玉・鉄鋤・鉄鎌・鉄刀・轡などが出土した。さらに南に進むと1号墳がある。2号墳は破壊されて消滅した。1号墳は、小蓮古墳（南国市）・朝倉古墳（高知市）とともに土佐の三大古墳とされる。7世紀中ごろのもので、3号墳と同じく横穴式石室の構造をもつがやや大きい。羨道の長さは約3m、玄室の奥行5.9m、玄室奥の幅2.5mである。

② 土佐のまほろば南国市

県下最大の香長平野が広がる南国市。古来，土佐の政治・文化の中心として数々の史跡が残る。

小蓮古墳と舟岩古墳群 ❺❻

〈M ▶ P. 87, 92〉南国市岡豊町小蓮光り岩1221／小蓮舟岩

JR土讃線高知駅🚌 領石方面行岡豊山🚶5分

県内最大の現存古墳 金環・馬具などが出土

県道北本町領石線沿いの高知大学医学部北東の岡豊山バス停から，北に10分ほど歩くと，小蓮古墳（県史跡）がある。小蓮古墳は高知市の朝倉古墳，南国市の明見彦山1号墳とともに土佐の三大古墳に数えられる。2段の楕円形円墳で，1段目の盛土は周囲を畑にする際に削りとられ，1.8mほどの段になっているが，上部の墳丘はほぼ原型をとどめている。南北20m・東西14mで，墳丘の高さは約7.1mある。棺を安置する玄室は奥行7.6m・幅2.1m，羨道の長さは約3.2mである。1971（昭和46）年の発掘調査では，須恵器・金環・鉄刀・馬具などが発見された。

舟岩古墳群は，小蓮古墳の北約500m，希望が丘学園裏の大平山（125m）の山頂に近い舟岩にある20余基の古墳群である。1967（昭和42）年，

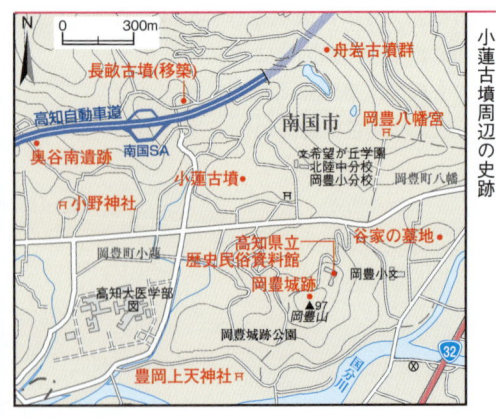

小蓮古墳

小蓮古墳周辺の史跡

10余基が発掘調査され、土師器・須恵器のほかに装身具・武具・馬具などが出土した。いずれも7世紀代のもので、地方豪族の家族墓とみられる。今は雑草が生いしげるなかに数基の古墳が現存する。

岡豊城跡 ❼
088-862-2211
(高知県立歴史民俗資料館)

〈M ▶ P.87, 92〉 南国市岡豊町八幡岡豊山1099 Ｐ
JR土讃線高知駅🚌領石方面行学校分岐(歴民館入口)🚶10分

長宗我部元親の居城山腹に歴史民俗資料館

　県道北本町領石線の学校分岐バス停から南の岡豊山にのぼると、四国制覇をなしとげた戦国大名長宗我部元親の居城岡豊城跡(県史跡)に至る。

　平安時代末期から鎌倉時代初期に、信濃(現、長野県)から土佐の長岡郡宗我部郷(現、南国市)にはいった秦能俊の子孫が、長宗我部氏を名乗り、やがて西方の岡豊山に城を構えた。11代目の信能以降、北朝方に属し、細川氏の庇護の下、夢窓疎石のたてた五台山吸江庵(現、高知市五台山)の寺奉行となるなど活躍した。しかし応仁の乱(1467〜77年)後、細川氏一族の内紛のため、その援助をうけることができなくなる。19代兼序は1508(永正5)年(1509年説もある)、本山・山田・吉良・大平氏などの豪族に攻められ、自刃して城もおちた。

　兼序の子国親は、中村(現、四万十市)の一条氏をたより、一条房家の下で成長した。国親は1518年に岡豊に帰り、長宗我部家の再興に乗りだす。四散した家臣を集め、周辺の土豪を討って領地を広げたが、1560(永禄3)年、本山氏の拠点浦戸城(現、高知市浦戸)を攻略中に病死した。国親のあとをついだ元親は、本山氏を討つため1563年、長岡郡本山に兵を進めた。このとき安芸国虎の軍が岡豊城へ押し寄せ、長宗我部方は危機におちいったが、岡豊八幡宮の白羽の矢が、雷のおちるような音をたててとび、安芸の軍勢を悩ませたという伝説がある。

岡豊城跡遠景

土佐のまほろば南国市

安芸軍の退却，本山氏打倒によって土佐の中央部を手中におさめた元親は，1569年安芸氏を滅ぼし，弟の親貞に吉良氏を，3男親忠には津野氏をつがせ，吾川・高岡郡の所領をあわせ，1574（天正2）年には一条氏の支配していた幡多郡をも制覇した。1585年頃には四国をほぼ制圧したが，やがて豊臣秀吉に敗れ，土佐1国のみを安堵された。

　岡豊城築城の時期はあきらかではないが，その規模は土佐屈指の中世山城である。主郭部と南下方の家老屋敷とよばれる曲輪，それに厩床（伝厩跡曲輪）とよばれる西方の曲輪の副郭部からなる連立式山城である。

　詰ノ段を中心とする主郭部は，詰の平坦面を中心に細長い二ノ段を構え，西下には三ノ段・四ノ段とよばれる南北に細長い曲輪を配する。三ノ段・四ノ段は土塁の保存もきわめてよい。北西部の2つの尾根には，攻撃を防ぐために3条の堀切を構える。

　副郭部のうち，厩床は本城に対する出丸で前線拠点とされる。この曲輪は，西斜面に深い2重の空堀を構え，守りを堅固にしている。

　城跡内に高知県立歴史民俗資料館がある。高知県における拠点的な歴史系博物館で，2階に設けられた長宗我部展示室は長宗我部氏や岡豊城に関する資料を体系的に展示する。また，3階の総合展示室では，高知県の歴史と文化を考古，歴史・民俗の各資料によって紹介する。さらに，屋外展示として，土佐の山村民家旧味元家住宅（国登録）が移築され，資料館建設のために行われた発掘調査で確認された礎石建物跡・石敷遺構・土塁・石積みの遺構なども，整備・復元されている。

　周辺には旧石器時代の奥谷南遺跡，県内最古級の長畝古墳，『延喜式』式内社で天足彦国押人命をまつる小野神社，同じく式内社で屋船豊宇気姫命をまつる豊岡上天神社などもある。

谷家の墓地 ❽

〈M▶P. 87, 92〉南国市岡豊町八幡米ヶ内1063
JR土讃線高知駅🚌領石方面行大津分岐🚶5分

岡豊秦山ゆかりの地 岡豊八幡宮の神職

　小学校通バス停のかたわらに墓地への案内標柱があり，そこから小道を少しのぼった段に小さな社と墓石が並ぶ。ここが谷家の墓地である。点在する墓石は，川原石などの自然石を用い，大きなのはみられない。これは「墓石の大なるは子孫衰絶の兆しなり」と

する谷家家訓に基づいたものといわれる。

　谷家は大和三輪山(現，奈良県桜井市)の三輪谷に居住していたところから，谷を姓としたともいわれるが，いつごろ土佐にきたかは不明である。その後，岡豊八幡宮の神職として代々その職をうけついだ。永禄年間(1558～70)ごろ，谷左近が長宗我部氏につかえて武士となり，彼を家祖としてしだいに発展した。3代目の神(甚)右衛門は，野中兼山の信望が厚かった人物で，秦山の祖父にあたる。4代目重元が高知に移ったので，この地にはそれまでの人びとがまつられている。重元の子が谷秦山である。秦山の墓は香美市土佐山田町ぐいみ谷にある。

　谷家が神職をつとめた岡豊八幡宮は，岡豊城の北東，県道北本町領石線の北側の山頂にある。学校分岐バス停から東へ約5分歩くと，石段の上り口に着く。ここから10分ほど急な石段をのぼると本殿である。鎌倉時代の創建と伝えられ，長宗我部氏の氏神的存在であり，元親の信仰はとくに篤かったといわれる。八幡宮には，1560(永禄3)年，元親が寄進した三十六歌仙画像や，出陣の際に使用したという「天正四(1576)年八月吉日」銘のある1升入りの盃などが伝えられており，現在は高知県立歴史民俗資料館が保存する。

国分寺 ❾

088-862-0055

〈M▶P. 87, 96〉 南国市国分546　P

JR土讃線後免駅🚌植田行国分寺通🚶5分，または南国IC🚗5分

四国霊場第29番札所　元親再建の金堂

　国分寺通バス停から西へ約400m進むと，道路の北側に四国霊場第29番札所国分寺(真言宗)がある。寺の周辺には遍路の道具をあつかう店や飲食店もある。車の場合は，南国ICから高知東道路を500mほど南に走り，国分寺の標識を左におれ，県道南国インター線を1.4kmほど南に進めばよい。

　国分寺の創建は，741(天平13)年の聖武天皇の国分寺建立の詔によるもので，行基の開山。のちに空海が中興したと伝える。

　かつての土佐国分寺跡(国史跡)の範囲は，東西500尺(約151.5m)・南北450尺(約136.4m)で，そこに東大寺式伽藍配置の堂塔が並んでいたようである。現在，境内の南東隅から北方にかけて，高さ1.5～2m・幅3～4mの当時の土塁の一部が残る。書院の庭内には，塔の心礎と伝えられる礎石がある。心礎柱座から掘られた排

土佐のまほろば南国市　95

国分寺金堂

水溝をもつ凹柄凹座心礎とよばれるもので、阿波国分寺（現、徳島県徳島市）の心礎と共通した部分がみられる。国分寺は七重塔が原則であるが、土佐の場合、この心礎から推して三重塔と考えられる。

　寺域からは、近年、数回にわたって行われた発掘調査の結果、創建当初のものと考えられる鐙瓦も6種発見され、その瓦や出土する土器の状態から、創建当初の伽藍は、平安時代後期に焼失したことも判明した。また創建の時期についても、出土した土器や寺伝来の平安時代前期の梵鐘（国重文）などから勘案し、平安時代前期と考える説が有力となっている。梵鐘は寺院建立の最終段階で、寺に奉納されるのが慣例とされるからである。

　金堂（国重文）は、本尊が千手観世音菩薩であるため、一般に観音堂とよばれる。現在の金堂は1558（永禄元）年、長宗我部国親・元親父子の再建。1633（寛永10）年、土佐藩2代藩主山内忠義が屋根を葺き替え、向拝をつけたと伝えられる。構造は桁行5間・梁間6間、単層の柿葺き寄棟造で、正面中央に向拝がつく。土佐では珍しく回縁をめぐらし、堂内の海老虹梁は土佐最古のものである。

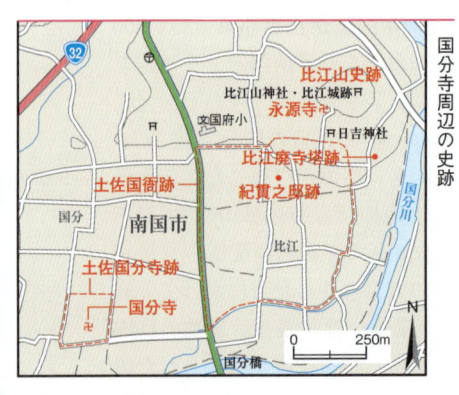

国分寺周辺の史跡

また、寺には2体の木造薬師如来立像（ともに国重文）がある。1体は像高99.5cmのヒノキの一木造、彩色ははげおちているが、丸顔のおおらかで端麗な表情、豊かな張りのある肌をみせる胸、膨らみのある身体など、小像ながらも力量感あふ

江戸の科学者──からくり半蔵

コラム 人

土佐のダ・ヴィンチ　土佐の天文・暦学者

　土佐長岡駅より北に80mほど進むと、現在は水田となった細川半蔵頼直の生家跡がある。細川半蔵は、江戸時代にからくり人形や時計を作成した人で、名著『機巧図彙』の作者として知られている。

　細川家の先祖は、南北朝時代末期の土佐の守護代で、香美郡田村荘に居館を構えた細川頼益といわれ、代々上田村に居住したが、のち子孫は長岡郡池（現、高知市）の城主となって池氏を名乗り、長宗我部氏につかえた。山内氏入国で浪人となり、一宮（現、高知市）に移住し、正保年間（1644～1648）の五兵衛の代に百人衆郷士として上末松（現、南国市）に移り、理太右衛門のとき細川に復姓した。

　半蔵は理太右衛門の長男として誕生した。学問を好み、片岡直次郎に暦学を学び、戸部愿山について儒学を学んだ。

　半蔵は京都へ遊学したのち、1791（寛政3）年には江戸への遊学を志した。村をでるとき、村の橋柱に「不一揚名于天下，不復過此橋」（天下に名をあげずんば、再びこの橋をすぎず）と記したという逸話を残しており、彼の決意のほどが想像できる。江戸では、幕府天文方の山路才助について天文・暦学を学んだ。幕府において改暦の計画があり、半蔵は有能な暦学者5人のうちに選ばれ、改暦助手として暦本作成に努力した。

　また、鶏自鳴鐘・掛時計・枕時計・尺時計をはじめ、茶汲人形・五段返しなど、力学を応用した玩具や器具をつくったと伝えられている。

　著書としては、『写天儀記』4巻、『機巧図彙』3巻を残した。半蔵は『機巧図彙』が世にでる直前に亡くなったが、同書の価値は広く認められた。この書には茶運び人形や時計などの仕掛けが細部にわたり記されており、専門的な技や芸が秘伝とされていた時代に、このような書を出版したことの意義が評価されている。

細川半蔵のからくり人形

れる藤原時代の作である。もう1体は、台座・光背を伴い、像高35cmの小像である。ヒノキの寄木造で、玉眼・漆箔のきわめて繊細で気品に富む鎌倉時代の作である。また、七重蓮華台座と光背は、ともに当代彫刻技術の真髄をきわめたものと評価されている。光背

土佐のまほろば南国市

裏面には「応永二十三(1416)年十月八日」の修理銘がある。

土佐国衙跡と紀貫之邸跡 ❿⓫

〈M ▶ P. 87, 96〉南国市比江国庁・松ノ下・金屋ほか **P**
JR土讃線後免駅 🚌 植田行国分学校前 🚶 8分

紀貫之ゆかりの地 古代土佐の中枢

土佐国衙跡

国分学校前バス停から国府小学校南側の道を東に約400m進むと、手入れのゆきとどいた小さな公園がある。ここは『土佐日記』で有名な紀貫之邸跡と伝えられ、「内裏」という小字名が残る。紀貫之関連遺構として確認されているものは何もないが、4基の碑がたつ。「紀氏旧跡」の碑は江戸時代後期、国学者であった尾池春水らによって、1785(天明5)年にたてられた。また、松平定信に由来する「千載不朽」の碑、俳人高浜虚子の「土佐日記　懐にあり　散る桜」の句碑、『土佐日記』の碑が並ぶ。

またこの一帯が土佐国衙跡(県史跡)である。国衙跡はすべて耕地となり、当時の面影をとどめていないが、府中・国庁などの地名が残る。発掘調査では、官衙を構成すると考えられる掘立柱建物跡は確認されたが、政庁など国衙中枢の遺構や国府域は確認されていない。

比江廃寺塔跡 ⓬

〈M ▶ P. 87, 96〉南国市比江430-2 **P**
JR土讃線後免駅 🚌 植田行国分学校前 🚶 8分

県内最古の寺院跡 白鳳時代の瓦が出土

紀貫之邸跡から東へ400mほど進むと小公園があり、ここが比江廃寺塔跡(国史跡)である。白鳳時代の瓦も出土しており、県内最古の寺院跡である。多くの礎石群が江戸時代の中ごろまで残っていたとされるが、江戸時代後期の国分川の改修工事で使われ、塔心礎のみが残る。心礎は縦3.24m・幅2.21mで心柱の径は81cm、そのな

比江廃寺塔心礎

かに径15cm・深さ12cmの円形の舎利をいれる孔がある。心柱の径から、塔の高さは32.4mと推定され、法隆寺（奈良県斑鳩町）の塔に近い。伽藍配置は、古瓦の出土状況や塔の位置から、法隆寺式伽藍配置が考えられる。出土の鐙瓦には、法隆寺系の複弁蓮華文があり、軒瓦には忍冬唐草文もみられる。

比江廃寺の北から西に200mほど戻って200m北進すると比江山史跡がある。比江山の名は、都から赴任した国司らが京を懐かしみ、比叡山になぞらえて名づけたといわれる。この山には数々の史跡がある。日吉神社は大山咋命をまつり、国衙の官人公文氏が近江国（現、滋賀県）比叡山東麓の日吉大社から勧請したといわれる。また、長宗我部氏の一族である比江山親興の居城であった比江城跡がある。親興は長宗我部元親を諫め誅された悲運の武将として知られ、城跡には親興をまつる比江山神社もある。

さらに、紀貫之邸跡北側の山の中腹には永源寺（曹洞宗）がある。山内一豊の重臣乾和三が、一豊の土佐入国後に家老となり、国分・比江一帯を所領としてあたえられ、菩提寺とした寺である。寺の背後には、俗に「乾の大墓」といわれる卵塔がある。乾和三以下一門の大墓碑であり、当時の乾家の隆盛を物語る。

比江山西側の広域農道を1.5kmほど北進し、県道前浜植野線を約2km東進すると、『延喜式』式内社で阿遅鋤高日子根神をまつる殖田神社に至る。

禅師峯寺 ⑬
088-865-8430

〈M ► P.87〉南国市十市3084　P
土佐電鉄路面電車はりまや橋電停🚌浜改田方面行峰寺通
🚶20分、またはJR土讃線高知駅🚗30分

四国霊場第32番札所
国重文の金剛力士像

峰寺通バス停から北に徒歩約5分で山麓に着き、そこから15分ほど登山道をのぼると禅師峯寺（真言宗）がある。車では、高知市方面から黒潮ラインを高知龍馬空港に向かい、十市パークタウン付近

土佐のまほろば南国市

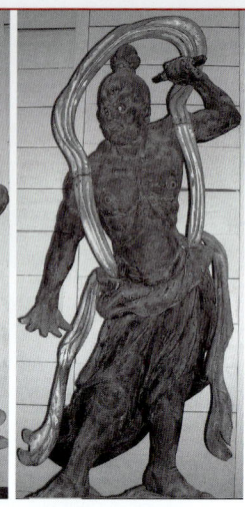

禅師峯寺木造金剛力士立像

で標識にしたがって海岸方面にまがると，約10分である。山上門前の駐車場まで車でのぼることができる。山頂にある寺からは太平洋岸を見渡すことができ，桂浜・浦戸大橋・種崎・高知新港などを一望できる。

禅師峯寺は弘法大師空海の建立と伝えられ，本尊も空海がきざんだとされる十一面観世音菩薩である。江戸時代，土佐藩主が海路参勤交代を行う際には，この寺で海上の安全を祈願した。一般に「峰寺」とよばれる。仏師定明作，「正応四(1291)年」銘をもつ木造金剛力士立像（国重文）は，高さが140cm台と小さいが均整がとれ，筋骨たくましく表現されている。

禅師峯寺の東方約4km，標高70mの小丘上には琴平神社があり，「十市の金比羅さん」として親しまれている。また，西方1km，石土池のほとりの安戸通バス停から徒歩1分のところには，式内社で磐土命をまつる石土神社がある。

田村城跡 ⑭

〈M ▶ P.87〉南国市田村793　Ｐ（高知空港緑の広場）
JR土讃線高知駅🚌安芸方面行立田通　🚶20分

細勝寺曼荼羅本尊版木
守護代細川氏の邸跡

南国市東部，国道55号線から南の高知龍馬空港の敷地にかけての地域は，古代の田村郷であり，やがて荘園化して田村荘とよばれた。荘園となったのは土佐ではもっとも早く，826（天長3）年に空海の弟子真体が，京都神護寺に寄進したという。南北朝時代には幕府の評定衆摂津氏の所領となったが，1385（至徳2・元中2）年ごろ，摂津氏から京都西山の地蔵院に寄進された。地蔵院は足利義満を補佐した管領細川頼之の開いた寺であり，その関係により，1380（康暦2・天授5）年ごろ，一族の細川頼益が守護代として土佐に赴任し，田村荘に城館を築いた。そののち満益・持益・勝益と

掩体

コラム

高知に残る戦争遺跡
国策廃村の悲劇

　高知龍馬空港から黒潮ラインを高知市方面に向かう。数kmさきの前浜付近に至ると，北方の田畑のなかにコンクリートの大きな塊がいくつかみえるようになる。これらが第二次世界大戦中に飛行機を格納していた掩体である。

　1941(昭和16)年，日中戦争の長期化に伴い，高知県香美郡三島村(現，南国市)に海軍航空隊の飛行場を建設することが発表された。約300戸の家々は，追われるように立ち退き，三島村は消滅した。

　飛行場の建設には，勤労奉仕という無償の労働力が動員され，飛行機を格納する掩体は周辺に約40基建設された。

　現在コンクリート製の7基の掩体が残る。うち1つは，海軍が農民の都合を無視して，農業用水路と農道のうえに建設したものである。現在，市民団体により，戦争を伝える貴重な史跡としての掩体の保存運動が続けられている。

掩体

　4代120年にわたり，ここを拠点として土佐の守護領国化につとめたが，応仁の乱(1467～77年)後，細川氏は京都へ去った。

　国道55号線の立田通バス停すぐ東の田村交差点を南におれ，県道前浜植野線を1km余り進んだ田村東部公民館前に田村城跡の小さな石標がある。この公民館の南隣に，守護代館跡の東側の土塁と城八幡宮が残る。

　公民館の100mほど南を右折すると細勝寺跡の碑がたつ。現在の寺は公民館よりやや北東の地点にある。細勝寺(日蓮宗)は，4代守護代細川勝益が，桂昌寺として1501(文亀元)年に建立。のちに長宗我部元親が，居城を大高坂から浦戸に移す際に種崎(高知市)に移された。種崎に移った寺は，のちに高知城下に移り，妙国寺と改号し現在に至る。田村の跡地に復興された寺は，江戸幕府5代将軍徳川綱吉の母桂昌院の名と同じだったため，1653(承応2)年に細勝寺と改められた。細勝寺には曼荼羅本尊版木(県文化)・「永享四(1432)年」銘の鰐口が保管されている。

土佐のまほろば南国市

田村遺跡群 ⓯ 〈M▶P. 87〉南国市田村乙西見当・カリヤ・寺ノ前・船戸田ほか　ⓅⓅ（高知空港緑の広場）
JR土讃線高知駅🚌安芸方面行立田通🚶20分

弥生時代の環濠集落　縄文時代以降の複合遺跡

田村遺跡群出土土器（弥生時代前期）

細勝寺跡の碑の西，高知龍馬空港北西の高知空港緑の広場周辺にある田村遺跡群は，物部川の下流域，旧分流の自然堤防上に形成された集落遺跡である。遺跡群は，明治時代に銅鐸・銅矛が掘りだされて知られるようになった。発掘調査は，1955（昭和30）年から数回行われ，弥生時代前期の土器や銅鐸などが出土した。

1979年からの高知空港（現，高知龍馬空港）拡張工事に伴う調査では，とくに弥生時代前期初頭の集落跡と前期の水田跡が検出されて注目された。また，1996（平成8）年からの第2次空港拡張工事に伴う発掘調査では，縄文時代から近代の複合遺跡であることが確認された。

縄文時代の遺物では，後期の鐘崎式土器に加えて中期の土器も出土した。弥生時代については，前期の環濠に加えて中期末から後期前半の環濠集落の様相があきらかとなり，多くの竪穴住居跡，掘立柱建物跡などの遺構とともに，土器・石器・青銅器・鉄器・ガラス製品など多量の遺物が出土した。古代では，官衙関連施設を想起させるコの字状に配置された，8世紀後半から9世紀前半の掘立柱建物跡群が検出されている。

空港の拡張により現在は埋め戻されたが，その出土品は県が保存しており，水田跡や弥生人の足跡の一部などは，高知県立歴史民俗資料館（南国市）や高知県立埋蔵文化財センター（同市）に展示されている。

❸ 吉野川上流域の嶺北地方

嶺北地方は、いにしえより四国の要地であり、国宝豊楽寺薬師堂など、千古の歴史に根づく貴重な文化遺産が多い。

八坂神社の大杉 ⓰
0887-72-0450（大豊町観光開発協会）

〈M ▶ P.87〉長岡郡大豊町杉743-1　P
JR 土讃線大杉駅 🚶15分、または大豊IC 🚗5分

推定樹齢3000年　美空ひばり祈願の地

　大豊ICをおり、国道439号線を右折。新高須トンネルをぬけ国道32号線を大豊町役場方面へ右折。JR大杉駅前を経て穴内川沿いに高知方面へ5分ほど進むと、道の駅大杉がある。ここから「杉の大杉」の表示にしたがって右手に約1分で八坂神社に至る。

　通称日本一の大杉（国特別天然）は神社境内にある。『日本書紀』に、八坂神社の祭神素戔嗚尊が髭をぬいてスギを、眉をぬいてクスをつくったと記されていることから、言い伝えではこの杉は素戔嗚尊手植えとされ、神代杉ともよぶ。

　また旧家の記録によれば、「延喜12（912）年、杉本某が杉村大杉のもとに祇園牛頭天王と貴船大明神の尊像を祀った」とある。このことから、1000年以上以前に「大杉」の名称があったとされる。推定樹齢3000年のこのスギは、南大杉・北大杉とよばれる2株が根元で合着していることから、別名夫婦杉ともよばれる。南大杉は根回り約20m・高さ約60m、北大杉は根回り16.5m・高さ57mである。

　明治時代から昭和時代のジャーナリストで歴史家の徳富蘇峰や、高知県出身の軍人山下奉文、同じく県出身の明治・大正時代の詩人・評論家大町桂月らがここを訪れており、歌手美空ひばり（当時は美空和枝）も9歳のとき大杉に詣で、歌手としての大成を祈願した。八坂神社の鳥居手前を左へ数十mのぼると、美空ひばりの遺影碑と歌碑がある大杉の苑に至る。碑の前にたつと、センサーが作動してヒット曲「悲しき口笛」などが流れる。

豊楽寺 ⓱
0887-73-0029

〈M ▶ P.87〉長岡郡大豊町寺内314　P
JR土讃線大田口駅🚗7分・🚶60分、または大豊IC🚗25分

国宝豊楽寺薬師堂　本尊薬師如来坐像

　大豊ICをおり、国道439号線を右折、新高須トンネルをぬけ左折し、国道32号線を吉野川に沿って大田口までくだる。「薬師堂」の標識にしたがって左折して、町道大田口線を進むと豊楽寺に至る。

豊楽寺木造阿弥陀如来坐像

また、徒歩では大田口駅から薬師橋を渡り、国道32号線にでるとすぐ豊楽寺への登山道がある。

大田山大願院豊楽寺(真言宗)は、724(神亀元)年、行基の開基と伝えられる。本堂の薬師堂(国宝)は四国最古の建造物で、近衛天皇の1151(仁平元)年創建、その後1572(元亀3)年、長宗我部元親の命で修理された。1631(寛永8)年には再び2代藩主山内忠義により修理され、正面1間の向拝が加えられた。その後1910(明治43)年、解体大修理が行われた。桁行5間・梁間5間、単層入母屋造、柿葺きの屋根のゆるやかな勾配、深くて低い軒先の優美な曲線が、創建当時の建築様式を伝える。

薬師堂に安置される木造阿弥陀如来坐像・木造薬師如来坐像・木造釈迦如来坐像(いずれも国重文)の3体は、事前に申し込めば拝観できる。3体とも130cm余りのヒノキの寄木造で、向かって右の釈迦如来坐像は、胎内背部一面に結願者氏名と、「仁平元年」の銘と薬師堂および本像造立の経歴を記す墨書があり、この像が本来薬師堂の本尊薬師如来として制作されたことがわかる。全体にずんぐりとし、猫背の肩に落ち込んだ頸、つきでた顎と唇、大粒の螺髪に面長の顔は、貞観期(859〜877)を彷彿させる。いつごろ現本尊の薬師如来坐像と入れ替わったかは、はっきりしない。

中央の現本尊の薬師如来坐像と左の阿弥陀如来坐像は作風を同じくし、釈迦如来坐像とは彫像様式が異なる。身体はともにか

豊楽寺木造薬師如来坐像

豊楽寺木造釈迦如来坐像

なり量感があり、柔和で美しい藤原時代の特徴を色濃く残す。また、3像の間にたつ木造日光・月光菩薩立像(ともに県文化)は、釈迦如来(本来の薬師如来)と同時期の古様を残す。ほかに7体の破損仏などがあり、いずれも同時代のものである。また駐車場の上には、持仏堂・大師堂がある。持仏堂に安置される不動尊や毘沙門天などの仏像も予約すれば拝観可能である。

　寺は古代より栄え、山腹には薬師堂のほかにも大田寺・南大門・極楽寺・蓮華院などの堂塔伽藍がたち並んでいたと伝えられる。

定福寺 ⑱
0887-74-0301

〈M ▶ P.87〉長岡郡大豊町粟生158　P
JR土讃線豊永駅🚶30分、または🚌大畑井行粟生🚶10分

かわいらしい笑い地蔵　太古の眠りから覚めたハス

　豊楽寺下の大田口駅から国道32号線を、さらに吉野川沿いに東へ車で約5分くだる。豊永駅手前を右折して国道439号線へはいり、案内板にしたがって進むと定福寺に至る。粟生山歓喜院定福寺(真言宗)は、聖武天皇勅願で神亀年間(724〜29)、行基の開山と伝えられる。この寺の文献上の初出は、1391(明徳2)年に寄進された鰐口で、『土佐国古文叢』によると、この鰐口には「土佐国長岡郡粟生村定福寺敬白　明徳二年十二月二日源忠恵(忠頼)」と記されていたとあるが、安永年間(1772〜81)の火災で鰐口は本堂(阿弥陀堂)とともに焼失した。このとき仏像は難をのがれ、本堂は焼失後、土佐藩9代藩主山内豊雍により再建されて現在に至る。本堂中央の厨子内には、左に木造地蔵菩薩半跏像、中央に本尊の木造阿弥陀如来坐像、右に木造薬師如来坐像(いずれも県文化)が安置される。本尊は豊楽寺の木造阿弥陀如来像とまったく同じ手法で制作されており、作者は同一人物であろうといわれる。3体とも1710(宝永7)年に補修・補彩がなされたが、口元の微笑や切れ長の眉目は美しく、藤原時代の特徴をよく残す。

　境内の宝物館には、本来は本尊の両脇に3体ごとに分かれて安置され、来迎の様子を伝えたという6体の木造地蔵菩薩立像(いずれも県文化)や、四国最古の木造聖徳太子立像(県文化)、室町時代の彩色画・大黒天坐像、大般若波羅密多経などがある。地蔵菩薩立像は、6体のうち3体は面をやや左に向け、両手の形もそれぞれ変化があり、うち2体は微笑する。「笑い地蔵」の別名もあり、歯をみ

吉野川上流域の嶺北地方

定福寺木造地蔵菩薩立像

せて笑う像は全国的にもきわめて珍しくユーモラスである。そのほか境内には，2千数百年前の種から育ったという大賀(おおが)ハスの花があり，7〜8月ごろ見ごろを迎える。また寺の周辺の森には，ひときわ大きい3本を中心とした500本以上のカエデと乳(ちち)イチョウの木があり，紅葉の名所でもある。

　境内の大豊町民俗資料館には，約2600点の豊永(とよなが)郷及び周辺地域の山村生産用具(国民俗)が展示してある。正面にある梶ヶ森(かじがもり)(1399.6m)の8合目に位置する奥の院(仏岳山遍照院(ぶつがくざんへんじょういん))は，平安時代後期作の十一面観音菩薩立像を本尊とするが，現在は定福寺の宝物館に安置されている。寺の前の道を東に約500m進むと，戦国時代の領主小笠原越後守資貞(おがさわらえちごのかみすけさだ)の墓がある。

　定福寺から6kmほど東の西峰(にしみね)には，旧西峰番所主屋・長屋門が残る。

旧立川番所書院(きゅうたぢかわばんしょしょいん) ⑲　〈M▶P.87〉長岡郡大豊町立川下(たぢかわしもみょう)名28-イ Ｐ
0887-78-0322　　　大豊IC🚗20分

土佐最後の参勤宿泊所
紫水色柿色白の透欄間

　大豊ICをおり，国道439号線を左折，標識にしたがい県道川之江(かわのえ)大豊線にはいり約20分進むと，旧立川番所書院(国重文)に到着する。立川(たぢかわ)の歴史は古く，『日本後紀(にほんこうき)』に「延暦(えんりゃく)16(797)年，丹治川(たぢかわ)すなわち立川駅と吾椅(あばし)駅(現，本山(もとやま)町)がおかれた」とあり，古代より官道の要所であった。立川から伊予(いよ)(現，愛媛県)の馬立を経て川之江(現，四国中央市)にでる北山(きたやま)(笹ヶ峰(ささがみね))越えは，その険しさゆえに平安時代後期にはすたれ，室戸岬(むろとみさき)まわりの海路がこれに取ってかわった。

　江戸時代にはいり，1718(享保(きょうほう)3)年に6代藩主山内豊隆(とよたか)が，参勤交代のルートを時化(しけ)の多い海路からこの陸路に改め，この番所は土佐国内で最後に泊る本陣(ほんじん)となった。このことから別名「立川御殿」ともよばれ，番所の裏山には代々の番所役人の墓が残る。

旧立川番所書院

現在の建物は、10代目番所役人の川井惣左衛門忠勝が寛政年間(1789〜1801)にたてたものといわれる。1872(明治5)年、個人の手に渡り旅人宿となったため、一部が改装されてはいるが、土佐の山間では珍しい書院建築で、桁行17.7m・梁間12m、寄棟造一部入母屋造、どっしりと重みのある茅葺き屋根の平屋建てで、玄関・座敷・上段の間・次の間など、9室からなる。上段の間は格天井を張った出窓式付書院で、藩主の寝所でもあった。隣の座敷へつうじる隠し扉跡や、侵入者発見のために使ったとされる瀬戸内海の波を模した透欄間など見どころが多い。

帰全山 ⑳

〈M▶P.87,108〉長岡郡本山町帰全山 P
JR土讃線大杉駅🚌田井行帰全公園前🚶2分、または大豊IC🚗15分

野中兼山ゆかりの地 羽ばたくガンの姿

大豊ICをおり、国道439号線を「本山」への標識にしたがって左折、吉野川に沿って本山までさかのぼる。標識にしたがって吉野川にかかる本山大橋を渡ると帰全山(県史跡)公園に至る。公園の入口付近には、土佐藩執政として数々の土木工事を指揮し、本山1000石の領主でもあった野中兼山の銅像がたつ。公園中央には兼山廟、従来の火葬によらず儒家の例にしたがって土葬された兼山の母萬(秋田氏)と長女順の墓がある。帰全山の名称は、江戸時代前期の儒者山崎闇斎が、中国の古典から「父母全うしてこれを生み、子全うしてこれを帰す、孝と謂うべし」という言葉を引用してつくった萬の墓誌銘に由来する。

帰全山公園一帯は、ガンが空をとぶ姿に似ていることか

帰全山

吉野川上流域の嶺北地方

本山町周辺の史跡

　ら,「雁山」ともよばれる。園内には3万本のシャクナゲが, 4月下旬には見ごろを迎える。

　本山大橋を渡って国道に戻り500mほど西進すると本山町プラチナセンターがあり, その南隣には『婉という女』を著した本山町出身の作家大原富枝文学館がある。文学館から南へ1つ目の角を西にのぼると上街公園に至る。ここは土佐戦国の七守護の1つ本山氏の土居屋敷跡であった。藩政当初, 本山には山内刑部一照が配置されたが, 1620(元和6)年に後継した子の但馬が知行を没収された。1630(寛永7)年, 土佐藩奉行職の野中直継がはいったが, その養子の兼山は城下で執政をつとめたため, 本山には家族が住んだ。

　上街公園の入口から200mほど西を南にのぼると上の坊に着く。ここは谷時中が野中兼山・山崎闇斎とともに研究した南学講学の地で, 山内刑部の墓がある。さらに大原富枝文学館の約500m南の十二所神社から南にのぼると, 本山氏の本山城跡に至る。本山氏は戦国時代, 茂宗(梅慶)のころに最盛期を迎え, 高知平野一帯まで制圧し, 朝倉城(現, 高知市朝倉)にはいった。しかし, 茂宗の死後は長宗我部氏の猛攻を抑えきれず, 朝倉合戦(1562年)後に本山に戻り長宗我部氏に服従した。

若一王子宮 ㉑　〈M ▶ P. 87, 108〉長岡郡本山町寺家769-2　P
0887-82-0214　JR土讃線大杉駅🚌田井方面行寺家分岐🚶15分, または大豊IC🚗25分

みごとな彫刻の本殿　長徳寺の鎮守

　プラチナセンターまで戻って国道を西に進み, 吉野・田井の標識のある三差路を右折する。吉野川にかかる土佐本山橋を渡って県道田井大瀬線を西進し, 標識「金剛寺」にしたがって北に進むと, 吉野保育園の横に若一王子宮がある。同社の創建は, 1149(久安5)年に紀州有馬村(現, 和歌山県熊野市)の熊野神社から, 祖神2柱

108　　高知県中央部

若一王子宮本殿

を勧請したことにさかのぼるとされる。『土佐州郡志』によれば，往時は社領570石を有していたという。

現在の拝殿およびその付近に，室町時代の土器の破片が散乱していたことから，現社殿の位置が定まったのは，室町時代以降と推察される。本殿と拝殿は，1867(慶応3)年から8年の歳月をかけて建造されたもので，とくに本殿は清輪造・千鳥破風付といわれる荘厳な美しさを保つ。県立歴史民俗資料館(南国市)が所蔵する「文明十二(1480)年」銘の梵鐘(県文化)内面には，若一王子宮のためにつくられたものであるとの記述がある。

若一王子宮の西側に金剛寺(真言宗)があり，藤原時代の木造千手観音菩薩立像を有する。この南側にあったと考えられる長徳寺は平安時代末期の1149年，この地の開発領主であった八木頼則・盛政らが，菩提寺として建立され，開発された土地は長徳寺領として紀州の熊野神社に寄進された。これが吾橋荘で，本山町寺家を中心に，吉野川流域に広がっていたとされる。長徳寺跡からは，多宝塔跡のほかに縄文時代早期の押型文土器が出土した。南方をみおろせば，汗見川左岸の吉野川合流地点付近に，縄文時代後期の標式土器の松ノ木式土器が出土した松ノ木遺跡がある。

平石の乳イチョウ ㉒

〈M▶P.86〉 土佐郡土佐町地蔵寺平石日浦
JR土讃線大杉駅🚌田井行終点乗換え平石方面行平石🚶5分，または大豊IC🚗35分

平安祈願の乳イチョウ
平安時代後期の観音像

県道田井大瀬線に戻って西進し，県道本川大杉線につきあたって左折して400mほど進んで中島橋手前を右折し地蔵寺川沿いに約300m西進すると，中島公園北側に平安時代後期の木造十一面観音立像(県文化)を有する中島観音堂がある。県道本川大杉線に戻り，約17km北西に進み大川村にはいると，本川一揆に参加した山中陣馬記念碑がある。また，途中の上吉野川橋手前から，吉野川南岸を走る県道大川土佐線にはいり約9km進むと，庭護山大谷寺(真言宗)

吉野川上流域の嶺北地方 109

に至る。7月土用入り後,最初の日曜日には,南川百万遍祭りが行われ,境内の舞堂では,念仏・太鼓の音にあわせて30mほどの数珠をまわす数珠繰りが行われる。

　国道439号線に戻り,田井の県道本川大杉線との分岐から約1km西進すると,溜井方面への分岐に至る。左折し伊勢川川沿いにいくつかの道標にしたがい進み,未来の里手前から隘路をのぼると,農村歌舞伎などに使われた回り舞台が残る子守神社に至る。

　国道439号線に戻り,約7km西進して,湖畔りんご園への道標にしたがい進むと,約1kmで毘沙門堂に至る。周囲には樹齢300年の四本杉がそびえる。ここから上にのぼると,すぐ平石の乳イチョウ(国天然)がある。1185(元暦2)年に平家の落人がたてた平石寺跡の大イチョウのかたわらに,1758(宝暦8)年不動堂が建立されたが,気根の形にちなみ安産・乳授を祈願したと伝えられる。

　国道に戻りさらに約5km西進し,石灯籠と農林業構造改善事業記念碑を目印に南におりると,回り舞台を有する河内神社に至る。

4 高知市朝倉からいの・日高へ

高知市西部には，紙の町伊野を中心に，多くの史跡が残る。

朝倉城跡 ㉓

〈M ▶ P. 86, 111〉高知市朝倉丁城山268
JR土讃線朝倉駅🚶20分

土佐戦国の七守護本山氏居城 典型的な中世山城

朝倉駅から県道高知土佐線に沿って約400m南にいくと，歩道橋西詰めに県立果樹試験場への標識がある。ここで右折し，道なりに500mほど進んで山をのぼれば，北城山公民館近くに「東登り口」の標柱がたつ。ここから10分ほどで朝倉城跡に着く。

朝倉城跡(県史跡)は，土佐戦国の七守護の本山氏の居城である。本山氏は長岡郡本山(現，本山町)を本貫地としていたが，1540(天文9)年本山梅慶が山間の本山から高知平野にのぞむこの城に移り，土佐中央部を制圧した。梅慶の死後はその子茂辰が城主となるが，1560(永禄3)年にはじまった長宗我部氏との抗争で，長浜戸ノ本(現，高知市長浜)の合戦の敗北をきっかけに，朝倉城周辺の支城もつぎつぎに落城した。1562年9月16日からの3日間にわたる朝倉城攻防は激烈をきわめたが，結局，勝負は決しなかった。しかし茂辰は自軍の形勢不利をさとり，翌年1月，城を焼いて本山に退去し，長宗我部氏に服従した。

標高103mの頂上部詰ノ段は，300㎡ほどの平坦部で，北側に一部土塁も残る。二ノ段・三ノ段・土塁・堀切，数条の連続した竪堀や井戸など，中世山城の典型的な遺構を残す城跡で，その規模から土佐・長岡・吾川の3郡を支配した本山氏の隆盛をしのぶことができる。

またこの付近には，弥生時代後期の高地性集落遺跡である朝倉城山遺跡がある。標高30〜50mの場所7カ所で確認され，竪穴住居跡も調査されている。

県道の歩道橋から東へ約500

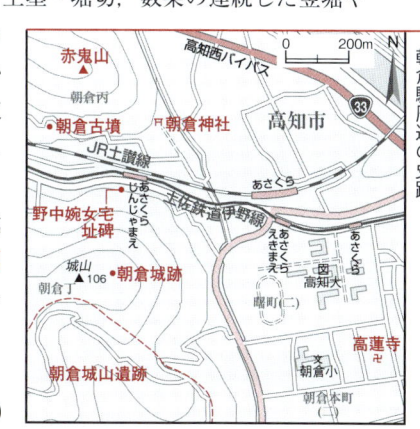

朝倉駅周辺の史跡

朝倉城跡遠景

mいくと，高知大学キャンパスの東南隅にでる。そこを右にまわると朝倉農協があり，その西隣が高蓮寺(浄土真宗)で，木造阿弥陀如来坐像(県文化)を有する。ヒノキの一木造で像高37.5cm。螺髪の群青，眉間の墨，唇の朱をのぞけば，全身ほとんどが素地である。この像はもと朝倉神社の本地仏であったが，明治初年の神仏分離によりここに移されたものと伝えられる。またこの寺は，ほかに廃仏毀釈の際に朝倉地区の廃寺から移されたという室町時代の木造釈迦如来坐像も所有する。

朝倉神社 ㉔
088-884-1360

〈M ▶ P.86, 111〉高知市朝倉丙2100-イ P
JR土讃線朝倉駅🚶7分，または土佐電鉄路面電車いの線朝倉神社前電停🚶3分

土佐の東照宮の極彩色
朝倉総鎮守の式内社

　JR朝倉駅から西へ200mほど進んで右折し，踏切を渡るとすぐ北側に朝倉神社(祭神天津羽羽神)がある。この神社は古くから朝倉の総鎮守として信仰されてきた神社で，『延喜式』式内社である。社殿(国重文)は江戸時代初期の建築で，切妻造の急勾配の屋根に唐破風をつけた1間の向拝をもつ珍しい形式である。土佐独特の蟇股，軒回りの美しい彩色，柱や棰の黒漆，ところどころの金具彫刻などが秀麗な建築である。内陣には，極彩色の天人舞楽の絵が描かれている。現在，これらの彩色を保護するため，社殿には覆屋が設けられている。

　朝倉神社の北側に，大和三輪山(奈良県桜井市)に対比される標

朝倉神社本殿

土佐の七守護(土佐戦国の七雄)

コラム

土佐の群雄割拠 四国の覇者長宗我部元親

室町時代、土佐の守護職は代々管領細川氏が世襲したが、本家細川氏は来国せず、分家の細川氏が守護代をつとめた。ところが応仁の乱(1467〜77年)で幕政が混乱をきわめるようになると、細川氏の土佐支配にもかげりがみえはじめる。1507(永正4)年、幕府管領細川政元の暗殺をきっかけに、守護代細川氏が土佐を離れ上洛、土佐は国人領主が離合集散を繰り返す戦国時代に突入する。

諸氏は混乱を回避すべく、応仁の乱後に土佐中村に下向した一条氏を盟主にあおぐ。ここから土佐は土佐一条氏を別格とし、土佐の七守護(土佐戦国の七雄)とよばれる諸豪族が割拠する状態となる。

七守護とは、安芸郡安芸城主安芸氏・香美郡香宗城主香宗我部氏・長岡郡本山城主本山氏・長岡郡岡豊城主長宗我部氏・吾川郡吉良城主吉良氏・高岡郡蓮池城主大平氏・高岡郡姫野々城主津野氏の7氏をさす。

15世紀なかばになると、長宗我部元親が、土佐中央部で覇権を争った本山貞茂をくだす。その後も元親は吉良・安芸・津野の諸氏を制圧し、1574(天正2)年には土佐一条家の所領であった幡多郡をも手中におさめ、翌年には最後に残った安芸郡東部を併呑して、ついに土佐1国を平定した。ここに土佐の戦国時代は終焉を迎えることになる。

その後、四国統一を達成した元親であったが、1583年豊臣秀吉に敗れて土佐1国のみを安堵されることとなる。

高100mほどの山がある。古くから信仰の山として、美しい自然林を残す赤鬼山(県史跡)で、朝倉神社の神体でもある。

朝倉古墳 ㉕

土佐三大古墳の1つ 土佐の石舞台

〈M▶P.86, 111〉高知市朝倉丙宮ノ奥1574
JR土讃線朝倉駅🚶12分、または土佐電鉄路面電車いの線朝倉神社前電停🚶7分

朝倉神社前電停東側の道を北にはいり、朝倉神社の横をとおり赤鬼山の南麓に沿って西進すると、左手の斜面中腹に石室の石組みがみえる。道から石室へは住宅の間にある路地をとおる。ここが「土佐の石舞台」といわれる朝倉古墳(県史跡)である。円墳と考えられるが、封土は失われ、天井石と側壁が露出する。7世紀の築造と考えられ、埋葬施設は横穴式石室で、玄室の長さ4.5m・幅2.6m、羨道の長さ3.9m・幅1.1mである。明治時代の開墾により発見され、

朝倉古墳

須恵器・馬具・鉄鏃などが出土した。小蓮古墳(南国市岡豊)・明見彦山古墳1号墳(南国市明見)とともに、土佐三大古墳と称される。

また、朝倉神社前電停から県道朝倉伊野線を渡った南側には、野中兼山の娘婉の屋敷跡がある。古いアパートのかたわらに野中婉女宅址碑がたつ。土佐藩執政野中兼山は、藩政初期に新田開発や港の建設に手腕をふるったが、晩年その独裁が反発を招き失脚。兼山死後、家は改易となり、7人の子は男系がたえるまで宿毛(現、宿毛市)に幽閉された。40年後、最後の男子が亡くなると3女婉1人が高知に戻り、この地で医師として生計をたてて暮らしたと伝えられる。

宗安寺 ㉖
088-844-3003

〈M▶P.86〉高知市宗安寺598 P
JR土讃線高知駅🚌堺町方面行堺町乗換え川口方面行宗安寺橋
🚶8分

四国三十六不動17番
土佐最大の不動明王坐像

宗安寺橋バス停で下車し、橋の西詰めの信号と高速道路の橋脚の下をとおり少しいくと、朝日山宗安寺(宗安禅寺、臨済宗)があり、境内に川上不動尊の石柱がたつ。川上不動の名は、鏡川上流から洪水で流され、現在地の大フジの木に引っかかった不動尊を、寺をたてて安置したという伝説に由来する。

宗安寺裏山の不動堂には、木造不動明王坐像・木造持国天立像・木造増長天立像(いずれも国重文)の3体の仏像がある。中央の不動明王坐像はヒノキの一木造、像高142.3cm、坐像としては土佐最大の不動明王である。鎌倉時代のもので、憤怒の形相はすさまじい。厨子におさめられ、戊寅の年以外は見学できない。

像高160.2cmの持国天像は、鎌倉時代のものでケヤキの一木造。邪鬼をふみつけ、右手には金剛杵をもち、高くあげた左手で戟を地につきつける。藤原時代作の増長天像は、像高135.3cmでヒノキの一木造。左手をあげて三鈷杵を、右手をさげて独鈷杵をもち、両足

114　高知県中央部

をのばしたまま邪鬼の上にたつ。

八代の舞台 ㉗　〈M ► P.86〉吾川郡いの町枝川八代
土佐電鉄路面電車いの線八代通電停 🚶15分

　伊野方面行の電車を宇治団地前電停でおりて，高知市側に200mほど戻ると，左手の琴平山南斜面に，横穴式石室を有する後期古墳3基からなる枝川古墳群がある。

　宇治団地前電停に戻って西進する。八代通電停のすぐ東側から，国道33号線の西バイパスにはいり約10分歩くと，西側に八代八幡宮の森がみえる。八代の舞台(国民俗)は，八幡宮社殿に相対して別棟としてつくられている。木造平屋建で，正面は入母屋造，間口9.10m・奥行7.05m。右手に太夫座のある皿回し式回り舞台は，上演時には左手に花道，社殿と舞台中央との間に長さ10.7mの中道が仮設される。1761(宝暦11)年には築造されていたと伝えられる。

　毎年11月5日の秋祭りの夜には，地区青年団による地芝居(農村歌舞伎)が上演される。上演にさきだって社殿で神事があり，タイ・御神酒が中道をとおって舞台へ運ばれる。地芝居は，供物のタイ・御神酒などをいただいて三番叟をふむことからはじまる。ついで5人の若者により和傘を手にしての大黒踊りが演じられるが，これは歌舞伎若衆踊り系のものである。そして地芝居となる。

　国道33号線に戻り，高知県運転免許センター西側の道にはいり山ぎわに進むと，薬師如来像・月光菩薩像，寛永3(1626)年の棟札を有する藤ヶ瀬薬師堂に至る。国道に戻ってさらに西進した県立伊野商業高校南側の北斜面一帯が，弥生時代中期末の高地性集落跡のバーガ森北斜面遺跡である。

農村歌舞伎

八幡宮の回り舞台
伝存する農村歌舞伎

椙本神社 ㉘
すぎもとじんじゃ
088-892-0069

〈M ▶ P. 86, 116〉 吾川郡いの町大国町3093 P
JR土讃線伊野駅 徒15分または 岩目地行大国様前 徒1分

商売繁盛の大国様
鎌倉時代の八角形漆塗神輿

　JR伊野駅の北西約300m，伊野電停のすぐ北側には，境内に1852（嘉永5）年に建立された句碑群を有する琴平神社がある。電停から西にのびる道が江戸時代より紙で栄えた伊野の町の旧道である。旧道を200mほど西に進むと，南側に和紙問屋であった土居邸が残る。そのまま進むと旧道は北にまがり国道33号線と合流する。この合流点付近の社叢のなかに椙本神社（祭神大国主命・素盞嗚命・奇稲田姫命）がある。伊野の大国様とよばれ，商売繁盛の神として有名である。初詣・春（旧暦1月22日）・秋（新暦11月23日）の大祭には，数万人の参拝者が訪れる。秋の大祭では，神体が乙女の舞や扇の舞，獅子舞などをしたがえて神社近くの仁淀川の河原まで御神幸（おばなれ）を行う。かつての御神幸には八角形漆塗神輿（国重文）が登場したが，30年ほど前からは複製神輿が用いられている。

　神輿は，1263（弘長3）年の制作で，江戸時代の2度の補修で形を少し損じているが，制作当時の部分も多く残る。とくに棟の鳳凰

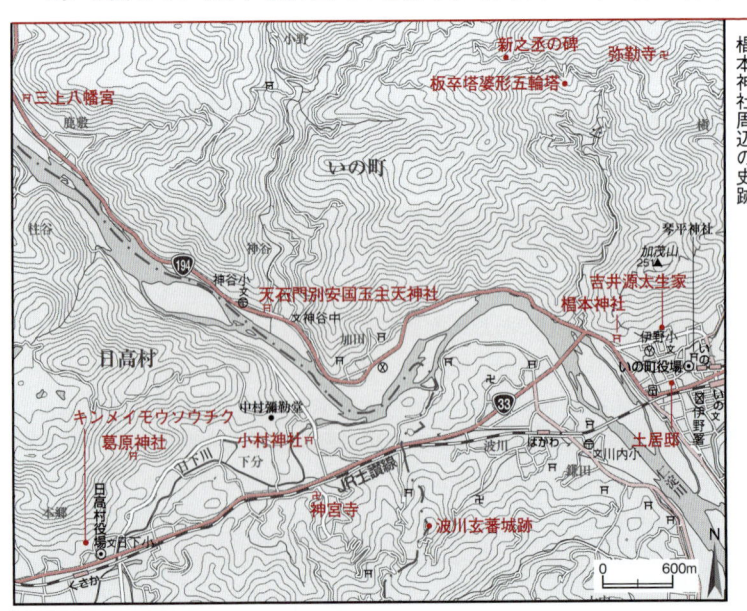

椙本神社周辺の史跡

土佐和紙

コラム 産

土佐和紙の町伊野
恩人新之丞の悲劇

伊野（現，いの町）は，土佐和紙発祥の地として有名である。藩政期，御用紙生産地として特別に保護され，明治時代以降，現在に至るまで和紙生産で栄えた。

土佐和紙の歴史は古く，『延喜式』に，土佐は「紙をつくる国」との記述があるが，近世初期までは詳しい史料がない。

1591（天正19）年ごろ，養甫尼（高岡郡波川城主の室となった長宗我部元親の妹）に招かれ，成山（現，いの町）にきた安芸三郎左衛門家友が，慶長年間（1596〜1615）のころ，伊予（現，愛媛県）出身の新之丞という旅人から製紙法を伝授され，土佐七色紙を創始した。のち新之丞は成山をでようとしたが，技法が他国へもれることを恐れた家友は，峠で新之丞を斬ったといわれる。その後，土佐藩御用紙漉き地として成山14戸，伊野10戸の業者が選ばれ，幕府への献上紙や藩御用紙漉きを命じられた。

明治時代にはいり，吉井源太が製造法の改良に力をつくし，土佐典具紙，三椏改良半紙などを考案して近代製紙の基礎を築いた。

いの町幸町の，いの町紙の博物館（土佐和紙伝統産業会館）は，伊野駅より国道33号線を椙本神社方面へ徒歩10分たらずである。伝統工芸である土佐和紙の歴史を学べる施設で，原料や道具，工程などを展示物やビデオで紹介する。手漉き体験コーナーもあり，色紙やはがきづくりを体験できる。即売コーナーでは，各種豊富な和紙製品も販売する。

また，いの町鹿敷の土佐和紙工芸村「くらうど」は，伊野駅よりバスで15分，岩村バス停下車すぐ。いの町紙の博物館からは西進し，仁淀川橋手前で国道194号線にはいり，車で10分である。土佐和紙のことをはじめ，地域の自然や文化を学ぶことができる。手漉きの本格的な実習，伝統技術の習得ができるワークショップをはじめ，ホテル・レストラン・クアハウス，炭焼きを学べるヒュッテなどが清流仁淀川沿いに立地している。

紙漉き

は全国的にも例の少ない秀作とされる。

椙本神社から400mほど東を道標にしたがい北にはいると，幕末から明治時代にかけて製紙法改良につとめた吉井源太生家に至る。

高知市朝倉からいの・日高へ　　117

また神社から仁淀川橋までの間屋坂(といや)には、明治時代の商家の町並みが残る。橋を渡って国道33号線を約1.2km進み、道標から南にはいって波川橋(はかわ)を渡り、高知県立農業大学校裏から山道を南東にのぼると、波川玄蕃(げんば)城跡に至る。

山中家住宅(やまなかけじゅうたく) ㉙
088-869-2331
(いの町教育委員会本川教育事務所)

〈M▶P.86〉吾川郡いの町越裏門宮(えりもんみやむかい)向89
JR土讃線伊野駅🚌70分または🚌長沢乗換え寺川行越裏門🚶5分

県内最古級の民家建築 義民高橋安之丞

仁淀川橋東詰から国道194号線にはいり、すぐ北側を右折して4kmほど山道をのぼると、成山(なるやま)と槇(まき)の分岐に至る。右折して約2kmで、室町時代の木造弥勒仏立像(みろくぶつ)を有する弥勒寺(みろくじ)(浄土宗)に着く。分岐を左折して約200m進むと、土佐七色紙を創製した安芸三郎左衛門墓(ろうざえもん)と伝えられる板卒塔婆形五輪塔(いたそとば)がある。さらに1kmさきの成山(なるやま)和紙の里公園には、三郎左衛門に製紙法を伝えたが、その秘密をまもるため、のちに殺された新之丞(しんのじょう)の碑がある。そこから1.5kmほどで「文明十一(1479)年」銘の鰐口(わにぐち)を有する成山地蔵堂(じぞうどう)に至る。そのまま山道をおりると、神谷(こうのたに)で国道194号線に合流するが、旧神谷橋西詰めには、『延喜式(えんぎしき)』式内社で天石門別安国玉主天神(あめのいわとわけやすくにたまぬしのてんじん)をまつる天石門別安国玉主天神社がある。「天文九(1540)年」銘の棟札・絵馬群を有する。

国道をさらに3kmほど進み右にはいると、室町時代の弥陀三尊の懸仏(かけぼとけ)・銅製狛犬(こまいぬ)・鉄釣灯籠(つりどうろう)(いずれも県文化)を有する三上八幡宮(みかみ)に至る。約2kmさきから県道思地川口線(おもいじかわぐち)にはいり、中追渓谷(なかおい)観光温泉まで進み、さらに山道を進むと南北朝時代の木板彩画懸仏(県文化)を有する三社神社(さんしゃ)に至る。

国道194号線に戻り、約13km進むと、旧吾北村(ごほく)の高岩(たかいわ)に至る。こで合流する国道439号線の弘瀬橋(ひろせ)を渡ると、

山中家住宅(越裏門)

すぐ右手に吾北むささび温泉がある。もう1つ東側の旧道の橋が高岩橋(国登録)である。高岩からさらに国道194号線を北に5kmほど進んだ柚ノ木野の集落に、いの町役場吾北支所がある。その東側の道をのぼると片岡直季の墓がある。直季は、長宗我部氏と結んで仁淀川中・上流域を支配した片岡茂光の子で、1559(永禄2)年に茂光が上八川(現、いの町上八川)を攻略すると、この地を統治した。

吾北支所のすぐ東で国道439号線にはいり約7km進むと、江戸時代前期の上八川の義民高橋安之丞をまつる若宮八幡宮に至る。庄屋であった安之丞は、コウゾや茶の栽培をすすめて村を豊かにしたが、干魃の際に税の減免を直訴したところ、讒言にあい高知城下の雁切川原で斬首となった。ところがその後、嵐が吹き、雷がとどろき、彼の首は自宅までとんで戻り、密告者は祟り殺された。このため村人は若宮八幡宮をたて、安之丞を神としてまつるようになったという。彼の墓は八幡宮のすぐ西にある。国道194号線に戻り4kmほど北上すると、八坂神社に至る。室町時代の棟札・鰐口を有する。

194号線をさらに進み、新大森トンネルで程ヶ峠をぬけると、旧本川村の長沢に至る。集落にある本川新郷土館の向かいには、長沢の山中家住宅(国登録)がある。長沢で分岐する県道石槌公園線を約5km西進して右折し、道標にしたがってのぼると、越裏門の山中家住宅(国重文)に至る。江戸時代中期の土佐の典型的な農家で、棟を頑丈な鞍掛けで押さえた茅葺き屋根は、鞍掛屋根とよばれる。

越裏門の北方約2kmの山中には鷹ノ巣山遺跡がある。標高1000m以上の地点で、中期の弥生土器が岩にたてかけられた状態で発見された。さらに4kmほど西進すると手箱山氷室番所跡への登り口に至る。

国道194号線に戻り北進し、本川トンネルをぬけて約1kmで左折し、約3km中ノ川川沿いを進むと、土佐神楽の1つ本川神楽(国民俗)が行われる中ノ川大森神社に至る。すぐ下流には、伊勢(現、和歌山県)から岩戸神楽を伝授された高橋掃部頭がはじめて舞ったと伝えられる桟敷岩がある。国道に戻り約2km進み、宮の谷橋手前を右折してのぼると桑瀬神社(国登録)に至る。

小村神社 ㉚
0889-24-7466

〈M▶P.86〉高岡郡日高村下分1794 P
JR土讃線伊野駅🚗5分または🚌岩目地行千本杉🚶3分

国宝金銅荘環頭大刀
燈明杉の土佐二宮

　仁淀川橋まで戻って国道33号線を西進し2.5kmほどで日高村下分に至る。ここから右手に分岐する県道庄田伊野線に沿って100mほど続く杉並木がみえる。これが小村神社の参道で，千本杉の地名もこの並木に由来する。

　小村神社(祭神国常立命)は土佐二宮で，社伝では587年の鎮座と伝えられる。1347(貞和3)年の棟札には，本社の造営は国司があたることを先例としたとある。ここには，古墳時代後期の金銅荘環頭大刀 拵 大刀身(国宝)が神体として伝わる。1955(昭和30)年の調査ではじめて紹介された。

　大刀は全長118cm。柄・鞘に金銅板金を張り，環頭も金銅板金製で，2匹の竜が向かいあい，1つの珠をくわえた形をあらわしたもので，柄および鞘の部分の文様は，環頭の竜の胴体をあらわしている。竜神は蛇形の鬼神で，雲や雨を自在に支配する，水の神の性格をもつといわれる。環頭大刀は古墳から出土することが多いが，この大刀は社殿に秘蔵されてきた唯一の伝世品で，保存状態がよい。

　このほか，行道面といわれ，法会の練供養で使われる平安時代後期の木造菩薩面(国重文)が2面ある。2面ともクスの一木造で彩色をほどこす。部分的に欠けたところもあるが，ほぼ完全な姿を残す。頬の豊かな張りなどは，藤原時代の彫刻の美しさを伝える。蓬

金銅荘環頭大刀
(小村神社)

木造菩薩面(小村神社)
複製

120　高知県中央部

寺川郷談

コラム

近世山村の生活誌　土佐藩の冷蔵庫

『寺川郷談』は，1751（寛延4）年春から翌1752（宝暦2）年春までの1年間，旧本川村寺川（現，いの町）に山廻り役として赴任した下級武士春木次郎八繁則が，見聞きした藩政期の山村の暮らしを記録した貴重な書物である。そのなかの一節に，毎年旧暦6月朔日，手箱山の氷室から氷を取りだし藩主に献上したことが記されている。伝承地ではあるが，手箱山の氷室番所跡には，石垣などが残る。伝承にちなみ，毎年7月に行われる氷室祭りでは，掘りだした氷が高知市まで徒歩で伝送され，藩主ならぬ知事に献上されることが恒例となっている。

旧本川村には，室町時代から舞われていたとされる本川神楽（国民俗）が，現在も保存会によって土佐唯一の夜神楽の伝統をまもり，伝承されている。舞の様子や民俗資料は，長沢にある本川新郷土館で拝観可能である。

萊鏡（県文化）・銅鉾・伝小野道風書竪額・須恵器なども所蔵する。

社殿裏には，樹齢1000年と伝えられる高さ31.5m・幹回り8.1mの牡丹杉がある。なにか異変のあるときは，梢に大きな火が懸かるという伝説があり，燈明杉ともよばれる。

葛原神社 ㉛

葛原神社の御正体類　忍者茂平の猿田洞

〈M ▶ P.86〉高岡郡日高村下分奥の谷
JR土讃線日下駅 🚶15分・🚗2分

小村神社参道入口から国道33号線を進み，70mほど西を南にはいりJR西田踏切を渡ると，鎌倉時代の木造地蔵菩薩半跏像を有する神宮寺（本山修験宗）に至る。国道のさらに400mほど西を北にはいり国岡橋を渡って500mほど北進すると，山ぎわの道につきあたる。右折してすぐ北にまがるカーブの左側から山道を徒歩でのぼると，平安時代の木造彌勒菩薩坐像を有する中村彌勒堂に至る。

中村彌勒堂への登り口から山際の道を約1km西進して説明板から北にはいると，葛原神社に至る。もとは若一王子葛原権現とよばれた。葛原神社の御正体類（県文化）として線刻十一面観音鏡像2面・桜枝双鳥鏡・四葉柏双雀方鏡・三仏双鶴鏡・銅造懸仏の6点が伝わる。四葉柏双雀方鏡には，「永仁三（1295）年」の墨書がある。

日高村役場北西の山麓の竹やぶには，青と金色の縞模様が美しい

猿田洞

キンメイモウソウチク
(金明孟宗竹，県天然)
がある。

　国道33号線にでて日下橋東詰めから，県道谷地日下停車場線を約400m南進した東側の長崎集落には，鎌倉時代の阿弥陀如来懸仏(県文化)を有する城(沖名)八幡神社がある。県道をさらに約3km進むと，猿田洞がある。猿田洞は，1858(安政5)年に猿田の農民によって発見された総延長約1.4kmにわたる石灰洞で，そのうち約200mが見学コースとして整備されている。民話では，盗んだものを貧者に分けあたえた義賊日下茂平が，忍術の修行をしたところとされている。茂平の屋敷跡は，JR沖名踏切南の放水路橋を渡って，2kmほど南進した石田集落の奥にある。

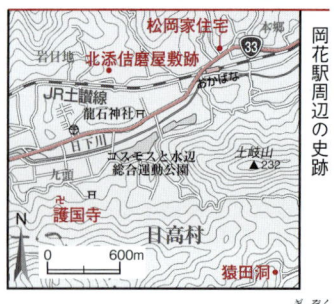

　国道に戻って西進し，JR岡花駅の約150m手前を北にはいると，松岡家住宅(国登録)がある。また，岡花駅から線路北沿いの道にはいり，約1km進み北にはいると，幕末の土佐勤王党員で，志なかばで池田屋事件で殺された北添佶磨屋敷跡に至る。国道33号線に戻り，岡花の立体交差をこえて約1km西の龍石集会所を北にはいると，長宗我部元親が土岐城攻略を祈願したと伝えられる龍ノ口という岩をまつる龍石神社がある。再び国道33号線に戻り，龍石集会所から500mほど西の旧加茂公民館前から南にはいると，鎌倉時代の大日大聖不動明王立像・役の行者木像を有する護国寺(本山修験宗)に至る。

岡花駅周辺の史跡

⑤ 佐川から仁淀川に沿って

仁淀川流域には，深尾家の所領佐川を中心に多くの史跡が残る。

松尾城跡 ㉜　〈M ▶ P. 86, 123〉高岡郡佐川町甲松尾山
JR土讃線佐川駅🚶20分

中世の複郭式山城　日本地質学発祥地

　佐川駅から東へ徒歩15分ほどのところに，佐川地質館と佐川町総合文化センターがある。佐川町は，明治時代初期，ドイツ人地質学者ナウマンが調査したことから，日本地質学の発祥地といわれる。佐川地質館は，高知県内で発見されたアンモナイトの化石や，恐竜の骨などを展示している。文化センターは，佐川町の各種事業の拠点となる文化施設で，上郷阿弥陀堂木造阿弥陀如来坐像・黒岩薬師堂木造薬師如来坐像（ともに県文化）や山崎式天体望遠鏡を所蔵する。

　国道33号線に戻り，すぐ西の田中公園前バス停の道を北にはいったところにある田中公園には，「伯爵田中光顕公宅址」の碑がたつ。田中は勤王の志士としても活躍した。さらに公園前の道を西進すると，松尾八幡宮に至る。八幡宮の境内には上郷阿弥陀堂があり，境内脇の山道をのぼると松尾城跡の詰に至る。

　松尾城は，南北朝時代の佐川四郎左衛門にはじまり佐川越中守・中村越前守・片岡出雲，そして長宗我部氏の家臣久武氏らが居城したと伝えられる。詰・東西曲輪と西に出丸を有する複郭式の中世城郭で，詰と東ノ郭周辺の尾根には，大小13の堀切があり，西ノ郭周辺には23条の畝状竪堀が残る。周辺には「土居ヤシキ」「松尾ノ弓場」「政所ヤシキ」など，城郭関連施設に由来すると思われる地名も残る。中世の土師質土器・青磁など，日常用具の破片も各所に散在する。

佐川駅周辺の史跡

青山文庫 ❸❸
0889-22-0348
〈M ▶ P. 86, 123〉 高岡郡佐川町甲奥ノ土居1453-1 ᴾ
JR土讃線佐川駅🚶10分

県内初の図書館
宮内大臣田中光顕

　佐川駅から旧道を西に進むと，酒造会社司牡丹の白壁が続く。酒ギャラリーほていの角を南にはいり100mほど歩くと，東側に青山文庫，西側に青源寺がみえてくる。

　青山文庫の名称は，幕末から明治の政治家田中光顕の雅号「青山」に由来する。当初は1910（明治43）年，佐川の社会事業家川田豊太郎により，県内初の私設図書館川田文庫として設立されたが，田中光顕が積極的に支援するようになり，その後，財団法人青山会が結成されて青山文庫と改称された。田中光顕は佐川町出身で，土佐勤王党や陸援隊で活躍し，維新後には警視総監・学習院院長・宮内大臣を歴任するなど活躍した。

　現在の青山文庫は，川田文庫時代の蔵書類を佐川町総合文化センターに移し，田中光顕の寄贈本や朝廷関係の貴重な資料，井伊直弼の攘夷祈願文などを展示し，坂本龍馬の手紙や勝海舟の遺墨などの史料も豊富に集め，博物館的な施設となっている。近年，かつて青山文庫庫舎として使われていた白亜の建物が，近隣の上町に移築された。

　青山文庫周辺の奥ノ土居は，牧野公園とよばれ，サクラの名所としても知られる。近くには，田中光顕の墓や世界的植物分類学者牧野富太郎の墓もある。牧野富太郎は1862（文久2）年4月，佐川町西谷の岸屋という酒造業兼雑貨商の家に生まれた。そこは青山文庫をでて西に約200mの地点であり，牧野富太郎誕生地の碑がたつ。

青山文庫

　佐川駅前に戻り，駅前から分岐する国道494号線を約200m南進してすぐの佐川ナウマングランド（佐川中学校跡）南を西にはいると，佐川城跡東麓に深尾氏の佐川土居跡がみえる。さらに200mほど進むと，左手に石灰岩の露

出する小カルスト台地が広がる。この地は1875(明治8)年に東京大学に招かれたエドモンド・ナウマンが調査した場所で、彼が佐川で貴重な化石が産出することを世界に伝えたのを記念して、近年、佐川ナウマンカルストと命名された。

　佐川ナウマングランドに戻り国道494号線をさらに1kmほど南進すると、猿丸峠から東に少しのぼったところに、「百人一首」で有名な伝猿丸太夫の墓がある。さらに2.5kmほど南の白倉神社に奉納されていた野地騒動の絵馬は、現在青山文庫が保管する。

青源寺庭園と乗台寺庭園 ㉞㉟
0889-22-3545(青源寺)　0889-22-0633(乗台寺)

〈M ▶ P. 86, 123〉 高岡郡佐川町甲奥ノ土居1460 ［P］／西町174 ［P］
JR土讃線佐川駅 🚶 6分／15分

土佐の名園 土居付き家老深尾氏

　文教の里佐川町には、土佐三名園と称される庭園のうち2つが存在する。青源寺・乗台寺の庭園(ともに県名勝)である。残るもう1つは高知市五台山の竹林寺庭園である。

　奥ノ土居の青山文庫向かいには龍淵山青源寺(臨済宗)がある。青源寺は、土佐藩の筆頭家老で佐川1万石を領有した深尾家の菩提寺として、土佐藩初代藩主山内一豊が、掛川(現、静岡県掛川市)から招いた丈林宗規により創建されたと伝えられる。本堂や客殿は1746(延享3)年ごろの再建とされるが、庭園については、江戸時代初期、寺の創建当時の作という見方と、再建時の江戸時代中期の作という見方がある。作風から判断した専門家の意見では、庭園は寺創建当時の作であるという。

　庭の中央には浮石を配した池泉をおき、汀には大小の石が組まれている。また、南隅には立石を配置して自然を表現する。そして対面の龍淵山の傾斜面にみえる自然石の露出を、庭園の一部分として池と一体化させている。

　旧来は、植栽が山の斜面および本殿と客殿の間に整えら

青源寺庭園

佐川から仁淀川に沿って　125

乗台寺庭園

れ，マツ・シャクナゲ・ツバキ・サクラ・カエデなど，植栽の庭園といわれてきたが，近年の改修で，作庭時の石組みを主とした江戸時代初期の作風とされる禅宗庭園の風格を，味わうことができるようになった。

青源寺から旧道に戻り西進し，春日川に沿って1kmほど進んで路地を左折すると吉祥山乗台寺(真言宗)がある。寺の開基は弘法大師空海とも伝えられる。長宗我部氏の武将久武氏の菩提寺で，久武親信は元親の四国統一の際，伊予(現，愛媛県)1国の軍代となったが，1579(天正7)年戦死。寺のすぐうえに親信の墓とされる五輪塔がある。平安時代の木造薬師如来坐像も有する。

乗台寺庭園は池の形から別名「ひさご園」とよばれ，江戸時代初期の領主深尾重忠が，妻の病気全快を祈願して築いたと伝えられる。山麓を利用し，池には浮石を配し，南には自然の巨岩をそのまま取り入れて雄大な景観をあらわす。マツ・カシ・ツバキ・イチョウなどの樹木が織りなす空間の美と，主石となだらかな芝生の線，池を2分するかのようにのびたハイヒバや池に浮かぶスイレンは，繊細で奥深い趣がある。

旧道に戻って北進すると，左側の佐川小学校校内には，深尾家の家塾として創始され，のちに郷校となった名教館玄関が残る。

不動ヶ岩屋洞窟遺跡 ㊱　〈M▶P.86〉高岡郡佐川町西山 聖巌1237-8 P
JR土讃線西佐川駅🚗15分または🚌古畑行尾川橋🚶15分

縄文時代草創期の洞窟遺跡 人骨と佐川狼

西佐川駅から県道長者佐川線を柳瀬川に沿って5kmほど西進して左折し，尾川橋を南へ渡って約1kmで，不動ヶ岩屋洞窟遺跡(国史跡)に至る。「史跡不動ガ岩屋洞穴遺跡」の石柱がたつ。1964(昭和39)年と1967年の発掘調査により，縄文時代草創期から早期の土器・石器などが出土した。

不動ヶ岩屋洞窟遺跡

尾川橋から柳瀬川左岸沿いに約3km下流に進むと、柳瀬川橋西詰め北方の山の南斜面には、かつて城ノ台洞穴遺跡があった。1941(昭和16)年の調査で、縄文時代早期の土器のほか、「佐川 狼」と命名されたオオカミの骨やその噛み跡が残る人骨も発見された。また、尾川橋から県道長者佐川線を4kmほど西進すると、古畑公民館敷地内に木造聖観音首像・聖観音立像を有する古畑観音堂がある。

大乗院 ㊲ 〈M▶P.86,129〉高岡郡佐川町丙川内ヶ谷3256
JR土讃線佐川駅🚌5分または🚌大崎方面行川内ヶ谷🚶3分

やわ肌の薬師三尊 勤王の志士脱藩の峠

佐川駅より国道33号線にはいり松山方面に約3.5km進む。越知町との境の赤土トンネル少し手前の川内ヶ谷バス停でおり、小川を渡り細道を50mほど北に向かうと、道端に「国宝薬師」の古びた石柱がたつ。さらに50mほど小道をはいると、医王山大乗院(天台宗)がある。寺の成立年代などは不明だが、西ノ坊・東光坊などの地名も残り、「長宗我部地検帳」の記述などから、かなりの規模の寺院であったことがわかる。江戸時代の火災で寺は焼け、現在は薬師堂が残るのみである。

大乗院には本尊の木造薬師如来坐像と脇侍の木造日光・月光菩薩立像(いずれも国重文)がある。いずれも1m内外のヒノキの一木造。本尊は面長で厳しささえ感じる凛とした表情をたたえる。広くあけた胸部には、充実した肉取りがみえ、肩から膝への衣文は整然とした線で抑揚がきき、落ち着きが感じられる。両脇侍は、中尊より

大乗院木造薬師如来坐像、日光(右)・月光(左)菩薩立像

佐川から仁淀川に沿って

も外側に腰をひねり，左右対象に日輪・月輪をつけた蓮華茎をもって蓮華座にたつ。三尊はいずれも温雅な姿であり，なまめかしくも美しさを感じる鎌倉時代初期の作風をもつ秀作である。ほかに大乗院は中世の造像と考えられる十二神将像・地蔵菩薩坐像を有する。

なお，赤土トンネル上の赤土峠は，1864(元治元)年，佐川の志士井原応輔・浜田辰弥(のちの田中光顕)・橋本鉄猪・那須盛馬・池大六・大橋慎三らが脱藩のために集合した場所で，脱藩志士集合の碑がたつ。

瑞応の盆踊り ㊳

〈M ▶ P. 86, 129〉高岡郡佐川町瑞応 🅿️
JR土讃線西佐川駅🚌5分または🚌柴尾方面行瑞応口 🚶12分

殿様も一緒に盆踊り片岡氏の城下

　西佐川駅前から柳瀬川右岸に沿って県道岩目地西佐川停車場線を北進し，下山から県道下山越知線にはいる。瑞応口バス停から県道庄田伊野線を200mほど進むと鯨坂八幡宮(祭神応神天皇)に至る。平安時代中期にこの地に八幡荘を開拓した別府経基が，932(承平2)年に勧請したものといわれる。鎌倉時代末期になると，河間氏が八幡荘を支配したが，南北朝時代になって，南朝方の河間光綱は，1341(暦応4・興国2)年，堅田・津野・片岡・三宮諸氏とたたかい討死した。ここからさらに100mほど進むと，河間光綱の墓がある。

　県道を500mほど進み左折して上瑞応橋を渡り，すぐ左折すると100mほどで瑞応寺(法相宗)跡に至る。戦国時代，仁淀川中・上流域を支配した片岡茂光は，長宗我部国親と結び，その妹を妻とした。1560(永禄3)年，茂光と国親が他界すると，夫と兄を同時に失った理春尼は，これをいたんで瑞応寺を建立した。善政をしいたことで知られる茂光は，領民を愛護してともに盆踊りを踊ったといわれる。現在も続く瑞応の盆踊り(県民俗)は，茂光をしのんだ理春尼が復活させたものであると伝えられる。

　上瑞応橋に戻り，700mほど農道を北進して県道片岡庄田線にはいり小川を渡る手前を右折すると，山の斜面に黒岩薬師堂がある。薬師堂は破損が激しいため，安置されていた仏像は現在，佐川総合文化センターが保管する。県道片岡庄田線に戻って700mほど北進

して黒岩中学校の横を左折し，県道柳瀬越知線を600mほど西進すると，黒岩小学校に至る。西側の小丘にある城山グランドが黒岩(寺野)城跡で，入口に碑がたつ。黒岩城は，片岡茂光の父直光の代からの居城と伝えられ，平成15(2003)年の試掘調査によって当時の柱穴・土坑が確認された。

グランド東側の道を北に進むと，城の鬼門におかれた香蓮寺跡に至る。五輪塔と「依草浮木聖霊」ときざんだ碑が残る。現在の黒岩小学校の位置には，南北の道に沿って城下町が整備され，片岡氏が滅んだのちも市町として続いたといわれるが，現在は小学校の南東門にはいる南北の道に，わずかに名残りを残すのみである。

小学校から県道を450mほど西進し，台住川を渡ってすぐを右折して車道をのぼり，台住の集落の最奥から100mほど山道を歩くと，茂光が菩提寺として建立した台住寺跡に至る。木造阿弥陀如来立像を有するお堂が残る。県道に戻り西進してすぐ北にはいると，山縣神社(祭神，大己貴命)に至る。荒太郎神社ともよばれ，片岡氏の創建といわれる。

県道に戻りさらに進んで越知町にはいり，中心街の北にある中仁淀沈下橋を渡って，県道伊野仁淀線にはいり5kmほど北東に進むと，片岡の集落に至る。県道北側には，領主片岡茂光の子光綱が，領民に旅人の接待をさせたという茶円(園)堂が残る。その東側の道を北にはいってのぼると，片岡光綱・光政の墓がある妙福寺(真言宗)に至る。

寺への車入口手前を左にはいって山道を歩き，コンクリート舗装

佐川から仁淀川に沿って

茶円堂

がとぎれた場所をすぐ左にはいると、片岡(徳光)城跡である片岡公園に至る。「片岡古今盛衰記」によると、城下には京都・大坂の商人が集まり、数百軒の商家や800余軒の武家屋敷が並んだ城下町がつくられ、仁淀川には夜ごと灯影がうつり、絃歌がさんざめき、月見鵜飼の舟遊びで賑わったという。

　県道に戻って東進し、黒瀬の集落から標識にしたがい北にのぼると、岡本神社に至るが、ここが法厳城の詰跡である。片岡城とともに光綱による築城である。さらに県道を5kmほど東に進み、上八川口橋で仁淀川本流を渡ると、いの町出来地である。ここから国道194号線を北に約1km進み、左折して宮ヶ奈路橋を渡ると、『延喜式』式内社で天手力男命をまつる天石門別安国玉主天神宮がある。

横倉山 ㊴
0889-26-1004(横倉山自然の森博物館)

〈M ▶ P. 86, 131〉高岡郡越知町横倉 P
JR土讃線佐川駅🚗10分または🚌大崎方面行横倉口🚶6分

修験の山・安徳天皇・平家伝説

　国道33号線に沿って越知の中心街を西進し、越知橋を渡ると、横倉山バス停がある。ここから国道は北に向かい、300mほどいくと左手に大鳥居がみえる。ここが横倉山(県史跡)への登山口である。横倉山はシルル系の石灰岩地帯で、標高1073m。中腹に駐車場がある。山中には樹齢数百年の大スギの群生をはじめとする原生林におおわれ、植物の種類も多く、隣接する佐川町出身の牧野富太郎をはじめ、多くの植物学者によって研究がなされた。「ヨコグラノキ」は、ここで牧野が発見・命名したものである。

　古来、信仰の対象とされたこの山には、つぎの3神社が鎮座する。まず山麓の下ノ宮が横倉神社、続いて中腹にある中ノ宮が、本殿周囲の彫刻がすばらしい杉原神社。そして、同山東の峰上にあるのが上ノ宮と称される横倉宮(祭神安徳天皇)である。横倉宮拝殿裏には、

横倉山周辺の史跡

よほどの命知らずでないといけないという意味で「馬鹿だめし」といわれる石灰岩の断崖絶壁があり、その小洞穴からは、古代以来の祭祀遺物が発見されている。

また、山頂近くの横倉宮北西の山中には、安徳天皇御陵参考地がある。伝説によれば、1185(寿永4)年、壇ノ浦(現、山口県)で敗れ四国に落ちのびた平知盛一行は、安徳天皇を奉じて阿波国祖谷(現、徳島県祖谷地方)から四国山地をこえ、椿山・別枝(現、仁淀川町)などを経て、1187(文治3)年にこの横倉山に移り、1200(正治2)年の天皇の崩御まで、わびしい生活を送ったと伝えられる。

山中には「全国名水百選」の1つで、天皇にも供したとされる湧き水「安徳水」や、この山の各所にまつられていた安徳の従臣を合祀した「平家の宮」、従臣たちの住居があったとされる「天の高市」、天皇の避難場所にあてたといわれる洞窟「平家の穴」などがある。

横倉神社のすぐ上には、建築家安藤忠雄の設計で、横倉山の歴史・植生・化石などを総合的に展示する自然史博物館横倉山自然の森博物館があり、横倉宮が所蔵する「保安三(1122)年」銘の経筒をはじめ、平安時代後期の木造蔵王権現立像・銅板線刻如来鏡像など、横倉山修験関係遺品(県文化)と称する数多くの修験道関連の遺品の複製をみることができる。

越知橋東詰めまで戻り、県道伊野仁淀線を西進し、林道松坂線にはいってすぐ南上には、藤原(蓮池権頭)家綱の

安徳天皇御陵参考地

佐川から仁淀川に沿って

墓がある。さらに県道を5kmほど西進すると、道の南側に日吉神社があり、そこから約2kmさきの佐之国橋近くから町道大平線をのぼったところには、多くの和鏡や「古鏡記」を所蔵する大毘羅神社がある。大毘羅神社から2kmほど西に進むと文殊堂に至る。

寺村観音堂（てらむらかんのんどう）❹ 〈M▶P.86, 134〉 吾川郡仁淀川町寺村1559-1 P
JR土讃線佐川駅🚌30分または🚌土佐大崎方面行寺村橋🚶15分

越知町から国道33号線を進み、寺村橋を渡ると仁淀川町である。寺村トンネル手前を左折し、トンネル上の道を北に進むと、すぐ寺村観音堂に至る。大崎玄蕃の菩提寺成福寺跡にたち、藤原時代の木造聖観音立像を有する。

国道33号線に戻り3kmほど西進すると、仁淀川町役場のある大崎に至る。仁淀川町立中央公民館西の道を南にはいると、正八幡宮御本尊御神体10体・武田剣花菱家紋付手鏡1面を有する川井神社（大崎八幡宮）に至る。創建したと伝えられる領主大崎玄蕃は、天目山の戦い（1582年）ののち落ちのびた武田勝頼であるという伝説があり、川井神社から国道をはさんだ北側にある大崎小学校東隣の鳴玉神社が墓所とされている。

> 大崎玄蕃の武田氏伝説 種田山頭火放浪の地

大崎小学校東側から約2km北へ小道を進んださきのひょうたん桜（大藪のひがん桜、県天然）には、玄蕃手植えの伝承がある。土居川を渡る国道の南側には、川口橋に並行して旧川口橋（国登録）が残る。

種田山頭火が『四国遍路日記』で、放浪中に民家を善根宿として借り、心あたたまる一夜をすごしたと書いた川口の集落は、この橋の西側である。

川口橋を渡りすぐ右折して土居川に沿う国道439号線にはいり、北へ約5km進み、池川大橋の手前を左

寺村観音堂木造聖観音立像

秋葉祭

コラム

華麗な鳥毛捻り 平家の里の一大絵巻

　愛媛との県境も近い国道33号線の秋葉口バス停から，別枝大橋を渡った仁淀川町別枝の秋葉神社に，秋葉祭(県民俗)が伝えられている。秋葉神社は平家の落武者佐藤清岩が，遠州(現，静岡県)秋葉山から勧請したものだと伝えられ，防火の神火産霊命をまつる。

　従来，岩屋神社を経て，法泉寺，関所番市川家でまつられてきた祭神が，1794(寛政6)年，市川家から現在の秋葉神社に遷座された際，毎年ゆかりのある岩屋神社・市川家・法泉寺や庄屋中越家に神幸するようになったという。

　本来，旧暦の1月18日が祭日であったが，近年，新暦の2月11日(建国記念日)に固定された。

　各御旅所から秋葉神社への還幸行列を「秋葉の練り」と呼称する。神体は朝9時に岩屋神社を出発し，各御旅所をめぐって午後3時ごろ秋葉神社へと還幸する。

　霧之窪・本村・沢渡の3集落から同じ構成の行列をだし，総勢約200人が色とりどりの伝統装束で，残雪の3kmの山道をゆっくりと秋葉神社へとのぼっていく。このなかには，鳥毛捻りや，中太刀・小太刀その他のはなやかないでたちの若者がいて，それらが先払いの鼻高面を先頭に，笛・太鼓・鉦の囃子でゆっくりと練り歩く。土佐三大祭の1つとされる。なかでもこの祭りのハイライトの鳥毛捻りは，若者が踊りながら長さ約7mの檜竿のさきに鳥毛をかざった重さ8kgの鳥毛棒を，十数m離れた相手に投げると，相方は高くとびあがってこれをうけとめる。受け渡しが成功すると，辺りは拍手につつまれる。過疎の山村も，この日だけは帰郷する若者や見物人で活気づく。

折して国道494号線にはいる。さらにすぐさきで左折して，1787(天明7)年に藩の紙販売の統制に反抗して起きた紙一揆で農民が松山藩(現，愛媛県)に逃散した道として知られる小郷川沿いの町道を西進すると，縄文時代早期の押型文土器が出土した坂本大平岩陰遺跡に至る。

　国道494号線に戻って東進すると，池川の集落にはいる。道の北側には西田家・橋本家(ともに国登録)や，池川神楽(国民俗)で知られる池川神社がある。池川川沿いに進み，土居川橋手前を右折して河川敷におりると，紙一揆逃散の碑と種田山頭火の碑がある。河川敷のすぐ上には善法寺(本堂は国登録)がある。

　国道33号線に戻って川口から約1km西進し左にくだると，沈下

寺村観音堂周辺の史跡

橋の久喜橋(国登録)に至る。さらに国道33号線を西に進んで名野川の集落から県道中津公園線にはいる。すぐさきで竹屋敷方面に左折してさらに町道をのぼると，片岡氏の勢力下にあった加牟曽宇城跡がある。2004(平成16)年に実施された発掘調査では，古銭・陶磁器が出土した。

国道33号線に戻り，さらに1kmほど西進し，上仁淀橋を渡って国道439号線にはいり約8km進むと，長者に至る。長者集落入口の万才橋手前で左折し，案内板にしたがい町道をのぼると，高さ15m樹齢1200年の長者の大イチョウ(県天然)があり，かたわらの十王堂は，厨子・木造十一面観世音菩薩坐像を有する。国道439号線をさらに4kmほど進み，泉方面への道標にしたがい右折し，山道にはいりしばらく進んだ泉集落のなかに，茅葺きの建物が1棟みえる。これが1690(元禄3)年内番所として設置された泉の番所である。

上仁淀橋まで戻り，国道33号線をさらに愛媛県方面へ3kmほど進み，大度ダム横の潰溜橋手前で右折し，町道をしばらくのぼると，三差路のうえに鎌倉時代の女神像2体と江戸時代の神像・神馬像を有する峠ノ越大師堂がある。

国道33号線に戻って西に進み，堀切トンネルから約1kmさきを川のほうにおりると，光背に「天正十五(1587)年」の銘を有する阿弥陀如来立像を安置する鷲ノ巣阿弥陀堂がある。国道をさらに進み，愛媛県にはいって約1kmさきの休場橋を渡って3kmほど進むと，毎年2月11日に秋葉祭(県民俗)が行われる秋葉神社(祭神火産霊大神)と，藤原時代の木造聖観音立像を有する法泉寺(臨済宗)がある。

Kōchiken Tōbu # 高知県東部

室戸岬

龍河洞

①谷秦山の墓	⑫姫倉月見山	㉓黒岩涙香旧宅	㉞二十三士の墓・福田寺
②津野親忠の墓	⑬天神の大杉	㉔大山岬	㉟濱口雄幸旧邸
③山田城跡	⑭手結港	㉕神峯神社	㊱奈半利の二重柿
④山田堰跡	⑮尼ヶ森城跡	㉖安田八幡宮	㊲三光院
⑤龍河洞	⑯琴ヶ浜	㉗安田城跡	㊳コゴロク廃寺跡
⑥美良布神社	⑰浄貞寺	㉘北寺	㊴多気坂本神社
⑦高照寺	⑱岩崎弥太郎生家	㉙金林寺	㊵木積星神社
⑧吉井勇記念館	⑲安芸城跡	㉚馬路熊野神社	㊶中岡慎太郎生家
⑨野市の三叉	⑳土居廓中	㉛千本山	㊷妙楽寺跡の仏像
⑩大日寺	㉑内原野公園	㉜田野八幡宮	㊸成願寺の仏像
⑪香宗城跡	㉒妙山寺	㉝岡御殿	㊹鑑雄神社

◎高知県東部散歩モデルコース　　※____は自転車利用

香美市散歩コース　　JR土讃線土佐山田駅_3_庚申堂・谷秦山邸跡_5_谷秦山の墓_7_野中神社_12_山田堰跡_20_龍河洞_25_アンパンマンミュージアム_3_美良布神社_10_高照寺_25_吉井勇記念館・渓鬼荘_45_JR土佐山田駅

野市散策コース　　土佐くろしお鉄道のいち駅_15_龍馬歴史館_10_野々宮の森_10_三叉_20_紀夏井邸跡_15_大日寺_35_のいち駅_5_香宗城跡_2_御墓所_3_宝鏡寺跡_10_のいち駅

手結～琴ヶ浜サイクリングコース　　土佐くろしお鉄道夜須駅_3_手結港_3_手結岬灯台_3_手結山餅屋_5_メランジュ_10_琴ヶ浜

安芸市内サイクリングコース　　土佐くろしお鉄道安芸駅_14_浄貞寺_15_岩崎弥太郎生家_30_内原野公園_30_土居廓中（安芸市歴史民俗資料館・安芸市書道美術館）_5_野良時計_19_安芸駅

中芸散歩コース　　土佐くろしお鉄道唐浜駅_15_神峯神社_20_10_高松順蔵・千鶴の墓_10_10_北寺_20_金林寺_3_馬路村郷土館_30_30_千本山_30_30_成願寺_20_妙楽寺_15_中岡慎太郎生家_20_奈半利の町並み_5_濱口雄幸旧邸_3_福田寺_1_岡御殿_10_土佐くろしお鉄道田野駅

羽根～室戸岬コース　　土佐くろしお鉄道奈半利駅_10_羽根岬の休憩所_5_鑑雄神社_10_吉良川の町並み・御田八幡宮_5_キラメッセ室戸鯨館_10_金剛頂寺_8_平等師浜（鯨浜）_3_願船寺_1_一木神社_1_津照寺_5_室津港_5_津呂港_5_室戸岬（中岡慎太郎銅像）_6_水掛地蔵_5_五所神社_1_御厨人窟_3_青年大師像_1_乱礁遊歩道_20_忠霊塔_2_一夜建立の岩屋_8_捻岩_12_最御崎寺_5_室戸岬灯台_40_奈半利駅

室戸岬東部～甲浦コース　　土佐くろしお鉄道奈半利駅_40_室戸岬_15_青年大師像_3_アクアファーム_6_海洋深層水研究所・三津浜機雷爆発事故供養塔_10_鹿岡鼻の夫婦岩_7_佐喜浜城主大野家源内奮戦跡石碑_3_佐喜浜八幡宮_5_佐喜浜経塚_20_野根八幡宮_7_甲浦八幡宮_8_五社神社_5_江藤新平君遭厄地の標石_4_超願寺跡_3_萬福寺法華経塔_4_真乗寺_1_熊野神社_4_東股番所跡_1_阿佐海岸鉄道甲浦駅

㊺吉良川の町並み
㊻金剛頂寺
㊼室津港
㊽津呂港
㊾室戸岬
㊿最御崎寺
51佐喜浜経塚
52名留川観音堂古仏群
53白浜
54甲浦港

① 物部川流域を山田・香北・物部へ

物部川流域の扇状地・河岸段丘には、旧石器時代から古代の遺跡が多く残る。儒者野中兼山・谷秦山関係の史跡も多い。

谷秦山の墓（たにじんざん はか）❶

〈M▶P.136, 138〉香美市土佐山田町植（うい）み谷　P（秦山公園）
JR土讃線土佐山田駅 🚶20分・🚗5分

南学中興の祖 学問・受験の神

土佐山田駅をでてすぐに左におれると、200mほどで築100年余りの木造建築 百年舎（ひゃくねんや）（国登録）に至る。ここは、現在ギャラリーや食事処（どころ）となっている。また、駅前通りを南へ100mほど進み、左折して旧道の商店街を約800m東進すると山本家住宅（やまもとけじゅうたく）（国登録）に至る。また駅前通りをさらに南下し、右折して国道195号線にはいり、約600m西進すると松尾（まつお）酒造（国登録）に至る。

土佐山田駅から右におれ、北に1kmほどいくと、丘陵地に秦山公園土佐山田スタジアムがある。道路をはさんで北側に谷秦山の墓の石標がある。石標から100mほど小道（こみち）をのぼれば、そこが谷秦山の墓（国史跡）である。墓石は高さ30cmにたらない河原石で、墓石が小さいのは、「墓石の大（だい）なるは子孫衰絶の兆（きざ）し」との谷家の家訓によるという。秦山の墓は学問・受験の神として信仰を集めている。

土佐山田駅周辺の史跡

秦山は通称丹三郎（たんさぶろう）、名は重遠（しげとお）といった。長岡郡八幡村（ながおかぐんやはたむら）（現、南国市（なんこくし））の別宮岡豊（おこう）

谷秦山の墓

八幡宮神主の谷神兵衛重元の3男として出生。当時は野中兼山の治世への反発が強く,兼山が信奉した朱子学はうとまれ,学者の多くは他藩へ去った。秦山ははじめ仏学を修養し,のち京都にでて山崎闇斎の門にはいり,朱子学そして垂加神道を学んだ。やがて,朱子学をこえて神道の究明に向かい,「日本ノ学」に発展させた。また,天文学や暦学にも関心を寄せ,渋川春海に学び,高知城の位置が北緯33度半強と測定した。

秦山は,土佐藩5代藩主山内豊房のとき,10人扶持の士格に列し儒官となって藩士に朱子学を講じたが,のち藩主相続問題に連座し,1707(宝永4)年6代藩主豊隆の命で山田に蟄居となった。赦免の翌年の1718(享保3)年に病死。享年56歳。野中兼山の子希四郎継業や婉とも交流があり,文通を重ねた。著書に『土佐国式社考』『神代巻塩土伝』などがある。

土佐の朱子学(南学)は秦山によって復興され,多数の門弟が集まり,子の垣守から孫の真潮へとうけつがれて,谷門の学とよばれる流れを形成し,幕末の尊王思想に大きな影響をあたえた。

谷秦山邸跡は,墓の500m南方の秦山町3丁目にあり,広場の中央に詩碑がたてられ,南学復興の地の記念とされている。なお,明治政府で活躍した谷干城は,秦山の曽々孫にあたる。谷秦山邸跡の東100mには庚申堂がある。野中兼山がこの地を開墾したとき,人夫に傷病者が続出したので,修験僧宝蔵院秀光に命じて摂津国四天王寺(現,大阪府大阪市)より,大聖青面金剛像を勧請して庚申堂にまつったところ,霊験があらわれ,負傷者もでずに作業が進んだといわれる。

庚申堂の西にある県道前浜植野線を400m北に向かい,西におれると土佐まほろばのみちが整備されており,この途中に野中兼山の娘婉が建立した野中神社(お婉堂)がある。婉は兄弟没後,野中家の遺品を売却し,家臣の古槇氏とともに祖先をまつる堂をつくった。

また,秦山の墓所から県道前浜植野線を北進し,新改川を渡って左折すると熊野神社がある。平安時代末期,豪族八木氏が紀伊国(現,和歌山県)から熊野三社を勧請し,1706(宝永3)年に山内豊隆の手によって再建された。銅鏡・経筒など多数の文化財が残る。

物部川流域を山田・香北・物部へ

土佐山田駅の南にある東本町商店街を東に300m進み，左折し北に400m進むと八王子宮(祭神大己貴命・国常立尊ほか)がある。社伝によれば，1469(文明元)年，近江国坂本(現，滋賀県)の八王子宮を勧請したと伝えられる。歴代土佐藩主の崇敬も篤く，大祭には藩主の代参もあった。本殿は1808(文化5)年，幣殿・拝殿は1815年の再建で，夏祭には，絵師絵金(弘瀬洞意)や河田小龍の額絵馬が公開され，参拝の人びとで賑わう。

津野親忠の墓 ❷

〈M ▶ P.136〉香美市土佐山田町神通寺東西の内400
JR土讃線山田西町駅🚶40分，または土佐くろしお鉄道
ごめん・なはり線立田駅🚶20分，🚗5分

名門津野氏最後の当主
長宗我部氏改易の一因

　山田西町駅より県道前浜植野線を1kmほど南下する。中野橋北側を100mほど東にはいると，野中兼山邸跡に至る。野中兼山終焉之地の碑がたてられている。中野橋から南へ約1.4km，博愛園の北側を東へはいると，左手に神奈地祇神社(祭神賀奈知姫)がある。『日本三代実録』に，866(貞観8)年，従五位下をさずけられたとみえる古社である。神奈地祇神社から東方へ進むと，水田地帯のなかに廃寺となった孝山寺(もと霊厳寺)の墓所と観音堂があり，右へまがったところの森が津野神社である。覆堂のなかの，津野権現の扁額を掲げた社殿の床下が，津野親忠の墓(県史跡)と伝えられる。なお，親忠の墓へは立田駅で下車し，県道前浜植野線を北進したほうが近い。

　津野親忠は，長宗我部元親の3男で，土佐戦国七守護の1人として勢力を誇った高岡郡姫野々城主津野勝興の養子となった。1586(天正14)年，豊後戸次川(現，大分県)の戦いで長兄信親が討死すると，長宗我部家では家督をめぐって内紛がおこった。元親は4男盛親に信親の娘を配して家督をつがせ，親忠をこの地の霊厳寺に幽閉した。

　やがて元親が死に，盛親が1600(慶長5)年関ヶ原の戦いで西軍にくみして敗れると，土佐国主の座を親忠にかえられることを恐れた盛親側近の策謀により，親忠は切腹させられた。しかし，このことが家康の耳にはいり，「元親の子に似合わぬ不義理者」として，かえって盛親が改易される原因となったという。

コラム

土佐山田の遺跡

古墳群と古窯群　県内最大の遺跡密集地

　香美市土佐山田地域には、長岡台地と物部川の河岸段丘上、また丘陵周辺部を中心に多数の遺跡が分布する。

　近辺の最古の遺跡は、旧石器時代の佐野楠目山遺跡で角錐状石器が表採されている。穴内川流域の繁藤にある飼古屋岩陰遺跡からは、縄文時代早期の押型文土器や厚手無文土器、サヌカイト製の石鏃が出土した。物部川東岸の河岸段丘上の林田シタノヂ遺跡からは、縄文時代後期の遺構も確認されている。

　弥生時代中期後半になると、龍河洞洞穴遺跡・稲荷前遺跡・原遺跡など遺跡の数がふえる。弥生時代後期には集落の数・規模ともに拡大したことが、ひびのき遺跡、隣接するひびのきサウジ遺跡や林田遺跡などの調査からうかがえる。

　ひびのき遺跡は、弥生時代後期から古墳時代の大規模集落跡で、竪穴住居跡・土壙墓や砥石・鉄鎌・鉄鏃が確認された。西側のひびのきサウジ遺跡は、弥生時代から近世の複合遺跡で、竪穴住居跡・掘立柱建物跡や土壙墓・平安時代の井戸などが検出され、弥生土器・土師器・緑釉陶器などが出土した。

　当地の古墳時代後期を代表する遺跡が伏原大塚古墳である。国道195号線沿いの百石バス停隣にその高札がたつ。1993（平成5）年の調査の結果、1辺34m、四国最大級で県内唯一の方墳であることが判明した。周囲には幅2mの周溝がめぐっていた。石室は横穴式と考えられ、追葬も行われている。多量の副葬品と、須恵器製の円筒埴輪（県文化）が数個出土した。

　土佐山田の北西を流れる国分川上流の新改川流域には、新改古墳群や須江上段遺跡・植タンガン窯跡群・林ノ谷窯跡群など、古墳時代以降の遺跡が集中する。須江の地名は須恵器と関係があり、比江廃寺や国分寺の瓦はこの付近で焼かれ、古代をつうじて窯業の盛んな地域であった。また新改川右岸には地層の上下が逆転した天狗岳不整合（県天然）がある。

　物部川右岸の舟入川沿いの扇状地には、「大リョウ」の地名や方形区画が残り、郡衙関連施設とみられる大領遺跡も所在し、この地域に広範囲な律令期の関連遺跡が存在する可能性がある。

伏原大塚古墳出土円筒埴輪

物部川流域を山田・香北・物部へ

山田城跡 ❸

〈M ▶ P. 136, 142〉 香美市土佐山田町楠目3548-3ほか
JR土讃線土佐山田駅🚗神母ノ木方面行 百石 🚶10分

名族山田氏の居城と菩提寺

　国道195号線の百石バス停から北方へ700mほど進むと，山手の左に鏡野中学校がある。その東側の山の茶ガ森が山田（楠目）城跡である。山田城は，戦国時代の香美郡領主山田氏の居城である。中学校の校門北方の人家脇をのぼると，堀切をはさんで茶ガ森の曲輪がある。そこから東へは二ノ段，堀切をはさんで詰ノ段へと連なる複郭式山城である。二ノ段・詰ノ段ともに高さ2mたらずの土塁が残っており，虎口の跡も残っている。山頂は標高132.4mだが，高知平野や太平洋が一望できる。1997（平成9）年には確認調査が行われ，井戸などの遺構や土師質土器などの遺物が出土した。

　城の600m北西にある万松山予岳寺（曹洞宗）は，山田氏の菩提寺で山田氏累代の墓がある。本尊は薬師如来像で，釈迦如来像も安置されている。

　山田城東方の談議所の山上には，一族の山田監物の雪ヶ峰城，物部川をはさんだ南には，重臣西内常陸の烏ヶ森城の跡がある。山田城跡から南西2kmの高柳土居城跡は，西内常陸の子佐渡の館跡である。

山田城跡周辺の史跡

山田堰跡 ❹

〈M ▶ P. 136, 142〉 香美市土佐山田町楠目談議所
JR土讃線土佐山田駅🚗5分または🚗神母ノ木方面行山田堰
🚶5分

兼山の三大堰 香長平野をうるおす生命の水

　土佐山田駅から国道195号線を東に2.8kmほど進み，香我美橋手前の信号を右におれると物部川の堤防にでる。ここに野中兼山が対岸の神母ノ木との間に築いた山田堰（県史跡）があった。

　山田堰の規模は，長さ324m・幅11m・高さ1.5mで，マツ材で鳥籠のように枠組みをし，丸石をいれて沈める四ツ枠の構築法であった。これに用いたマツは4万2800本，石材は1110坪（約3300㎡），膨大な労役を駆使し，1639（寛永16）年から1664（寛文4）年の26年の歳

フラフ

コラム

産

土佐の初夏の風物詩　元気に育てと翻る

　端午の節句のころ、高知市から東部へ向かうと、鯉のぼりとともに空に翻る大きな大漁旗のような旗がみられる。これがフラフである。江戸時代からつくられはじめ、「横のぼり」とよばれていたという。ほかの地域では幟が多いが、米の二期作で忙しい農家の農繁期の取り扱いを簡便にと工夫された風習が、明治時代に広まったようである。

　語源は旗を意味する英語の flag（フラッグ）あるいはオランダ語の vlag（フラフ）がなまったともいわれる。

　描かれる絵は、金太郎・桃太郎など元気のよい男の子、秀吉・義経・那須与一などの武者絵、七福神・宝船などのおめでたい図柄、神功皇后などがある。オリジナルデザインのフラフも注文できる。

　全国的には贈られるほうの家紋をいれるのが一般的だが、高知では贈るほうの家紋をいれることが多い。最近では子どもの名前をいれる人もふえてきた。

　作業工程はすべて手作業。下絵を描くことからはじまり、糊（もち米汁）で下絵をトレースする。この際には温度や湿度によって糊のかたさを加減する必要がある。つぎに染めにはいる前に発色をよくするために水引きをしておく。染めがおわれば乾燥させ色止めをする。再び乾燥させ1昼夜水につけ込み、糊をおとして流水で洗う。最後に縫製して完成する。

　大きさは、四布（縦約4m×横約6m、生地を4枚つぐ）・三布（縦約3m×横約5m、生地を3枚つぐ）・二布（縦約2m×横約3m、生地を2枚つぐ）がある。最近は、住宅事情からさらに小さいサイズのものや、部屋のインテリアとしてかざられるタペストリーも制作されている。

　男児の誕生を祝い、誇らしげに豪快に青空を舞うフラフは、南国土佐の初夏の風物詩である。

フラフ

月をかけて完成した。

　1973（昭和48）年に山田堰は両端部を残して撤去されたが、現在、右岸にはコンクリートで補強された山田堰の遺構が約75m残る。その骨格は兼山の時代のままである。堰の西には山田堰記念公園がつくられ、中井の流水口を移築し、その天井石には小倉少助ら工事

物部川流域を山田・香北・物部へ

山田堰跡

担当者の氏名と,「寛永十六」の年号がきざまれている。

堤の右岸には上井・中井・舟入・島井の４用水,左岸に父養寺井を開削・分水して,近世井流下18カ村といわれた豊かな穀倉地帯をうみだした。香長平野2300haをうるおし,6000石程度の新田をうみだして多くの米収を得た。灌漑用水を集め浦戸湾にそそぐ舟入川は,水量も多かったため,物部川上流の村々の物資は,この川を利用して高知城下へ川舟で送られた。堰跡の西岸上段には,野中兼山をまつる春野神社がある。

龍河洞 ❺
0887-53-2144

〈M ▶ P.136〉香美市土佐山田町逆川 P
JR土讃線土佐山田駅🚶15分または🚌龍河洞行終点🚶15分

三大洞穴の１つ
神の壺を残した弥生人

土佐山田駅から国道195号線を東へ進み,香我美橋を渡って最初の信号を右におれ,高知工科大学前の県道龍河洞公園線を南東に５kmほど進むと龍河洞に至る。国道55号線からいく場合は,香南市ののいち駅の東から北におれ,県道龍河洞公園線を８kmほど進む。龍河洞(国史跡天然)は,三宝山の中腹にあり,国内でも有数の規模をもつ鍾乳洞である。鍾乳石・石筍・石柱が成長し,雲の掛橋・音無の滝・七福神の館など,さまざまな名前がつけられている。

洞窟の存在は古くから知られており,承久の乱(1221年)で土佐に流された土御門上皇が鍾乳洞のことを知り入洞した際,突然錦の小ヘビがあらわれ上皇を案内したという。その後,上皇は供奉した原権七郎という里人に錦の小ヘビをまつらせたという伝説があり,それが洞の入口にある龍王神社の始まりといわれている。また名称については,上皇の乗物を「龍駕」とよび,それが転じて「龍河」となったとも伝えられている。洞窟の全貌があきらかになったのは,1931(昭和６)年旧制海南中学校(現,高知小津高校)教員の探検以降

土佐の打刃物

コラム

産

土佐の伝統工芸品 手づくりの味わい

　高知県は，全国屈指の温暖多雨地域であり，古くから良木に恵まれ多くの木材を搬出し，山林伐採に必要な打刃物が古くからつくられてきた。鋸・鉈・柄鎌・鎌・鍬・包丁など，さまざまな刃物が香美市土佐山田を中心として生産され，新潟県の三条市，岐阜県の関市と並ぶ日本有数の刃物産地として，1998（平成10）年には伝統的工芸品の産地指定をうけた。

　土佐の打刃物の歴史は古く，鎌倉時代後期にさかのぼる。1306（徳治元）年大和国（現，奈良県）より移り住んだ刀鍛冶の系統を引く五郎左衛門吉光派が，戦国の乱世で武具刀剣などの需要に応じたという。また「長宗我部地検帳」によると，土佐山田周辺には399軒の鍛冶屋がいたことが記録されている。

　土佐刃物の本格的な隆盛は江戸時代初期，藩により森林資源の確保や新田開発などの振興政策がはじまってからで，明治時代中期にとくに発達した。大正時代には問屋組織が確立するが，それまでは鍛冶屋の親方自身が県外を歩き，販路拡大につとめた。自分たちのつくった刃物が，どういう場所でどのように使われているか，また使い手がどのような刃物をのぞんでいるか，鍛冶屋自身が確実に把握し，使い手にあわせたものづくりをした。使い勝手のよさを知った使用者は，つぎから必ず同じ刻印が打たれた鎌や鉈を欲しがり，土佐刃物の名声はしだいに高まった。

　鍛冶場が機械化するのは昭和時代初期からである。手打ちの時代には横座と前打ちが2人1組で作業した。横座が炭火で真っ赤に焼いた鉄片を鉄床にのせて小さな槌で打ち，つぎの前打ちが大きな槌で打つ。2人が呼吸をあわせて交互に繰り返し，しだいに形を整えていく。尋常小学校を卒業すると弟子入りをし，住み込みで10年ほど修行をして，やがて親方が鉄床とふいごをあたえて独立させた。

　現在，土佐打刃物は大量生産型の方法ではなく，受注生産型，高級品の生産を指向している。土佐山田の鍛冶屋の数は減少したが，今もなお伝統の手づくりの味わいのある刃物がつくられている。地域には土佐刃物流通センターがあり，土佐刃物の展示や販売を行っている。

のことで，内部は2本の主洞のほか，多数の支洞に分かれている。
　洞の出口近くには龍河洞洞穴遺跡がある。弥生時代の住居跡で，出口近くの第1室から奥へ第3室まであり，1958年に発掘調査が行われ，弥生時代中期末の住居跡と認められた。第1室は居室で焚き

神の壺

火跡があり，第2室は炊事場と物置をかねており土器や炉が発見された。第3室は水くみ場と調理場であったと考えられ，長頸壺が壁面に3分の1を石灰華におおわれて残っている。この場所は今でも雨水が流れでるので，当時，水をくむために，ここに壺をすえたものと考えられる。この壺は現在「神の壺」と名づけられている。

　出口の左には龍河洞博物館があり，龍河洞の生成の仕組みや，洞穴遺跡や周辺の遺跡から出土した土器や石器などの展示を行っている。またその隣には珍鳥センターがあり，オナガドリ（国特別天然）をはじめ，ウズラチャボやトサキュウキン（土佐九斤）などの生態を観察することができる。

美良布神社 ❻
0887-59-2878
〈M ▶ P.136, 147〉香美市香北町韮生野243-イ　P
JR土讃線土佐山田駅🚌15分または🚌大栃行アンパンマンミュージアム前🚶1分

みごとな彫刻の「土佐日光」アンパンマンの故郷

　高知工科大学前から国道195号線を約7km北東に進んだ岩改口バス停の南側の段丘が，刈谷我野遺跡である。縄文時代早期の遺構から厚手無文土器・押型文土器が出土した。さらに2kmほど進むとアンパンマンミュージアムの北側に美良布神社（祭神大物主命・大田田禰古命）がある。樹齢1000年をこすスギの大木が参拝者

美良布神社拝殿　　　　　　　　　　袈裟襷文銅鐸（美良布神社）

高知県東部

塩の道

コラム

庶民が伝える歴史の道
山里の生活をささえた道

　香南市赤岡から香美市大栃までは，古代より塩の道がつうじていた。江戸時代初期には，赤岡近辺は塩の一大生産地であり，塩田数は180とも200ともいわれていた。赤岡では塩市が開かれていたようで，この塩を奥地に運ぶための道を「塩の道」とよんだ。塩にかぎらず，生活必需品も運搬される往還道であった。

　近年，道は整備され，2004(平成16)年には「美しい日本の歩きたくなる道500選」に選ばれた。途中には馬頭観音が多数まつられている。また，自然石でつくられた丁石なども残っており，道標ともなっている。全長27kmの道であるが，県道香北赤岡線も並走し，体力や時間に応じて歩く距離を選択できる。昔の人びとが歩いた道を，四季折々の自然を感じながらぜひ歩いてみたいものである。

を迎える。

　美良布神社は，かつて川上大明神とよばれ，敬意をこめて大川上美良布神社ともいわれ，地元の人びとの信仰も篤い。秋祭りには御輿のおなばれ行列(県民俗)が行われる。おなばれとは，御神幸のことで，鳥毛・羽熊の練り込みや稚児行列が賑やかに行われる。神社の創建は雄略天皇の時代といわれるが定かではない。『延喜式』式内社で，韮生郷50余カ村の総鎮守である。拝殿・幣殿・本殿(いずれも県文化)は1865(慶応元)年に着工され，1869(明治2)年に落成した。本殿には当時の名工たちによるみごとな彫刻が各所にほどこされており，「土佐の日光」のよび名もある。

　社宝は2口の袈裟襷文銅鐸(ともに県文化)である。旧五百蔵村(現，香美市)で出土して，美良布神社に奉納されたという。高さは75.7cmと67cmで，端正で精緻なつくりである。古来韮生の降鐘とよばれ，物部川で雨乞いの行事を行うとき使われたという。秋祭りには1747(延享4)年以来，狂言が上演され，今も社務所西隣の通夜殿に

美良布神社周辺の史跡

物部川流域を山田・香北・物部へ

回り舞台が残る。

美良布神社の南には<u>アンパンマンミュージアム</u>がある。1996（平成8）年，香美市出身で，漫画『アンパンマン』の作者やなせたかしの記念館として建設された。

高照寺 ❼
こうしょうじ
0887-59-3582

〈M ▶ P. 136, 147〉香美市香北町朴ノ木大門(ほおのきだいもん)102　Ｐ
JR土讃線土佐山田駅🚌20分または🚌美良布方面行美良布乗換え 蕨野(わらびの)方面行朴の木橋🚶5分

千体地蔵の寺　韮生の郷の名刹

美良布神社から国道195号線を北東の大栃(おおどち)方面へ約2km進み，吉野(よしの)で左折し新在所橋(しんざいしょ)を渡り，北岸を東へ約400m進む。道沿いの石垣の上にみえる小さな堂が高照寺（真言宗(しんごん)）である。開基の年代は不明だが，南北朝時代にはすでに寺があったことがあきらかである。当時の寺は長福寺(ちょうふくじ)とよばれて現在の寺地より北方にあり，伽藍(がらん)は壮麗をきわめたといわれる。1720（享保5）年に現在地に移り，寺名を高照寺と改めた。

本尊は木造地蔵(じぞう)菩薩立像で，一般には<u>千体地蔵</u>（県文化）とよばれている。高さ175cm・幅104cm・奥行65cmの，傾斜をつけた大きな厨子(ずし)のなかに，1011体の地蔵菩薩がみごとに配置されている。中央上段の中尊（36.5cm）と左右に5体ずつ並ぶ10尊（19.2cm），それを囲んで黒ずんだ6.2cmの1000体の地蔵尊が36の階段の上に整然と並ぶ。

台座の枠板(わくいた)に記された銘によると，韮生郷を支配していた山田氏（大中臣道兼(おおなかとみのみちかね)）が，父母の菩提(ぼだい)をとむらうため，1383（永徳(えいとく)3）年に奉納したものである。この千体地蔵は，保存状態もよく金箔(きんぱく)が残っていて美しく，傑作として評価が高い。

近世，高照寺は物部川北岸を中心に韮生郷第1の宗勢を誇り，御在所(ございしょ)山(やま)山頂に聖権現(ひじりごんげん)をまつった岩室山(いわむろやま)利仙院(りせんいん)が高照寺の関係者であることから，山岳信仰にも関係していたと

高照寺千体地蔵

奥物部の自然

コラム

高山植物と古木 ニホンカモシカの生息地

　四国山地の東部に位置する奥物部は，標高1893mの三嶺をはじめ石立山や矢筈山・白髪山など，愛好家が多数訪れる登山のメッカである。三嶺・天狗塚のミヤマクマザサ及びコメツツジ群落(国天然)は，晩秋にはコメツツジの紅葉とミヤマクマザサの緑がみごとなコントラストを示す。村内の国有林には数少ない原生林が残っており，西熊さおりガ原には，林野庁が指定した「森の巨人たち100選」に選ばれた巨木のイヌザクラ・トチノキがある。また，村内には別府峡や西熊渓谷・笹渓谷など，県下屈指の紅葉の名所が点在し，シーズンには各地から紅葉狩りの人びとが訪れる。三嶺をはじめとする剣山系は，ニホンカモシカ(国特別天然)の生息地でもあり，奥物部は緑豊かな自然あふれる土地である。

　奥物部には巨木も多い。国道195号線から林道亀ガ峠線にはいり20分のところに大日寺(真言宗)がある。この寺は昔は神通寺とよばれ，平安時代末期の『朝野群載』という書物に，都までいった神通寺の梵鐘のことが記されている。この境内には，樹高約60m・目通り幹囲約9.4m，樹齢約800年と推定される大スギ(県天然)がある。傾斜地に生育しているため，うえからくずれた土砂で根元は埋められているが，樹勢は旺盛で，県内のスギのなかでも最大級の1つである。また大栃の旧物部村役場の近くにある阿闍梨神社の境内には，大栃のムクノキ(県天然)がある。根元は板根状で幹囲約7m・樹高約20m，樹齢約400年と推定されている。地上1.5mのところで大きく三方に枝分かれし，堂々とした姿をみせている。

　国境の奥物部には，寛永年間(1624～44)に設置された番所跡が残る。別府・久保・笹番所で，いずれも1871(明治4)年に廃止され，今は草におおわれている。

思われる。本堂は1719(享保4)年3月に再建され，江戸時代中期を代表する建築である。

　国道195号線に戻り，大栃方面へ500m進むと，南の山腹に県立香北青少年の家がある。その東側の丘陵地に宝珠寺(真言宗)がある。ここには，戦国時代末期に吉野の領主であった野中氏の菩提寺である願成寺があったが，その後，別の寺が地蔵堂を引きつぎ宝珠寺と改称した。国道195号線に戻り北東へ少し歩くと，水田のなかに野中氏の吉野城跡が残り，八幡宮の小祠と石碑がたっている。旧

香北町内には，このほかにも五百蔵城跡・朴ノ木城跡・永野城跡・永瀬城跡・猪野々城跡などがある。

吉井 勇 記念館 ❽
0887-58-2220

〈M ▶ P.136〉香美市香北町猪野々514　P
JR土讃線土佐山田駅🚌30分または🚌美良布方面行美良布乗換え蕨野方面行猪野々　🚶5分

漂白の伯爵歌人　御在所山と二大瀑布

アンパンマンミュージアムから国道195号線を大栃へ向かい，蕨野で左折し県道蕨野大比線にはいり3kmほど進むと，新神賀橋がある。この橋を北へ渡って右折して500mほどで，猪野々バス停があり，近くに香美市立吉井勇記念館がある。また記念館の隣には吉井勇ゆかりの藁屋根の渓鬼荘がある。これは，もと300mくだったところにあったものを移築したものである。

「命みじかし恋せよ乙女」で知られる「ゴンドラの唄」の作詞者で明星派の歌人吉井勇が，妻と別離したのちにここに身を寄せたのは1933（昭和8）年で，このひなびた山峡の眺めと素朴な人情が気にいって，隠棲のためにたてたのが渓鬼荘である。命名のいわれについて吉井勇は，「別に典拠があって附けたものではない。唯その頃はしきりに"死"といふことばかり考えてゐたのと，私の草庵の直ぐ下が深い谷になってゐたのと，この二つが結び付いてかういふ名前が生れたのだと思ふ」と書いている。猪野々は，吉井勇にとって失意の底から生きる希望を見いだした地，人生の転換期を迎えた場所であったといわれる。

記念館は，猪野々での隠棲の日々を中心に吉井勇の生涯を紹介し，渓鬼荘の囲炉裏を再現するなど，さまざまな資料を展示している。また猪野々地区では，「いつはりの　世に出でむより　大土佐の　韮生の峡に　こもるまされり」などの歌碑が，各所にたてられている。

猪野々バス停から道

渓鬼荘

いざなぎ流御祈禱

コラム

行

今に伝わる陰陽道 山里に響く祭文

奥物部では、今も古代色の濃い祭祀儀礼「いざなぎ流御祈禱」が行われている。当地には、御在所山に代表されるような、修験道に平家伝説が習合した独特の伝承が残る。いざなぎ流とは、奥物部村（現、香美市）周辺の人びとによってまもり伝えられてきた民間信仰の1つで、中世末ごろ、末流陰陽師が樹立した神道の1つとみられる。祈禱と神楽が未分化の舞神楽は、国の重要無形民俗文化財に指定されている。祈禱や祭祀をとり行う人は太夫とよばれ、「いざなぎ祭文」をとなえ御幣を制作し、神祭り・病人祈禱・祈念・鎮めなどを行う。近年は海外にも紹介され注目を集めている。

また奥物部の宮ノ内には、式内社の1つである小松神社がある。国道195号線岡ノ内を道標にしたがい北へ車で15分のぼったところにあり、平安時代中期以前にはすでにこの地に鎮座していた古社である。神体は鏡で、現在小松氏ゆかりの神社として、全国から小松姓を名乗る人びとが集い、合同参拝を行っている。

標にしたがい4km、物部川支流の日比原川の谷をさかのぼると轟の滝（県天然・名勝）がある。幅5m・落差82m、水量は豊富で砂岩の壁面を3段になってすべりおち、最上段の滝壺はみごとな円形の甌穴をなし、青く澄んでいる。

平家の落武者の美しい娘が、淵の主の大蛇に魅入られ、滝壺の奥にある御殿で機を織りながら暮らしたという伝説が残る。

轟の滝のひと山西には、同じく紅葉で有名な大荒の滝がある。ここは轟の滝にいた2体の竜が移り住み、この竜がたわむれると疾風迅雷をよび、周囲の山麓一面が荒れたところから、この名がつけられたといわれる。この2つの滝の間には標高1079mの御在所山がそびえる。この山は古来霊山とされ、修験の山でもあった。頂上には安徳天皇と平教盛（清盛の弟）を合祀する韮生山祇神社があり、平家伝説が残る。

轟の滝

② 香南地方

野中兼山遺構の三叉・手結港。中世の城跡，香宗城跡・姫倉城跡・尼ヶ森城跡。四国霊場第28番札所大日寺。

野市の三叉 ❾

〈M ▶ P.136, 153〉 香南市野市町西野西上野トノ丸 Ⓟ
土佐くろしお鉄道ごめん・なはり線のいち駅🚶40分・🚗3分（のいち駅にレンタサイクルあり）

野中兼山の遺構　香南の新田開発の原点

のいち駅のすぐ南にあるショッピングセンターフジグラン野市の南西には，尾崎家住宅（国登録）がある。のいち駅から500m東の市役所から烏川沿いに県道龍河洞公園線を徒歩10分北上すると旧龍馬歴史館がある。同館は，近日中に坂本龍馬や絵金の業績を複合的に展示するテーマ・パークとしてリニューアルオープンする予定である。ここから県道を北進し標識にしたがい左折して畦道をぬけると，15分で夜須七郎行家が源希義の討死を聞いた場所とされる野々宮の森（野々宮神社）がある。車の場合はいったん南下し，県道土佐山田野市線にまわる必要がある。さらにそこから徒歩15分で，近世野市開発の原点である三叉に着く。三叉付近は，自然あふれる木立とせせらぎのなかに遊歩道があり，散策に心地よい。

近世初頭，荒地であった野市付近の開拓をはじめたのは，野中兼山の養父直継であった。あとをついだ兼山は，物部川の水を町田堰（香美市）から引いて，上井・下井の2本の用水路をつくり，さらに上井の水は3方向，十善寺溝・町溝・東野溝に分水した。この分水地点が三叉であり，このように1地点において3方向に分水した水路口は県内に類例がない。これにより600haの新田が開発された。

三叉から深淵方面へ800mほど南へくだれば，『延喜式』式内社で深淵水夜禮花命をまつる深淵神社，戦国時代の深

三叉

のいち駅周辺の史跡

深淵城跡，知恵が働き人の鼻を明かす人を意味する土佐の方言「どくれ」として名が残る水口半四郎の墓などがあり，その北側には江戸時代末期の土蔵を有する野口家住宅（国登録）があり，さらに1.5km南へ進むと，国道55号線の南側の上岡地区に，江戸時代末期の郷士住宅である島内克之家住宅，郷士住宅の流れをくむ明治時代後期の島内幸家住宅，昭和時代前期の島内章子家住宅（いずれも国登録）がある。付近には，江戸時代末期から明治時代にかけてつくられた風格のある家並みが残る。県道南国野市線と国道55号線の間の物部川左岸の低位段丘が，弥生時代の竪穴住居からガラス小玉が出土し，古代の津関連施設と思われる掘立柱建物跡が確認された下ノ坪遺跡である。

　三叉に戻り，遊歩道を北へいくと，まもなく県立青少年センターがある。その北側の佐古小学校から北東へ300mほどいった小丘に，紀夏井邸跡（県史跡）がある。文徳・清和両天皇につかえた誠実で有能な人物として伝わる夏井は，応天門の変（866年）で土佐に流され，居を構えたと伝えられる。この地域の父養寺・母代寺という地名は，夏井が建立した寺の名残りともいわれる。邸跡のある小丘東側の道を700mほど北進して左折すると，約300mで福田家住宅（土佐鶴酒造佐古分工場，国登録）に至り，さらに200mほど西進すると川久保家住宅（国登録）がある。その西側の道を300mほど北進すると，藤原時代の木造毘沙門天立像を有する毘沙門堂に至る。

香南地方

大日寺 ❿
0887-56-0638
〈M ▶ P.136〉香南市野市町母代寺竹ノ内山476-イ P
土佐くろしお鉄道ごめん・なはり線のいち駅🚗 3 分，または🚌
白岩橋方面行ゴスイデン🚶10分

四国霊場第28番札所
国重要文化財の秘仏 2 体

　三叉からは県立青少年センターを経て，東へ徒歩約35分の行程で四国霊場第28番札所 大日寺（真言宗）にたどり着く。行基の開山と伝わる寺は，1871（明治 4 ）年，廃仏毀釈により廃寺となり，大日堂とよばれていたが，1884年に再興して大日寺と称するようになった。明治時代末期再建の本堂は腐朽が進んだため，1997（平成 9 ）年に平安・鎌倉様式の新しい大師堂が完成した。本堂から150mの奥院は，空海がクスノキに爪で彫ったといわれる爪彫り薬師を有する。近くには「土佐の名水40選」に選ばれる清水がわく。
　藤原時代の作と伝わる本尊 木造大日如来坐像（国重文）は，寄木造，像高146cmの巨像。旧観音堂本尊 木造聖観音立像（国重文）は，172cmの一木造で，同じく藤原時代の作とみられる。蓮華台座の上にたち，左手にハスの花をもつ。

　大日寺登山口から県道龍河洞公園線を南へ約 1 kmいくと，県立のいち動物公園へとのぼる入口がある。この道は，三宝山山頂から龍河洞へとつうじる旧スカイラインでもある。動物公園入口から 7 kmほどのところに，恵日寺（真言宗）がある。乳イチョウなどの伝説があるこの寺は，725（神亀 2 ）年に行基が開山したとされる。本尊は 木造十一面観音立像（国重文）で，像高約176cmの一木造，彫眼の素木像である。平安時代末期の復古像と考えられるが，奈良の長谷寺本尊の様式をとった長谷式十一面観音として注目される。ほかに 木造大日如来坐像（金剛界）・木造大日如来坐像（胎蔵界）（ともに国重文）があり，本来は 1 対として並座していたものである。ともに一木造・彫眼の素木像で，像高も約53cmとほぼ同じである。

　動物公園入口の600mほど南を左折して岩松橋を渡って 1 kmほど東進する。県道山北野市線にはいって 1 kmほど北東に進むと，三宝山の南側の裾野に 兎田八幡宮がある。ここに奉納されていた弥生時代の 銅剣（国重文）には，シカ・サギ・カエル・カマキリが描かれており，弥生時代の祭祀を考えるうえで貴重な資料である。高知県立歴史民俗資料館（南国市）に保管されている。

高知県東部

森田正馬

コラム

フロイトの精神分析と並び称される森田療法。その創始者・森田正馬は、三宝山の麓、香南市兎田の生まれである。

森田が森田療法の実践をはじめたのは1918(大正7)年。近代化の流れのなかで種々の精神的疾患が顕在化し、しかしその有効な療法はまだ見いだされていなかった時代である。森田がとなえたのは、「あるがままをうけいれること」だった。

「人間が生きていくとき不安を持つのは当然で、よりよく生きようとする欲望の裏返しにほかならない。むしろ、あるがままに不安と共存し、生活や仕事に打ち込むことで、生への意志と意欲を引き出そう」

「事実唯真」といわれるこの根本理念を神髄とし、森田は、患者を自宅にあずかり生活をともにしながら治療する「家庭入院療法」、自分のあるがままの感情に向きあわざるをえない状況に追い込む「絶対臥褥」といった「森田療法」を行った。画期的なこの療法は、門下生の実践によってしだいに普及していく。

みずからもあるがままを患者にさらけだして生きた天衣無縫の森田の生き方に思いを馳せながら、三宝山の麓の地に、生家や墓所などを訪ねることができる。

> 今親鸞
> 絶対臥褥

香宗城跡 ⓫

〈M ▶ P. 136, 156〉香南市野市町土居1545
土佐くろしお鉄道ごめん・なはり線のいち駅🚌5分または
🚌山南通方面行泉の親水公園北🚶3分

のいち駅から3kmほど県道山川野市線を東に進むと、香宗川橋のたもとに小丘があり、そこに八幡宮がまつられている。ここから南へ1.5haの長方形の区域が名族香宗我部氏400余年の居館の跡、香宗城跡である。

香宗我部氏の祖中原秋家は甲斐国(現、山梨県)の武士であったが、1193(建久4)年、香美郡宗我部・深淵両郷の地頭に任命されて、この地にくだった。その際、秋家は源頼朝に殺され

宝鏡寺跡

香南地方　155

香宗城跡周辺の史跡

名族400年の居館跡 戦国の哀史伝わる

た主君・一条忠頼の遺児秋通を伴っており、地頭職をまもなく秋通にゆずることとなる。この秋通の子孫が郡名の1字を冠して香宗我部氏を称し、土居を郷の中心にすえて城を構えた。やがて香宗我部氏は4000貫の領主に発展、土佐戦国の七守護のうちに数えられるに至った。

　ところが秋通から12代目の親秀は、1526(大永6)年、東方の安芸氏に攻められ、嫡子秀義を戦死させてしまう。そこで弟の秀通に家督をゆずるが、西方に長宗我部国親の勢力が強大となるのをみるや、国親の3男親泰を養子に迎えて自家の安泰をはかろうと企てた。そしてこの計画にしたがわない秀通を、城から西方1kmほどの御墓所で謀殺する。古木しげる御墓所の森のなかには、秀通の墓と秀通に殉じた家臣の埋骨碑がたつ。

　現在、城跡一帯は耕地や宅地となっているが、一部に土塁跡があるほか、東木戸・西木戸などの小字名を残す。また城跡より南約500mのところに香宗我部氏の菩提寺であった宝鏡寺(曹洞宗)の跡(県史跡)がある。1871(明治4)年に廃寺となったが、親泰の五輪塔などの石塔や板碑が並ぶ。

　また、宝鏡寺跡から西へ600mほどの立山神社(祭神国常立命)は、香宗我部氏が近隣の総鎮守として崇敬した社で、伝承されている棒術獅子舞は、関ヶ原の戦い後に、香宗我部氏の遺臣が土佐藩による武器の取り上げに反対して、鍬の柄で鍛錬した棒術を獅子舞とともに奉納したのが始まりである。これは、ここより東へ約1kmの徳王子の若一王子宮における獅子舞(県民俗)、北東へ約3.5kmの山北の浅上王子宮における棒踊(県民俗)とともに名高い。

姫倉月見山 ⑫　〈M▶P.136, 157〉香南市香我美町岸本　P
　　　　　　　　土佐くろしお鉄道ごめん・なはり線香我美駅🚶10分

御門上皇仙跡碑 戦国時代の城跡

　立山神社から200mほど東進して右折し、香北赤岡線を約1km南に進む。そこを左折して300mほど東を北にはいると赤岡に芦田主馬大夫の屋敷跡がある。芦田家は須留田氏滅亡後、香宗我部氏や立

156　高知県東部

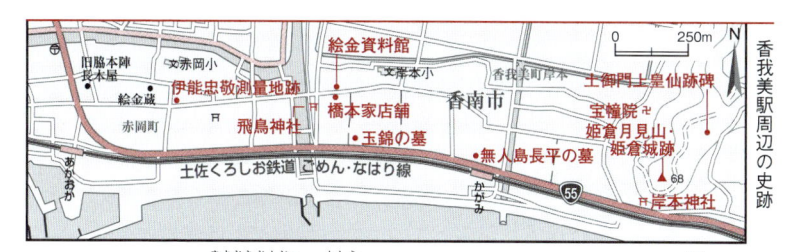

山神社に隷属した山崎算所の頭として台頭し、幕末まで土佐国博士頭として隠然たる勢力をもっていた。

　赤岡から県道春野赤岡線を香宗川に沿って西にいけば、吉川である。香南市役所吉川支所西の清水橋を渡って、水路沿いに800mほど北西に進むと地蔵堂がある。本尊の素朴な地蔵像は鎌倉時代の作といわれ、毎月24日に地元の人びとに祭祀されている。

　香南市役所吉川支所から県道春野赤岡線を東進して赤岡に戻り、国道55号線を100mほどすぎて右折し、赤岡橋を渡って横町商店街にはいる。通り西側には脇本陣の長木屋がある。橋から200mほどさきを左折して、古い町並みを残す本町商店街を東進すると、伊能忠敬測量地跡が赤レンガ塀のかたわらにある。そのさきの香宗川明神橋を渡り、さらに東に進むと、飛鳥神社に1854(安政元)年の大地震の様子を記した安政地震の碑、1877(明治10)年ごろ創業の和紙卸商で代表的な伝統的商家建築の橋本家店舗、土佐凧やフラフを伝承する吉川染物店でもある絵金資料館がある。

　明神橋東詰めまで戻って南に進むと、観光用の地引網漁が各所で行われる海岸沿いの国道55号線にでる。下流の岸本橋東詰めから東進するとすぐ、1933(昭和8)年に第32代横綱となった玉錦の墓に至る。玉錦の墓から500mほど東にいくと、彫像とともに無人島長平の墓がある。東洋のロビンソン・クルーソーとよばれる野村長平は1785(天明5)年、難破して無人島鳥島(現、東京都)に漂着したが、生きのび、14年後に帰還した。その記録は吉村春峰編纂の土佐関係史料集『土佐国群書類従』に収録された『岸本長平無人島江漂流之覚』などに詳細な記録がある。

　長平の墓から500m東の岸本神社の境内には、岸本出身の詩人岡本弥太の詩碑がある。この神社は姫倉月見山の尾根の先端部に位置している。山は県立こどもの森となっており、東西にそれぞれ登山

口がある。承久の乱（1221年）で土佐国幡多（現，幡多郡）へ流された土御門上皇は，2年後に土佐から阿波（現，徳島県）へかえる途中，常楽寺（現，宝幢院）に滞在した。宝幢院（真言宗）は，月見山の西の登山口から北へ150mのところにある。上皇がここから月を眺めて都をしのんだということから，この山は月見山とよばれるようになったという。これを記念して山上に土御門上皇仙跡碑がたつ。説明板には「鏡野や　誰が偽りの　名のみして　恋ふる都の　影もうつらず」とある。

その後，戦国時代に安芸郡領主安芸国虎配下の姫倉右京が姫倉城を構えたが，長宗我部軍に攻めおとされ，長宗我部の重臣秦豊前が城監となった。詰・二ノ段・三ノ段・土塁の跡が残っており，東登山口付近には，城の用水井とされる「化粧の清水」が流れている。

天神の大杉 ⓭

〈M ▶ P.136〉香南市香我美町上分山 南天満宮　🅿

土佐くろしお鉄道ごめん・なはり線のいち駅🚌堀ノ内行下河内🚶15分，または香我美駅🚌10分

樹齢850年の巨大スギ 国指定天然記念物

玉錦の墓の手前の道を北上する。国道55号線との分岐点から3.5kmさきの交差点に観光案内板がある。交差点から500mほど東の下河内バス停から，県道231号線にはいり北上すると，『延喜式』式内社の石船神社に至る。その東の山川土居城跡にあった山川阿弥陀堂の地蔵板碑（県文化）は，現在高知県立歴史民俗資料館（南国市）に保管されているが，地蔵菩薩像の両脇下に脇侍がある点が全国的にも珍しい。

下河内バス停から東に1kmほど行って道標にしたがい南にはいると，上分の天満宮の境内に天神の大杉（国天然）がある。推定樹齢850年，樹高約55m・幹囲約9.5mで，神社周辺の木のなかでもひときわぬきんでて高く，遠方からもすぐに目につく。小枝が細く，下にたれることから「コウチスギ」と命名されたこともある。今までに2度木の内部から失火し，1971（昭和46）年には3日間燃え続けた。枯死した枝もあるが，樹勢はなお旺盛である。

案内板の交差点に戻り北上する。香南市役所香我美支所を通過してなおまっすぐ北へ1.5kmいくと，旧郷士屋敷の雰囲気を色濃く残

絵金の町赤岡

コラム

極彩色の芝居絵 どろめ祭りの飲み比べ

　夏の宵闇。白壁の商家の軒下に，ローソクのゆれる炎に照らしだされ，極彩色の芝居絵屏風がたち並ぶ。血飛沫がとぶ鮮烈な印象のおどろおどろしい絵の連なり。香南市赤岡の「絵金祭り」は，とりわけ夏の宵闇がふさわしい祭りである。

　絵金とは，絵師金蔵（弘瀬洞意）の通称。高知城下の髪結いの子として生まれ，江戸で狩野派を学んで帰り，藩の御用絵師となった。だが，伝によると，贋作事件にかかわって城下から追放され，そこから波乱万丈の人生がはじまった。その後の放浪生活の途中，叔母のいた赤岡に身をおき，泥絵具で描いた独自の芝居絵を大成する。それらが今なお，赤岡の絵金祭りのみならず，土佐の多くの神社で，夏の祭礼において大型の絵馬台にはめ込まれるなどして掲げられ，祭りの風情を高めている。

　残虐であれ，諧謔であれ，絵金の絵は一目みて忘れがたい印象をみる者にあたえるが，絵金その人が他の絵師たちにあたえた影響力も大きい。絵金は多数の弟子をかかえ，彼らが「絵金工房」とでもいうべき技術者集団をなしていたと推測される。絵金を頭として多くの絵師たちが，土佐の芝居絵という個性的な流派を確立していったのだ。土佐では絵金は「絵金さん」とよばれて親しまれ，その名が「絵描き」と同義で使われていた。2005（平成17）年赤岡に絵金蔵が開館した。各家に散在して保管されていて，一般には祭りでしかみられなかった芝居絵が，薄暗い館内で趣向をこらして展示されている。

　ちなみに，赤岡で絵金と並んで有名なのが「どろめ」である。どろめとは，地曳網でとれる稚魚のこと。4月の最終日曜日に浜辺で行われるどろめ祭りは有名で，メインイベントにどろめを肴にした酒の飲み比べがある。とくに「はちきん」女性の飲みっぷりはみごたえがあり，酒豪の国土佐を象徴する風物詩だ。

した安岡家住宅（国重文）がある。安岡家は1809（文化6）年に郷士株を取得した家で，末裔には勤王の志士である覚之助・嘉助兄弟などがいた。この住宅は作家安岡章太郎の父が生まれ育った家でもあり，章太郎の著作『流離譚』にも登場する。その北側をややのぼると金水寺地蔵堂がある。本尊に藤原時代作の木造地蔵菩薩坐像（県文化）をまつる。これは，像高140cmの県内屈指の巨像で，寄木造・彫眼の像である。通肩に法衣を着け，腹部に腹帯をみせ，右に錫杖，左手に宝珠をささげて結跏趺坐している。

香南地方

手結港 ⓮ 〈M▶P.136, 160〉香南市夜須町手結 P
土佐くろしお鉄道ごめん・なはり線夜須駅🚶10分

日本最古の掘込み港 手結の盆踊り

　月見山から国道55号線を東へ1kmほどいくと，夜須駅の南側に県内最大級の人工海水浴場ヤ・シィパークが広がる。ここでは，毎夏8月15日に念仏踊りが起源とされる盆踊りが行われ，手結の盆踊り（県民俗）として親しまれている。

　ヤ・シィパークから東へのびる臨港道路をいくと，まもなく手結港となる。2002（平成14）年に完成した可動橋（跳ね橋）の東側が，野中兼山が試削ののち，1651（慶安4）年から3年をかけて築いた内港である。古くからの港が砂礫に埋まり，使用困難となっていたのを，暴風雨時の避難港としてあらたに開削したもので，掘込み港湾として日本最古のものである。近年，石垣が積み直され，ほぼもとの姿に復元されている。石積み護岸や船揚場などはのちの改修をうけているが，水域部については兼山の築港当時からほとんどかわっていない。野中兼山頌徳碑もたつ。

　手結港は漁港としてのみならず，商港としても栄えた。藩政後期の橋本屋（城武氏），かね廣（郷氏）などに代表される廻船業者が活躍し，県内外の商人が出入りして賑わった。港の入口にたつ常夜灯は，手結港の繁栄をしのぶ記念碑である。

　内港東南角を少しのぼったところには野中井戸がある。兼山がこの港を掘るとき，工事に従事する多くの者のためにこの井戸を掘ったといわれており，明治時代以降も水の乏しい手結地区の共同井戸

手結港周辺の史跡

手結港

手結の盆踊り

として使われた。さらに手結内港の岸壁に沿って歩くと，真行寺(浄土真宗)があり，そこには本尊に薬師如来坐像(県文化)をまつる旧長楽寺薬師堂がある。境内にイブキビャクシンの老樹があり，地上をはうような姿から臥竜柏の名がある。1182(寿永元)年，夜須七郎行家が平家に追われて船出したとき，記念に植樹したと伝えられる。行家が乗船した場所とされる仏が崎は，内港開口部の可動橋端から海側へおりたところである。

可動橋から600mほど奥へいくと手結岬灯台がある。その東隣の「竜宮さま」とよばれる祠(八大竜王宮)に，毎年旧暦9月26日，有名なつんつく踊り(県民俗)が奉納される。海上安全と豊漁を祈るこの踊りは，白装束で鉦と太鼓にあわせて踊る珍しい踊りである。多くの演目があるが，忍ぶ恋を主題にした歌詞も多い。灯台の脇をおりると夫婦岩がある。

ヤ・シィパークに戻り国道55号線を東に800mほどいくと，手結山トンネルの横に餅屋がある。天保年間(1830～44)に土佐藩主の御茶屋番兼御山番となった沢家から分家した沢辰造が開業したのが始まりで，「手結山のもち」として親しまれている。手結山トンネルを抜けたあと，住吉海岸のほうへおりると，震洋隊殉国慰霊塔がある。

尼ヶ森城跡 ⑮　〈M▶P.136〉香南市夜須町上夜須クスダ
土佐くろしお鉄道ごめん・なはり線夜須駅🚌5分または
🚌夜須川方面行上夜須🚶4分

長宗我部氏重臣の城 釣鐘森城と対

夜須駅南側のヤ・シィパークから県道夜須物部線を北へ1.5km，夜須川東岸の丘陵に，夜須七郎行家の下夜須城があった。1182(寿永元)年，行家は親交のあった源希義が，平家方の蓮池家綱らに長岡郡年越山(南国市)で殺されたとき，野々宮の森(香南市野市町)付近でそれを聞いて引き返し，仏が崎から船に乗って討手からのがれ

香南地方　161

た。翌年，源頼朝の武将伊豆有綱とともに土佐へ帰り，蓮池らを討伐，引き続き源氏方として活躍し，頼朝から本領安堵の下文をもらって，夜須荘の地頭の地位を保障された。

　この近辺の夜須小・中学校の西隣には夜須八幡宮があり，ここには百手祭という弓行事が伝わる。そこから2kmさきの夜須川バス停を右折すると上夜須の仁井田神社に至る。神社の裏の小道をのぼると，林のなかに尼ヶ森城跡がある。尼ヶ森城は蛇行する夜須川を天然の堀とし，後方には自然の防壁ともいえる大峯山系が走る。三ノ段・二ノ段と土塁が残存し，堀切・竪堀なども認められる。また，詰ノ段には土塁がはっきりと残り，戦国時代の城の様相をうかがい知ることができる。

　西岸の向かいあう丘陵には，対をなすものとして釣鐘森城跡があり，尼ヶ森城が東の城とよばれるのに対し，西の城とよばれる。いずれも城主は長宗我部氏の重臣であった吉田重俊であり，城はともに安芸氏に対する最前線の役割をになった。1563（永禄6）年，重俊らは長宗我部氏の居城岡豊城が安芸氏に攻められたとき，安芸勢の包囲を破って岡豊城へかけつけ危機を救った。釣鐘森城跡には詰ノ段西隅に城の守護神城八幡があり，背後の山との間に空堀の跡がある。

　県道に戻ってさらに北上し，つづら折りの山道へとはいっていく。峠をこえたさきの盆地が羽尾である。再び山道をのぼると，山頂付近に長谷寺（臨済宗）がある。香南市役所夜須支所から距離にして10kmたらずだが，山道のため車でも40分以上はかかる。記録によれば，羽尾周辺は中世では大忍荘であった。長谷寺は727（神亀4）年，行基の創建と伝えられる。本尊は木造十一面観音立像。寺院の梵鐘（県文化）は，総高84.4cm・口径48cmの細長で，1471（文明3）年，秀守の作である。秀守は，高知県立歴史民俗資料館（南国市）に保存されている若一王子宮の梵鐘の鋳工秀介の父親あるいは師である。

3 安芸ところどころ

高知県内でも温暖な気候をもつ安芸は、ピーマンやナスの促成栽培が有名。歴史と自然が豊かに残る地域。

琴ヶ浜 ⑯
〈M ▶ P. 136〉安芸郡芸西村和食 [P]
JR土讃線高知駅🚗35分、または土佐くろしお鉄道ごめん・なはり線和食駅🚶1分

4km続く松原
高浜虚子や種田山頭火の句碑

香南市の東は芸西村である。芸西村にはいってすぐ海側へおりると、西分漁港(住吉海岸)には、約1億3000万年前に赤道付近で噴火した溶岩など、数種の岩石が混在するメランジュ(県天然)という地層がみられる。

さらに東にいくと和食駅の西側に野外劇場と銘打った舗装帯があり、そこが琴ヶ浜(県名勝)の中心域にあたる。琴ヶ浜は芸西村長谷寄から安芸市赤野川の河口前後4kmの、松林を防風・防砂林とした海岸で、大小1万本のマツの木が続く。この保存林によって砂浜は、標高10m・幅100～300mの砂丘を形成し、美しい松原にいっそうの趣をそえる。毎年9月中ごろには観月の宴がもよおされる。近辺には浜の風物にちなんだ鹿持雅澄の歌碑、高浜虚子・種田山頭火の句碑がある。山頭火碑は、ここに逗留した際の軽妙な日記の一部を併記している。また、坂本龍馬の妻お龍と、その妹君枝(起美)の2人が寄りそう銅像もある。これは、君枝が芸西村和食出身の菅野覚兵衛に嫁ぎ、1868(明治元)年からその嫁ぎ先にお龍が滞在したことに由来する。

和食駅から真北に国道55号線を渡って進むと、末延家住宅(国登録)があり、昭和時代初期の地方病院建築の一例を知ることができる。また、松原の北1km、芸西村役場庁舎の一隅には芸西村文化資料館がある。芸西村の農業・漁業の変遷資料などのほかに、海援隊士

琴ヶ浜

安芸ところどころ 163

菅野覚兵衛ら，村に縁のある幕末の志士に関する資料も展示されている。資料館から北へ600mほど進んで右折し，東へ約1kmはいると，回り舞台がある御林(みばやし)神社に至る。境内には6世紀ごろの馬ノ上(うまのうえ)古墳が残る。

浄貞寺(じょうていじ) ⓱
0887-35-3081
〈M ▶ P. 136, 164〉安芸市西浜(にしはま)556 P
土佐くろしお鉄道ごめん・なはり線球場前駅🚶18分・🚗3分

安芸氏代々の菩提寺 国虎の墓は県史跡

球場前駅より国道55号線を東へ700m，交差する井ノ口通(いのくち)(県道安芸物部(ものべ)線)を北へ，高知県立安芸病院前をとおって500mほど進み左折，小川に沿って山麓(さんろく)の突き当りまで進めば元親山(げんしんざん)浄貞寺(曹洞宗(そうとう))がある。球場前駅より1つ目の安芸駅の安芸市観光案内所に無料レンタサイクルがある。また安芸駅から井ノ口通を経由して古井(こい)・別役(べっちゃく)へいく安芸市営元気バスがでているので，これを利用してもよい。

浄貞寺は，室町時代から戦国時代にかけてこの地を支配した安芸氏の菩提寺(ぼだいじ)で，もとは井ノ口会下谷(げだに)(安芸市)にあったものを，文明(ぶんめい)年間(1469〜87)に安芸国虎(くにとら)の祖父備後守元親(このかみもとちか)がこの地に移して中興した寺である。境内には安芸氏代々の墓と，安芸元親・元泰(もとやす)・国虎・千寿丸(せんじゅまる)をまつる安芸神社がある。

1569(永禄(えいろく)12)年，国虎

安芸市中心部の史跡

安芸国虎の墓(浄貞寺)

は長宗我部元親に安芸城をおとされ、夫人を実家幡多中村(現,四万十市)の一条氏のもとに返し、長男千寿丸を阿波(現,徳島県)の三好氏の家臣矢野氏をたよって逃亡させたあと、8月11日、浄貞寺で自害した。家老有沢石見が殉じ、7日後には黒岩越前が夫人護送の任をはたして帰り、主君の墓前で自刃した。境内南の一段高いところに国虎や有沢らの墓がある。国虎の墓(県史跡)は五輪塔で、その向かって右に石見の墓、左に越前の墓が向かいあってたつ。後方には国虎の夫人が墓参のとき、たもとにいれてきて植えたという袂杉がある。このスギの初代は1912(大正元)年の台風で倒木し、現在のスギはその子生えを育てた2代目である。近くには、国虎が切腹に際して刀を清めたと伝えられる太刀洗いの池も残る。

本堂や山門は近年に改築されたものだが、山門の安芸氏の家紋であるタチバナを彫った蟇股や肘木は室町時代の様式を伝えており、「元親山」の額は創建当時のものだといわれている。

岩崎弥太郎生家 ⑱
0887-35-1011(安芸市商工水産課)
〈M▶P.136,164〉安芸市井ノ口甲一ノ宮 Ｐ
土佐くろしお鉄道ごめん・なはり線安芸駅 🚗 5分
または 🚌 一ノ宮方面行一ノ宮 🚶 3分

三菱の創始者の生家
鬼瓦は三菱商標の原型

国道55号線から県道安芸物部線の井ノ口通へはいり、高知県立安芸病院前をとおり北へ約2.4kmいくと、妙見山山麓に一宮神社(祭神応神天皇・天児屋根命)がある。棟札の記録から1593(文禄2)年、長宗我部元親が朝鮮出兵の戦勝祈願のためにたてたものといわれているが、実際はそれ以前よりこの地域の一宮として存在していた神社である。境内には、岩崎弥太郎が1874(明治7)年に寄進した狛犬がある。この神社を中心とした集落には、民俗芸能一ノ宮万歳が保存されている。2人1組で音頭取りの地歌にあわせて踊る芸である。黒頭巾で首から上をおおって行う。これは、かつて百姓が安芸国虎に招かれて踊ったとき、恐れ多いので顔をおおったこと

安芸ところどころ

岩崎弥太郎生家

が起源といわれている。

　一宮神社から北へ100mほど進み，道標にしたがって右へまがるとみえてくる竹垣をめぐらせた屋敷が岩崎弥太郎の生家である。茅葺き平屋建てで4間取の，藩政期の代表的な中農の屋敷である。この家は弥太郎の曽祖父弥次右衛門が手にいれたものである。表座敷の小庭には，少年時代の弥太郎みずからが考えたという日本列島を模した石組みがある。この屋敷の裏側にある土蔵は後年の建築であるが，鬼瓦には三菱の社章の原型である岩崎家の家紋三階菱がみられる。

　岩崎弥太郎は1834（天保5）年，地下浪人（郷士株を売って浪人となった者）弥次郎の子として生まれた。はじめは吉田東洋の門にはいって才覚を認められ，東洋の横死後は後藤象二郎に登用されて，藩の開成館や土佐商会で活躍した。

　1871（明治4）年の廃藩置県に伴い土佐藩所有の船舶の払い下げをうけ，九十九商会を経営，1873年に三菱商会と改名して発展，台湾出兵（1874年）や江華島事件（1875年），西南戦争（1877年）にあたって政府の強い保護をうけ，日本の海運界を圧倒，英国のP・O会社の勢力をも駆逐して「東洋の海上王」とよばれた。その後，三菱は政府の勧告に応じて共同運輸と合併し，1885年9月，日本郵船会社を設立した。

　しかし，弥太郎はその結末をみないまま，同年2月に没した。弟弥之助があとをつぎ，三菱財閥の礎を築いた。安芸郵便局南の江ノ川上公園には，弥太郎の生誕150年を記念して，ブロンズ像がたてられた。

青少年時代の岩崎弥太郎

コラム

腕白弥太郎 獄は愛憎によりて決す

　少年時代の岩崎弥太郎は「腕白小僧の悪太郎」とあだ名される一方，詩才があり，「安芸の三奇童」とよばれる少年だった。14歳のとき，藩主の安芸地方巡察時に詩を捧呈して褒賞を下賜された。21歳のとき江戸に遊学することになったが，その際，裏山妙見山の星神社の門扉に「吾志を得ずんば，再び帰りてこの山に登らじ」と墨書した，というエピソードがある。

　出府後は江戸幕府学問所昌平黌の安積艮斎に師事するが，まもなく父が酒席の喧嘩がもとで大怪我をし，それを訴えたことによって逆に投獄された事件をきっかけに帰郷，入獄した父の冤罪を訴えるがいれられず，憤慨した弥太郎は奉行所の門柱に「官は賄賂をもって成り，獄は愛憎によりて決す」と非難の落書きをしてみずからも入獄することになった。後年の豪快さを示す話である。

安芸城跡と土居廓中 ⑲⑳

中世安芸氏の城跡 素朴な武家屋敷の町並み

〈M ▶ P.136, 164〉安芸市土居廓中 P
土佐くろしお鉄道ごめん・なはり線安芸駅🚗3分または🚌野良時計前方面行野良時計前🚶5分

　安芸駅を南へ約100m進み，国道55号線にでると，すぐ東側に安芸市役所がある。その市役所を東へ100mほど進み，県道211号線を北へ約2kmいくと安芸城跡がある。安芸平野のほぼ中央に位置する木々につつまれた小高い丘が城跡で，東の安芸川，北の城ヶ淵，西の矢ノ川，南の堀を外堀とする要害の地である。また，内堀を掘った土で土塁を築いて城壁とし，南の大手門には枡形もみられる。丘上に詰，南斜面に二ノ段があった。

　戦国時代の城主安芸氏は，壬申の乱（672年）で敗れ，土佐へ流された近江朝廷の重臣蘇我赤兄の後裔であると伝えられる。しかし，家紋をタチバナとしたのは中

土居廓中

安芸ところどころ

野良時計

世楠(くすのき)氏の一族が同家をついだからという説もある。最後の城主国虎は、土佐戦国七守護(しちしゅご)の一角に数えられ、安芸郡下の土豪をしたがえていた。1569(永禄(えいろく))年、土佐統一をめざす長宗我部元親に安芸西方の八流(やながれ)で敗れたあと、攻め滅ぼされた。

安芸氏滅亡後、安芸城には元親の弟親泰(ちかやす)がはいったが、やがて関ヶ原の戦いののち、新領主山内氏の家老五藤(ごとう)氏が入城する。一国一城令により山上の施設は取りこわされて山麓(さんろく)に居を移し、五藤氏の家臣団は城外の土居廓中に集住した。大手門から200mほど西には、野村典男家(のむらのりお)・野村隆男家(たかお)・寺村家住宅(てらむら)(いずれも国登録)がある。廓中のたたずまいはそれ以来のもので、碁盤目(ごばんめ)状の路地や土用竹(どようたけ)(ホウライダケ)の生垣・ウバメガシ・瓦積みなどの垣に囲まれた簡素な書院造風の武家屋敷が、おちついた雰囲気をつくりだしている。この地域には、大正時代初期ごろまでは農家や商家はなく、一般人もはいるに際しては手ぬぐいや笠(かさ)をとり、遠慮したという。

土居の南端には野良時計(のらどけい)(国登録)で知られる畠中(はたけなか)家がある。この野良時計は1887(明治20)年、この地域の地主であった畠中源馬(げんま)が、すべて手作りでつくりあげたものである。まだ家ごとに時計のなかった時代のことであり、人びとの生活に役立ち、現在も地域のシンボルとして、人びとに親しみ愛され続けている。野良時計から南へ歩いてすぐのところには、明治時代中期の豪農屋敷の姿を残す森澤(もりさわ)家住宅(国登録)がある。野良時計の東隣には広い駐車場がある。

安芸城跡の敷地内に、1981(昭和56)年安芸市書道美術館が、1983年安芸市歴史民俗資料館が建設された。

安芸市書道美術館は、安芸市出身の書家川谷横雲(かわたにおううん)らを記念してつくられた全国的にもまれな書道専門館で、毎年6月ごろから開かれる安芸全国書展は、常設展とともに人気を博している。

隣接する安芸市歴史民俗資料館には，「五藤家文書」や五藤家伝来の美術工芸品をはじめ，安芸市内出土の考古資料や生産用具・民俗資料が保存され，その一部は常設展示されている。また，岩崎弥太郎や黒岩涙香ら安芸市ゆかりの人物にかかわる展示も行われている。

内原野公園 ㉑
0887-35-1011（安芸市商工水産課）

〈M▶P.136, 164〉安芸市川北乙内原野　P
土佐くろしお鉄道ごめん・なはり線安芸駅🚌7分
または🚌内原野公園行終点🚶5分

ツツジの名所　内原野焼の窯元

　安芸市役所前の国道55号線を東へ進み，安芸川西岸の県道29号線を北へ4kmほどいった安芸川東岸の小高い丘陵地が内原野公園である。安芸城跡からは，城跡の北側の天神坊橋を東へ渡って約2.5km北へ向かう。

　内原野公園は，安芸をおさめた家老五藤氏が，延宝年間（1673～81）に新田開発を願いでて，ここに灌漑用のため池として広さ約2haの弁天池を築いた。藩政時代後期には遊園所として整えられ，大正時代の堤の大改修を経てほぼ現在の形になった。

　高台にある茅葺きの35坪（約115㎡）ほどの平屋は延寿亭とよばれ，もとは五藤氏専用の休憩所であった。亭の名は土佐藩12代藩主山内豊資が名づけたとされる。ここからの眺めはよく，安芸平野・土佐湾が一望できる。公園には，約1万5000本のツツジやアヤメ・ショウブが植えられている。

　この辺りは内原野焼の産地でもある。始まりについては諸説あるが，1829（文政12）年ごろに，五藤氏が土佐藩に開窯の許可を願いでた記録が残っている。京都から陶工を招いたり，高知の能茶山焼との交流もあった。当初は徳利・擂鉢・甕などの日用品を中心に製作していたが，近年は茶器・花器もつくられ，現在は4軒の窯元がある。陽和工房登り窯（国登録）は江戸時代末期のものである。また，内原野焼を体験できる施設として，内原野公園手前500mの川北に1999（平成11）年，内原野陶芸館が建設された。

妙山寺 ㉒
0887-35-3244

〈M▶P.136, 164〉安芸市本町1-1-21　P
土佐くろしお鉄道ごめん・なはり線安芸駅🚶5分

　安芸駅から南進して国道55号線を渡り，さらに南へいき江湖川橋

妙山寺木造聖観音立像

聖観音像は国重要文化財
童女の微笑

を渡り，最初の十字路を東へ少しいったところに妙山寺（浄土宗）がある。開基年代は不明だが，もとは土居村（現，安芸市土居）に小庵としてあったものを，戦国時代に現在地に移したという。京都よりくだった源道上人の開基といわれる。廃仏毀釈によって1871（明治4）年に廃寺となったが，1880年に再興された。

木造聖観音立像（国重文）は鎌倉時代の秀作である。ヒノキの寄木造，彫眼の像で，像高105.5cm。童女を思わせる丸顔に白毫（眉間にある白い毛）をつけている。本尊の木造阿弥陀如来立像は，聖観音よりさらに古い時代のものと思われ，密教的な厳しさと素朴さをもつ像である。

黒岩涙香旧宅 ㉓ 〈M ▶ P.136〉安芸市川北前島284
土佐くろしお鉄道ごめん・なはり線安芸駅🚌5分または🚌大井方面行前島🚶5分

明治の反骨新聞人の旧宅
『巌窟王』『噫無情』の翻訳

　安芸駅から250mほど南を左折し，国道55号線にでて東へ進み，安芸川橋を渡りさらに進むと伊尾木川がある。この川にかかる伊尾木川橋の西岸を北上し，有ノ木橋のたもとを北西に約300m進んだ小集落に黒岩涙香旧宅がある。涙香は1862（文久2）年生まれで本名周六，17歳のとき大阪の英語専門学校に学び，『大阪日報』に論文を投稿，論壇デビューしている。上京後は『都新聞』など諸紙の主筆をつとめ，1892（明治25）年には「簡単」「明瞭」「痛快」を編集綱領とする『万朝報』を創刊。政財界の腐敗を糾弾する一方，涙香が翻訳・翻案した『巌窟王』『噫無情』『鉄仮面』を連載したので，知識人層だけでなく一般大衆にも歓迎され，1899年には発行部数が東京第1の新聞となった。日露関係の緊迫に際しては主戦論に転向，内村鑑三・幸徳秋水らとたもとを分かつこととなった。

　現存の生家は遠縁の岩村邸となっており，当時の木塀はブロック塀にかわってはいるが，よく原型を保っている。涙香が愛用した

童謡の里安芸

コラム

童謡に出会う町　作曲家弘田龍太郎

　安芸市では同市土居出身の童謡作曲家弘田龍太郎にちなんで、童謡の里づくりに取り組んでいる。これは1977（昭和52）年、当時の観光協会会長が「龍太郎が残した童謡という遺産を大切にするため、曲碑をたてよう」と市民によびかけ、大衆募金をつのり、翌年最初の曲碑「浜千鳥」が大山岬に建設されたことにはじまる。現在までに市内の名所・旧跡に「雀の学校」「叱られて」「春よ来い」など9基のユニークな曲碑がたてられている。

　そのほか、安芸童謡フェスティバルの開催や、三木露風の出身地である兵庫県たつの市と童謡で結ぶ姉妹都市締結などを推進してきた。市民の合唱活動も盛んである。また、童謡が聞こえる町づくりということで、毎夕消防署から童謡のメロディーが流され、安芸市営球場前のカリヨン広場からは、時報を童謡とカリヨン（組み鐘）で響かせている。安芸散策では歴史を訪ねるとともに、童謡に出会う楽しみもある。

硯箱や印章などの遺品は、安芸市歴史民俗資料館に展示されている。

大山岬 ㉔

鹿持雅澄愛妻の歌碑　シダ群落の伊尾木洞穴

〈M ▶ P.136〉安芸市下山　P
土佐くろしお鉄道ごめん・なはり線安芸駅🚗10分、または下山駅🚶12分

　『万葉集古義』をあらわした藩政時代後期の国学者鹿持雅澄が、羽根浦（現、室戸市）の役人として赴任することになり、その途中で高知城下の郊外、福井の里（現、高知市）に残してきた妻をしのんで歌を詠んだ。「秋風の　福井の里に　妹をおきて　安芸の大山　越えかてぬかも」。この歌に詠まれた大山岬は、安芸市街より国道55号線を約6km東へいったところにある。下山駅からは、駅の南を走る国道55号線を西へ800mほど歩く。海岸段丘が垂直に海に迫り、先端は海食によって巨大な洞窟や奇岩が連続し、それに荒波がくだける雄大な眺めは、「小室戸」の別称にふさわしい景勝地である。国道55号線の端には、安芸市出身の作曲家弘田龍太郎の童謡「浜千鳥」の碑がたつ。鹿持の歌の碑「愛妻の歌碑」も、岬を500mほどあがった旧国民宿舎前にある。この碑の揮毫は、安芸市出身の書家高松慕真のものである。

安芸ところどころ

浪切不動のナギの木

　道の駅大山岬の西には、幕末に土佐藩が築港途中で断念して放置し、「兼山のあほう堀」とよばれていたものを整備した河野漁港がある。大山岬から国道55号線を西へ2.3kmいくと、道の北側に浪切不動がある。この堂の前で、国道の上下の車線が、樹齢300〜400年と推定される神木ナギの木をはさんで2つに分かれる。1969（昭和44）年、国道の拡張工事のためナギの木は取りのぞかれる予定であったが、地元民などの働きかけによって、木を境内の一部とともに国道の中央分離帯として残した。古くからの信仰が国の道路整備の計画を変更させた、全国でも珍しい例である。

　さらに1.3km西へ戻り、国道から北へ50mほど進むと、海岸段丘の下に伊尾木洞穴がある。伊尾木駅からは東へ徒歩5分ほどである。この洞穴は高さ5〜7m・幅4〜6m・長さ100m余りで、壁には貝の化石があり、まわりには適度な湿気と温度とによって8種のシダが繁茂し、伊尾木洞シダ群落（国天然）を形成している。

④ 安田川に沿って馬路へ

高知県東部の学問の中心で、多くの文化人が活躍した。杉の美林を背にして、安田川沿いに古刹がたたずむ。

神峯神社 ㉕
こうのみねじんじゃ
0887-38-3497

〈M ▶ P. 136, 174〉安芸郡安田町唐浜2595　P
土佐くろしお鉄道ごめん・なはり線唐浜駅 🚶90分・🚗15分

神武東征時起源の伝承 遍路宿のよさこい秘話

　唐浜駅すぐ北の四国のみちを東に進むと、四国霊場第27番札所竹林山神峯寺（真言宗）へと続くハイキングコースとなる。寺への上り口近くに旅館坂本屋の跡地がある。「よさこい節」にうたわれた純信の想い人お馬が、安芸川以東への追放処分をうけたのち、女中奉公した旅館である。上り口の道路脇に「よさこい秘話」と題する説明板がたつ。

　また、参道周辺では貝の化石が出土する。この化石を不食貝といい、弘法大師が女にほどこしをこうたが応じなかったため、もっていた貝を石にしたものと伝えられる。

　上り口から約4kmで神峯寺に至る。現在は山門近くまで車道がつうじる。山門の右側の鳥居から400mあがった塩屋ヶ森に神峯神社がある。大山祇命のほかに、天照大神・天児屋根命・応神天皇をあわせまつる。社伝によると、創建は神武天皇東征の際、「神の峯として石を積み、神籬を立て祭られたるに起源す」とある。730（天平2）年には、行基が自作の十一面観音像をおさめたといわれる。当時の社殿は、現在地より約4km奥の安芸市東川のヒワダガ森（十鐘山ともいう）で、現在その地は古堂とよばれ、往時をしのぶ小字が残る。

　その後、809（大同4）年、弘法大師が現在地に社殿を移し、諸堂を整えたと記されている。こうして神仏混淆が進んだ結果、「神峯さま」とよばれるようになった。1871（明治4）年、廃仏毀釈により寺は廃され、仏体は室戸市の金剛頂寺に移されたが、神峯神社として安芸郡唯一の県社と

神峯神社本殿

安田町南部の史跡

神峯神社石灯籠

なり，参拝者がたえなかった。本殿(県文化)はもともと観音堂で，1718(享保3)年に再建されたことが棟札からわかり，現在の建物の手法は江戸時代末期の特徴を示す。構造は，桁行3間・梁間5間，1間向拝つきである。現在の神峯寺は，1887年に再興されたものである。

本殿右側の山道をのぼると燈明巖という巨岩がある。異変の前兆に光るという伝承があり，日清・日露戦争などの際にもこの現象がみられたという。神社には，土佐藩12代藩主山内豊資が1852(嘉永5)年に奉納した龍・虎1対の絵馬がある。また，境内の石灯籠には，私年号「天晴」の銘がきざまれている。本殿の下方に，樹齢約940年の大樟の木(県天然)がある。

安田八幡宮 ㉖

〈M▶P.136, 174〉 安芸郡安田町安田2111-1
土佐くろしお鉄道ごめん・なはり線安田駅🚶13分

奈良・鎌倉時代の古写経
坂本龍馬の義兄の墓

安田駅から南へ800mほどのところに安田町役場があり，その西側に安田八幡宮がある。創建は1510(永正7)年，領主安田(惟宗朝臣)三河守益信によると伝えられる。神宝大般若経(県文化)はもと600巻あったが，現在は541巻が残る。1513年に安田七郎次郎親信が奉納したもので，奈良時代および鎌倉時代のもので貴重である。

謎の年号「天晴」

コラム

> 謎の私年号 世直しへの期待

　年号(元号)の起源は、中国前漢王朝時代にさかのぼる。改廃の権限は、皇帝が時をも支配するとの考え方から皇帝(天皇)に帰するとされ、日本でも645年にはじめて「大化」の年号が用いられて以来、使用が確認できない時代もあるが、現在の「平成」に至るまで230余りの年号が記録されている。

　ところが、歴史をひもといてみると、おもに地方に残る文書や金石文のなかに、正史にはその名を残さない年号(私年号)をいくつか確認することができる。7世紀後半に用いられたとされ、古代文化史にその名を残す「白鳳」や、1884(明治17)年、蜂起した秩父困民党の人びとが使ったとされる「自由自治」なる年号がその代表格である。

　土佐の農山村を歩いてみると「天晴(天政)元年」という謎の年号の刻印にであうことがある。おもなものは以下のとおりである。
① 安芸郡安田町 神峯神社 石灯籠
　「奉献常夜灯天晴元年丁卯」
② 香南市 須留田神社 絵馬
　「奉献天晴元年丁卯年五月吉祥日」
③ 高知市春野町 森神社 手水鉢
　「奉献天政元年卯歳九月吉日」
④ 吾川郡仁淀川町スズヶ峠の石灯籠
　「月燈天晴元卯九月十八日」

　これらを含めて西は県中西部の仁淀川町から、東は安芸郡の田野町まで十数カ所からこの謎の年号が発見されているほか、隣の徳島県三好市井川町に伝承される太鼓(ふるさと交流センター所蔵)には、天晴三年の年号が記されている。

　それでは、この「天晴元年」とは具体的にはいつなのか。ポイントは「丁卯」の干支である。種々の傍証から、この「丁卯」の年は1867(慶応3)年をさすものとされる。幕末動乱のこの時期、内外の国難を払うべく改元がなされるとの噂が京より地方にも伝えられた。実際の明治改元は翌1868年9月8日であったが、すでに土佐においてはこの段階で新年号として「天晴」が一人歩きをはじめていた。

　長く続いた封建体制にようやく終焉のきざしがみえはじめたこの時期、人びとの間に「世直し」への期待が急速に広がったことは想像にかたくない。土佐の山間や海辺の村には、まだまだ「天晴」の年記が埋もれているだろう。「天が晴れる」と書くこの年号には地方の民衆の夢が重なっている。

経文に加えられた古い訓点は、国語史学・仏教史学のうえでも重要な資料で、また中世・近世に加えられた奥書の類も貴重なものといわれる。

大般若経(安田八幡宮)

1932(昭和7)年に境内で出土した安田八幡宮出土弥生土器は、弥生時代前期の壺で高さ約20.5cm。現在は安田駅すぐ南の安田町文化センターに展示されている。

　安田八幡宮の東側の道を北に進み、左手の小高い山にのぼると寺山とよばれる共同墓地がある。ここは廃寺となった少林山常行寺(曹洞宗)跡であり、釈志静禅師の墓や高松順蔵・千鶴の墓がある。釈志静禅師は越後国(現、新潟県)の人で、藩政末期のこの地方の文化に大きな影響をあたえた。禅師の作といわれる庭が、常行寺の50mほど東の川沿いにある豊永家や、安芸市の久保家に残る(非公開)。

　高松順蔵は小埜と号し、江戸で学問・居合・絵画を学び、和歌にいそしみ諸国をめぐったのち、土佐藩15代藩主山内豊信の誘いを固辞して小野山東麓の自宅に閑居した。小埜の家塾高松塾には、彼の学徳を慕って教えをこう者も多く、そのなかには中岡慎太郎をはじめとする勤王の志士もいた。順蔵の妻千鶴は坂本龍馬の長姉で、龍馬もたびたび安田を訪れた。

　安田町役場北側の安田小学校からすぐのところに指月山乗光寺(浄土真宗)がある。同寺では家塾岡本塾が開かれ、常行寺の時習塾・高松塾などとともに安芸郡の学問の中心をなしていた。岡本塾には大坂の書家篠崎小竹の手本書があると聞いた中岡慎太郎も足を運んで書を学んだという。

　藩末の土佐学界に自由主義的な学風を残した岡本寧浦は、乗光寺に生まれた。仏教からのちに儒学に転じ、大坂で大塩平八郎にも学んだ。高知新町(現、高知市)で寧浦が開いた塾、紅友社にはいる門人は1000人をこえたといわれ、その門下には武市瑞山・岩崎弥太郎・清岡道之助・河田小龍らがいる。また、乗光寺では1889(明治22)年、遊説にきた自由民権家植木枝盛が、聴衆500余人を集めた演説中に、賽銭を投げられるという珍事もおこっている。

安田城跡 ㉗　〈M ▶ P.136, 174〉 安芸郡安田町 東 島字城山
土佐くろしお鉄道ごめん・なはり線安田駅🚶20分・🚗3分

城八幡の室町仏
二十三士副首領屋敷跡

　安田駅から東へ約1km、東島地区の射場集落後方の小高い丘に安田(泉)城跡がある。鎌倉時代末期から戦国時代にかけて、安田郷領主安田(椎宗)氏が代々居城とした。詰・二ノ段・三ノ段をはじめ、多くの曲輪と堀が残り、今も城・射場・大門・大木戸・馬場先・月見台などの小字名が残る。詰跡の城八幡宮は室町時代の木造阿弥陀如来立像を有する。

　この城跡の麓に大木戸古墳群があった。横穴式石室を有する円墳だったが、今はない。築造年代は、安田町文化センターに展示されている須恵器・馬具から7世紀と推測される。

　東島地区からさらに東へ、中芸広域体育館に向かう広域農道をいくと、途中北側に薬師堂がある。安田氏の菩提寺法禅寺退転後に建立され、法禅寺の本尊を移したものである。正面中央の本尊木造薬師如来坐像と左脇立の木造阿弥陀如来坐像は藤原時代、右脇立の木造釈迦如来坐像は鎌倉時代のもので、3体とも弘法大師作と伝えられる。

　東島から東西島橋を渡り、県道安田東洋線を約300m北進して西に小道をはいると、西島の虚空蔵堂に至る。安置されている木造虚空像菩薩坐像は高さ約39cmで、額には白毫があり、顔面と胸部には金箔をほどこしている。

　虚空蔵堂からさらに県道を約3km北進すると、間下集落の南入口県道東脇に、野根山事件(1864年)の二十三士副首領の清岡治之助屋敷跡の碑がたつ。1933(昭和8)年建立で、土佐出身の政治家田中光顕の揮毫による。

　屋敷跡から安田川沿いをさらに北に進み、中ノ川橋手前を北にはいると、西河内の星神社に中ノ川の阿弥陀堂があ

大木戸古墳出土須恵器

安田川に沿って馬路へ　　　177

る。本尊は藤原時代の木造阿弥陀如来坐像で像高97.2cm。さらに500m上流に進むと石田英吉旧宅がある。石田は幕末には禁門の変(1864年)に参加し、高杉晋作の奇兵隊にはいり、木戸孝允ともまじわった。のち、秋田・長崎・千葉・高知の県知事を歴任、貴族院議員に勅選された。

北寺 ㉘
0887-39-2171

〈M▶P.136〉安芸郡安田町別所109-1 P
土佐くろしお鉄道ごめん・なはり線安田駅🚌10分または🚌馬路方面行北寺前🚶1分

安田川上流の古刹 北寺の古仏群

安田町役場から県道安田東洋線を馬路方面に約7km、安田川右岸の山ぎわに北寺(真言宗)がある。室戸岬の最御崎寺(東寺)、室戸市元の金剛頂寺(西寺)に対し、北寺とよばれ、金剛頂寺の末寺である。

『妙楽寺由来記』によると、善有が北川村の和田峯にのぼったとき、田野海岸に打ち寄せられた光を放つ赤木をみつけた。この木から約36cmの薬師如来を3体彫り、妙楽寺(現、北川村)・金林寺(現、馬路村)・北寺の薬師堂におさめたと伝えられる。妙楽寺は『土佐国編年紀事略』によると、703(大宝3)年に創建されたと記されており、北寺も同時期の創建である可能性がある。また、寺伝および『南路志』によれば、大同年間(806～810)に弘法大師が西寺を建立するため、馬路の山中に用材を求めて、それを筏にくんで安田川に流し、その一部で北寺を再建したと伝えられる。

本尊の木造薬師如来坐像(国重文)は、像高49.4cmで膝前部は別木。総体に

北寺木造薬師如来坐像

北寺木造釈迦如来立像

省略的手法をとるが、面相は入念に仕上げられ清楚な印象をうける。造像当初の蓮華座をそのまま残す。木造釈迦如来立像(国重文)は、像高65.9cmで頭部・衣文にも省略がみられるが、面相は秀麗である。ほかに木造菩薩形立像5体、木造持国天立像・増長天立像(いずれも国重文)がある。いずれもカヤの一木造で、1mに満たない小像だが、よく整った佳品である。また、木造天部形立像2体(ともに県文化)もある。これらの仏像は、すべて平安時代のものである。

　本堂東脇前に六面地蔵尊石仏がある。風化が進むが、台石や笠石などは室町時代初期のものと思われる。

　北寺からさらに約2km北上し、明神橋手前を左にはいると川上神社に至る。所蔵の棟札群は、1638(寛永15)〜1853(嘉永6)年の18枚である。改修時の藩主・庄屋名のほか寄進された浄財まで記されている。

金林寺 ㉙
08874-4-2148
〈M ▶ P.136〉安芸郡馬路村馬路日浦4281　P
土佐くろしお鉄道ごめん・なはり線安田駅🚌25分または🚌馬路方面行馬路橋🚶4分

優美な薬師堂　無形文化財「謡の口開け」

　北寺から県道安田東洋線を12kmほど北進して、バス停のある馬路橋手前を左折し、道標にしたがい400mほど進むと、すぐ西の山ぎわに金林寺(真言宗)がある。寺の薬師堂(国重文)建立や本尊造立の由来については、703(大宝3)年僧善有による創建、神亀から天平年間(724〜749)、行基による創建、807(大同2)年空海による創建などの説がある。現在の薬師堂はその構造様式から、建立は室町時代中期をくだらないと推定される。桁行3間・梁間4間の寄棟造で、素木の簡素な建物であるが威風があり、藤原時代の手法も残り優美である。

　本尊の木造薬師如来坐像(県文化)は、藤原時代のヒノキの一木造である。村ではカキの木でできていると伝えられ、このため「カキの木は焚かれん」といわれている。脇侍の木造持国天立像・木造広目天立像は室町時代の作である。木造不動明王立像・木造毘沙門天立像(ともに国重文)は、「建暦三(1213)年二月三日」の墨書を有することから、鎌倉時代初期の作とされる。ほかに藤原時代作とされる木造如来形坐像(県文化)、木造菩薩形立像・木造天部形立像・

安田川に沿って馬路へ

179

金林寺薬師堂

古損仏がある。

　金林寺の玄関脇には鰐口が残り，「応永三十三(1426)年八月十七日，鴨氏新左衛門が金林寺に施し入れ奉る」と記されている。また持仏堂には，鎌倉時代作といわれる銅造阿弥陀如来懸仏が安置されている。

　金林寺には，「謡の口開け」という古式が残る行事が伝わる。毎年1月1日，午前8時ごろに村人が薬師堂に集まり，牛頭天王の牛王札をしたため，地内安全などを祈念し「仁王般若経」を読誦する。寺から安田川をはさんだ向かいの山斜面には，馬路城跡がある。

　金林寺から約1km北上すると，コミュニティーセンターうまじに隣接して，馬路村郷土館がある。豊富な林業用具とともに，森林資源を麓の町まで運ぶために敷設された魚梁瀬森林鉄道の歴史が，パネル写真で展示されている。また田野から馬路に至る各所に，森林鉄道の軌道跡やレンガや石組みのトンネルが残り，往時をしのばせる。また，遊具として復元された森林鉄道に乗って楽しむこともできる。郷土館所有の「馬路村風土取縮差出控」は，安芸郡奉行所が1857(安政4)年に管下の郷浦庄屋に命じ，管内の風土や産業などを報告させたものである。

　復元された森林鉄道の線路に沿って西にはいったところには，天保年間(1830～44)の民家である旧河平家が移築されている。客間床下の大引に「天保十(1839)年十二月」の墨書がある。

馬路熊野神社 ㉚　〈M ► P.136〉安芸郡馬路村馬路4246　[P]
土佐くろしお鉄道ごめん・なはり線安田駅🚗30分または🚗魚梁瀬行相名口🚶13分

神体製欅文銅鐸平重盛の家臣が勧請

　コミュニティーセンターうまじのすぐ上手の落合橋手前を左折し，1kmほどさかのぼったくまの橋のたもとに，馬路熊野神社がある。1186(文治2)年，平重盛の家臣大野源太左衛門と弟の源五左衛門

袈裟襷文銅鐸（馬路熊野神社）

が熊野十二社権現を勧請し、十二社権現の神霊に重盛の霊をあわせ十三社妙見大権現と称した。神体は鏡だとされていたが、1963（昭和38）年、神体を金庫に移すため厨子を開くと、高さ約60cmの袈裟襷文銅鐸（県文化）が発見された。宝物としてほかに平安時代から江戸時代の18面の和鏡などがまつられている。また、3面の神楽面が伝えられている。うち2面は伊邪那岐命・伊邪那美命の面と伝えられ、もう1面は翁の面といわれる。

　馬路熊野神社が所有する銅造勢至菩薩立像は像高約4cm。胸前で合掌し、膝をわずかにおり蓮華座にたつ姿で、光背をつける。本体台座を同鋳し、現在は木造漆塗りの蓮華座をつくり厨子におさめる。もと阿弥陀三尊の1体と思われる。そのほかには、1519（永正16）～1770（明和7）年の棟札写10枚を有する。

　秋祭りは毎年11月初め申酉の日に行われ、申酉様ともいう。そのほかにも天の神の神楽や「地鎮め、火鎮め」などが残る。天の神の神楽は、男女8人で行う「八男乙女の舞」や「弓の舞」が独特である。「地鎮め、火鎮め」は不定期だが、村民の安全を祈願してとり行われる。

　落合橋まで戻り、左折して県道安田東洋線にはいる。北に2kmほど進み、東川橋を渡って左折し、中ノ川に沿ってさらに上流へ約2kmいくと、中ノ川の薬師堂がある。平重盛の家臣竹内庄右衛門定行が落ちのび、背負ってきた木像3体のうち1体の木造薬師如来立像を安置するために建立したのがこの堂であるという。ほかの2体は、馬路村の金林寺と安田町の北寺に安置したと伝える。この薬師如来立像は、室町時代の作で高さ56cm、極端な省略法で簡素につくられ、面持ちは重厚。厨子は1561（永禄4）年の作である。鰐口は1426（応永33）年の作で、直径17cm。銘文などから、もとは安芸市赤野の大元神社のものであったことがわかる。

　東川橋に戻って県道を約200m東に進むと、右手に木造観音坐像・木造如来形立像をまつる観音堂がある。すぐかたわらに観音堂

安田川に沿って馬路へ

の大杉(夫婦杉)がある。

千本山 ㉛

〈M ▶ P.136〉安芸郡馬路村魚梁瀬 P
土佐くろしお鉄道ごめん・なはり線安田駅🚌60分または🚌魚梁瀬行終点🚌20分

土佐十宝山随一の美林　平家落人の屋敷跡

　馬路の集落から県道安田東洋線を北に約6km進むと，北川村の久木ダムに着く。ここから県道魚梁瀬公園線をさらに約7km北上し，魚梁瀬大橋を渡ったすぐ右手の小山の上に，魚梁瀬熊野神社がある。

　魚梁瀬熊野神社は平安時代後期から室町時代の4面の和鏡と，蓮華文の美しいつくりの江戸時代の鰐口を有する。そのほか木造伝安徳天皇坐像・木造不動明王立像・木造女神像・木造男神像は，ともに室町時代の作である。

　魚梁瀬大橋から約1kmさきの丸山公園にある「中江兆民曾遊之地」の碑は，兆民が1888(明治21)年に東京の仏学塾の弟子山崎氹の招きでこの地を訪ねたことを記念して，建立されたものである。

　魚梁瀬小・中学校北東の山ぎわに城福寺(真言宗)がある。平教経の創建と伝えられ，室町時代の附木造如来形立像や江戸時代の木造阿弥陀如来坐像を有する。

　県道千本山魚梁瀬線をさらに約8km進むと，能登守平教経の屋敷跡がある。1185(文治元)年壇ノ浦の戦いに敗れた教経一族は，阿波の祖谷(現，徳島県)を経て奈半利川の上流に居を構え，のち奥西川一ノ谷へ移った。最近まで魚梁瀬営林署の苗圃のあった場所で，1935(昭和10)年に建立された「能登守教経一族之御屋敷跡」ときざまれた自然石がたつ。

　屋敷跡入口のすぐさきが千本山の西川登山口である。魚梁瀬は温暖で年間4000mmをこす雨量があり，ス

千本山

ギの生育に適した土地である。1586(天正14)年,豊臣秀吉が京都に方広寺大仏殿を建立したとき,長宗我部元親に命じて用材を供出させた。元親は奈半利川の奥地にでむいて伐採・搬出を指揮したという。千本山は土佐十宝山の随一と称された。

1919(大正8)年には約94haが千本山保護林に指定され,目通り直径70cm・高さ40mをこすスギの巨木がそびえる。あまりの大木に鉢巻がおちるほどみあげなければならないため「鉢巻落とし」といわれている。登山口からは,往復約2時間のハイキングコースが整備されている。

⑤ 田野から奈半利川をさかのぼり北川へ

幕末に多くの志士を輩出した柚子香る里。古代には寺院が栄え，近世から近代には商家が栄えた町並みが残る。

田野八幡宮（たのはちまんぐう）㉜ 〈M ▶ P. 136, 184〉安芸郡田野町2851-1
土佐くろしお鉄道ごめん・なはり線田野駅🚶10分

五百石舟の模型（田野八幡宮）

豪商寄進の五百石舟
領主大野氏の墓

安田川大橋から国道55号線を東へ約1kmの交差点を右折して旧道にはいり，500mほど東進すると，左手に周囲を鉄柵（てっさく）で囲んだ小さな祠（ほこら）があり，1775（安永4）年に安岡氏（福吉屋）・岡氏（米屋）

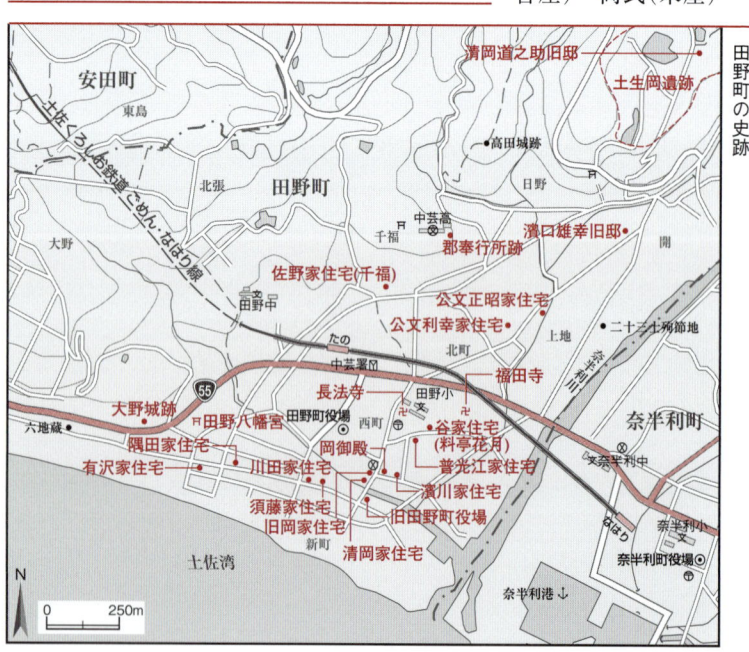

田野町の史跡

184　高知県東部

らが建立した六地蔵がまつられている。

　旧道をさらに400mほど東進すると左手の八幡山に田野八幡宮(祭神応神天皇・神功皇后・高良玉垂男命)がある。田野駅からは国道55号線を800mほど西進すると，八幡前バス停のすぐ南側である。拝殿内部にかざられている五百石舟の模型は，1764(明和元)年廻船業を営む豪商福吉屋茂左衛門の寄進である。そのほか八幡宮は，いずれも狩野派の手による白馬の板絵馬・鵺を射とめた板絵馬を有する。

　境内の北側が西福寺跡である。ここにある太子堂には，高さ86cmの藤原時代の仏頭がある。往時，田野海岸で漁師の網にかかったものを堂に安置してあったが，後年再建した小堂にはいる頭部のみをおさめ，体部は踊ヶ坂に埋めたと伝えられる。両頬はおとされ，頭は耳の前から前後に割られて面のようになっている。

　境内には南北朝時代，田野領主だった大野豊前守の墓がある。豊前守は墓所の国道をはさんだ北西に大野城を築いたという。

岡御殿 33
0887-38-3385
〈M▶P. 136, 184〉安芸郡田野町2147-1　P(田野町役場)
土佐くろしお鉄道ごめん・なはり線田野駅🚶10分

藩主の宿泊所
書院造の建築様式

　田野八幡宮の鳥居から東へ有沢家・隅田家・川田家・須藤家各住宅(いずれも国登録)がたち並ぶ旧道を500mほど東に進む。浜乃鶴酒造の角を左折して旧田野町役場(国登録)北側の新町橋を渡ると，左手に清岡家住宅(国登録)・旧岡家住宅(県文化)がある。国道55号線からは，田野町役場前バス停交差点を300mほど南へいったところである。旧岡家住宅は西の岡邸ともいわれ，脇本陣として参勤交代に随伴の重臣たちの宿泊にあてられた。製材や廻船を業とする豪商の家であり，規模・意匠ともに上層商家の格式を伝えるが，老朽化が進んでいる。

　旧岡家住宅のすぐ北の角

岡御殿

田野から奈半利川をさかのぼり北川へ

を東にはいると岡御殿(県文化)がある。岡家は米屋と号し,豪商田野5人衆の随一で,祖先は泉州(現,大阪府)から山内家にしたがって田野にきたという。この建物は藩主の宿泊所としてたてられた。現在の建物は1997(平成9)年に修復されたものであるが,当時の書院造の様式がそのまま残る。上段の間の藩主の座から南方向をみると,4本の柱が1本に重なってみえ,庭を眺める際に視界をさえぎらない工夫がなされている。

御殿前から旧道を東進し,1つ目の角を左折して濱川家住宅(国登録)を左にみて北上する。普光江家住宅(扇屋,国登録)のたつ角を北西へ細い道をはいると,長法寺(浄土真宗国登録)がある。寺の境内にある紅梅の臥竜梅は樹齢250年以上で,名の由来となった黒竜伏臥のさまを呈し,開花のときはみごとな眺めである。

二十三士の墓・福田寺 ㉞
0887-38-2954
〈M▶P.136, 184〉安芸郡田野町839 P
土佐くろしお鉄道ごめん・なはり線田野駅
🚶7分

幕末に散った二十三士縁の品の数々

普光江家住宅から約200m東進すると,保育園のすぐ北側に福田寺(浄土宗)がある。国道55号線の田野芝入口バス停のすぐ南側にあたる。境内には野根山事件で処刑された清岡道之助らの二十三士の墓(県史跡)がある。

1863(文久3)年,土佐藩15代藩主山内豊信(容堂)による土佐勤王党弾圧によって武市瑞山らが投獄された。1864(元治元)年7月25日,清岡道之助・治之助ら安芸郡の同志23人が野根山に屯集し,瑞山助命の嘆願書を送ったが,藩は兵を野根山に派遣する。一行は宍喰(現,徳島県)の番所で阿波藩の処遇に服し,9月3日全員土佐に送還,田野岡地の郡奉行所の獄舎につながれ,9月5日早朝,奈半

二十三士の墓(福田寺)

利川原において斬首となった。これを野根山事件という。23人の遺体は福田寺に埋葬され，1891(明治24)年に特旨をもって贈位された際，道之助の妻静により墓標が修築された。1913(大正2)年静が私財を投じて現在の墓碑をたて，再改築して現在に至る。

福田寺には清岡道之助の刀・陣羽織も残る。ほかにも同じく二十三士の一人である近藤次郎太郎の刀・康熙字典・二十三烈士遺品，二十五菩薩来迎図・当麻曼荼羅・釈迦涅槃図・十王図(9幅)，芭蕉塚など，多くの文化財がある。

福田寺をでて国道55号線を渡って北へ約500m，二十三士温泉の東下の奈半利川原に，二十三士殉節地があり，二十三士公園となっている。1930(昭和5)年に田野町青年団がたてた記念碑があり，碑面には元内閣総理大臣濱口雄幸の書がきざまれている。

濱口雄幸旧邸 ㉟

〈M ▶ P. 136, 184〉安芸郡田野町378 P
土佐くろしお鉄道ごめん・なはり線田野駅🚶15分・🚗1分

ライオン宰相旧邸
二十三士首領の旧邸

二十三士公園から北西に向かう道を500mほど進み，ややこみいった左手の集落のなかにはいると，濱口雄幸旧邸がある。質素な建物，簡素な庭園などは，旧郷土屋敷の典型である。昭和時代初期に内閣総理大臣をつとめた濱口雄幸は，高知市五台山唐谷の水口家から濱口家の養子となった。旧邸は1980(昭和55)年に修復工事がなされた。邸前には「なすことの　いまだ終わらず　春を待つ」の雄幸自筆の句碑と胸像がたつ。濱口雄幸旧邸から南西に500mほど進むと，公文利幸家・公文正昭家住宅(ともに国登録)がある。

濱口雄幸旧邸から北に向かい，五差路の交差点から道標にしたがい山道を車で10分ほどのぼると，二十三士の首領の清岡道之助旧邸に至る。また，周囲の土生岡遺跡では，1965(昭和40)

濱口雄幸旧邸

田野から奈半利川をさかのぼり北川へ

年ごろに弥生時代の磨製石器3点が出土した。

　県道西谷田野線におり，南西に約500m，中芸高校の標識にしたがって坂道を西にのぼると，郡奉行所跡(現，中芸高校)に至る。1853(嘉永6)年，安芸郡奉行所がおかれ，翌年藩校田野学館が併設された場所で，安芸郡の政治・軍事・教育の中心であった。敷地内には，獄舎跡・道場跡の碑が残る。運動場の南の門から下駄割坂をおりて100mほど西には，佐野家住宅(千福)(国登録)がある。中芸高校北方の高田には高田城跡がある。

奈半利の二重柿 ㊱

〈M ▶ P. 136, 188〉安芸郡奈半利町乙上長田
土佐くろしお鉄道ごめん・なはり線奈半利駅🚶15分・🚗1分

伝統的建造物の町並みカキのなかからまたカキ

　奈半利駅から北進して国道55号線にであう。ここから北西に進むと，奈半利川橋手前の国道北側に，維新の志士能勢達太郎生誕地の碑と並んで土佐日記那波泊の碑がたつ。『土佐日記』に記された「那波の泊まり」の正確な地点は不明であるが，鹿持雅澄は奈半利川下流左岸と推定している。碑から東にはいって旧道を約300m進むと高札場があり，ここから北東にのびる小道が，山越えで東洋町野根に至る野根山街道である。

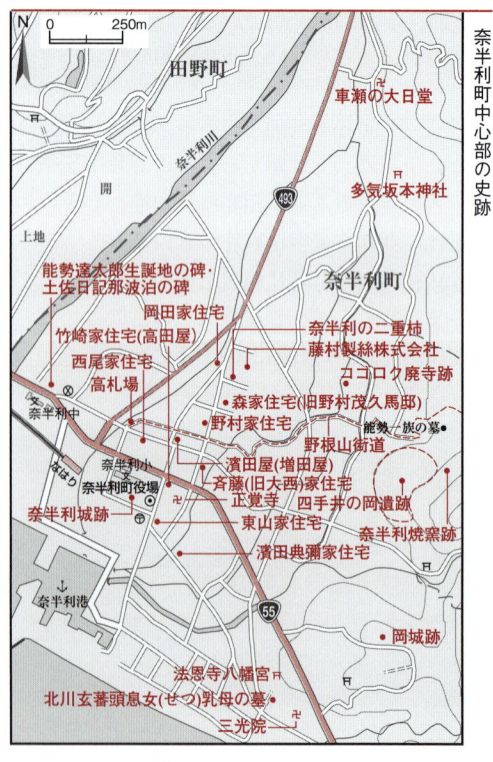

　奈半利町の中心部

奈半利町中心部の史跡

野根山街道

には、おもに明治時代から昭和時代初期の伝統的建造物がたつ町並みが残る。土佐漆喰（しっくい）の壁面に水切瓦（がわら）がついた味わいあるつくりの主屋や蔵、浜石を積みあげた石塀が各所にみられる。土佐漆喰は糊のかわりに藁（わら）を発酵させたスサを混入したもので水に強く、水切瓦は直接壁面に雨がかかるのを防ぎ、壁面を伝う雨水を断ち切るための小さな庇（ひさし）のようなもので、雨が多い高知の風土に適している。

高札場から商店街を100mほど東の西尾家（にしお）住宅（国登録）の主屋は江戸時代末期のものと思われ、佐賀の乱後、逃亡中の江藤新平（えとうしんぺい）が投宿したという話が伝わる。赤レンガを用いた塀が特徴的である。さらに50mほど東の濱田家（はまだ）（増田屋（ますだ））（国登録）は、1795（寛政7）年創業の造り酒屋で質屋も営んでいた。1903（明治36）年建築の主屋は、1階のなまこ壁と2階の水切瓦が特徴である。この100mほど東の四辻を100mほど北進した道の西側の野村家（のむら）住宅（国登録）や、その40mほど北の森家住宅（旧野村茂久馬邸（もくま））（国登録）は、浜石の練り積みの石塀が特徴的である。

藤村製絲株式会社

森家住宅からさらに100mほど北に進み路地を東にはいるとすぐ、奈半利の二重柿（県天然）がある。樹齢は100年以上と推定され、外皮のなかの内皮によって果肉が2層に分かれるカキの珍種である。

路地への入口に戻り50mほど北には屋根裏に物置場を有する「つし2階」風の岡田家住宅（国登録）があり、その50mほど北から東にはいったところには、6段の水切瓦が特徴的な繭倉（まゆぐら）をもつ藤村製絲（ふじむらせいし）

田野から奈半利川をさかのぼり北川へ 189

株式会社(国登録)がある。

　商店街まで戻って40mほど南進すると齊藤(旧大西)家住宅(国登録)があり、さらに南へ国道55号線をこえて進むと、土佐初代藩主山内一豊が入国の際に宿泊した正覚寺(真言宗)(国登録)がある。国道まで戻って80mほど西に進むと、樟脳業で栄えた竹崎家住宅(高田屋)(国登録)があり、その100mほど南には、つし2階建てで格子と戸袋のある東山家住宅(国登録)がある。そこから南東へ200mほどさきの奈半利町福祉センター入口手前を北にはいると、明治時代の土蔵を有する濱田典彌家住宅(国登録)がある。

　東山家住宅の40mほど西の奈半利小学校敷地には、安土桃山時代に長宗我部氏の武将桑名丹後守が構築した奈半利城があったとされるが、遺構は現存しない。

三光院 ㊲
0887-38-5523

〈M▶P.136,188〉安芸郡奈半利町乙法恩寺319　P
土佐くろしお鉄道ごめん・なはり線奈半利駅🚌3分または🚌室戸方面行法恩寺通🚶3分

悲劇の北川氏女の墓
役の行者坐像

　法恩寺通バス停から国道55号線を東へ約200mいくと法恩寺八幡宮に至る。宮前の鳥居の東方の2基の墓標は、北川玄蕃頭息女(せつ)乳母の墓である。1574(天正2)年、烏ヶ森城(北川村の城)主北川玄蕃頭道清と長宗我部軍との戦いの最中、3歳になる玄蕃の末子せつを乳母がつれて東におちていった。途中、八幡宮で敵兵にみつかり、乳母は幼女とともに自刃した。かつては「北川玄蕃息女之墓、車瀬助市建之」との文字がみえたが、今は風化して読みとれない。

　八幡宮のすぐ東にある六剣山三光院(真言宗)本堂には、役の行者坐像がある。1734(享保19)年、権大僧都町田六右衛門が大和国(現、奈良県)大峰山竹林院(修験宗)から勧請したものと伝えられる。境内には花崗岩造仁王像1対がある。八幡宮三光院境内に群生するシイの自然林には、樹齢数百年といわれるシイの古木が、昼なお暗い叢林をなす。拝殿には藩政期の材木搬出の様子を描いた材木流しの絵馬がある。

　八幡宮の北にある老人ホームの東の山頂に、岡城跡がある。中世の山城で南方の金比羅山との間に堀があり、詰からは奈半利平野が

野根山街道

コラム

古代の官道 参勤交代の道

　野根山街道は、奈半利町から野根山連山をこえ、東洋町野根高札場に至る35kmほどの道である。古くは『続日本紀』に、718（養老2）年土佐国司が、官道を伊予（現、愛媛県）経由から近道の阿波（現、徳島県）経由にするよう陳情して許されたとある。この道が野根山街道の前身であるとの説がある。

　承久の乱で配流された土御門上皇、戦国時代には阿波へ侵攻する長宗我部元親軍、近世には入国の際山内一豊がとおった道である。幕末には中岡慎太郎が脱藩し、清岡道之助ら二十三士が屯集した。岬回りの幹線整備後、この道はさびれたが、近年脚光をあび、「四国のみち」や「歴史の道100選」にも選ばれた。

　西の起点の奈半利町の高札場から、旧道沿いに送り番所跡・馬堂様の前をとおり、森林鉄道跡の町道をこえて東進すると登り口に至る。

　一里塚は池里の一里塚から二本松まで7カ所。藩政初期には参勤交代道として整備され、各所に石畳・御茶屋場が残る。最初の休憩地の朝休み、六部様のさきの藩主茶屋場のほか、装束峠・小野・八丁・芝の各茶屋場跡が残り、見どころも多い。旧藩林はみごとなスギの美林で、約1km東の宿屋杉は、根幹の空洞に旅人が4〜5人も泊まれたことからこの名がある。樹齢1000年以上で、かつては幹囲16.6m、樹高32mにも達した。現在は根元の空洞部分のみが残る。

　熊笹峠の東には、我身を嘆き詠んだ土御門上皇の歌碑がたつ。殿様や花嫁が装束を着替えたともいう装束峠から南にのびる石畳の奥には、お駕籠置石がある。

　街道のほぼなかばに岩佐関所跡がある。立川・名野川の関所とともに土佐三大関所とされた。番所跡・番所頭木下家屋敷跡・御殿跡などが残る。関所跡東側の日吉神社跡前には、1842（天保13）年野根郷中村（現、東洋町）の若衆が海岸から運びあげ奉納した手洗い石が残る。北側の番所頭の木下家墓地には、愛児を慕い亡くなった哀話が残る木下由里の墓もある。この墓をなでると雨がふるという。関所跡から少しくだった谷間に土御門上皇命名の岩佐の清水がある。東洋町側には急坂のため殿様が駕籠から道端の花を手折ったという花折峠がある。

　民話や伝承も多い。今は古株のみだが、怪物の大声が聞こえたという笑い栂。勇敢な飛脚が妊婦をスギの木にあげて助け、鍛冶屋の嫁に化けたオオカミの頭目を倒した鍛冶屋かか伝説。そのスギはお産杉といわれ、残った古株を削りとって安産のお守りにもする。

一望できる。二ノ段・三ノ段と思われる遺構もみられる。

　国道55号線に戻り約2km東進し、小須郷バス停の西の細道をのぼると、須川の八王子宮に着く。保存されている棟札30余枚は、1564（永禄7）年にはじまるもので、保存状態もよい。境内には推定樹齢500年の竜杉がある。

　国道55号線に戻り約2km東進すると、加領郷の大師堂に至る。御大師様をまつり地元の信仰を集めている。さらに加領郷大橋手前を左にはいり東へ120mほど進むと、加領郷漁港の北側の路地には、昭和10年代に建築された網元の家で物見櫓的な性格をもつ大西家住宅（国登録）や江戸時代に漁業権をあたえられて郷浦を支配した浜田家屋敷跡がある。そのすぐ東の信守神社の祭礼では獅子舞（県民俗）が行われる。

コゴロク廃寺跡 ㊳

〈M ▶ P. 136, 188〉安芸郡奈半利町乙中川原　P
土佐くろしお鉄道ごめん・なはり線奈半利駅🚗3分
または🚌室戸方面行法恩寺通🚶9分

安芸郡の古代寺院跡／野根山街道登り口

　法恩寺通バス停から北へ約500mいくと、野根山街道と交差する。ここから200mほど東にいくと、街道の登山口手前の水田のなかに、野根山街道碑とコゴロク廃寺跡の石碑がある。石碑前にはコゴロク廃寺の礎石もある。コゴロク廃寺は古代寺院で、建立は奈良時代である。奈半利町には古五六の地名が残る。出土品は単弁蓮華文鐙瓦・複弁蓮華文鐙瓦・須恵器・土師器・青磁など数百点である。

　石碑のすぐ東に野根山街道の登山口がある。登山口近くには維新の志士能勢達太郎一族の墓がある。登山口南東にある奈半利焼窯跡は、1858（安政5）年に開窯された登り窯であるが、周辺からはコゴロク廃寺跡から出土したものと同種の布目瓦も出土している。出土遺物は奈半利町教

コゴロク廃寺の礎石

育委員会で保存している。奈半利焼窯跡の南南東に弥生時代の四手井の岡遺跡があり，弥生土器・石包丁・磨製石斧が出土した。

多気坂本神社 ㊴
0887-38-4700

〈M ▶ P.136, 188〉安芸郡奈半利町乙廣岡2586　P

土佐くろしお鉄道ごめん・なはり線奈半利駅🚌3分または🚌野友方面行芝崎🚶8分

芝崎バス停から北東約500mさきに多気坂本神社がある。土佐の『延喜式』式内社21社のうち，安芸郡には室津神社・多気神社・坂本神社の3座がみえる。このうち武内宿禰命をまつる多気神社に葛城襲津彦命をまつる坂本神社が合祀され，多気坂本神社となったと伝えられる。

拝殿は江戸時代には舞台であ

材木流しの絵馬（多気坂本神社）

った。かつて回り舞台であった可能性もあるが，あきらかではない。1855（安政2）年の建築とされる。大きさは桁行5間・梁間3間で，花道が取りつけられていたと思われる取付部の柄穴が残り，農村舞台の面影が認められる。同じ安芸郡の吉良川八幡宮には回り舞台が残る。

拝殿には材木流しの絵馬がある。神社のすぐ南側の多気ヶ丘公園には，野村茂久馬翁頌徳碑がたつ。

多気坂本神社の西側の道を北に約400m進み，右折40mで車瀬の大日堂に至る。往時，ここには光学寺があったが，1574（天正2）年，長宗我部元親が北川玄蕃頭を攻めたとき，兵火にあい焼失した。兵火を免れ，その後に建立された大日堂に安置されたのが，金剛界大日如来坐像である。鎌倉時代の作とされ，像高60cm，ヒノキの一木造，彫眼の漆箔像である。

中芸地方の『延喜式』式内社　農村舞台の面影

木積星神社 ㊵

〈M ▶ P.136, 194〉安芸郡北川村木積デヌケ山　P

土佐くろしお鉄道ごめん・なはり線奈半利駅🚌15分または🚌宗ノ上行木積🚶15分

国道55号線の高知県交通東部営業所から国道493号線を約6km北

田野から奈半利川をさかのぼり北川へ

北川村南部の史跡

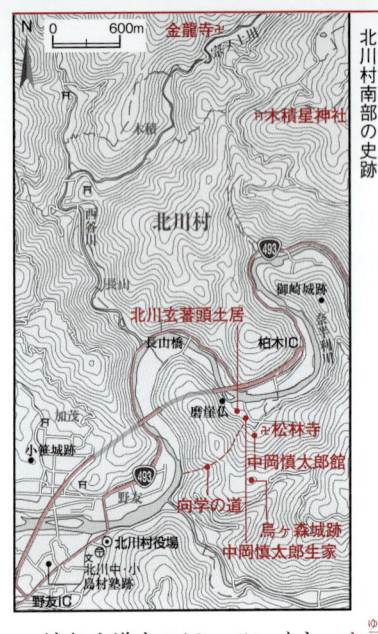

1000年の歴史お弓祭 金龍寺の室町時代の仏像

進する。途中右手に北川村「モネの庭」マルモッタンに向かう入口がある。西谷橋手前を左折、県道206号線を宗ノ上川に沿って上流へ進む。木積星神社に向かう途中の宗ノ上の磯鼻バス停近くに、平徳山金龍寺（曹洞宗）の観音堂がある。木造聖観音立像・木造阿弥陀如来立像・木造不動明王立像・木造毘沙門天立像を有する。木造聖観音立像は室町時代の作で一木造、像高90cm。ほかは江戸時代の作である。

観音堂をすぎて宮ノ花橋を渡り山道をのぼっていくと、お弓祭（県民俗）で知られる木積星神社がある。木積バス停からは東に歩いてのぼる道がある。神仏習合の名残りで、境内の左手が星神社、右手の観音堂は金宝寺の名をとどめる。この観音堂には木造妙見菩薩立像・木造不動明王立像・木造毘沙門天立像がある。

中岡慎太郎生家 ㊶　〈M▶P.136, 194〉安芸郡北川村柏木沢ノ宮36-1　P
土佐くろしお鉄道ごめん・なはり線奈半利駅🚌15分
または🚌久木・竹屋敷行中岡慎太郎館前🚶1分

慎太郎をはぐくんだ里 北川氏居城烏ヶ森城跡

　西谷橋に戻り、国道493号線を500mほど東進して長山橋を渡る。奈半利川左岸を上流に進むと、巻の淵の断崖に秋葉大権現などの磨崖仏がきざまれている。越前永平寺（現、福井県）から土佐藩主山内一豊に招かれた松林寺の玄門和尚がきざんだとされる。

　さらに上流へ約500mで中岡慎太郎館に着く。幕末の志士中岡慎太郎の生涯を紹介し、自筆の掛軸や手紙などを展示している。中岡慎太郎館のすぐ下方に、中岡慎太郎生家（県史跡）がある。現在の建物は1967（昭和42）年に復元されたものである。慎太郎は1838（天保9）年、北川郷大庄屋の長男として誕生。安芸郡野友村（現、北川

お弓祭

コラム

2年に1度の神事 悪魔払いの正月行事

　木積星神社のお弓祭は「コンボウジのお弓祭」ともよばれる。コンボウジは金法寺・金宝寺・高法寺などと表記される。木積には，かつて高法寺という大きな寺があった。この寺の弓祭が，星神社のお弓祭りとして今に伝わる。星神社の社宝である2尺5寸(75cm)の金幣から912(延喜12)年にこの祭りがはじまったことがわかる。かつては島の成願寺，和田の妙楽寺，木積の星神社で順番に行っていたが，木積だけが残り，2年に1回となっている。

　正月に悪魔を打ち払い，五穀豊穣を祈念する祭りで，旧暦1月8日に行われていたが，今は西暦奇数年の1月8日に実施される。早朝から夕刻にかけて，12人の射手が1008筋の矢をとおす。そのなかに三度弓・神頭・雁股・千八筋・ワリヒザ・ナゲダシ・ナマヤ・毘沙門の的などの儀式がある。

　射手は長男とされるが，少子化の現在はその限りではない。射手は元旦から7日間，毎早朝，禊をして文言をとなえ，8日目にお弓祭を迎える。禊の際には「一水神や天の川，七十エンマの水おこし，アブラウンケンソワカ」ととなえる。そのほか，衣を着替えるときや弓を射る際など，神事の折々に文言がある。

　射手のほかに後見・警固・矢取り・太鼓打ちなどの役がある。弓場は境内に前日つくる。幅約11m，的まで約17mで，後方に肉親・縁者・知友がつめる席がある。

　祭典中もっとも重要な儀式が三度弓である。6人交代で6回，12人がそれぞれ2本の矢を3度引く。

　午後から千八筋の行事がはじまる。このときは的に面やダルマがでる。ヒイキの的と勝負の的があり，射当てた者に反物が贈呈される。勝負の的を射当てると，肉親・縁者が引っ張りだされ，帯でくくられ，おしくら饅頭よろしくもみくちゃにされる。「ネル」という手荒い祝いの行為で，大いに賑わう。また，的にかけられた布切れをもつと縁起がよいとされ，豊漁・雷避け・安産の利益があるといわれる。

　最後の行事が毘沙門の的で，俗に勝負の的という。西谷・長山・木積・宗ノ上を「谷」，柏木・崎山の奈半利川本流沿いを「オモ川」とし，谷とオモ川の対抗競射となる。

　射手の肉親らは，当日朝早くから弓場の後ろで飲み食いをしながらつめている。お弓祭がおわると「早く帰らないと天狗がでるぞ」といってさっさと山をおりることになっている。これを「コンボウジの食いにげ，のみにげ」とよぶ。

　拝殿には岩井小泉正文のお弓祭絵馬が残る。藩政末期か明治時代初期のものと思われるが，ここに描かれた光景のままに伝統がうけつがれている神事である。

田野から奈半利川をさかのぼり北川へ

中岡慎太郎生家

村)の島村策吾の塾で四書を学び，14歳で代講をつとめた。大庄屋見習時代には，ユズの栽培を奨励して農民を助けた。24歳のときに武市瑞山が率いる土佐勤王党に参加。26歳で脱藩。30歳のときに陸援隊を組織したが，1867(慶応3)年，京都近江屋で坂本龍馬とともに暗殺される。龍馬とともに薩長同盟のために奔走するなど，幕末期にはたした役割は大きい。生家の裏手に切株が残るナツメの木は，慎太郎がよくのぼって遊んだと伝えられる。銅像が慎太郎前と室戸岬にたつ。

生家下の段は北川武平次信通・信従生誕地である。信通は居合術の大家で，1874(明治7)年には佐賀の乱後逃亡中の江藤新平を捕らえた。墓は松林寺にある。信通の次男信従は政治家として活躍し，土佐中学校(現，土佐中学校・高校)の創立に尽力した。小川を挟んだ向かいには野根山二十三士の1人新井竹次郎居曼之地がある。

北川玄蕃頭土居及び古井戸は，中岡慎太郎生家から北へ約100mのところにある。烏ヶ森城主北川玄蕃頭は，1569(永禄12)年長宗我部元親とたたかい，野川口の大岩付近で戦死した。野川口に玄蕃をまつる祠がある。北川玄蕃頭墓所は，中岡慎太郎館すぐ東の小径をのぼったところにある松林寺(真言宗)にある。松林寺は1190(建久元)年の開基である。山門は室町時代以前の建築とみられる。境内には慎太郎の両親と妻の墓とともに，中岡慎太郎の遺髪埋葬墓地がある。

中岡慎太郎館のすぐ西から，野友へつうじる道は向学の道といわれる。慎太郎が島村塾へかよった道である。島村塾は野友集落の南端にあった。国道493号線からやや西にはいった路地に，島村塾跡の石碑がたつ。

向学の道の峠をくだらずに東へ向かうと展望台に着く。ここが北川氏の居城烏ヶ森城跡で，堀切などがはっきりと残る。城跡から北

東には後方の抑えと考えられる御崎城跡がある。奈半利川西岸の加茂地区には、馬路村に拠点をもっていた加茂氏の小笹城跡がある。

妙楽寺跡の仏像 ⓬

〈M▶P.136〉安芸郡北川村和田 **P**
土佐くろしお鉄道ごめん・なはり線奈半利駅🚗20分または🚗久木・竹屋敷行和田🚶10分

妙楽寺跡の藤原時代古仏
不動の滝の磨崖仏

　長山橋から国道493号線を北東に約10km、北川村立和田自然公園管理事務所近くの小道を山側にのぼると、妙楽寺跡に至る。妙楽寺の創建は古く、『土佐国編年紀事略』によると、「大宝三(703)年癸卯僧善有安藝郡妙楽寺ヲ創建ス」とある。明治初期の廃仏毀釈によって廃寺となり、和田星神社境内の仏堂に大小26体の仏像を残す。木造薬師如来坐像(県文化)、脇侍の木造持国天・多聞天立像はいずれも藤原時代の一木造。木造十二神将像は室町時代の作と推定される。木造妙見菩薩像2体のうち1体は鎌倉時代、もう1体は室町時代の作といわれ、ともに一木造である。木造阿弥陀如来坐像は藤原時代の作で、像高67cm、一木造で、内刳をせず、膝部のみ別木でつくり接ぎつけてある。藤原時代末期から鎌倉時代初期の作と思われる木造阿弥陀如来立像は、像高35.5cmの一木造。小像ながら彫りの深い面相で、体軀は豊かに胸幅を広くつくる。江戸時代作の木造阿弥陀如来立像は像高45.5cm、同じく木造如来形立像は像高42.0cmで、ともに一木造。木造地蔵菩薩立像3体(うち1体は県文化)は、いずれも鎌倉時代作の一木造である。

　国道493号線をさらに北東に進んで北川温泉手前の橋を渡って小島の影集落にはいる。かつての円通寺(曹洞宗)跡である影公民館には、本尊の室町時代の木造勢至菩薩坐像が安置されている。寄木造で漆箔をほどこす。そのほか、江戸時代作の木造観音菩薩坐像・木造青面金剛像などがある。

　集落から約700m進み駐車場から南に歩くと、名瀑不動の滝がある。遊歩道が三の

木造薬師如来坐像(旧妙楽寺)

田野から奈半利川をさかのぼり北川へ

滝・二の滝・一の滝へと続く。滝壺の壁面には、磨崖仏が彫られており、山岳修験者の行場であったことが知られる。

成願寺の仏像 ❹

〈M ▶ P.136〉安芸郡北川村島 P
土佐くろしお鉄道ごめん・なはり線奈半利駅🚌45分または🚌久木行🚶20分

成願寺の藤原時代の古仏
土阿国境の関所跡

　国道493号線から県道安田東洋線にはいり、北へ約6kmの島集落の奈半利川対岸に、成願寺(真言宗)本堂がある。寺の観音堂は島橋を渡って左折して進み、しばらくのぼった山中の島星神社境内にある。

　観音堂の中央の間には、藤原時代作の本尊木造十一面観音立像(県文化)と、江戸時代の木造四天王像がある。右の間に木造五智如来坐像と木造観音・勢至菩薩立像を、左の間には藤原時代の木造薬師如来坐像・木造日光菩薩像・月光菩薩像・木造釈迦如来坐像・毘沙門天を安置する。

　県道安田東洋線に戻り島から北へ約1km進んだところにある久江ノ上円福寺(真言宗)は、明治初年に廃寺となったが、室町時代の作とみられる像高35cmの塑造白衣観音坐像を有する地蔵堂が残る。ほかに木造地蔵菩薩像(子安地蔵)・木造如来形立像もある。

　国道439号線に戻り東進し、四郎ヶ野峠手前約4kmを小川川に沿って北にはいり、約6kmの竹屋敷に番所跡がある。ここは吹越峠をこえて阿波(現、徳島県)にはいる交通の要衝で、藩政時代には土佐阿波国境警備のため、関所がおかれた。

成願寺木造十一面観音立像

⑥ 室戸岬とその周辺

室戸岬近辺は，勇壮な自然景観と，最御崎寺や金剛頂寺など空海ゆかりの場所が残る。

鑑雄神社 ㊹ 〈M ▶ P.136〉室戸市羽根町乙1336 Ｐ
土佐くろしお鉄道ごめん・なはり線奈半利駅🚗10分または
🚌室戸岬方面行羽根病院前🚶10分

義人岡村十兵衛『土佐日記』ゆかりの羽根崎

　奈半利駅から国道55号線を東進し，室戸市にはいるとすぐ羽根岬に至る。羽根岬は海岸段丘の地形をなし，突端に航路標識の全自動無人灯台がある。長い汀線，白砂青松，黒潮など，付近の眺めは素晴らしい。紀貫之の『土佐日記』には，貫之らが航路で奈半の泊りから羽根崎をすぎる際，一行のなかの幼子が羽根という名を聞いて，「まことにて　名に聞くところ　羽根ならば　飛ぶがごとくに　都へもがな」と詠んだとある。一刻も早い帰京を願う思いが強く伝わる歌である。羽根岬の休憩所には，地元有志によるこの歌の碑がたつ。

　羽根岬から1.5kmほど東の歩道橋のある交差点を右にはいって進むと，郷士檜垣家屋敷跡があり，そのすぐ東に鑑雄神社がある。祭神の岡村十兵衛は布師田(現，高知市)の人で，1681(天和元)年，羽根浦分一役として赴任した。

　岡村十兵衛は，延宝年間(1673〜81)の飢饉で困窮していた村人を，材木方下役をつとめた経験をいかし，羽根村黒見(現，室戸市)の御留山の払い下げをうけて救った。しかし，その後も凶作と不漁が重なる。1684(貞享元)年飢饉が再び深刻化すると，十兵衛は自分の管理する御蔵米を御救米とするよう土佐藩に再三申請したが許可はおりず，ついに独断で蔵を開き，人びとに蔵米を分けあたえた。土佐藩は謹慎を命じたが，十兵衛は役宅の一室で自刃した。

　十兵衛は羽根八幡宮脇に手厚く葬られ，その後も村人によって祭祀され，1847(弘化4)年には，土佐藩13代藩主山内豊熙の墓参もあった。1871(明治4)年，墓所に鑑雄神社がたてられた。

　さらに東に進んで国道に合流すると羽根橋がある。羽根浦分一役場跡は，現在の羽根橋東詰め付近である。歴代の分一役のなかには，国学者で『万葉集古義』をあらわしたことでも知られる鹿持雅澄

もおり、1831(天保2)年から翌年まで赴任している。雅澄の詠んだ歌「大鳥の　羽根のみ崎の　沖つ浪　八重折るが上に　月照りにけり」をきざんだ向学の碑が、羽根中学校内にたつ。羽根橋から約250m北の歓喜寺(臨済宗)には、藤原時代の一木造の如来形坐像がある。

吉良川の町並み ㊺

〈M▶P.136〉室戸市吉良川町甲　P
土佐くろしお鉄道ごめん・なはり線奈半利駅🚌15分
または🚌室戸岬方面行吉良川学校通🚶5分

土佐漆喰の白壁の町 木材と土佐備長炭で繁栄

　吉良川町は、古くから林業が盛んで、薪や木材の集散地として栄えた。江戸時代、土佐の山林は藩の重要な財源であり、吉良川の山林も厳しい管理下におかれた。明治にはいって地元に払い下げが決まると、その所有をめぐって争いが生じた。争いは訴訟にまで発展するが、結局、村有財産となり、豊富な木材をいかして土佐備長炭の生産がはじまる。大正時代から昭和時代初期は良質な木炭の生産が盛んで、海路京阪神へ出荷するなど、関西方面との交易が盛んに行われた。

　吉良川町の町並みは、海岸に近い浜地区と山側の丘地区で構成され、浜地区は切妻造の町家がたち並び、土佐漆喰の白壁と水切瓦の美しい伝統的建築がみられる。一方、丘地区は家のまわりに天然石を積みあげた「いしぐろ」とよばれる石垣塀があるのが特徴で、台風などの強い風雨から家屋をまもっている。多くは、明治時代以降に建築されたもので、国選定の吉良川町重要伝統的建造物群となっている。

　また、国道の北側を並走する旧土佐街道沿いには吉良川まちなみ館、御田八幡宮の参道途中にはおまつり館があり、それぞれ吉良川の町並みや民俗文化を紹介している。

吉良川の町並み

室戸の神祭 1

コラム

祭

厄除け祈願の獅子舞　子授かりの人形奪い

　室戸は各地区に神社があり、古くから秋に五穀豊穣を祈願して祭り（神祭）が行われる。それぞれの祭りで奉納の催し物も異なり、独特なものが多く、それらは現在までうけつがれている。

中川内獅子舞

　獅子舞の起源は定かではないが、江戸時代、天災によって苦しめられた農民たちが、この苦難からのがれようと願ってはじまったといわれる。1707（宝永4）年ごろにはすでに行われていたようで、山仕事の安全と五穀豊穣を祈願して、隔年10月中旬に中川内地区の人びとによって羽根八幡宮に奉じられる。1937（昭和12）年、土佐大博覧会が高知市で開かれた際、県下の有名な奉納踊りとともに競演し優勝するなど、はなばなしい歴史ももつ。1959年から中断されていたが近年復活した。

御田祭

　室戸市吉良川町、御田八幡宮の御田祭（国民俗）は、隔年の（西暦奇数年）5月3日に行われる。この祭りは鎌倉時代にはじまると伝えられ、拝殿を舞台に、田打ちから田植えを行い、田刈りをして収穫するまでの稲作行事を演劇化した田楽能系統の民俗芸能で、芸能史的にもきわめて貴重なものである。早朝から昼までは、一文字笠をかぶった練りと称する8人衆が、ヨッピンピーロととなえながら町内のおもな神社をめぐって踊る。練り衆がもつ12枚の編木（薄い板を何枚も重ね、その一端をひもでつないだ楽器）は特徴的である。

　午後は拝殿の舞台上で田楽能が開演する。演目は「練り」「女猿楽」「三番叟」「翁」「牛・牛使い」「田打」「えぶりさし」「田植」「酒絞り」「田刈」「小林」「魚釣り」「地堅め」の順に行われる。各演目のはじめには殿と冠者のこっけいなやりとりがあって、つぎの演目を観客に告げる狂言的演出がある。行事が盛りあがるのは「酒絞り」の場面であり、子宝に恵まれぬ女性たちが舞台にあがり、神の子（木製人形）を奪いあう。人形を獲得した者に子宝がさずかるといわれる。

　また、御田八幡宮は毎年10月の第2土・日曜日に行われる例祭も有名で、土曜日の宵宮祭には4台の花台がでて賑わう。日曜日の昼宮祭には、午後1時から堤防付近に設営された御旅所への御神幸があり、御輿を先頭に1台の舟台、4台の花台が続いておともをする。また、八幡宮の境内にはボウラン（県天然）が自生している。常緑で、長さ10～40cmの棒状、樹上に着生する珍しいランである。

金剛頂寺 ❻　〈M ▶ P.136〉室戸市元乙523　P
こんごうちょうじ
0887-23-0026

土佐くろしお鉄道ごめん・なはり線奈半利駅🚌25分または
🚌室戸岬方面行元橋🚶40分

霊宝館の重要文化財群
四国霊場第26番札所

　ウミガメの産卵地として知られる元（もと）海岸近く，旧国道の元橋バス停の西の信号から北方の山上へ続く道を2kmほどのぼると，四国霊場第26番札所 金剛頂寺（真言宗）がある。この道は国立室戸少年自然の家へも続く道で，途中に寺の駐車場があり，そこから石段をあがると僧坊がある。地元では室戸岬にある最御崎寺（ほつみさきじ）を東寺（ひがしでら）とよぶのに対し，この寺を西寺（にしでら）ともよぶ。807（大同2）年の空海の創建。

　金剛頂寺は嵯峨天皇・淳和天皇の勅願所で，寺格が高く，多くの寺領を所有した。1070（延久2）年の記録では，現在の室戸市全域を寺領とするほどの勢力をもつ寺院であった。のち寺領は減少するが，土佐藩2代藩主山内忠義によって保護される。1899（明治32）年には火災にあい，現在の堂宇はその後に再建されたものである。本尊は薬師如来坐像で，空海修行の寺という由緒をもつ密教の古寺として，数多くの宝物類を霊宝館に所蔵する。

　県内最古の 銅造観音菩薩立像（国重文）は台座からの高さ29.1cm，地方には珍しい金銅仏である。白鳳時代中期のもので，中央の作品がこの地にもたらされたと考えられる。木造阿弥陀如来坐像（国重文）は平安時代末期の作で，彫りの浅いきわめておだやかな像である。板彫真言八祖像（国重文）は，縦87.0～89.9cm・横56.5～61.6cm・厚さ約2.5cmのヒノキ板1枚に，1人ずつ真言宗八祖の像を薄肉彫りして彩色した全国的にも珍しいもので，現存しない塔の内部に安置してあったという。裏面には「嘉暦二（1327）年」の墨書がある。銅鐘（国重文）は本県唯一の朝鮮鐘（高麗鐘）で，12世紀のものとみられる。こ

金銅旅壇具（金剛頂寺）

四国八十八所

コラム

遍路を迎える四国の人情 益々盛んな同行二人

　四国遍路は815（弘仁6）年、空海が42歳のときに、自身と人びとの厄難をのぞくため開いたと伝えられているが、『今昔物語集』や『梁塵秘抄』には、「四国の辺地をめぐって修行する僧」についての記述があり、これが四国遍路の原形について記した資料の初見であろう。空海以前から四国は山岳信仰や海の彼方の浄土を信じる補陀落信仰の修行地として知られていたようである。

　空海は774（宝亀5）年に、現、香川県善通寺市に生まれ、18歳で大学にはいったが、修験道に打ち込むようになって大学をしりぞいた。31歳で唐に渡り、密教の高僧恵果より秘法をさずかる。帰国後、嵯峨天皇に重用され、真言密教の布教につとめた。その一方、讃岐満濃池（香川県）の修築などでも活躍し、63歳で生涯をおえた。しかし、空海はその後、永遠の悟りにはいり、さらに今も我々の世界に生きているとする入定信仰がうまれた。この信仰は高野聖などにより広まっていったが、密教の力に対する信仰心、社会事業を庶民のためにほどこす空海の親しみやすさなどが手伝って、さまざまな伝説がうまれた。四国遍路は大師信仰の影響で、空海修行の地をめぐる旅となったようである。

　八十八所の数の由来については、人間の厄年、男42・女33・子ども13の合計、煩悩の数、「八百万の神」の例のように、古来、無限をあらわす「八」を重ねた数、など諸説ある。最初の八十八所巡礼者としては、衛門三郎・真斎・真如親王・観賢の名が伝えられるが定かではない。いの町越裏門地主地蔵堂の鰐口には「大旦那村所八十八ヶ所文明三天」の銘がみられる。村所八十八ヶ所は四国八十八所を模したものと考えられるため、1471（文明3）年には八十八所が存在した可能性が強いが、札所は固定していなかったようである。

　江戸時代初期までは、札所に残る落書などから、まだまだ僧侶遍路の数が大半を占めていたと思われるが、元禄年間（1688～1704）前後から多くの庶民が参加するようになる。民衆の経済力が高まったことが原因として考えられるが、高野山金剛峰寺（和歌山県）の真念が出版した案内書『四国邊路道指南』が庶民の関心を高めたことも大きい。また、八十八所の札所・順序もこの書によってほぼ固定された。18世紀なかばには、さらに遍路人口は増加するが、四国はとくに糧を求める乞食遍路が多く、脇道を放浪する者もいて、藩による規制がたびたびだされたほどである。これは「接待」にみられるように、四国では遍路を温かく迎え入れる人情があったからであろう。遍路道から離れた四万十川中・上流域には、今も多くの茶堂が残り、接待の風習も続いている。

室戸岬とその周辺

の鐘は「雨ごいの釣鐘」ともよばれ、雨のふらないときは、農民がこの鐘を海にいれて祈願したという。

ほかに、金銅密教法具・金銅旅壇具(ともに国重文)を有する。法具は大壇上におくもので、鎌倉時代初期の作品。旅壇具は小型の長方形の箱壇におさめて携行できるようにした旅仏具であり、平安時代後期の作品。ともに仏具の珍品であるとともに、工芸品としても秀作である。

そのほか平安時代初期の書風をもつ大毘盧遮那経・金剛頂経(ともに国重文)は、数少ない真言密教両部の大経の古写経である。また、仏画では地蔵菩薩像・五髻文殊菩薩像・虚空蔵菩薩像・愛染明王像・釈迦十六善神像・両頭愛染曼荼羅図・刺繍阿字図・仏涅槃図(いずれも県文化)などを有する。

境内には空海の高弟で、住持した智光上人の墓がある。また、11月下旬から12月上旬にかけてスダジイの木々の根元からヤッコソウ(県天然)が顔をだす。

麓におりて国道55号線の元橋を東に進むと、奈良師海岸である。『土佐日記』にみえる奈良師津は、この周辺にあった可能性がある。奈良師の地名については金剛頂寺建立のために招いた南都(現、奈良県)の番匠(大工)に由来するという説や、平坦な地形に由来するという説がある。この近辺では、毎年旧暦の6月10日に、魚の供養と豊漁を祈願してシットロト踊り(県民俗)が行われる。250年ほど前の江戸時代中期からはじまったといわれ、浴衣姿に「難が去る」という意味でサルをかざった色あざやかな揃いの投げ編笠をかぶり、鉦と太鼓の陽気な囃子にあわせて賑やかに練り踊る。

室津港・津呂港 ⑰⑱

〈M▶P.137, 206〉室戸市室津／津呂
土佐くろしお鉄道ごめん・なはり線奈半利駅🚌30分または🚌室戸岬方面行室戸🚶5分／岬屯所前🚶1分

『土佐日記』ゆかりの地 権兵衛悲願の開削港

室戸バス停から約200m南進し、西にはいると室戸の市街地のさきに室津港(室戸港)の内港がある。江戸時代初期、津呂湊の改修をおえた最御崎寺の僧侶最蔵が、土佐藩2代藩主山内忠義の後援を得て、それまで岩礁を利用していた港の改修を行った。

土佐の勇魚（クジラ）とり

コラム

土佐古式捕鯨発祥の地　伝統の網掛け漁法

「いうたちいかんちや（どうやってもかなわないだろう）おらんく（俺の所）の池にや潮吹く魚が泳ぎよる」。

有名な「よさこい節」にもあるように、土佐とクジラの関わりは深く、なかでも室戸は土佐古式捕鯨発祥の地として栄えた町である。

土佐の古式捕鯨は、1624（寛永元）年に津呂浦（室戸市）の庄屋多田五郎右衛門が組織した捕鯨集団「津呂組」にはじまる。このころの捕鯨は銛だけにたよる突取り漁法であった。しかし1683（天和3）年、多田吉左衛門が、紀州太地（現、和歌山県）からクジラに網をかけて捕獲する網掛け突取り漁法を取り入れた。

漁期は2回、冬は南下するクジラを岬の東で、春は北上するクジラを岬の西で待ちうけた。まず、山上から見張りがクジラを発見すると狼煙をあげ、クジラの種類を示す旗をあげる。その合図で勢子船がこぎだしてクジラの背後へまわり、木槌で船端をたたきながら、網船の待つ陸近くへ追う。ころあいをみて網船が三重四重に網を張り、勢子船は大声をあげてそのなかへ追い込む。網が絡まってクジラの動きが鈍くなると、勢子船に乗った羽刺が、つぎつぎに長い柄のついた銛を投げつける。刺されてクジラが弱ってきたところで、1人の羽刺が包丁を口にくわえてクジラに泳ぎ着き、背にまたがって横に穴をあけ、つぎに持双船から泳いできた羽刺がその穴に網をとおし、2隻の持双船の間に渡した棒にクジラをしばって浜へ運ぶ。クジラは浜辺で解体され、肉や油はもちろん、内臓も骨もすべて利用されたので、「鯨1頭とれば7浦うるおう」といわれた。しかし、30隻の船、二百数十反の網、多数の銛を用意し、二百数十人が出漁する必要があり、維持費用も大きく、クジラの回遊にむらがあるため、事業主がたびたび交替した。

また、捕鯨はそれにかかわる人びとを中心として、信仰・芸能・食などさまざまな文化をうんだ。クジラにとどめを刺そうとするとき、各船の漁師たちはいっせいに「常楽、常楽」ととなえたという。常楽とは、仏教用語で安らかに往生できるようにという意味である。命がけでクジラとたたかう漁師たちは、クジラや自然に対する畏敬の念をもっていた。こうしたクジラに対する思いは鯨供養碑や鯨位牌、鯨船の唄など、さまざまな形で地域に残っている。現在、道の駅キラメッセ室戸内に、クジラとまちの歴史を振り返る施設として鯨館（鯨の郷）があり、館内ではクジラの骨格標本や捕鯨具などが展示されている。また、海の駅とろむのすぐかたわらの室戸岬新港では、毎年7月の海の日に、鯨船（勢子船）を復活させ、土佐室戸鯨舟競漕大会を行っている。

室津港・津呂港周辺の史跡

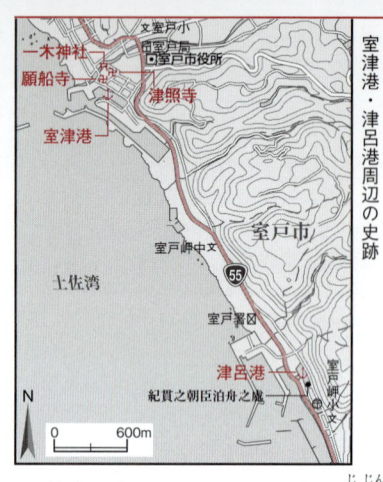

その後、港の開削は野中兼山にうけつがれ、兼山失脚後は郷士一木権兵衛が1677(延宝5)〜79年にかけて大改修を行った。普請の難関は、港の入口をふさぐ3つの大岩を取りのぞくことであった。数千人の人夫が何日間もこの大岩をくだこうとするが容易にくだけず、一木は自分の命と引き替えに工事が成功することを海神に祈願した。無事、普請が完了したのち、一木は自刃したという。現在、一木は港をみおろす小高い山の中腹の一木神社にまつられている。この普請でくだかれた岩の一部は御釜岩とよばれ、境内にある。また、参道入口の願船寺(浄土真宗)には、最蔵の墓がある。

参道の急な石段をあがった山上に、四国霊場第25番札所津照寺(津寺、真言宗)がある。本尊は延命地蔵菩薩で、『今昔物語集』に、大火で寺付近の山野が焼きつくされたが、堂は少しこげただけで焼けず、地蔵菩薩と毘沙門天が本堂からでて庭にたっていたという霊験譚が載る。また、初代藩主山内一豊が航行中に暴風雨にあったとき、僧形をした地蔵が船の楫をとって無事室津港に導いたという話から、本尊には楫取地蔵の名があり、漁民の崇敬が篤い。

室津港の南東2kmのところに津呂港(室戸岬港)がある。最蔵が開削し、その後、兼山が整備した。内港へいくには、住宅前バス停から左前方の旧道にはいる。港の東端、岬屯所前バス停には「紀貫之朝臣泊舟之

野中兼山室戸港開鑿の碑と紀貫之泊舟の碑

206　高知県東部

處」ときざまれた碑がたつ。『土佐日記』は貫之らの一行が室津の泊で天候が悪く10日間足止めされたと記すが,その室津の泊はかつては津呂に比定されていた。しかし今日では,室津港付近であるとされる。

室戸岬 ㊾

〈M ▶ P.137, 207〉室戸市室戸岬町 P
土佐くろしお鉄道ごめん・なはり線奈半利駅🚌35分または🚗
室戸岬方面行室戸岬🚶1分

台風銀座にたつ中岡慎太郎
青年空海修行の地

　四国の東南端,太平洋に向かい鋭くつきでた室戸岬(国名勝)は,通称「お鼻」ともよばれ,室戸阿南海岸国定公園の中心となる景勝地である。海岸段丘の発達が著しく,太平洋から打ち寄せる荒波が豪壮かつ雄大な自然美をみせる。また,岬一帯の海岸線には亜熱帯性樹林及び海岸植物群落(国天然)がみられる。岩肌にタコの足のように樹根を張った姿が奇妙なアコウの群生をはじめ,ハマユウ・ウバメガシ・アオギリなどがしげり,亜熱帯の様相を呈した独特の景観をなす。海岸線に沿って1.4kmほどの乱礁遊歩道が,岬先端付近の中岡慎太郎銅像前から東の青年大師(空海)像前まで続き,周辺にはタチバナ(国天然)が自生する。なお,2011(平成23)年には,これら地質遺産,多用な生態系,さらには歴史文化遺産が評価され,

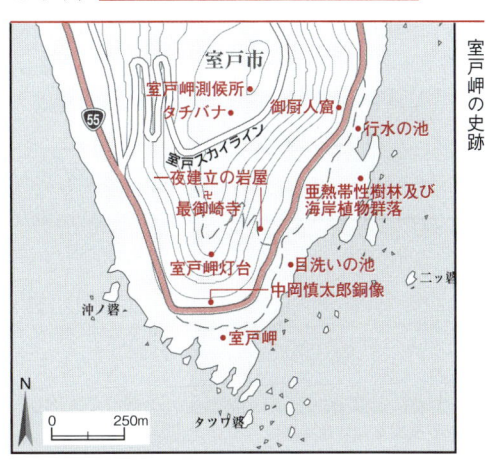

室戸岬灯台

室戸岬の史跡

室戸岬とその周辺

室戸市全域が世界ジオパークに認定された。

　土佐守としての任をおえた紀貫之は帰京の途中、この岬付近の室津の泊で10日間ほどをすごした。また、この地は青年時代の空海が修行したと伝えられ、空海がこもったとされる御厨人窟、一夜建立の岩屋・行水の池・目洗いの池などが残る。現在は毎年11月15〜21日に、岬北東の青年大師像付近で、空海まつりが行われる。

　室戸は「台風銀座」ともよばれ、これまでも多くの台風が通過したが、岬先端の背後の山上には直径2.6mの巨大レンズ、光達距離約49kmを誇る室戸岬灯台や、日本有数の気象レーダーのある室戸岬特別地域気象観測所がある。観測所はかつて「室戸岬測候所」とよばれたが、観測技術や通信技術の発達により2008（平成20）年から業務の自動化・無人化が実施され名称が改められた。

最御崎寺 ㊿　〈M ▶ P. 137, 207〉室戸市室戸岬町4058-1　P
0887-23-0024
土佐くろしお鉄道ごめん・なはり線奈半利駅🚌35分または
室戸岬方面行室戸岬🚶30分

岬突端の名刹　大理石の如意輪観音像

　室戸岬手前500mほどで左折し、室戸岬スカイライン（県道室戸公園線）を1.4kmほどのぼると、807（大同2）年、唐から帰国した空海が、嵯峨天皇の命で開いたと伝えられる最御崎寺（東寺、真言宗）がある。もとは県立室戸高校裏山付近の四十寺山にあったが、寛徳年間（1044〜46）に現在地へ移ったと伝えられる。

　徒歩の場合は、室戸岬バス停のすぐ東から急坂を20分ほどのぼる遍路道もある。その途中に「捻岩」がある。修行中の空海の身を案じた母親が、女人禁制のこの地にはいろうとして嵐にあい、駆けつけた空海が岩をひねって母を避難させたという伝説がある岩である。なお、最御崎寺の女人禁制は明治初年まで続き、麓にある一夜建立の岩屋が女人の納経所であった。

　記録によると、1202（建仁2）年に最御崎寺は伽藍を焼失、その後も火災にあうが、寺領の寄進をうけると

最御崎寺石造如意輪観音半跏像

ある。室町時代には足利氏の祈願所となり，江戸時代には土佐藩主山内氏の保護をうけて四国霊場第24番札所として栄えた。明治維新後，廃仏毀釈でいったんは荒廃したが再興され，大師堂・鐘楼堂に続き仁王門の修築がなされている。本尊は，空海みずからが一刀三礼をもって制作したとされる虚空蔵菩薩である。境内には石でたたくと鐘のような音がする鐘石があり，この響きは冥土にまでとどくといわれる。

　このほかにも多くの宝物類を所蔵する。木造薬師如来坐像・月光菩薩立像(ともに国重文)は，ともにヒノキの寄木造で藤原時代の作である。薬師如来は像高85.7cm，中央の仏師の手によると思われる定朝様式の整った刀法をみせる。月光菩薩は像高約102cm，像高に比べ頭部が大きく，ずんぐりした胴体を直立させている。省略された衣文と童顔は地方色の強い素朴な作風である。如意輪観音半跏像(国重文)は大理石の丸彫りの逸品で，小首をかしげた像である。像高53.2cm。かつて麓の一夜建立の岩屋にあったとき，漁師が豊漁の願掛けとしてかきとったので，右肘からさきと膝前の両足が失われ，鼻先なども損傷している。大理石を素材とする例は日本彫刻史にはみられないことから，大陸からの請来仏ではないかと考えられている。漆塗台盤(国重文)は，台盤の脚が3本であることから三足丸盆ともいわれる。南北朝時代の1379(康暦元)年，日和佐八幡宮(徳島県)神職玄勝の寄進によるもので，2基1対をなし，盤の表面は朱漆がほどこされ，ほかの部分は黒漆である。

7 室戸岬をまわって

佐喜浜経塚・仏海庵の史跡や野根八幡宮・超願寺跡などの寺社が海岸線沿いの集落に点在する。

猛将大野家源内奮戦跡
鎌倉時代の供養塔

佐喜浜経塚 (51)

〈M►P. 137〉室戸市佐喜浜町矢立山
土佐くろしお鉄道ごめん・なはり線奈半利駅🚗50分または🚌甲浦方面行佐喜浜支所前🚶5分

室戸岬から海岸線の国道55号線を北東に8kmほどいくと椎名に至る。椎名坂をおりてすぐ左にはいると，100mほど北に椎名八王子宮がある。祭神は多紀理比売命など3女神・5男神の8柱である。このすぐ西の椎名集会所敷地内にある旧蓮福寺の持仏堂は，ヒノキの一木造の木造十一面観音菩薩立像(県文化)を有する。

国道55号線に戻りさらに北へ5kmほど進むと，「鹿岡鼻の夫婦岩」とよばれる2つの巨岩がある。ここからさらに北へ5kmほど進むと佐喜浜港があり，国道55号線から港へ続く脇道に「佐喜浜城主大野家源内奮戦跡」の石碑がある。

嵯峨源氏の流れをくむといわれる大野家氏は，代々番匠(大工)の棟梁として多数の配下をしたがえ勢力を拡大し，戦国時代佐喜浜城主となり，武勇をもって知られていた。長宗我部元親が安芸城を攻めおとしたのち，安芸郡内で長宗我部軍に抵抗したのは，烏ヶ森城主である北川玄蕃とこの源内だけである。『元親記』によると，1575(天正3)年3月，佐喜浜に攻め寄せた元親は，「ここでも源内，かしこでも源内とたびたび手向かった奴だから，このたび佐喜浜の者といえば，犬までも逃さず切り捨てよ」と命じた。

佐喜浜経塚

源内は城をでて前方の浜にある夷堂の松の下へまっさきにかけだしたが，武運つたなく討ちとられた。源内が元親勢を待ちうけた夷堂横

室戸の神祭 2

コラム

豪快神輿洗い
時代風刺の即興喜劇

椎名の神輿洗い・太刀踊り

椎名八王子宮の秋祭りで、毎年10月中旬、五穀豊穣・氏子繁盛・大漁を祈願して行われる。宵宮の翌日には、本輿・供輿の神輿2台が地区内をめぐる御神幸が行われる。御神幸の行列は、獅子と天狗が先導となり、つぎに赤い装束を着て顔を白く塗った4人の頭人子、化粧人や舞姫、御神酒をふるう杜氏婆らが進み、神輿がしんがりをつとめる。賑やかな音頭に乗って地区内を練り歩き、御神幸が椎名海岸の浜辺に着くと、供輿が海にはいる「神輿洗い」が行われる。この「神輿洗い」は1946(昭和21)年からのことである。御神幸がおわったあとは、椎名八王子宮の拝殿を舞台として太刀踊りなどが奉納される。踊りは太刀踊り・手踊り・笠踊り・扇子踊り・槍踊り・棒踊りからなる。鉦・太鼓を用いず、拍子木だけで床をたたいてリズムをとり、歌舞伎の見得と似た所作をみせる。板のうえで打ち鳴らす妙技、青年剣士の豪快な太刀さばきと、かすりのきものにタスキがけ、小学生との組み演技などが楽しい。引幕もあり、かつての地芝居の名残りをとどめる。

佐喜浜にわか

室戸市佐喜浜八幡宮の秋祭り(10月)の練りにだされる佐喜浜にわか(県民俗)は、江戸時代から伝わる民俗芸能である。こっけいな問答や風刺のきいた素人の即興喜劇であり、地域の若衆組が演じるもので、神輿が御旅所から練りとともに本殿へ還ってくるまでの間に、御旅所と参道上で演じられる。参道の両側は石垣を築いて一段高くなっており、ここに桟敷を設けて観覧する。かつては4台の団尻(山車)が引きまわされたが、現在は1台である。団尻はなかが楽屋になっていて、役者は団尻からでてにわかを演じる。役者は新入りの小若い衆がつとめ、兄若い衆の振付けでたいてい一夜づけの稽古で本番になる。はじめ3～4人の役者が演じ、ときには観客とのやりとりもあって最後に2人の掛け合いとなる。シテ役(主役)がワキ(相手役)を詰問すると、ワキが証拠を示せと迫る。そこで1個の器物を取りだし、その名称に引っかけて落ちをつけるという上演形式である。今は政治・経済・国際問題などの時事と町内の出来事を仕組んだものを演じているが、古くは歌舞伎芝居や物語などもあつかっていた。

椎名の神輿洗い

室戸岬をまわって

の松は「源内槍掛けの松」とよばれ、佐喜浜港のかたわらにあったが、昭和初年に倒れ、現在はその跡に石碑がたつ。佐喜浜城跡は港の北西700m、高さ100mたらずの小山で、山麓には、落城のとき身を投げて死んだ女性「おじょろ」の墓といわれる無銘の古墓がある。

国道55号線の佐喜浜支所前バス停を西にはいり室戸市役所佐喜浜支所の裏手、忠霊塔の前をすぎて墓地のなかをいくと佐喜浜経塚（県史跡）がある。盛土をした上に、高さ1mたらずの自然石の塔婆が2基たっている。砂岩の甲浦石であるため風化が進んでいるが、光明真言と大日如来および阿弥陀三尊をあらわす梵字や鎌倉時代末期の「応長元(1311)年」の年号、建立につくした施主の名の一部がかろうじて読みとれる。1811（文化8）年、地元の医師で国学者の清岡象先（魚幸）が発掘調査して以来、経塚とみられてきたが、現在は光明真言供養塔の一種であると考えられている。

佐喜浜支所前から国道55号線を4kmほど甲浦方面へ進むと入木橋があり、その約100m手前を国道から左にいくと、森のなかに仏海庵がある。仏海上人は伊予国風早郡猿川村（現、愛媛県松山市）の生まれで、全国の霊場をめぐり地蔵菩薩3000体をたてたという高野聖である。1760（宝暦10）年、この地に仏海庵を営み、北方淀ヶ磯の難所を通行する四国遍路の接待などにつとめた。近辺には仏海が安置した地蔵4体が残る。仏海庵の奥の宝篋印塔は、仏海が法華経1000部の読誦をなしとげた功徳を人びとに分かつため建立したものである。地元では、仏海はこの塔の下に穴を掘り、そこにこもって、香を焚き鉦を打ち誦経100万遍、37日にして即身成仏をとげたと語り伝えている。

名留川観音堂古仏群 52
08872-8-1983（法喜院）

〈M ▶ P. 137, 213〉安芸郡東洋町名留川乙294
土佐くろしお鉄道ごめん・なはり線奈半利駅
🚌70分または🚌甲浦方面行野根乗換え真砂瀬行名留川 🚶5分

野根山街道登り口
藤原時代の古仏群

入木橋から国道55号線を10kmほど北進すると野根に至る。野根は、畿内と土佐を結ぶ野根山街道の入口として早くから開けた場所である。集落内の上町通は枡形道路ともよばれ、防御のため食い違いとなっている。野根大橋北詰めから、野根川沿いに国道493号を

野根周辺の史跡

上流へ700mほどいくと、二本松が道をはさんでたつ。これは野根山街道筋にあった松並木のうち、わずかに残ったものである。二本松の200mほど北の野根小学校周辺には弥生時代の野根遺跡・野根小学校遺跡があり、太型蛤刃石斧・石棒・弥生土器片が出土している。

二本松から1.3kmほど進み左へおれ押野橋を渡ると、八島千軒とよばれる地域がある。この付近は、野根山街道の東登り口の宿場町として栄えた。しかし、たび重なる洪水や山崩れで埋もれてしまい、昔の面影はなく、地名だけが繁栄を今に伝える。八島千軒から急な山道を6kmほどいくと、北川村と東洋町の境である四郎ヶ野峠に至り、ここから街道は奈半利へと続く。

押野橋まで戻って県道船津野根線にはいり約2km、野根川右岸の小山上の愛宕大権現は、室町時代の木造将軍地蔵立像を本尊とする。境内の名留川観音堂は、藤原時代の木造菩薩形立像20体を有し、室町時代の木造阿弥陀如来坐像を合祀する。これらの名留川観音堂古仏群(県文化)は、現在、愛宕大権現の南約200mの名留川公民館から南にはいった法喜院(真言宗)が保管する。法喜院から約200m東には、旧暦9月17日の秋祭りに流鏑馬が行われる春日神社がある。

愛宕大権現から県道をさらに3kmほどさきの村道生見大斗線分岐近くにある城福寺(曹洞宗)は、藤原時代の木造薬師如来坐像を本尊とする。そこから県道を5kmほどで至る真砂瀬の集落には、藤原時代の木造地蔵菩薩立像を本尊とする玉泉寺(真言宗)がある。

国道55号線に戻り、野根大橋から1.2kmほど甲浦方面に進み左折すると野根八幡宮(祭神応神天皇)がある。九州宇佐八幡宮(大分県)の分社で、鎌倉時代に創建されたといわれ、10月第1日曜日の秋祭りでは五穀豊穣を感謝し、賑やかな御輿担ぎや鎌倉時代から伝わる

室戸岬をまわって

とされる流鏑馬が行われる。

白浜(しらはま) ㊼ 〈M ▶ P. 137, 214〉安芸郡東洋町白浜　Ｐ
土佐くろしお鉄道ごめん・なはり線奈半利駅🚌75分または🚌甲浦方面行白浜🚶4分

開祖をまつる五社神社　店造りの家屋

　野根大橋から国道55号線を5kmほど北進すると海水浴・キャンプ場として知られる白浜に至る。白浜を開発した明神忠右衛門(みょうじんちゅううえもん)の家は、戦国時代末期に尾張(現、愛知県)から和泉(現、大阪府)を経て土佐に来住、長宗我部元親につかえ朝鮮出兵で活躍した。忠右衛門は、長宗我部盛親にしたがい大坂の役に参加、のち白浜に住んだ。1632(寛永9)年、土佐藩2代藩主山内忠義(やまうちただよし)から、草木が生育しない一面の砂浜であったこの地を得、浪人を集め開発した。忠右衛門は白浜バス停から北へ約300m、白浜の旧道の北側に五社神社(ごしゃ)にまつられている。

白浜・甲浦港周辺の史跡

　この五社神社では、毎年4月下旬に行われる春祭りが有名である。祭りは白浜地区の豊漁と海上安全を祈願して、神社が創立された江戸時代初期から続く、御輿(みこし)とだんじりが喧嘩(けんか)す

店造り(閉じた状態〈左〉と開いた状態)

る勇壮な祭りである。だんじりは飾り提灯や短冊などで彩られ，乗り込んだ子どもたちが鉦や太鼓の音を響かせながら町中を行進する。これに御輿が体当りを繰り返しながら神社前へ練り歩く。

また，白浜の旧道沿いには店造りの家屋が7軒余り残る。表玄関の横に折り畳み式の縁台と庇を取りつけたもので，とじると上下があわさり雨戸となる。上板を上店，下の台は下店とよぶ。下店は本来，物売り台であったろうが，縁台としても使用され，夕涼みをしたり将棋をさしたり，くつろぎの場や旅人への茶菓子のふるまい，大きなものの出し入れや作業場として利用されてきた。

甲浦港 ㊴

〈M ▶ P. 137, 214〉安芸郡東洋町甲浦　P
土佐くろしお鉄道ごめん・なはり線奈半利駅🚌75分または🚌
甲浦方面行甲浦駅🚶20分

土佐東端の要津　法然・江藤新平の足跡

五社神社から旧道を400mほど西進すると甲浦港に着く。甲浦港は，紀伊水道にのぞむリアス式海岸に発達した天然の良港である。昔から上方への連絡港として開けた。桜津ともよばれ，仲哀天皇が諸国巡幸で訪れた際に，四方の山々にサクラが満開であったのをみて名づけたという伝承がある。また，前関白一条教房が1468（応仁2）年，幡多へ下向する途中に立ち寄り，「名にし負う　桜津なれや　春の色　知るも知らぬも　花の白浪」と詠んだといわれる。

内港は，港中央の突端の甲山に鎮座する熊野神社(祭神伊邪那岐命ほか4柱)を中心に西股と東股に分かれる。熊野神社は800年ごろ（延暦〜大同年間），飛来してきた紀州熊野神社(和歌山県熊野市)の神体を地元の漁師がみつけ，社をたててまつったものといわれるが，鳥居がないのは珍しい。伝承では，昔，立派な鳥居を神社の入口にたてたが，翌朝倒れ，再度たて直してもすぐに倒れてしまった。これは神が鳥居をきらうからであろうと，それ以来再建されていないという。この熊野神社から東股のほうへ350mほどいった奥には，藩政期に重要な役割をはたした東股番所跡がある。

甲浦東股番所跡碑

室戸岬をまわって

萬福寺法華経塔

　甲浦から旧道沿いに史跡をめぐると，五社神社から400mほどいった甲浦小学校かたわらの平和塔境内には，「江藤新平君遭厄地」の標石がたつ。佐賀の乱（1874年）に敗れた江藤新平は，九州から土佐に至り，さらに徳島にのがれるべく野根山越しにこの港町までできてとらえられた。そこからさらに進むと西股の西端に至り，奥へ200mほどはいると超願寺跡がある。超願寺は浄土宗寺院で，法然が土佐に流されたときの宿坊と伝えられ，江戸時代初期，参勤交代時の藩主や江戸幕府巡検使の宿所ともなった。また，江戸時代後期，全国測量で訪れた伊能忠敬も宿所とした。

　超願寺跡のほど近く，旧道を裏手へ50mほどはいると，萬福寺（日蓮宗）がある。参道の石段途中には法華経塔（県史跡）があり，正面に「南無妙法蓮華経」ときざまれ，その下には1684（貞享元）年，幡多郡柏島法蓮寺（大月町）の日教が，仏の徳と国家の報恩，仏益をうけることを願って土佐国の3カ所に建立したとある。ほかの2基は，五台山竹林寺（高知市）と宿毛市の押ノ川市山にある。

　萬福寺から熊野神社に向かって旧道を400mほど進むと，山手に真乗寺（浄土真宗）があり，境内には「南学中興之祖，谷時中先生出生之地」の記念碑がたつ。谷時中は，1599（慶長4）年に真乗寺に出生。幼少のころ，瀬戸（現，高知市）真乗寺に移り，雪蹊寺（高知市長浜）の天質から南学を学び，野中兼山や山崎闇斎ら多くの門下生を育てた。

　真乗寺から100mほど東へいくと熊野神社に至る。また，甲浦駅のすぐそばには甲浦八幡宮があり，3年に1度旧暦8月14日に奉納されるひよこち踊り（県民俗）は有名である。阿波から伝わったといわれる太刀踊りで，袴をはいた青少年が小太刀と大太刀をもって踊り，演目のなかの「花取り」や「扇踊り」では，竹棒や扇を使った踊りもみられる。社叢内には役行者堂跡があり，室町時代の役行者倚像が出土している。

Kōchiken Seibu # 高知県西部

四万十川

足摺岬

◎高知県西部散歩モデルコース

土佐市内散策コース　　　高知自動車道土佐IC <u>30</u> 谷地の金剛力士像 <u>20</u> 純真橋・純真堂 <u>20</u> 蓮池西宮八幡宮 <u>20</u> 蓮池城跡 <u>7</u> 高善寺 <u>7</u> 清滝寺 <u>5</u> 居徳遺跡群 <u>15</u> 松尾八幡宮 <u>5</u> 土佐IC

土佐市南部散策コース　　　高知自動車道土佐IC <u>25</u> 細木庵常の墓 <u>5</u> 土佐カツオ節発祥の地碑 <u>15</u> 真覚寺 <u>15</u> 正念寺 <u>12</u> 青龍寺 <u>30</u> 土佐IC

須崎〜津野山周遊コース　　　JR土讃線須崎駅 <u>4</u> 発生寺 <u>10</u> 土佐藩砲台跡 <u>30</u> 姫野々城跡 <u>15</u> 布施ヶ坂 <u>15</u> 堂海公園 <u>25</u> 吉村虎太郎邸跡 <u>13</u> 中平善之進銅像・高野の舞台 <u>7</u> 神在居の千枚田 <u>7</u> 維新の門 <u>4</u> 檮原町歴史民俗資料館 <u>60</u> JR須崎駅

①松尾八幡宮　⑭千枚田　㉗不破八幡宮　㊴金剛福寺
②居徳遺跡群　⑮久礼八幡宮　㉘一条神社　㊵足摺岬
③清滝寺　⑯茂串城跡　㉙幸徳秋水の墓　㊶浜田の泊屋
④青龍寺　⑰古渓山城跡　㉚為松公園　㊷高知坐神社
⑤蓮池西宮八幡宮　⑱岩本寺　㉛安並の水車　㊸延光寺
⑥谷地の金剛力士像　⑲熊野神社　㉜真念庵　㊹宿毛城跡
⑦鳴無神社　⑳地吉の大念仏踊り　㉝立石摂津守の墓　㊺安東(伊賀)家墓所・
⑧土佐藩砲台跡　㉑鹿島ヶ浦　㉞大岐城跡　　野中兼山遺族の墓
⑨姫野々城跡　㉒有井庄司の墓　㉟蓮光寺　㊻宿毛貝塚
⑩布施ヶ坂　㉓朝鮮国女の墓　㊱加久見五輪塔群　㊼円覚寺
⑪堂海公園　㉔入野松原　㊲中浜万次郎生誕地　㊽柏島石堤
⑫吉村虎太郎邸跡　㉕古津賀古墳　㊳松尾天満宮回り舞
⑬中平善之進銅像　㉖太平寺　　台

中土佐町(久礼)〜四万十町(窪川)周遊コース　JR土讃線土佐久礼駅_5_久礼八幡宮_3_大正町市場_20_七子峠_20_岩本寺_9_古渓山城跡_40_高岡神社_25_JR土讃線・土佐くろしお鉄道窪川駅

四万十川中流(旧大正町)コース　JR予土線土佐大正駅_1_熊野神社_1_竹内家住宅_30_下津井村関番所跡_5_下津井の茶堂_35_JR土佐大正駅

四万十川中流(旧十和村)コース　JR予土線土佐昭和駅_4_旧庄屋屋敷(中平家)_7_辻堂_5_大雲寺本堂_20_奥大道番所跡_5_龍王の滝_25_JR予土線十川駅_20_地吉八幡宮_10_山瀬の茶堂_20_JR十川駅

黒潮町周遊コース　土佐くろしお鉄道佐賀公園駅_3_鹿島ヶ浦_10_有井庄司の墓_15_朝鮮国女の墓_15_王無の浜_5_入野松原_10_土佐くろしお鉄道土佐入野駅

四万十市中村散策コース　土佐くろしお鉄道中村駅_20_不破八幡宮_30_一条神社_5_幸徳秋水の墓_15_為松公園_15_一条教房の墓_20_太平寺_7_中村駅

土佐清水コース　土佐くろしお鉄道中村駅_30_真念庵_10_光明寺_20_蓮光寺_30_加久見五輪塔群_15_三崎バス停_10_三崎香仏寺_10_三崎バス停_20_竜串_60_土佐くろしお鉄道宿毛駅

足摺半島コース　土佐くろしお鉄道中村駅_80_中浜万次郎生誕地_5_万次郎仮墓(大覚寺)_15_松尾天満宮回り舞台・アコウの自生地_10_白山神社_10_白山洞門_10_金剛福寺_3_足摺岬_100_中村駅

宿毛東部コース　土佐くろしお鉄道平田駅_30_浜田の泊屋_40_高知坐神社_20_藤林寺_20_平田古墳群跡_15_延光寺_10_押ノ川の法華経塔_15_平田駅

宿毛市内及び西郊コース　土佐くろしお鉄道宿毛駅_15_宿毛貝塚_20_東福寺(安東家墓所・野中兼山遺族の墓所)_5_宿毛小学校(野中兼山遺族配所・大江卓生誕地・岩村三兄弟生誕地・北見志保子生誕地)_10_宿毛城跡_3_河戸の堰跡_2_宿毛歴史館・林有造・譲治旧宅・竹内綱生誕地_15_小野梓生誕地_15_宿毛駅_15_円覚寺_15_宇須々木遺跡・旧海軍弾薬庫跡_15_宿毛駅

① 高岡平野から宇佐港へ

古代遺跡の密集する高岡平野から，土佐カツオ節発祥の地である宇佐港に向かう。

松尾八幡宮 ❶

〈M ▶ P. 218, 220〉土佐市高岡町乙 P
JR土讃線高知駅🚌堺町方面行 堺町乗換え八田経由高岡高校通方面行吹越 🚶 5分

井筋散策の北詰め参道は緑のトンネル

吹越バス停で下車し，すぐ南の信号を西に少し進むと，山ぎわに松尾八幡宮（祭神足仲津彦尊 ほか）の鳥居がある。

明治初期小学校授業風景図絵馬

八幡宮は別当寺であった四国霊場第35番札所清滝寺で修行した高岳親王が，京都府石清水八幡宮を勧請し，平安時代初期に創建したものと伝えられる。この神社は明治初期小学校授業風景図絵馬を所蔵する。絵馬は高岡の絵師久保南窓の筆と伝えられ，1878（明治11）年，高岡東小学生徒惣中奉納とされる。学制施行直後の小学校の様子を知るうえで貴重なものである。この絵馬の複製は南国市の高知県立歴史民俗資料館に展示されている。

土佐市高岡町内に

は土佐藩執政野中兼山の指揮で建設された井筋(用水路)が各地を流れ，十数年前まで水遊びや洗濯物をする人の姿を目にすることができた。高岡第一小学校東隣には，兼山をまつる兼山神社がある。また，兼山が工事の士気を高めるためにはじめたとされる大綱を引きあう祭りは，大綱祭りとしてうけつがれ，現在も8月第3土曜日に行われている。

また，土佐市高岡町中心部，国道56号線の北を並行して走る旧道沿いの商店街には，古い町並みが残る。東から，高橋家(のし屋本家)・塩田家・矢野家・別役家住宅(いずれも国登録)などである。さらに高岡町中心部で56号線と直交する県道土佐いの線を南下し，井筋に沿って左折すると澤村家住宅(国登録)に至る。

居徳遺跡群 ❷

〈M ▶ P. 218, 220〉 土佐市高岡町乙居徳
JR土讃線高知駅🚌堺町方面行堺町乗換え高岡・須崎方面行長谷寄通🚌5分，または高知駅🚌40分

ゆれる縄文時代の認識
殺傷痕・解体痕の謎

土佐市高岡町中心部，国道56号線沿いの長谷寄通バス停で下車。タクシーにのりかえて県道土佐いの線を500mほど北進して左折，土佐市バイパスを西進して土佐IC入口のつぎの信号を道標「清滝寺」にしたがい北進する。1つ目の角を西にはいると，ヒノキの一木造で鎌倉時代後期の作とされる木造阿弥陀如来坐像(県文化)を有する高善寺(浄土真宗)に至る。

さきほどの信号から1kmほど真北に進んで高知自動車道と交差する地点，高岡町軍人墓周辺が，縄文時代後期から中世にかけての遺物が出土した居徳遺跡群である。1996(平成8)年，自動車道建設に伴う調査で確認されたが，現在はすべてが埋め戻されている。

遺跡の主要部分は調査されておらず，周辺より土器片や獣骨，祭祀行為に伴う供献遺物などが出土した。東北地方で出土例の多い大洞式土器，国内に類例のない精巧

高善寺木造阿弥陀如来坐像

高岡平野から宇佐港へ

居徳遺跡群出土木胎漆器

な文様装飾の<ruby>木胎漆器<rt>もくたい</rt></ruby>,日本最古の<ruby>木製鍬<rt>くわ</rt></ruby>,全国最大級の<ruby>土偶<rt>どぐう</rt></ruby>頭部,県内唯一の土製耳飾(いずれも県文化)など,縄文時代晩期の貴重な遺物が確認された。また同じ地層から<ruby>殺傷痕<rt>さっしょうこん</rt></ruby>・解体痕を有する人骨が多数出土した。これらは縄文時代にはなかったとされてきた集団間の戦いを想起させることで注目をあびた。また,県中央部有数の古墳時代前・中期の祭祀跡も確認されている。

<ruby>清滝寺<rt>きよたきじ</rt></ruby> ❸
088-852-0316

〈M ▶ P. 218, 220〉 土佐市高岡町<ruby>丁<rt>てい</rt></ruby>568-1 Ⓟ
JR土讃線高知駅🚌40分または🚌堺町方面行堺町乗換え高岡・須崎方面行長谷寄通🚌15分

四国霊場第35番札所
愛称「清滝さん」

高岡町軍人墓地のすぐ西側にある高知自動車道下のトンネルをくぐって200mほど北に進むと,山ぎわにつきあたる。「清滝寺」の道標にしたがって西に進むと丘陵部にはいる。さらに竹林とミカン畑が広がる急斜面の細道をしばらくのぼると,四国霊場第35番札所清

清滝寺木造薬師如来立像

清滝寺銅造鏡像

仁淀川水系の遺跡

コラム

愛媛県の石鎚山系に端を発し，県中部を縦断して土佐湾にそそぐ仁淀川。流域に数カ所のダムを有しながらも，「最後の清流」と賞される四万十川に匹敵する清い流れを維持するこの川の流域からは，近年，道路建設に伴う緊急調査などにより，数多くの遺跡が発見されている。

中流域の河岸段丘が発達した越知町では，縄文時代早期の土器が表採された文徳遺跡や下渡遺跡，縄文から近世の複合遺跡である女川遺跡などが特徴的である。

下流右岸の土佐市高岡平野付近では，高速道路沿いの天崎遺跡から中広形銅鉾４口が，居徳遺跡群からは木胎漆器・土偶・大洞式土器などが，北高田遺跡では，縄文時代晩期の土器や弥生時代後期の遺構・遺物が発見された。また，土佐市バイパス沿いの遺跡では，中世の屋敷跡が発見された京間遺跡・野田遺跡，湖州鏡が出土した光永・岡ノ下遺跡，完形の青磁碗が出土した天神遺跡，蝙蝠扇が出土した林口遺跡など，中世を中心に縄文から近世の遺構・遺物が確認された。仁淀川・波介川合流地点付近の北の丸遺跡からは，古墳時代の木製農具や祭祀跡が，上ノ村遺跡では川津関連施設の可能性がある古代から中世の掘立柱建物跡が発見された。

下流左岸では，いの町の高地性集落跡のバーガ森北斜面遺跡から弥生時代中期終末の土器が，同町八田の八田奈路遺跡からは戦国時代の集落跡などが，八田神母谷遺跡からは古墳時代の畿内産土師器が発見されている。さらに下流の春野町では，弥生時代の集落跡の山根遺跡，弥生時代から古代の集落跡である西分増井遺跡群などが有名である。

河川の役割は，食料の供給場所であり，交通路でもあり，信仰の場でもあり，畏敬の念をはぐくむ場でもある。それらすべての要素を，仁淀川流域では確認できる。

木胎漆器の居徳遺跡群
拠点集落西分増井遺跡群

滝寺（真言宗）に至る。723（養老７）年行基の開基と伝えられる。本尊は，行基作といわれる高さ154cmの木造薬師如来立像（国重文）である。弘仁年間（810〜824），修行に訪れた空海が金剛杖でつくと，その場所から清水がわきだし，鏡のような水面の池になったという伝説から，山号は医王山鏡池院という。この清水は閼伽井の泉として，今も奥院でわきだしている。

寺は銅造鏡像１面・懸仏３面（いずれも県文化）を有する。４面それぞれ約15〜30cm，銅製円盤に仏（薬師如来・虚空蔵菩薩・阿弥

高岳親王塔(清滝寺)

陀如来)を線刻あるいは鋳造している。これらは平安時代から室町時代の作で、うち3体は松尾八幡宮の本地仏としてまつられていたものである。

寺には861(貞観3)年、唐へ渡る前の高岳親王が修行のために滞在したとの伝説がある。高岳親王は在原業平の叔父にあたる人物で、平城天皇の第3皇子。809(大同4)年、嵯峨天皇の即位とともに皇太子に定められたが、翌年の薬子の変に連座してその地位を失った。その後、真言密教に傾倒し、その根源を求め唐に向かう途中、土佐にきたという。高岡町京間の仁淀川堤防上にある大イチョウは、親王が船を係留させた場所と伝えられる。

寺の門前のやぶのなかには、高岳親王塔(県史跡)がある。畿内風の五輪塔で、南北朝時代末期のものである。現在この塔の周辺は不入山で、参拝することはできない。『土佐市史』によると、親王の五輪塔を中心に前方後円形に100以上の五輪塔群が並んでおり、その周辺からは埋納石仏が多数出土しているという。また、寺の境内には琴平神社(県文化)がある。

青龍寺 ④
088-856-3010

〈M ▶ P.218, 226〉土佐市宇佐町 竜163 P
JR土讃線高知駅🚌宇佐営業所行スカイライン入口🚶40分・🚕10分

四国霊場第36番札所
愛称「竜の御不動様」

四国霊場第36番札所青龍寺(真言宗)は山号を独鈷山伊舎那院という。空海が唐から投げた独鈷杵がこの地に刺さったため、唐の青龍寺を模して建立したという伝説がある。寺までつうじる公共交通機関はなく、本土側のスカイライン入口バス停から宇佐大橋を渡り、横浪半島先端の宇津賀山(255m)の麓まで徒歩またはタクシーで向かわなければならない。橋を渡り、県道47号線を海岸沿いに1.8kmいき、明徳義塾竜国際キャンパス手前を右折してさらに600mほどいくと右手に寺の山門がみえる。

真覚寺日記

コラム

幕末の地震日記 今に伝わる教訓

　真覚寺（浄土真宗）は、土佐市宇佐町の東端黒岩山(169.8m)の麓に位置する。もとは同じ町内の正念寺の末寺であったが、1846（弘化3）年に正念寺を離れ、本山直末となり現在に至る。本堂はなく庫裏内に御堂を構えるつくりである。

　この寺は、幕末の住職井上静照が1854（安政元）年11月5日の安政南海地震を詳細に記録した『真覚寺日記』（全14巻）を保存する。内容は『地震日記』（9巻）と『晴雨日記』（5巻）からなっており、1868（慶応4）年までの15年間を記録したものである。日記は地震の被害を後世に伝えるため、津波の襲来から書きはじめられている。地震の記録とともに、幕末の一般社会事象も記されており、当時の世相を知ることのできる大変貴重な史料である。

　日記は活字化されて高知市民図書館から刊行されており、県内の各図書館でも閲覧できる。将来必ずおこるとされる南海地震に備え、この日記から学ぶことは多く、地域の防災研究者・地震研究者に繰り返し読みつがれている。

　宇佐町界わいの地震記録としては、この日記のほかに「安政地震・津波記念碑」（宇佐町萩谷口谷川）、1946（昭和21）年の南海大地震「震災復興記念碑」（宇佐漁港前）などがある。昭和の南海地震で、宇佐町は死者・行方不明者あわせて2人と少なかった。これは日記の著者井上静照の戒めが伝えられていたからではないだろうか。

　本尊は空海作とされる波切不動明王で、海難守護の利益があり、世の苦難から人びとをまもってくれるという。地元では「竜の御不動様」として親しまれている。旧暦の毎月28日に開帳しており、鎌倉時代作、高さ113.5cmの木造愛染明王坐像（国重文）も

青龍寺木造愛染明王坐像

正念寺梵鐘

高岡平野から宇佐港へ

拝観できる。旧暦1月28日には春の大祭があり、地域の参拝者で賑わう。

再び宇佐大橋を渡り、スカイライン入口バス停から500mほど北西にはいると、江戸時代末期建造の廻船問屋<u>齋藤家住宅</u>(国登録)がある。スカイライン入口バス停に戻って県道須崎仁ノ線を約1.2km北東に進み、市場前バス停で左折すると、平安時代前期の作と推定される<u>梵鐘</u>(国重文)をもつ<u>正念寺</u>(浄土真宗)がある。正念寺は1707(宝永4)年の津波で史料が失われ、縁起や来歴などは不明なことが多いが、長宗我部氏の家臣山本磯之進が大坂城落城後、出家して開基したと伝えられる。

梵鐘は、口径17.1cm、鐘身の高さ22.1cm、笠形の高さ0.6cm、竜頭の高さ6.9cm、総高29.6cmの小型で素朴なもの。「井手寺」の銘があり、もとは京都府綴喜郡井出町にあった井手寺のものではないかと考えられている。県道に戻ってすぐ東にはカツオ節製造場兼住宅の<u>泉家住宅</u>(国登録)がある。

宇佐町の東隣の新居本村には、天保庄屋同盟の指導者の1人細木庵常の墓がある。

蓮池西宮八幡宮の太刀踊 ❺

〈M ▶ P. 218, 220〉土佐市蓮池西ノ宮
JR土讃線高知駅🚌堺町方面行堺町乗換え市野々・高知リハビリ学院方面行鳴川通 🚶10分

戦勝祝いの太刀踊華麗に舞う紙ふぶき

高岡町の西端、国道56号線沿いの高岡高校通バス停で下車し、西に1分ほど歩くと<u>蓮池城跡</u>に至る。この城は平重盛の家臣蓮池家綱によって1170(嘉応2)年に築城されたと伝えられる。その後、藤原国信が城主となり、大平氏を名乗る。大平氏は土佐戦国の七守護

土佐カツオ節発祥の地

コラム

風味絶佳土佐節　土佐土産の代表格

　土佐市宇佐町の東入口，県道須崎仁ノ線県交通バス荻岬で下車し，西へすぐの場所に「改良土佐鰹節発祥の浦」碑がある。

　この碑には古代朝廷に献上されていた素干しの堅魚が，現在の腐敗しにくい土佐節に改良されるまでの経緯が記されている。

　1798（寛政10）年に刊行された『日本山海名産図会』に「乾かすに雨降れば藁火をもって籠の下より水気を去るなり」と記されているように，単純に自然乾燥と火力乾燥を併用する形で製造されていた土佐のカツオ節を，紀州（現，和歌山県）印南浦より漂着した漁夫から伝授された焙乾（燻乾）製法により改良したのが宇佐の播磨屋亀蔵である。

　亀蔵は息子の播磨屋（宮尾）佐之助とともに薪を使って火力の調整をはかり，煤煙効果を重視するとともに，黴付け，バラ抜き，もみ付けなど，諸技術の改良に苦心を重ねた。その結果，幕末には土佐節の焙乾（燻乾）製法，黴付け法が確立し，風味絶佳の改良土佐節の声価は高揚した。

　明治維新後，新政府の産業振興策により，佐之助の教えをうけた川内弥之助・西岡芳松らが国内各所にこの改良法を広めた。佐之助はこの功により1884（明治17）年，高知県知事より賞状を授与された。

　また，この碑のかたわらには，1841（天保12）年，宇佐浦から漁にでて漂流し，アメリカの捕鯨船に救われたジョン（中浜）万次郎ら5人のことも記されている。万次郎（土佐清水市出身）とともに出漁した宇佐の漁師4人，筆之丞・重助・五右衛門・寅右衛門も漂流したのである。ハワイを経てアメリカ本土に渡り教育をうけた万次郎をのぞき，4人はハワイに残った。重助は現地で病死し，寅右衛門は永住する。万次郎を含むあとの3人は1851（嘉永4）年に帰国する。万次郎は幕末から明治にかけて政府の外交親善に活躍する。その後，一生宇佐を離れることを許されなかった筆之丞・五右衛門の墓は宇佐町内の中口山麓にある。

の一角として覇をきそい，文芸の高揚にもつとめ，室町時代には和歌をとおして京の四辻家・冷泉家とも交流し，大平文化とよばれる独特の文化を形成した。

　その後，戦国時代の群雄割拠のなか，約350年続いた大平氏も一条氏に敗れ，一条氏の撤退後は長宗我部氏の家臣吉良親実が城主となった。しかし1590（天正18）年，4年前の豊後（現，大分県）戸次川の合戦で長男信親を失った長宗我部元親が，2男・3男をさし

高岡平野から宇佐港へ

蓮池西宮八幡宮の太刀踊

おいて4男盛親を嫡子に推そうとするのを諫めた親実に切腹を命じたのち，廃城となったと伝えられる。現在は公園化され，遺構はほとんど残っていない。

蓮池城跡の西方約500m，鳴川通バス停を左折して500m南下すると，西宮八幡宮(祭神応神天皇)に至る。11月3日の秋の大祭には太刀踊(県民俗)が奉納される。1337(建武4)年，大平氏が北朝方の戦勝を祝って奉納したのが始まりとされる。明治時代初期まで，このような踊りは土佐市内各地の神社で奉納されていたが，現在はこの蓮池の西宮八幡宮と宇佐町の若一王子宮の花取太刀踊のみになっている。これらの踊りは真剣をかざし，白い紙片を花のように切り散らす勇壮・華麗なものである。宇佐町の花取太刀踊は体育の日に奉納される。

西宮八幡宮本殿の裏にたつ神木のクス(県天然)は，樹高約30m・幹囲約10.6m，樹齢約800年といわれる。

谷地の金剛力士像 ❻

〈M ▶ P.218〉土佐市谷地
JR土讃線高知駅🚌堺町方面行堺町乗換え市野々方面行舟戸🚌15分

剛健素朴な仁王様
近隣に穴地蔵

国道55号線の舟戸バス停で下車し，タクシーで県道土佐川線に沿って佐川町方向へ進むと，約6kmで谷地に至る。谷地は佐川町との境に位置する集落で，JR佐川駅からも約6kmである。集落西端部の道路脇に法華寺跡があり，その敷地内に仁王門が残る。仁王門の木造金剛力士像(県文化)は剛健素朴なヒノキの寄せ造で，室町時代の作とされる。法華寺の観音堂は，仁王門前の道路北側の山を少しのぼったところにある。また仁王門の前に3本の根が合着した影向の杉がある。推定樹齢500年・樹高約26m，神仏が姿をかえてあらわれたものとして，あがめられている。

仁王門から南へ800mほどいくと，岩窟のなかに穴地蔵とよばれ

木造金剛力士像(法華寺跡)

る地蔵がある。正式名は岩屋地蔵である。江戸時代に、ある郷士が法華寺に石地蔵を奉納しようと持参したところ、「できが悪い」と住職が投げたため、石地蔵が2つに割れたという。この割れた地蔵をあわせてまつったのが始まりとされ、穴に関する病に利益があるとされる。

　舟戸バス停に戻り、さらにバスで西進して7～8kmさきの市野々バス停で下車すると、国道脇に、はりまや橋に似せた赤い欄干の純信橋が目にとまる。ここは「よさこい節」で有名な高知市竹林寺の僧純信の誕生地であり、付近には純信をまつる純信堂もある。

高岡平野から宇佐港へ

② 須崎市から新荘川に沿って

須崎から津野氏ゆかりの姫野々、そして布施ヶ坂を経て東津野・梼原へと国道197号線はのびる。

鳴無神社 ❼
0889-49-0674
〈M ► P.218〉須崎市浦ノ内東分3579　P
JR土讃線須崎駅🚌宇佐行中ノ浦🚶40分

浦ノ内湾に映える鳥居　土佐の宮島

　県道須崎仁ノ線の中ノ浦バス停で下車すると、すぐさきに浦ノ内西分の三差路がみえる。「鳴無神社」の標識にしたがい右折して県道横浪公園線を浦ノ内湾に沿って約3km進むと鳴無神社(祭神一言主神)に着く。横浪半島の北側は入江の続く横浪三里とよばれる景勝の地で、内側は波静かな浦ノ内湾が広がる。神社はその入江の奥に鎮座する。「土佐の宮島」と称され、鳥居の影を海面にうつす。

　社殿(国重文)は、本殿・幣殿・拝殿からなり、本殿は三間社春日造である。屋根は柿葺き・箱棟で千木・勝男木をおく。また、天井には「天女の舞」を描いている。幣殿・拝殿は素木造で簡潔清楚である。現在の社殿は石灯籠・手水鉢・鰐口の刻銘により、土佐藩2代藩主山内忠義が1663(寛文3)年に再建したことが知られている。古くは御遊船と称して高知市一宮の土佐神社から浦ノ内への神輿渡御が行われたが、現在は旧暦8月23日の例祭に神輿を御座船に乗せ、浦ノ内湾内を海上渡御する。また神踊(県民俗)も同時に行われる。

　中ノ浦バス停に戻り3kmほど西に進み、大谷ふるさと農道にはいり、法印山トンネルをぬけてすぐ東の山にのぼると、「元和四(1618)年」銘を有する四国遍路板碑(県文化)がある。また、中ノ浦バス停から2.5kmほど東進した横浪の集落で左折し、県道浦ノ内仏坂多ノ郷停車場線にはいり約2km進んだ大浦の川の対岸に、鎌倉時代の木造釈迦如来坐像を有する大浦太子堂がある。さらに県道を進み、仏坂をこえ

鳴無神社社殿

遠流の人びと

コラム

配流された皇族・名僧 心を癒した土佐人の情

『続日本紀』によると，土佐が常陸(現，茨城県)・安房(現，千葉県)・佐渡(現，新潟県)・伊豆(現，静岡県)・隠岐(現，島根県)とともに遠流の地と定められたのは，724(神亀元)年である。律令制度の五刑のなかでは，流刑は死刑につぐ重罰ということになるが，流された者は上流階級の者がほとんどで，生活も保障されており，現地の人びとからは文化人として尊敬されることが多かったようである。

律令体制成立前には，高賀茂神や屋垣王の土佐配流についての記述がみられる。奈良時代に配流となったのは，つぎの人びとである。『万葉集』『懐風藻』の歌人，石上乙麻呂は姦通罪のため流された。大伴古慈斐は橘奈良麻呂の乱に連座して配流となった。池田親王は兄の淳仁天皇が孝謙上皇に廃された際に謀反を計画したという理由で流され，香我美町徳王子に仮寓されたと伝えられる。氷上志計志麻呂は，県犬養姉女が称徳天皇を呪詛した事件に連座して配流となったが，彼を供養するためのものといわれる五輪塔や板碑が須崎市野見の金毘羅山の祠に残る。道鏡の弟弓削浄人は，宇佐八幡宮神託事件に関連して，弓削広方・広田・広津とともに土佐に流された。

平安時代では，応天門の変(866年)に加わった紀豊城の異母兄であったため縁座した紀夏井が，野市町佐古に流されたことが知られる。安和の変(969年)に連座した橘繁延，興福寺との争いで咎をうけた源頼親，春日大社の強訴によって流された高階為家もあげられる。藤原師長は，保元の乱(1156年)に連座して黒潮町有井川の宮地山に流されたという伝承がある。藤原貞憲は平治の乱(1159年)に連座して配流となった。同じく平治の乱後，源希義は高知市介良に流された。

鎌倉時代も土佐は配流地であった。法然は専修念仏に対する弾圧のため土佐配流が決まっていたが，九条兼実の配慮で讃岐(現，香川県)に変更になったという。ただ，法然は東洋町甲浦に滞在して超願寺を建立したとする伝承や，配所となる予定だった幡多の四万十市には正福寺が開基されたとする話しが伝わる。承久の乱(1221年)後，配流となった土御門上皇は，『増鏡』などによると「土佐の畑」に流されたとされる。配所については，黒潮町や四万十市などの説もあり，四万十市説では為松公園二ノ丸を御幸の地とし，常照寺を開基したと伝わる。その後，阿波(現，徳島県)に移る途中，香我美町岸本を経由したという説が一般的である。元弘の変(1331年)ののち，尊良親王は幡多に配流となったが，黒潮町には関係の旧跡が残る。

須崎市から新荘川に沿って

231

て左折し約4kmの神田(こうだ)の集落にはいると、谷の東側斜面に鎌倉時代の木造地蔵菩薩半跏像(じぞうぼさつはんかぞう)や室町時代の木造阿弥陀如来立像(あみだ)を有する子安地蔵堂(こやす)がある。

土佐藩砲台跡(とさはんほうだいあと) ❽ 〈M ▶ P. 218, 232〉須崎市中町(なかまち)2-5
JR土讃線土佐新荘(しんじょう)駅🚶7分

天然の良港須崎港 幕末土佐の防衛拠点

新荘川河口の土佐新荘駅から、線路沿いの小道を東方の須崎駅方面に向かう。500mほど歩くと中町の西浜(にしはま)公園に着く。富士ヶ浜にのぞむこの公園に、幕末に設置された土佐藩砲台跡(国史跡)がある。

古来、須崎港は天然の良港とされ、現在も多くの船舶の出入りがある。1863(文久(ぶんきゅう)3)年、異国船の往来が激しくなったわが国にあって、土佐藩は沿岸防備のために、須崎には3カ所の砲台を築造した。その後、1867(慶応(けいおう)3)年、長崎の英国水夫殺害事件で海援隊(かいえんたい)に嫌疑がかけられ、英国公使パークスが須崎港にはいったときは、今にも砲門が開かれそうな緊迫した状況であった。現在は、長さ120mの西の台場のみが公園として保存されている。

また、須崎駅の西方300mほどのところに発生寺(ほっしょうじ)(浄土宗(じょうど))がある。幕末期の住職智隆(ちりゅう)は、土佐勤王党の名簿にも名を連ねる人物で、当時、寺には勤王の志士が多数集まっていたといわれる。境内には、坂本龍馬(さかもとりょうま)が首を切ったとされる石の地蔵と龍馬手植えのマツがある。また鎌倉時代の木造十一面観音菩薩立像(かんのん)も有する。

発生寺から西進し、交差する旧国道56号線にでて北に進み、市役所前をすぎ大間西町(おおまにしまち)の三差路を右折して県道須崎港線にはいると、すぐ右手に藤原時代の木造聖観音坐像(しょうかんのん)を有する観音寺(かんのん)(真言宗(しんごん))がある。さらに国道56号線を北進し、すぐさきの大間駅前の交差点を左折して県道

須崎港周辺の史跡

上分多ノ郷線にはいり約1kmのところにある賀茂神社の石造多層塔(県文化)も一見の価値がある。

姫野々城跡 ❾

〈M ▶ P.218〉高岡郡津野町姫野々
JR土讃線須崎駅🚌20分または🚌杉の川方面行葉山小学校前🚶30分

津野氏繁栄の拠点 県内最古の鰐口

　須崎駅から西へ向かい,新荘川沿いに国道197号線を15kmほど走ると津野町にはいる。市町の境をすぎてすぐの新土居から北にはいると,三間川の集落に至る。三間川橋の西側には,五山僧絶海中津が8歳のときに仏門にはいる決意をしたといわれる円通寺跡がある。国道に戻りもう1つ西の谷を北にはいった樺の川の五輪塔群は,絶海と並び称される義堂周信の一族の墓とされる。さらに国道197号線を西進する。姫野々集落の国道右手に総合保健福祉センター「里楽」があり,その後方の標高189mの小高い山が姫野々城跡である。バスなら,少しさきの葉山小学校前バス停で下車すると登山口に近い。

　姫野々は,戦国土佐の七守護の一角である津野氏の居城であった。津野氏の祖は,藤原基経の子仲平の後裔といわれる津野経高で,伊予(現,愛媛県)の河野氏の支援を得て檮原から津野山にはいり,ここを本拠にしたとされるが,現在の須崎市多ノ郷,吾桑地区にあたる津野本荘から新荘川流域の津野新荘方面へ発展したという説もある。南北朝時代の津野氏は,北朝方として活躍し,戦国時代には高岡郡を支配するようになった。一時は幡多の一条氏とも対立したが,1517(永正14)年,恵良沼の戦いで敗れ,のちに長宗我部氏の配下となった。その後,長宗我部元親の3男である親忠が養子としてあとをついだが,親忠は1600(慶長5)年,謀反の疑いにより香美郡岩村(現,香美市)に蟄居し,最期は弟長宗我部盛親の軍勢に囲まれて自刃した。このことにより津野氏の系譜はとだえた。

　現在の姫野々城跡は登山道が整備され,容易に山頂までのぼることができ,詰跡からは新荘川を眺望できる。また麓の土居跡では,中国明朝の青磁など多数の貿易陶磁器が発見された。

　里楽から旧道を北西に進んだ葉山小学校裏山には,勤王の志士千屋菊次郎・金策の墓がある。さらに旧道を西進すると三島神社があ

る。神社にある鰐口(県文化)は，直径17.5cm・厚さ5.4cmで，「建武五(1338)年三月八日」「願主　仲原国房」の銘文がある。建武5年は北朝方の年号で，県内にある鰐口では最古のものである。

里楽から国道197号線を3kmほど西進すると，津野町役場がある永野にはいる。役場の西側には津野町郷土資料館がある。また，すぐかたわらには，1927(昭和2)年に第1次若槻礼次郎内閣の大蔵大臣として金融恐慌の引き金となる失言をした片岡直温と，関西財界の重鎮として活躍した兄直輝の生家，および片岡家の墓所が残る。

布施ヶ坂 ⑩

〈M ▶ P.218〉高岡郡津野町白石～船戸　Ｐ
JR土讃線須崎駅🚌30分または🚌新田方面行布施ヶ坂公園🚶すぐ

四季折々の美しい眺望
つづら折りの坂道

津野町役場から国道197号線をさらに檮原方面約10km進むと，布施ヶ坂に至る。布施ヶ坂は，新荘川と四万十川の分水嶺に位置し，津野山郷への玄関口にあたる坂で，ひと昔前までは「辞職峠」などといわれたこともある。檮原方面に転勤を命じられた県職員や教員が，あまりにも険しくどこまでも続くつづら折りの坂道に仰天して，そのまま引き返して辞表をだしたという逸話が残る。

津野氏の時代に一帯で疫病がはやり，地域が合同で大般若供養を行った。このとき坂下の葉山は坂上の津野山より布施が少なかったらしい。そのため，津野山は布施を立て替え，そのかわりに葉山からこの坂を譲渡されたことから，布施ヶ坂とよばれるようになった。

旧道の坂道は急カーブの連続であるが，近年，旧道と谷をはさんだ対岸にトンネルと橋梁からなる新道が完成した。途中の，道の駅布施ヶ坂(布施ヶ坂公園バス停すぐ)では，旧道の坂と斜面一帯を見渡すことができ，また数々の地場産品などを購入することができる。

布施ヶ坂

❸ 四万十川源流域

神楽の里津野山には，五山の名僧義堂周信・絶海中津のほか，幕末維新をかけぬけた志士たちの足跡が各地に残る。

堂海公園 ⓫

〈M ► P. 218〉高岡郡津野町船戸 P
JR土讃線須崎駅🚌新田方面行船戸🚶40分

四万十川の源流域五山文学の双璧

国道197号線で布施ヶ坂をこえた船戸バス停から県道東津野仁淀線にはいり約1km，共栄橋手前を右にはいると寺山の大イチョウがある。ここは，五山の名僧絶海生誕地の伝承のある明玉山金光寺（臨済宗）跡でもある。県道を北進して中村集会所をすぎて川の右岸に渡ると，もう1人の五山僧義堂誕生地の碑がある。さらに北に1.5kmほど進むと左手に2人の銅像がたつ堂海公園がある。

義堂は名を周信といい，また絶海は中津という。両僧とも若くして上京し，天竜寺の夢窓疎石の弟子となり禅を志し，のちに五山文学の双璧として室町幕府3代将軍足利義満につかえた。

堂海公園のすぐ横に四万十源流センター「せいらんの里」とアメゴの養殖場があり，そこから谷間をのぼっていくと，不入山(1336m)中腹の四万十川源流点にいき着く。

堂海公園の義堂周信（左）・絶海中津銅像

吉村虎太郎邸跡 ⓬

〈M ► P. 218〉高岡郡津野町芳生野甲奈路
JR土讃線須崎駅🚌55分または🚌新田方面行新田乗換え枝ヶ谷分岐方面行奈路🚶2分

幕末土佐の風雲児討幕運動の先駆者

国道197号線に戻り檮原町方面に向かう。新田の津野町役場西庁舎さきの丁字路を右折。国道439号線にはいり，仁淀川町方面に4kmほど進むと，奈路バス停の左手すぐの山沿いに吉村虎太郎邸跡（県史跡）がある。

津野山郷における勤王の志士を代表し，尊王討幕運動に身を投じて27歳の若さで散った虎太郎は，芳生野に生まれ12歳で津野山郷北川村（現，津野町北川）の庄屋となった。土佐藩における庄屋層は

四万十川源流域 235

国学への関心が高く，また地位向上に向けて庄屋同盟を結成し，訴状を藩に提出するなど，活発な活動を展開した。これが幕末の土佐勤王党の結成につながり，虎太郎も土佐勤王党首領武市瑞山(たけちずいざん)に接近し，活動に参加した。脱藩後も討幕運動を続け，1863(文久(ぶんきゅう) 3)年には同志らと天誅(てんちゅう)組を結成し，大和(やまと)(現，奈良県)で挙兵したが敗死した。短い人生であったが，彼の思想と行動は幕末期の土佐における尊王討幕運動の先駆けとなった。新田の津野町役場西庁舎横の東津野中学校かたわらの高台には，勇壮な吉村虎太郎像がたつ。

中平善之進銅像(なかひらぜんのしんどうぞう) ⓭

〈M ▶ P. 218〉高岡郡津野町高野(たかの) P
JR土讃線須崎駅🚌60分または🚌檮原行高野局前🚶1分

津野山一揆の義民　暴風雨をおこした善之進(ぜんのしん)

新田の津野町役場西庁舎(旧東津野村役場)前から国道197号線をさらに檮原町方面に8kmほど進む。町境間近の高野の道路脇，高野局前バス停前に1755(宝暦(ほうれき) 5)年，津野山一揆の首謀者として斬首(ざんしゅ)に処せられた中平善之進銅像がある。当時，土佐藩は財政難を理由に津野山郷の特産品であったコウゾ・茶・シイタケなどの商品作物に対して専売制を強化した。農民たちは檮原村の庄屋であった中平善之進を中心に団結し，藩に抵抗する姿勢を示したが，機先を制して藩は22人をとらえ，善之進を斬首した。これが津野山一揆(いっき)である。

善之進が斬首されたのち，彼の首が岩にかみつき，その瞬間，暴風雨がおき，それが7日7夜も続いたという「善之進時化(しけ)」の伝説が後世まで語り継がれた。周辺に大きな被害をもたらした1886(明

中平善之進銅像

高野の舞台

坂本龍馬脱藩の道

コラム

幕末日本の夜明け志士を結ぶネットワーク

　1862(文久2)年3月24日，脱藩を決意した坂本龍馬は，同志の沢村惣之丞とともに高知城下を出発。翌25日には檮原に居を構える土佐勤王党の那須信吾の家に宿泊。その後，宮野々番所から韮ヶ峠をこえ，伊予(現，愛媛県)宿間，さらには長浜(ともに現，大洲市)から海路で長州(現，山口県)の三田尻に至る。計6泊7日にわたる旅であった。このとき龍馬は28歳，勝海舟の門下にはいる半年前のことである。彼の命運をかけた脱藩の旅の名残りの場所を紹介してみたい。

朽木峠——JR土讃線斗賀野駅から徒歩2時間。高知城下と津野山郷を結ぶ最短のルートとして，古くから往来の多かった峠である。龍馬がこの峠をこえたのは，高知城下出発の翌未明で，斗賀野から半山郷の勤王家，片岡孫五郎の案内があったといわれる。現在は歩道が整備され，津野町三間川までを2時間余りで歩くことができる。

太郎川公園——国道197号線の道の駅ゆすはら一帯が公園となっており，すぐ横には「茶堂の心」をもって都市との交流を深めることを目的とする雲の上のホテル・温泉がある。公園内には中曽根康弘元首相の揮毫による「維新の道」の碑があり，キャンプ場・アスレチック・グラススキー場をはじめ，龍馬脱藩の道の一部がとおっている。

維新の門——1995(平成7)年に檮原町の中心部和田城跡に建立された群像で，坂本龍馬をはじめ沢村惣之丞・那須俊平・那須信吾・中平龍之介・吉村虎太郎・前田繁馬・掛橋和泉の8人の志士たちが伊予国境の方角を向いている。彼らは皆，志なかばで非業の死をとげたが，これらの像は新しい時代を夢みて行動した志士たちの功績と勇姿を永遠に伝えるものである。

宮野々番所跡——檮原中心部から約8km。坂本龍馬一行は檮原で那須信吾邸に宿泊したのち，3月26日早朝この関所をこえたと伝えられる。関所跡の碑文に，「土佐勤王烈士十二人前後此ノ関門ヲ脱出シ」とあり，坂本龍馬を含む12人の志士たちの名がきざまれている。

韮ヶ峠——宮野々番所から土予国境をこえるには，さまざまな脱藩ルートがあるが，坂本龍馬が土佐を脱出の際，最後にこえた峠がこの韮ヶ峠である。

治19)年の暴風雨の際，津野山の人びとは「善之進時化」の再来として恐れ，善之進の霊をしずめるためこの地に風神鎮塚をたて供養した。さらに1985(昭和60)年，風神鎮塚のかたわらに，高さ約3

四万十川源流域

mの善之進の銅像が建立された。台座部には「義庄中平善之進」ときざまれている。また実際の斬首の地は檮原町太郎川で，そこには「義人中平善之進処刑の地」と刻印された石碑がたつ。また，檮原町役場前には頌徳碑がある。

銅像から坂道を少しくだった高野の三嶋神社境内には，高野の舞台(国民俗)がある。間口7.17m・奥行5.3m・床高1.17m，花道は拝殿から左手にかけられ，右手に太夫座を有する。全国的にも珍しい床上で回転させる鍋蓋上回し方式の回り舞台で，秋には4年に1度(前回は2003年10月に開催)，この場所で農村歌舞伎が上演される。農村舞台は，ほかにも宮野々の白尾神社，四万川の円明寺，越知面の三嶋神社(すべて檮原町)に残り，この3舞台を総称して津野山舞台(県民俗)とよぶ。

千枚田 ⑭ 〈M ▶ P. 218, 238〉高岡郡檮原町神在居
JR土讃線須崎駅🚌65分または🚌檮原行神在居🚶1分

耕して天に至る棚田 天然の保水池

中平善之進の銅像から，さらに国道197号線を西進する。町境をこえて檮原町にはいるとすぐ，風早トンネル上方の風早峠周辺に広がるのが，神在居の千枚田である。千枚田は棚田ともいわれ，傾斜地に階段状に耕地化された水田である。わが国の山村の耕地がしだいに削減され，荒廃していくなかで，この千枚田は，「耕して天に至る」といわれるほど芸術的な景観を今日に伝えている。

1972(昭和47)年の調査では，総計501枚の水田が確認されたが，国道の整備や機械のはいらない不便な地形のため，枚数は年々減少し，2006(平成18)年現在では200枚余となっている。

檮原町では，1992(平成4)年から棚田保全のため「千枚田オーナー制度」を取り入れ，地元民と他地域の人びととの交流事業を進めている。また，1995年には，「第1回全国棚田(千枚田)サミット」が檮原町を会場に開催された。

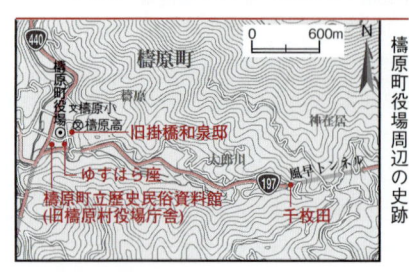

檮原町役場周辺の史跡

檮原町の役場前には檮原町立歴史民俗資料館がある。建物は本館と別館からなり，別

土佐の神楽

コラム
芸

山間に伝わる古式神楽
息災を願う大蛮の舞

　高知県の四国山中には、各所に多くの神楽が伝存する。古来、おもに神社を舞台に各地の年中行事として行われてきたが、その起源や伝播に関する資料はほとんどなく、詳細は不明である。連綿と伝えられてきた神楽は「土佐の神楽」として、現在9カ所が国の重要無形民俗文化財に指定されている。西部地域には四万十町の幡多神楽、梼原町の津野山神楽、津野町の津野山古式神楽、仁淀川町の名野川磐戸神楽、池川神楽、安居神楽などがある。高知市周辺および東部地域には、いの町の本川神楽、大豊町の岩原・永淵神楽、香美市奥物部のいざなぎ流神楽がある。

　人気のある舞の1つに大蛮がある。大蛮は神楽を妨害するためにあらわれるが、神との問答の末に敗れると心を入れ替え、人びとの幸福を祈るという筋である。大蛮がだいた赤ちゃんは無病息災で育つと伝えられており、舞がおわるとあちらこちらから大蛮に声がかかる。だかれた赤ちゃんの多くは泣きだすが、なかには平気な赤ちゃんもいて大いに客席をなごませてくれる。

　高知県の神楽は天照大神の神話を題材にした岩戸神楽の流れをくむとされており、また「土佐の神楽」とひとくくりにされるだけに共通点も多い。だが、本川神楽は夜神楽・木樵の舞、岩原神楽では「もどき芸」と称して正調の舞の横で反対に舞って笑いをとるしぐさもあり、それぞれの地域によって違いがある。土佐神楽は今も生活の一部として地域の人びとのなかに生き続けている。

館は1891(明治24)年建造の旧梼原村役場庁舎の建物を転用したものである。館内では梼原の歴史を概観できるほか、数多くの農具・民具が蒐集・展示されている。また、同町中心部には幕末勤王の志士の邸宅である旧掛橋和泉邸や、1948(昭和23)年建造で、現存する高知県内唯一の木造芝居小屋であるゆすはら座など、趣のある建物が保存されている。

神在居の千枚田

四万十川源流域　239

④ 久礼から高南台地へ

カツオの一本釣りの町中土佐町久礼から仁井田米の里窪川へ。海の幸と山の幸に恵まれた地域の人情が旅人の心を癒す。

伝統息づく御神穀様 一本釣りのふるさと

久礼八幡宮 ⑮　〈M ▶ P. 218, 240〉　高岡郡中土佐町久礼6515　P
0889-52-2408　　JR土讃線土佐久礼駅 徒歩5分

　土佐久礼駅より県道久礼須崎線を東進し、賑やかな久礼商店街をぬける。大正町市場前を経て右折すると久礼八幡宮（祭神応神天皇・神功皇后ほか）に至る。

　久礼八幡宮はもと中土佐町上ノ加江の産土神としてまつられていたものを久礼に遷座し、応永年間(1394〜1428)に久礼の領主佐竹氏が関東から勧請したという正八幡を合祀したという。また、現在の社殿は江戸時代末期の建立とみられる。本殿に伝存する鰐口には「明徳三(1392)年」の銘がきざまれており、これがこの社に寄進されたものであれば、創建は1392年以前ということになる。また、社宝として銅戈（県文化）１口が保存されている。

　久礼八幡宮の秋の例大祭は、土佐の三大祭の１つとされ、毎年旧暦８月14・15日に行われる。祭りのクライマックスは初日の午前０時からはじまる御神穀様で、長さ数mの大松明の先導で、勇壮な男たちにより神饌がとどけられ、一夜酒が醸造されて八幡宮に献納される。祭りの期間中は県内外から大勢の人びとが町を訪れ、活気に満ちあふれる。

久礼八幡宮周辺の史跡

久礼八幡宮

　土佐久礼駅から西方に200m進む。国道56号線沿いの久礼中学校西側の通称城山が、鎌倉時代に常陸（現、茨城県）から来住し、土佐一

久礼大正町市場

コラム

食

一本釣りの街 カツオの浦の生活市場

　青柳裕介原作の漫画『土佐の一本釣り』の舞台としても有名になった中土佐町久礼は，新鮮な海の幸の宝庫である。

　その中心が久礼漁港に隣接する大正町市場である（JR土讃線土佐久礼駅徒歩7分）。この市場は，1915（大正4）年の大火で，久礼全戸数の4分の1が焼失した際，大正天皇から見舞金が贈られ，その厚意に町民が感謝して命名されたものである。

　各店舗の店頭には久礼漁港から水揚げされたばかりの新鮮なカツオや旬の魚，干物などが並び，地元の買い物客や県内外の観光客の食欲をそそる。また，市場から海岸へ続く道を歩くと，久礼八幡宮，さらに海に向かってペンをとる青柳裕介の石像が姿をあらわす。

遠くに目をやると，名勝双名島が白波のなかに浮かぶ風景に心が洗われる。

　町中心部から海岸線に沿って小草トンネルをぬけ，すぐ右側の高台につうじる道路をのぼりつめると，温泉を備えた宿泊施設黒潮本陣がある。敷地内の黒潮工房では，カツオのたたきをつくる藁焼き体験ができ，海の幸を存分に満喫することができる。

久礼大正町市場

条氏や長宗我部氏の重臣として活躍した佐竹氏の居城久礼城跡で，土塁や堀切の跡が比較的よく残る。城跡から国道をはさんで南側の久礼小学校にのぼる学問坂には，16世紀末建立の四国遍路板碑（県文化）が1基残る。佐竹氏の菩提寺の常賢寺跡は，市街地の西方，久礼川支流の長沢川を1kmほどさかのぼった長沢にあり，佐竹義直逆修五輪塔が残る。

茂串城跡と古渓山城跡 ⓰⓱　〈M ▶ P.218, 242〉高岡郡四万十町茂串町／四万十町窪川
JR土讃線・土佐くろしお鉄道窪川駅
🚶15分／🚶15分

山内一豊の盟友の城 仁井田五人衆の1人窪川氏

　中土佐町久礼より国道56号線は久礼坂にかかる。全長6km余，高低差300mをのぼりきった地点が七子峠で，久礼湾の眺望が美しい。峠からさきは高南台地とよばれ，比較的平坦な地形が続く。こ

窪川駅周辺の史跡

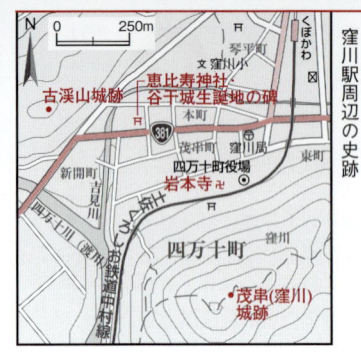

の台地上に広がる町が幡多路や北幡・南予方面への交通の要衝四万十町である。

七子峠より国道56号線を10km余り南下すると，四万十町の中心窪川の町並みにはいる。窪川駅前から線路に沿って県道窪川船戸線を南下し，四万十川支流吉見川の窪川東橋を渡ったさきの，四国霊場第37番札所岩本寺後方の小山が茂串山で，中世，窪川氏によって茂串(窪川)城が築かれた。窪川氏は「仁井田五人衆」とよばれる窪川地域の土豪に数えられる。高岡郡の津野氏と幡多郡の一条氏の勢力にはさまれて苦戦し，当初は津野氏，のちに一条氏についたが，1571(元亀2)年，長宗我部元親の支配下にはいった。

茂串城跡は土塁をめぐらした詰ノ段と東西下方の二ノ段，そして西二ノ段下から詰ノ段南方下にかけて14条の竪堀が残る。詰ノ段北東下には井戸があり，またそのかたわらを土橋がとおり，北東尾根上の郭と連絡する。

近世の窪川は，土佐藩初代藩主山内一豊の盟友であった林勝吉が，5000石の領主として支配をまかされ，山内姓を名乗ることを許されるとともに一豊の1字をあたえられて一吉と改名した。一吉は茂串城からは吉見川対岸にあたる小高い古渓山に城を築き，その南麓(新開町)に館を構えた。そこをお土居という。古渓山城は元和の一国一城令(1615年)により取りこわされたが，現在も詰ノ段・二ノ段の石垣などの一部が残る。城は東西の尾根を大きく掘り切って築かれていた。眼下に一望できる吉見川と四万十川本流が堀の役割をはたし，まもるに堅固なこの城の重要性を感じることができる。

古渓山城南麓の新開町から，国道381号線の窪川新橋で再び吉見川を渡る。国道北側に並行する本町の商店街沿いの恵比寿神社境内には，幕末から明治時代の軍人・政治家で，とくに1877(明治10)年の西南戦争の際，熊本鎮台司令長官として西郷軍の猛攻から熊本城をまもりぬいたことで著名な谷干城生誕地の碑がある。

岩本寺 ⑱
0880-22-0376
〈M ► P.218, 242〉 高岡郡四万十町茂串町3-13　P
JR土讃線・土佐くろしお鉄道窪川駅 🚶 7分

色彩放つ天井絵　四国霊場第37番札所

　窪川駅から線路に沿ってのびる県道窪川船戸線を南下した四万十町役場のかたわらに、四国霊場第37番札所岩本寺(真言宗)がある。天平年間(729～749)、聖武天皇の発願により行基の建立とも、高岡神社(五社神社)の神宮寺として天長年間(824～834)の建立とも伝えられる福円満寺が前身。福円満寺が享禄～天文年間(1528～55)に一度退転したのち、土佐清水市金剛福寺の住職尊海法親王によって岩本坊として現在地に再建された。その後、天正年間(1573～92)の兵火で焼失したが、釈長僧都によって藤井山岩本寺として再建され、現在に至る。

　山門をくぐると右側に本堂・太子堂が並び、境内の中央には大きなイチョウの木がある。また拝殿には町内外から寄せられた天井絵575枚がかざられ、参拝者の目をひく。本堂は1978(昭和53)年の再建で、5体の本尊、阿弥陀如来・観音菩薩・不動明王・薬師如来・地蔵菩薩が安置されている。

　窪川駅より正面の町道を、徒歩で20分ほど西進する。窪川高校・窪川中学校の前を経て四万十川の五社大橋を渡ると、対岸に高岡(五社)神社(祭神大日本根子彦太邇命 ほか)がある。ここが岩本寺(福円満寺)の旧所在地である。神社は戦国時代に仁井田五人衆の1人であった中西権七所有の、長さ1.6m・重さ30kgの大太刀などを保管する。

久礼から高南台地へ

5 四万十川に沿って北幡へ

四万十川の河岸段丘上の縄文遺跡と，集落ごとに残る茶堂にしのばれる上山郷の人情。

熊野神社 ⑲ 〈M▶P.218, 244〉 高岡郡四万十町大正86 P
JR予土線土佐大正駅 🚶 7分

　四万十町窪川から国道381号線を四万十川沿いにくだる。旧大正町域にはいり，JR予土線打井川駅前から四万十川の打井川橋を渡り，県道大方大正線にはいる。5kmほど進み，分岐から県道住次郎佐賀線にはいると，左手に道文神社が鎮座する。元弘の変(1331年)のあと土佐に流された尊良親王に，弟とともに随従した秦道文の墓がある。尊良親王一行は米原(現，黒潮町)におちついたが，道文は命をうけて上京の途中，奥打井川で病死した。死の直前「病に苦しむ人は我墓に参ると治るであろう」といい残したと伝えられ，道文神社は腰から下の病に利益があるといわれている。

　国道381号線に戻り，6kmほど西進する。旧大正町の中心田野々の町への入口に鎮座するのが熊野神社(祭神早玉男命・事介男命・伊邪那岐命)である。JR土佐大正駅からは，駅前の旧道を500mほど南下した新国道との合流点の手前に位置する。1190(建久元)年この地の豪族熊野別当旦増の子永旦が熊野(現，和歌山県)より勧請し，その子孫田那辺重正が1410(応永17)年に再興したものと伝えられる。

　神社には，諸刃づくりの小刀・木造獅子・千羽烏の神璽・法華経石などがある。境内の長楽寺跡(真言宗)の小

熊野神社周辺の史跡

長楽寺跡の仏像群　諸刃づくりの小刀

竹内家住宅

堂には，平安時代末期から鎌倉時代初期のものと思われる木造阿弥陀如来立像・木造地蔵菩薩立像(ともに県文化)や木造阿弥陀如来坐像・木造薬師如来坐像・木造増長天立像が残る。付近には竹内家住宅(国重文)が，四万十町中津川から移築されている。天井がなくタケで床をしくなど，江戸時代中期の土佐山間部特有の構造を有する。

国道381号線から町なかをとおる旧国道にはいるとすぐ，北側に四万十町民俗資料館がある。かたわらの町営住宅の裏には上山郷上分番頭大庄屋墓地が残り，そこには1992(平成4)年の発掘で出土した「応安八(1375)年」の銘がはいった宝篋印塔がある。

田野々の集落をすぎ，すぐさきの分岐で国道381号線と分かれ，檮原方面への国道439号線にはいり，約15km進むと，下津井の集落に至る。集落入口の道の右側には，下津井村関番所跡の碑が残る。碑のすぐさきで国道439号線と分かれ，下津井橋を渡ると道は左右に分かれる。右方向の道は旧森林鉄道橋のめがね橋の下をくぐるが，左方向の道を進むと下津井温泉源泉地に至る。その後方の丘の上には，美しい茶堂が残る。

茶堂とは，高知県西南部や愛媛県南予地方の山間部にみられるほぼ方形のお堂で，ふつうは3方が吹き抜けになっている。春の彼岸や夏の盆のころには，「お接待」といって，地域の住民が行き交う旅人に対し茶菓を供する風習がある。下津井の茶堂でも新暦8月の月遅れの盆前には，お接待が行われている。

地吉の大念仏踊り [20]　〈M ▶ P. 218, 246〉高岡郡四万十町地吉字本村　JR予土線十川駅🚌10分

読経と祝詞　神仏混在の祭祀

下津井から田野々に戻り，国道381号線を西進すると，旧十和村域にはいる。田野々から7kmほどの三島トンネルの手前で左折し，三島沈下橋を渡ると轟の集落である。轟の集会所には，付近で出土した石造地蔵菩薩像と「永正七(1510)年」銘の板碑が保管されている。JR土佐昭和駅からも近く，目の前の国道381号線を1kmほど窪川方面に歩き，三島沈下橋を渡ればよい。

再び国道381号線に戻り西進し，昭和集落をぬけたさきで国道381号線と分かれ，昭和大橋を渡ると大井川の集落である。この地は中

村(現,四万十市)方面から上山郷への入口であった。橋を渡って西にまがる道が2本あるが,上にのぼる方の道を進み,大井川土地基盤整備記念碑を右折すると,旧庄屋屋敷(中平家)がみえる。中平家は中世の四手城主中平重熊の子孫で,1852(嘉永5)年から中平道助重清より3代,大井川・四手両村の庄屋をつとめた。

　国道381号線に戻って西に進み,十和トンネル手前の道を左折して旧国道をいくと,河内の集落に至る。ここで右折し河内神社にのぼる尾根道を,神社をすぎてなお進むと辻堂に至る。旧往還の峠にたてられたもので,2005(平成17)年まで旧暦6月21日から7月21日の間,地元の当番の人がお茶の接待をした。

　国道381号線に戻り,さらに1kmほど西に進む。久保川集落の十和小学校さきで右折し,林道大道線を奥大道方面に向かうと,ほどなく左側に大雲寺(曹洞宗)本堂がみえる。このなかには,1721(享保6)年制作の厨子が安置されている。ここから奥に15kmほど進んだ奥大道の集落北端の住宅が,奥大道番所跡である。敷地の隅に碑が建立されている。さらに道標にしたがい進むと,龍王の滝

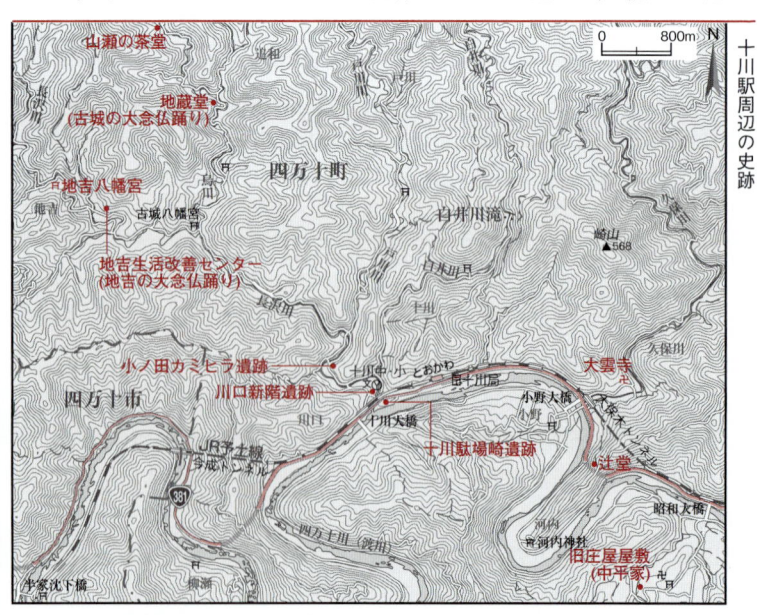

十川駅周辺の史跡

四万十川流域の遺跡

コラム

河岸段丘の縄文遺跡　下流域の祭祀遺跡

　四万十川上流域の津野町・檮原町の河岸段丘上には，狩猟・採集を生業とした縄文時代までの遺跡が多い。本流域では大分県姫島産黒曜石や縄文時代前期の土器が出土した西の川遺跡，チャート製石鏃が出土した船戸遺跡がある。北川川流域では，注口土器が出土した音五郎遺跡，縄文時代後期の土器が出土した北川遺跡がある。檮原川流域では，旧石器時代のナイフ形石器を表採した初瀬影野地遺跡，縄文時代後期の土器を表採した松原遺跡がある。

　四万十町でも縄文時代早期の押型文土器などが出土した根々崎五反地遺跡などが調査されているが，高南台地の平地に恵まれているため，竪穴住居跡を検出したカマガ淵遺跡のほか，神ノ西遺跡・辻ノ川遺跡など，弥生時代中期から古墳時代の遺跡もみられる。四万十町は県内最大の青銅器の出土地で，銅戈は県内出土の5口のうち3口，銅矛は53口のうち19口が出土した。西の川口遺跡のように，銅矛埋納遺構が調査されたものもあるが，出土後，神社に奉納されたものも多い。中土佐町でも宮野々遺跡で竪穴住居跡が検出された。

　中流は四万十町・四万十市の山間部を蛇行して流れるため，再び河岸段丘上に立地する縄文時代の遺跡が中心となる。四万十町の木屋ヶ内遺跡は石器製作跡が確認され，カツオ節形で南方の影響がみられる磨製石斧も出土した。轟遺跡では繊維混入土器が出土した。広瀬遺跡は出土した石錘から当時の人びとが川魚を食べて暮らした様子がうかがえる。支流の長沢川流域はとくに遺跡が密集する。小ノ田・カミヒラ遺跡は縄文土器が多く出土し，集落跡の可能性をうかがわせる。十川小・中学校周辺の川口新階遺跡では，県西部でよく出土する石器原料ホルンフェルスの原産地遺跡であることが確認された。十川駄場崎遺跡・川口ホリキ遺跡の調査では，縄文時代草創期の可能性をうかがわせる尖頭器や，炉跡が確認された。四万十市には，尖頭器が出土した江川中畝遺跡，縄文時代の調理施設跡を確認した車木遺跡，祭祀関連の遺物である「縄文のヴィーナス」（線刻礫）が出土した大客宮崎遺跡がある。

　下流域には，三里遺跡など縄文時代の遺跡も分布するが，平野に恵まれた支流の中筋川流域は様相を異にする。国見遺跡・船戸遺跡は縄文土器が出土するが，ツグロ橋下遺跡・入田遺跡・中村貝塚は縄文時代晩期から弥生時代前期の遺跡で，同時期に平野部に生活域が拡大した様子がうかがわれる。具同中山遺跡群や古津賀遺跡群の弥生時代から古墳時代の祭祀遺構は，洪水を恐れた人びとの行為によると思われる。

四万十川に沿って北幡へ

地吉の大念仏踊り

の駐車場に至る。下におりると滝であるが、上にのぼると平家落人の門脇某が住み着き、年1度家宝の巻物を虫干ししたという、絹巻の駄場などがあり、落人にまつわる伝承地が残る。

　国道381号線に戻り、十川の旧十和村役場前を経て西進する。すぐさきの十川橋の手前を右折して、長沢川沿いの県道十和吉野線を3kmほど奥に進み、烏川橋の分岐で、橋を渡りそのまま1kmほど進むと、地吉本村に至る。集落中心の地吉生活改善センターでは、8月5日に地吉の大念仏踊り（県民俗）が行われる。十川駅からの公共交通機関はない。神仏習合の名残りで、僧侶が読経する横で神職が祝詞をあげる。そしてその前を、地域の人びとが鉦・太鼓を打ち鳴らしながら円を描くように延々と練り歩く素朴な行事である。1kmほど上流の応神天皇をまつる地吉八幡宮の境内には、推定樹齢750年の夫婦杉（県天然）がある。ここで奉納される五ツ鹿踊りは、伊予（現、愛媛県）の影響をうけたものである。

　県道十和吉野線を少し戻る。烏川橋の分岐に戻り、十川方面からみて右折し、烏川沿いに2kmほど奥に進むと、追和への道と山瀬への道の分岐に至る。この手前左側上方の尾根には地蔵堂がみえるが、ここでは8月6日に古城の大念仏踊り（県民俗）が行われる。こちらは祝詞はなく、読経のみであるが、鉦の音色がとりわけ美しい。分岐を左折して進み、古城山瀬の集落に至る。ここに残る山瀬の茶堂では、旧暦7月21日に念仏がとなえられる。

⑥ 土佐くろしお鉄道に沿って

土佐くろしお鉄道が太平洋に沿って走るころには、鹿島ヶ浦や入野松原などの景勝地がみえてくる。

鹿島ヶ浦 ㉑　〈M▶P.218〉幡多郡黒潮町鹿島 P
土佐くろしお鉄道佐賀公園駅 🚶 すぐ

　佐賀公園駅で下車すると、周辺が土佐西南大規模公園に指定される鹿島ヶ浦である。鹿島ヶ浦周辺は幡多十景の1つに数えられる風光明媚な海辺で、国道56号線に沿って鹿島を眺望できる展望台や遊歩道が整備されている。

鹿島

　カツオ一本釣りの基地としても有名な佐賀港の入口に、常陸(現、茨城県)の鹿島神宮を勧請したと伝えられる鹿島神社のある鹿島が浮かぶ。定期的な渡船はない。鹿島神社社宝の鰐口は、1652(承応元)年、安芸郡の代官尾池議左衛門に招かれた尾張(現、愛知県)出身の尾池四郎右衛門正次が、佐賀を根拠地として捕鯨に従事したときに献納したものである。

幡多十景の1つ　3月3日鹿島神社例祭

　鹿島はもと女人禁制の島であったが、1956(昭和31)年に女性にも開放された。3月3日の例祭には、漁船による神輿戻しや鼓踊りが奉納される。なかでも5〜10歳の少年たちがはなやかな衣装に身をつつみ、胸に太鼓、手に団扇といういでたちで踊り続ける鼓踊りは、みる人を楽しませてくれる。この日、鹿島ヶ浦は豊漁祈願の勇壮な漁船パレードが続き、多くの人びとで賑わう。

有井庄司の墓 ㉒　〈M▶P.218, 250〉幡多郡黒潮町有井川字長尾前
土佐くろしお鉄道有井川駅 🚶 5分

　鹿島ヶ浦から国道56号線を南西方向に6kmほど、旧大方町にはいり伊田の集落をぬけると有井川に至る。有井川駅からも国道56号線の有井川橋からも、有井川に沿って北方に数百m、小丘上の有井

土佐くろしお鉄道に沿って

幡多の忠臣有井庄司　尊良親王の伝説

有井庄司の墓

神社横に大小数十の五輪塔が並んでおり，中央のものが有井庄司の墓（県史跡）と伝えられる。

1331（元徳3・元弘元）年，後醍醐天皇が鎌倉幕府打倒をはかった元弘の変は失敗におわり，天皇は隠岐（島根県）へ配流となり，第1皇子の尊良親王は土佐の畑（幡多）に流された。

尊良親王は，黒潮町浮津の尊良親王御上陸地記念碑がたつ海の王迎駅近くの王無の浜に着き，勤王派の奥湊川の押領使（領主とする説もある）大平弾正と，有井庄司三郎左衛門豊高に迎えられた。近くには幕府方の米津山城主がいて危険なため，2人は親王を仏が森中腹の王野山仮御所に移した。しかし山中の暮らしはさびしく，再び親王を有井庄米原宮に移すことになった。浮鞭駅から湊川沿いに町道を5kmほどさかのぼった奥湊川の最初の行在所の一角には，弾正の墓が残る。また，有井庄司の墓から有井川沿いの町道を5kmほどさかのぼった米原の伝承地には，尊良親王御宮址碑が残る。

国道56号線沿いの上川口と有井川の境には，有井庄司が親王の船

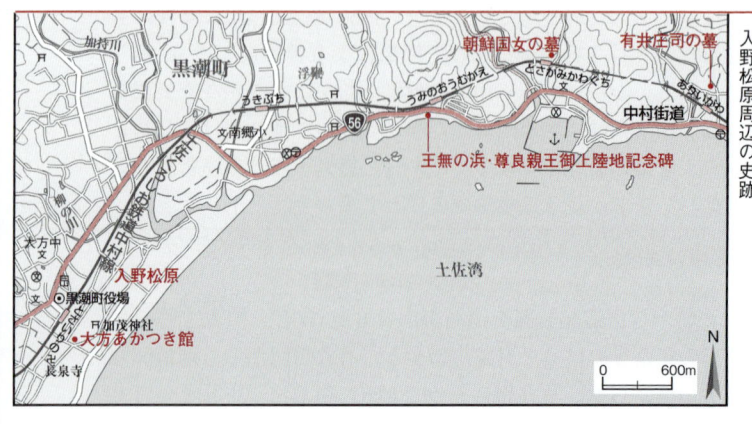

入野松原周辺の史跡

カツオのたたき

コラム

定番土佐のカツオ料理　地酒との相性抜群

　豪快な一本釣りで知られるカツオと土佐人とは、切っても切れない縁がある。初ガツオを皮つきの刺身で食するほか、内臓の塩辛（酒盗）、生節、カツオ節など、土佐は昔から多種多様なカツオ文化を形成してきた。それらのなかで、近年とくに名高いものが「たたき」である。

　全国的にも、もっともポピュラーなカツオ料理となった「たたき」であるが、いつごろ考案された調理法なのであろうか。

　一説によると戦国時代末期、長宗我部元親の四国平定の時期、安芸の浜でカツオが大量にあがり、将兵がそれをあぶって食したのが始まりであるともいわれるが、実際の「たたき」の起源を記す史料は少なく、時期の確定はむずかしい。

　土佐料理研究家宮川逸雄氏の研究によると、江戸時代初期の慶長年間（1596〜1615）、土佐藩祖山内一豊の弟康豊に「たたき」が献上された（『郷土史夜話』）。あるいは、江戸時代中期の延享年間（1744〜48）の史料に「鰹たゝきの志やう」（『萬文私記』）などの記述がみられ、前後の文脈からこれらはいずれも酒盗のことを記したものであろうと推測されている。

　宮川氏の研究によると、現在のようなカツオの切り身をあぶった「たたき」の初見は、幕末に近い1807（文化4）年のものと思われる婚礼時の献立表だという。すると「たたき」の起源は、19世紀初頭にさかのぼることができるのではないだろうか。

　一般的な「たたき」の調理法はつぎのとおりである。3枚におろしたカツオをさらに背節と腹節に切り分ける（都合1尾から4節とれる）。その節に粗塩をふり、藁の火であぶり表面のみをこがす。これをそのまま俎板にのせ、刺身のように適当な大きさに切り、皿に盛りつける。あとは青ネギ・ミョウガ・ニンニク・ショウガなど好みの薬味をのせ、酢醤油のたれをかけていただく。

　県内各地域、各店によって、酢を用いず、醤油と味醂ベースのたれをかけるところや、「焼き切り」といって、たれをかけずに、あぶって切ったカツオを刺身のように醤油とニンニクで食するところなど、微妙な違いがあるところもおもしろい。あとは、淡麗辛口の土佐の地酒があればいうことはない。

を待ちのぞんだ坂があり、待王坂とよばれている。その後、鎌倉幕府滅亡に伴い親王は帰京するが、直後に土佐で病死した有井庄司の冥福を祈るため、親王は五輪塔を贈ったといわれる。

土佐くろしお鉄道に沿って

朝鮮国女の墓 ㉓　〈M▶P. 218, 250〉幡多郡黒潮町上川口
土佐くろしお鉄道土佐上川口駅🚶2分

悲哀の朝鮮国女　幡多と朝鮮

土佐上川口駅の北側，鉄道の高架をくぐり100mほどのところに朝鮮国女の墓がある。

豊臣秀吉の朝鮮出兵の命に応じ，土佐国主長宗我部元親は，文禄の役(1592〜93年)・慶長の役(1597〜98年)と2度にわたって出兵した。その軍のなかに入野郷上川口の小谷与十郎がいた。与十郎は撤兵の際，朝鮮から1人の女性を上川口につれ帰った。その女性は幡多の人びとに新しい機織り技術を教え，土地の人びとに愛され慕われたという。

朝鮮国女の墓

朝鮮への望郷の念をいだき異国の地にはてた彼女は，上川口村桂蔵寺の小谷家の墓域に葬られた。墓碑をたてたのは与十郎から4代目の安次である。その後，現在の場所に移されている。墓碑には「天正年中(1573〜92)来卒年不知」ときざまれている。

入野松原 ㉔　〈M▶P. 218, 250〉幡多郡黒潮町入野 [P]
土佐くろしお鉄道土佐入野駅🚶5分

作家上林暁の記念館　安政津波の碑

土佐入野駅の南，太平洋に面する黒潮町入野の海浜に広がる延長4km，数万本のクロマツからなる入野松原(国名勝)は，天正年間(1573〜92)，長宗我部元親に中村城代を命じられた谷忠兵衛忠

入野松原

高知県西部

澄が囚人に植栽させ，さらに1707（宝永4）年の大津波後の復旧策として，防潮のため各戸からクロマツを毎年6本ずつ植えさせ形成されたものといわれる。松原を歩くと安政津波（1854年）の碑・南海大震災（1946年）の碑・谷忠兵衛の碑などが目にとまる。

　松原のなかには，黒潮町田の口出身の作家上林暁にちなんだ大方あかつき館がある。その東にある土佐の『延喜式』式内社の1つ加茂神社のかたわらには，上林暁生誕地の碑もある。また，大方あかつき館から約300m南西には，鎌倉時代の木造千手観音菩薩立像・木造不動明王立像を有する長泉寺（臨済宗）がある。

　近年，入野松原では，5月の連休中に砂浜美術館Tシャツアート展が開催される。青い海・青い空を背景に，全国から寄せられた絵や写真を印刷したTシャツがたなびく。

　入野から車で国道56号線を西進し，下田ノ口で県道中村下田ノ口線にはいって3kmほど進み，道標にしたがって山をのぼると，鎌倉時代の十一面観音像を有する蓬萊山南覚院飯積寺（真言宗）に至る。

⑦ 小京都中村の町

幡多の中心地として土佐一条氏が繁栄を謳歌した土佐の小京都中村。町の各所にその栄華を伝える寺社や史跡が残る。

古津賀古墳 ㉕ 〈M▶P.218, 254〉四万十市古津賀字古津賀神社
土佐くろしお鉄道中村駅🚌田野浦分岐方面行古津賀古墳前🚶すぐ，または古津賀駅🚶10分

> 6世紀後半の古墳
> 県西部最大級の古墳

　国道56号線沿いにある古津賀古墳前バス停の南にある古津賀古墳は，巨大な石で構築した6世紀後半の横穴式石室を有する円墳である。盛土の大部分はすでにないが，県西部に現存する古墳では最大級である。被葬者はこの地方の豪族と考えられており，木棺におさめられ玄室に安置されたとみられる。この古墳からは副葬品として金環2点のほか，須恵器・鉄鏃などが出土した。

　近隣の同時期の古墳としては，黒潮町田の口の田の口小学校東側に横穴式石室をもつ田の口古墳（県史跡）がある。

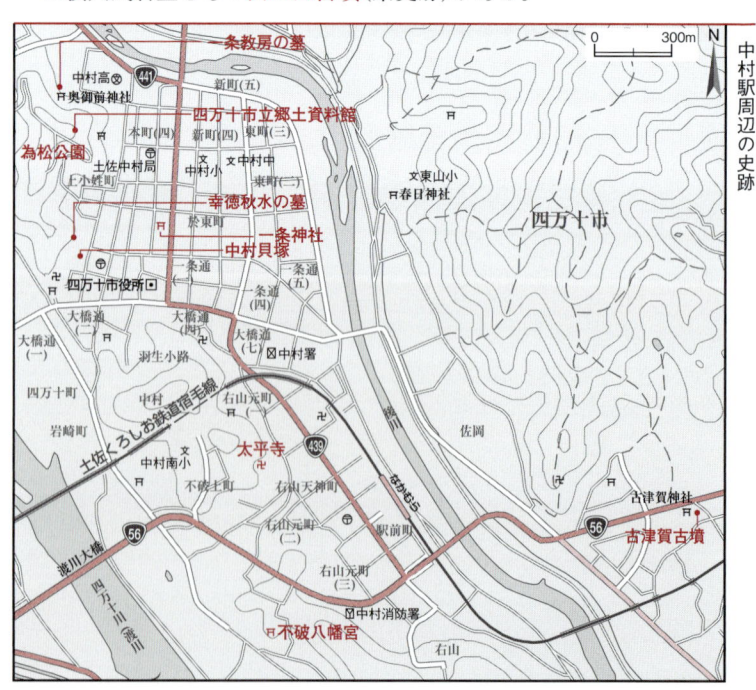

> 中村駅周辺の史跡

古津賀から後川を渡り四万十市中村の市街地にはいる。小京都中村の町は、後川を鴨川、四万十川を桂川にみたてて形成された。
　中村の中心部には縄文時代晩期の中村貝塚がある。1965（昭和40）年、四万十市中村山手通の高知県幡多事務所（現、高知県幡多総合庁舎）の地下5～6ｍの地点から、多数の土器・石器・貝殻などが出土し、県内有数の規模をもつ貝塚であることが確認された。土器は九州や瀬戸内海沿岸と同様のものが多く、当時の交流の様子がうかがえる。またカキやハマグリなどの貝殻が多数出土していることから、当時はこの近くまで海水が浸入していたと考えられる。

太平寺 ㉖
0880-34-5155

〈M ▶ P.218, 254〉　四万十市右山元町1-4-27
土佐くろしお鉄道中村駅🚶7分または🚌警察通方面行太平寺通🚶2分

室町時代肖像彫刻の傑作　自由の碑

　中村駅前から国道439号線を400ｍほど北西に進み、太平寺通バス停を西にはいると太平寺（臨済宗）がある。京都妙心寺の末で山号は神護山福寿院、本尊は地蔵菩薩である。
　南北朝時代の文和年間（1352～56）、寺の境内にあった桂珠庵の庵主海峯性公尼が、四国巡礼の僧泉嚴覚雲の助力を得て井戸を掘り、堂をたてて地蔵を安置し、伊予（現、愛媛県）の照源寺（臨済宗）の大仙を迎えて開山したという。寺には木造海峯性公尼坐像・木造泉嚴覚雲坐像（ともに国重文）が安置されている。海峯性公尼坐像は、高さ67cmでヒノキの寄木造、彫眼・漆箔、胸元を広げた法衣で合掌し、女性ながら筋骨たくましく気迫に満ちた面相のなかにも、目や口元には優しさをうかがわせる。また泉嚴覚雲坐像は、高さ73.3cmの寄木造。眉間に白毫をいれ、玉眼にしている。両像とも室町時代の肖像彫刻の傑作とされる。
　天文年間（1532～55）に太平寺を修復した土佐一条氏3代房基は、非常時の避難所として重視し、土塀に矢狭間を設けた。境内には堅固な石垣が残り、江戸時代初期建立の山門を備える。またこの寺は、1636

太平寺木造海峯性公尼坐像

小京都中村の町　255

太平寺木造泉巌覚雲坐像

(寛永13)年に仙台藩(現,宮城県)藩主伊達政宗・忠宗の懇請により,松島瑞巌寺を再興したことで著名な禅僧雲居希応の修行した寺としても有名である。

境内には自由の碑がある。帝国議会開設当初の1890(明治23)年,民権派と国権派の対立が根深かった土佐において,演説会での抗争がもとで国権派に殺害された民権派の青年をとむらうために建立された碑である。宿毛市出身の自由党員竹内綱の撰文,大江卓の書で,碑文の最後に「生きて自由を愛し死しては自由となる人は自由を貴び碑は自由を表す」とある。

不破八幡宮 ㉗
0880-35-2839

〈M ▶ P. 218, 254〉四万十市不破字八幡ノ下1374-1 P
土佐くろしお鉄道中村駅🚶20分・🚗5分

神様の結婚式
10月第2日曜日に大祭

中村駅から国道56号線を宿毛方面へ進む。渡川大橋手前で左折し,川沿いに下流へ向かうと,左手に不破八幡宮がある。本殿(国重文)は柿葺き・流造で,彫刻の大胆な手法に地方色がうかがえる。不破八幡宮は約540年前,前関白一条教房が,応仁の乱(1467〜77年)をさけ荘園経営のために中村に下向した際,幡多の総鎮守および一条家守護神として山城国(現,京都府)の石清水八幡宮を勧請したものである。通称「正八幡」「広幡八幡」といわれる。

祭日は従来旧暦8月15日であったが,最近は10月の第2日曜日となっている。あらかじめ(旧暦7月14日前後の日曜日),御輿洗いと称して四万十川の水で清めた不破八幡宮の男神御輿に,対岸の一宮神社から女神御輿が

不破八幡宮

256　高知県西部

大文字の送り火

コラム

行

小京都といわれる中村に夏のおわりを告げる風物詩として有名な大文字の送り火は、四万十市間崎地区の盆行事である。

毎年、旧暦の7月16日に山の神をまつる十代地山の中腹に大の字に薪をくみ梵火を行う。

この行事は、500年余り前、応仁の乱をさけ、中村にくだった前関白一条教房の息子房家が、教房と祖父兼良の供養と、京都に思いを馳せて、はじめたとも伝えられている。

本家京都の大文字焼きにはスケールの点で見劣りはするが、山腹にともる大の字の炎は幻想的である。

小京都中村夏の風物詩　一条伝説

嫁ぐ「神様の結婚式」が行われる。教房が当時横行していた略奪婚を戒めるためにはじめた儀式とされる。

渡川大橋から国道56号線を宿毛方面に7kmほど進み、辰の口バス停から南にはいって中筋川にかかる江ノ村大橋を渡ると、鎌倉時代の木造毘沙門天立像を有する長法寺(浄土宗)に至る。再び国道56号線を宿毛方面に向かうと、市境手前の有岡に真静寺(日蓮宗)がある。真静寺は鎌倉時代末期の1321(元亨元)年に創建されたと伝えられる法華道場の古刹であり、一条房基坪付状1通・長宗我部元親書状3通・石谷摂津入道書状1通からなる「真静寺文書」(県文化)や、縦30cm・横43cm・厚さ0.8cmの3枚のヒノキの板に、1カ月の守護神を描いた三十番神板絵(県文化)などを有する。有岡から県道有岡川登線を4kmほど北進して至る横瀬には、新長楽寺(真言宗)阿弥陀堂があり、所蔵する藤原時代の木造阿弥陀如来立像は、現在、四万十市立郷土資料館が保管する。

一条神社 ㉘

0880-35-2436

〈M▶P.218, 254〉 四万十市中村本町1-3　P
土佐くろしお鉄道中村駅🚌一条通方面行一条通🚶3分

小京都中村の中心　11月23～25日は一条大祭

一条通バス停で下車し、一条通を200mほど西進する。前方の天神橋アーケード街の手前、銀行隣の鳥居をくぐり石段をのぼると、小丘上の一条神社(祭神若藤男命〈一条兼良〉・若藤女命〈同夫人〉ほか)境内にはいる。この神社は、1862(文久2)年、小森山山頂の一条家御廟所跡地に建立されたものである。土佐一条氏は、応仁の乱をさけて土佐中村に下向した一条教房にはじまり、以後4代をい

一条神社

う。一条神社は教房の父兼良を含め土佐一条氏歴世をまつる。この一条神社のある小森山を囲むほぼ7000㎡が中村御所であった。

土佐一条氏は邸内に藤見の館藤遊亭をたて，家紋でもあるフジを愛でたと伝えられる。第4代兼定は，長宗我部氏に追われ館を離れるにあたり「植え置きし 庭の藤が枝 心あらば 来ん春ばかり 咲くな匂うな」の歌を残した。このフジはその後約300年間花をつけなかったという。しかし1861（文久元）年，このフジがみごとに咲き，これが一条神社建立の発端となったと伝えられる。

境内には御化粧の井戸が残る。一条家が使ったとされる7つの井戸のうち唯一現存するもので，女官・侍女たちが化粧のために使用したという。井戸枠は一枚岩をくりぬいたもので，一条家の権勢を物語る。

毎年11月23〜25日にかけて行われる大祭は，市民に「いちじょこさん」と親しまれ，土佐の三大祭に数えられる。また8月の第1日曜日には女郎ぐも相撲大会も行われる。

一条神社から市道を600mほど北進する。後川堤防の手前にある県立中村中学校・高校西の奥御前神社の裏には，一条教房の墓（県史跡）がある。教房は諡を円妙院妙華寺殿という。菩提寺の妙華寺は，中村中学校・高校正門付近にあったと推定される。

幸徳秋水の墓 ㉙

〈M ▶ P. 218, 254〉四万十市中村山手通
土佐くろしお鉄道中村駅🚌宿毛方面行大橋通2丁目
🚶5分

明治の社会主義者 大逆事件で非業の刑死

大橋通2丁目バス停から北に200mほど進むと，一条神社前から天神橋アーケード街を経てのびる道とまじわる丁字路にでる。看板にしたがって中村区検察庁脇の細い道をはいっていくと，裏の墓地に幸徳秋水の墓がある。

幸徳秋水の墓

　幸徳秋水，本名伝次郎は，1871（明治4）年に中村の酒造業兼薬種商俵屋の3男として出生。幼少から秀才の誉れ高く，1887年に上京。宿毛市出身の政治家林有造の書生となり，やがて高知市出身の思想家・政治家である中江兆民に師事。『萬朝報』を経て『平民新聞』で日露反戦をとなえるなど，新聞記者として活躍した。以降も社会民主党を結成するなど社会主義運動に挺身し，『社会主義神髄』など数多くの著書を残した。

　1911年，明治天皇暗殺を企図したとされる大逆事件の首謀者として逮捕され，翌年1月，40歳で刑死した。近年，世界的な社会主義思想家として秋水を評価する声がしだいに高まり，中村市議会は2000（平成12）年に「幸徳秋水を顕彰する決議」を採択し，約90年を経てその名誉が回復された。現在も命日（1月24日）には，この地で墓前祭が開催される。

為松公園 ㉚
0880-35-4096
（四万十市立郷土資料館）

〈M▶P.218, 254〉四万十市中村古城山・為松山　P
土佐くろしお鉄道中村駅🚗10分または🚗宿毛方面行大橋通2丁目🚶20分

サクラの名所為松公園　四万十市立郷土資料館

　市街地の北西にある小高い山が為松山（古城山）で，現在は為松公園となっており，春にはサクラが咲き誇る。幸徳秋水の墓所より200mほど北進し，左折すると為松山への登山道となる。山頂へはここより徒歩10分余りである。

　為松山頂にあった中世の中村城は，東城・為松城・中ノ森・今城の総称で，連立式の城郭であったと考えられる。

　為松城は，約800㎡（約240坪）の広さで，この詰に8区画で城を形成していたようである。城主とされる為松氏はこの地方の有力豪族であったが，一条氏の入国以降その家臣となった。しかし16世紀後半に土佐一条氏が滅ぶとともに所領を失った。現在，為松城は堀切を境に北を本丸，南を二ノ丸とよぶが，本丸に残る石垣は1965（昭和40）年に確認されたもので，1613（慶長18）年に修復されたときの

ものだと思われる。詳細は不明だが、1615(元和元)年の一国一城令により廃城となり、以後修復されることはなかった。

為松城の南東、三ノ丸とよばれる東城は、土佐一条氏一門の西小路氏の持城と考えられる。城は2区画に分かれ、面積は約200㎡(約60坪)であったようである。土佐一条氏滅亡後、西小路氏も中村を退去して城は荒廃した。現在は地形が変化し、かつての城の面影はほとんどないが、わずかに土塁の一部が残る。

二ノ丸には犬山城(愛知県犬山市)をモデルに建設された四万十市立郷土資料館がある。天守閣風の建物の上層からは、桂川にみたてられる四万十川、鴨川にみたてられる後川をのぞみ、土佐の小京都と称される旧中村の市街地を一望することができる。館内には、土佐一条家関連の遺品や、足摺岬の金剛福寺を中興した木造南仏上人坐像(県文化)、日本では四天王寺や法隆寺などに4振しか確認されていない一宮神社(四万十市間崎)の七星剣、幸徳秋水の書など、幡多地域のさまざまな文化資料を展示する。

安並の水車 ㉛

〈M▶P.218〉四万十市安並柏木5572・5573 P
土佐くろしお鉄道中村駅🚌中村まちバス安並水車の里
🚶すぐ

中村市街地から後川橋を渡って国道439号線を600mほど北進して左折し、斜めに交差する水路に沿った道を進むと、すぐ水車公園である。曽我の下バス停からは目前に水車がみえる。この水路は四ヶ村溝といい、さらに約3km上流に野中兼山がつくった麻生堰から水を引き、秋田・安並・佐岡・古津賀の各村をうるおすためにつくられた農業用水路である。公園には水路より高い位置にある田に水を引くために使われた水車が残る。

安並の水車

国道439号線に戻

野中兼山の遺構
藤原時代の大日薬師如来坐像

四万十川の沈下橋

コラム

清流の風物詩 自然にとけこむ生活橋

　日本最後の清流「四万十川」には，現在，本流に21，支流に26の沈下橋（潜水橋）が残る。

　沈下橋とは，乗用車1台がやっととおれるほどの幅のコンクリート製の橋で，水面からの高さは2〜3m程度。大雨で水かさが増すと水没してしまう。水没の際，流木などが引っかからないように欄干がないのも特徴である。

　沈下橋がかけられるようになったのは，意外に新しく，現存最古のものは，1935(昭和10)年架橋の四万十町の一斗俵沈下橋（国登録）である。建設費が格段に安い沈下橋は，第二次世界大戦後，盛んにかけられるようになり，1955年以降のものも多い。

　沈下橋は四万十川周辺の集落をつなぐ生活道として，また憩いの場，子どもの遊び場として生活の一部となっている。コンクリート造りの橋が，四万十川の優雅な流れにとけこんでいる。

佐田の沈下橋

り，5kmほど北進すると蕨岡に至る。ここには，かつてあった海蔵寺（浄土宗）の阿弥陀堂が残り，藤原時代の木造地蔵菩薩立像や室町時代の木造阿弥陀如来立像がある。国道を南に戻り，途中，秋田橋を西に渡って市道田野川線を2kmほど南下すると，宗楽寺（禅宗）があり，そこには藤原時代の木造十一面観音立像をまつる観音堂が残る。さらに南下して国道441号線にはいり3kmほど北西に進むと，利岡に至る。ここの普光院（臨済宗）観音堂には，藤原時代の木造薬師如来立像や室町時代の木造不動明王坐像・木造地蔵菩薩半跏像を有する。

　国道441号線途中の小森バス停から左にはいり，県道川登中村線に合流する。佐田の沈下橋への入口を左にみながら四万十川の蛇行に沿って8kmほど進む。三里の集落南側の河岸段丘は，縄文土器・石鏃を出土した三里遺跡であり，集落中心の集会所隣の蓮台寺（真言宗）には，藤原時代の木造大日薬師如来坐像（県文化）がある。

小京都中村の町

四国西南端の町 土佐清水

8

四国最南端の海岸線をつなぐ足摺サニーロード。亜熱帯植物の間にみえる浦々には、独特の伝統文化が今も息づく。

真念庵 ㉜

〈M ▶ P.218〉土佐清水市下ノ加江市野瀬
土佐くろしお鉄道中村駅🚌土佐清水方面行市野瀬🚶15分

金剛福寺への打ち戻りの拠点 周辺には古来の遍路道

　四万十市中村より国道321号線(足摺サニーロード)を土佐清水市方面に向かう。両市の境を画するのが伊豆田峠である。古来行き来する旅人を苦しめた交通の難所であったが、近年、山腹をくりぬく長いトンネルが開通し、不便は解消された。

　土佐清水市にはいり最初の集落が市野瀬である。国道沿いの市野瀬バス停より分岐する県道土佐清水宿毛線を三原方面に歩くと、集落南側の山腹に真念庵がある。天和年間(1681〜84)、大坂出身の廻国僧真念が、巡礼遍路のために開いたと伝えられる。ここに荷物をおいて1泊の日程で足摺岬に向かった遍路は、岬突端の四国霊場第38番札所金剛福寺(真言宗)に詣でたのち、この真念庵に帰り着き、もう1泊し、今度は三原経由でつぎの札所宿毛の延光寺(真言宗)へと向かうことができる。

　庵の庭先には、明治時代初期の庵主法印実道が四国を巡歴し、浄財を集めて建立した石仏八十八体が並んでいる。また、この真念庵前の小道は、往時の面影を残す遍路道である。ここから足摺岬まで約28kmの間にとぎれとぎれに残る遍路道のうち、以布利から窪津までの5kmは、実際に歩くことができる。

真念庵に代々伝えられてきた紙本著色高野大師行状図画には、「慶長十六(1611)年」「慶長十九年」「元和元(1615)年」の銘があり、この庵が、第38番札所金剛福寺への「打ち戻り」の拠点とされてきたことを物語る。

真念庵の石仏八十八体

真念庵から下ノ加江川支流に沿って、県道を三原方面に1.5kmほどいくと、道端に『延喜式』式内社の１つ伊豆田神社（祭神伊豆那彦命・伊豆那姫命）への参道を示す石碑がみえてくる。伊豆田神社はここより小道をさらに800mほど北方に進んだ山中に鎮座するが、現在では訪れる人も少なく、参道には草が生いしげっている。

立石摂津守の墓 ㉝

〈M ▶ P.218〉土佐清水市布松ヶ鼻
土佐くろしお鉄道中村駅🚌土佐清水方面行下ノ加江
下浦乗換え布行終点🚶15分

一条氏臣下の勇将の墓
宝永地震で流失後再建

真念庵から市野瀬バス停に戻り、国道321号線をさらに土佐清水市方面に向かう。やがて国道に沿った細流が下ノ加江川の本流に合すると、下ノ加江の集落がみえはじめる。町の中心下浦の山手に光明寺（真言宗）がある。同寺は本尊の木造阿弥陀如来立像や木造如意輪観音半跏像など、室町時代の素朴な仏像を数体所蔵する。

下ノ加江で国道321号線と分かれ、県道間崎堂ヶ谷線を海岸沿いに４kmほどいくと、布の集落に至る。布バス停から北方へ布小学校の横をぬけ、しばらく進むと、集落の郷分のはずれ松ヶ鼻に、戦国時代末期に土佐一条氏の下で豪勇の武人として名を馳せた立石摂津守の墓とされる五輪塔がある。

立石氏の出自は、諸説がありはっきりしないが、応仁の乱（1467～77年）後、土佐中村（現、四万十市）に下向した一条氏につかえ、以南（四万十川以南の地、おもに土佐清水市域をさす）の地で立石・布方面をおさめた。摂津守は土佐一条氏の後見役として権勢をふるったが、土佐統一を進める長宗我部元親の勢力が幡多にも迫るなか、家臣による土佐一条氏４代兼定の豊後（現、大分県）への追放、元親による５代内政の大津（現、高知市）への連行など、激変ののち、責を負い1574（天正２）年に自害した。

もとの墓は、1707（宝永４）

立石摂津守の墓

年の宝永南海地震の際，津波で流失したと伝わる。現存するものは土地の人びとが1744(延享元)年に再建したもので，地元では摂津守の戒名から「高獄(たかおか)さん」とよばれている。また五輪塔のすぐ西側の小山は，立石氏が築いたと伝えられる布城跡であり，山頂付近には土塁や堀切(ほりきり)の跡が確認されている。

　布浦の歴史は1633(寛永10)年，土佐藩2代藩主山内忠義(やまうちただよし)が，足摺参詣(さんけい)の帰りにこの地で近在の水主(かこ)を集め，浦取り立てを行って新浦を開発させたことにはじまる。また，布岬のトンボロ(陸繋島)隆起は，海岸段丘の特異な地形として地勢学上有名である。

大岐(おおき)城(じょう)跡(あと) ㉞　〈M ▶ P.218〉土佐清水市大岐 後山(うしろやま)
土佐くろしお鉄道中村駅🚌土佐清水方面行本奈路(ほんなろ)🚶30分

大岐氏の居城跡　保存状態のよい城跡

　戦国時代，現在の土佐清水市域にあたる以南の地にも，数多くの国侍(くにざむらい)が割拠した。各地に残るこれら国侍の居城跡のなかでも，大規模で，比較的残存状態がよいのが大岐氏の居城大岐城の跡である。

　大岐氏は代々土佐一条氏につかえたが，『土佐物語』によると，1574(天正(てんしょう)2)年，土佐一条氏4代兼定が家老らに豊後に追放された際，大岐左京介(さきょうのすけ)は加久見左衛門(かぐみさえもん)ら以南の諸氏とはかって中村に攻め込み，為松(ためまつ)氏ら追放に加担した3家老を討ちとったとされる。

　土佐一条氏滅亡後，左京介は長宗我部氏につかえ，1589年の地検帳では，大岐村に287筆，37町1反余の給地を安堵(あんど)された。しかし，左京介が1592(文禄(ぶんろく)元)年からの豊臣秀吉(とよとみひでよし)の朝鮮出兵で戦死したことにより，領地が没収され，大岐氏は滅亡した。

　下ノ加江より国道321号線を5kmほど南下すると，大岐浜に面する大岐集落にはいる。大岐城は，大岐集落の中心にあたる現在の本奈路バス停の北方，海抜100mの稜線(りょうせん)上に位置する山城(やまじろ)であった。この近辺の当時の城としてはかなり大規模な詰(つめ)を有し，二ノ段や三ノ段，2重の柵(さく)や竪堀(たてぼり)などが整備され，それらがほぼ完全な形で保存されてきた稀有(けう)の城跡である。また南麓(なんろく)には土居屋敷(どい)跡，大岐左京介の墓所も残るが，訪れる人も少なく城跡への道は荒廃している。

　大岐周辺は足摺宇和海(うわかい)国立公園の東端で，長さ約1.5kmにわたって白砂青松(はくしゃせいしょう)の美しい砂浜が広がっている。またこの周辺は江戸時代後期より砂糖の生産が有名で，明治時代には製糖工場が営まれた。

土佐の清水サバ

コラム

新しいブランド魚　鮮烈、サバのたたき

　近年、ブランド魚がブームである。そのなかでもここ数年、とくに注目を集めはじめた魚に「清水サバ」がある。

　「清水サバ」とは、黒潮にもまれる足摺岬沖に生息し、土佐清水市周辺の港に水揚げされる瀬つきのごまサバのことで、近隣の豊後水道をすみかとし、大分県の佐賀関などに水揚げされ、全国的にも有名な「関サバ」（真サバ）とは別種である。

　漁場は潮流が速く、そこに育つサバは適度に身が締まり美味である。旬は秋から春さきの寒い時期で、多いときには1日に120隻が出漁し、年間約1500ｔの水揚げがある。市では1匹600ｇ以上のごまサバを「土佐の清水サバ」として2000年末に商標登録し、市役所内にも清水サバ係を設けて都会での販売促進につとめている。

　漁は立縄漁といって、船から流す長いテグスにつけた数10本の針を用いて釣りあげる漁法が中心で、えさにはサバそのものの身やイワシ・サンマなどが利用される。

　1尾1尾ていねいに釣りあげられた魚は、いかしたまま冷却水槽にいれられ、そのまま港にもち帰る。水揚げの際、魚は鮮魚と活魚に選別される。鮮魚はそのまま海水氷で冷やして水揚げされ、市場でセリにかけられ仲買人をつうじて小売店や大手量販店に出荷される。一方、活魚は漁協に設置されている活魚槽に移され、そこで丸1日以上泳がせてストレスや排泄物を取り去り、活き締めにして出荷される。これが鮮度を保ついちばんの方法である。

　「生き腐り」といわれるほど鮮度のおちるのが早いサバではあるが、近年は流通経路が充実し、高知市内や東京・大阪などでも新鮮な「清水サバ」を食することができるようになった。

　大ぶりの活き締めのサバの刺身は、どんな高級魚にも劣らない。また、3枚におろした身を軽くあぶってつくる「サバのたたき」は、本場土佐の「カツオのたたき」にもまさるとして評判である。

　そのほか、姿寿司・魚飯（サバの炊込み御飯）・カルパッチョ・サバ丼（たれにつけたサバの身を薬味とともにのせた海鮮丼）・塩焼き・味噌煮など、その調理法は多岐にわたり、舌の肥えた食通をうならせている。

蓮光寺 ㉟
0880-82-1033

〈M ▶ P. 218, 266〉土佐清水市元町11-1

土佐くろしお鉄道中村駅🚌土佐清水方面行清水バスセンター

🚶5分

　大岐から国道321号線で土佐清水市街地にはいると、旭町の丁字

四国西南端の町土佐清水

蓮光寺木造観音菩薩立像

清水港をみおろす名刹 鎌倉時代の阿弥陀三尊像

路で清水港につきあたる。右折してすぐの右手、清水港をみおろす小丘上に蓮光寺(浄土宗)がある。清水バスセンターバス停からは、100mほど丁字路方面に戻った左手である。寺の由緒書によると、創建は1207(承元元)年、浄土宗の開祖法然上人の弟子で、法然の代理で幡多にくだった随蓮坊の開基と伝えられる。1871(明治4)年、廃仏毀釈で廃寺となったが、1898年に奈良県郡山の清涼院を移して再興された。

本尊は来迎阿弥陀三尊像(いずれも県文化)で、中尊の阿弥陀如来立像は高さ132cm、ヒノキの寄木造で鎌倉時代後期の作である。また、小腰をかがめた姿が愛らしい両脇侍のうち、向かって右側の観音菩薩立像も、同じくヒノキの寄木造で鎌倉時代後期のものと推測されるが、目鼻立ちのすっきりした左側の勢至菩薩立像は江戸時代のものである。境内の墓地には、清水浦の庄屋浜田家の墓碑群のほか、紀州(現、和歌山県)印南浦より渡来の漁民の墓碑・漂着した琉球王使の墓などもある。

清水港内にある鹿島には、鹿島神社が鎮座する。また、島内には、1825(文政8)年の異国船打払令をうけ、土佐藩が設けた砲台跡が残っている。そのほか、港内最奥の唐船島(国天然)には、1946(昭和21)年の昭和南海大地震の際、80cmにわたって島が隆起した痕跡が残る。

清水港周辺の史跡

黒潮が流れる土佐清水市周辺は暖地性植物の宝庫で、足摺半島には、松尾天満宮周辺のアコウの自生地(国天然)、市西部の大津には、大津のアコウの自生地(県天然)がある。

アコウは、熱帯性着生植物である。また、貝の川には、クワ科の熱帯性植物貝の川のカカツガユの自生地(県天然)がある。

加久見五輪塔群 ㊱

〈M ▶ P. 218, 266〉土佐清水市加久見町 P
土佐くろしお鉄道中村駅🚌土佐清水方面行清水バスセンター乗換え宿毛駅・坂井峠行加久見橋🚶15分

加久見氏の墓所跡
大小100基余りの墓碑

　土佐一条氏家臣で、以南最強とうたわれた加久見氏の出自は、はっきりしない。『大乗院寺社雑事記』1469(文明元)年5月15日の条に、1468(応仁2)年、土佐中村に下向した一条教房の斡旋で加久見左衛門尉宗孝が土佐守に任じられたとの記述がある。また同書によると、宗孝の女は教房の室となって、土佐一条氏初代の房家を生んでいる。このことから、加久見氏は中村の土佐一条家発足当初からその中枢にいたことがわかる。当主は代々加久見左衛門を名乗り、土佐一条氏をささえた。その後、幡多の支配者が長宗我部氏にかわってからも、加久見氏は以南で最大の領地を安堵され、元親につかえた。

　バスは清水バスセンターから国道321号線を進み、土佐清水の市街地をぬける。左手に県立清水高校をみてすぐさきの加久見橋バス停で下車し、そのまま加久見川に沿って1kmほど北上すると、右手に旧香仏寺(浄土宗)がある。加久見旧香仏寺境内に並ぶ五輪塔群は、加久見氏一族とその家臣の墓といわれる。塔の数は100基余り、うち大型のものが10基ほどある。制作年代ははっきりしないが、「貞治元(1362)年」の銘をきざむものがあり、この五輪塔群は南北朝時代から室町時代にかけて制作されたものであると推測される。

　旧香仏寺の裏山一体が、加久見氏の本拠加久見城跡である。「長宗我部地検帳」によれば、詰から北へのびる稜線の下に左衛門大夫の土居識が記されている。

　なお、同名の香仏寺が三

加久見五輪塔群

四国西南端の町土佐清水

崎にもある。加久見より国道321号線を8kmほど西進すると、三崎の集落にはいる。土佐清水市役所三崎支所のさきで右折し、市道を1kmほど北上し、三崎小学校のさきで左折して三崎川を渡った山手にある三崎香仏寺(浄土宗)境内には、加久見左近大夫および同夫人の墓および加久見氏先祖供養の三重石塔が安置されている。墓碑面には、「文禄二(1593)年癸巳天九月十日 高麗陣望皈(帰)朝布岐島ニ於死俗名嘉久見左近大夫」とある。加久見旧香仏寺に保存されている加久見左衛門大夫の位牌と卒年月日が同じであることから、この左近大夫が最後の加久見左衛門であろうと推測される。豊臣秀吉の朝鮮出兵(文禄の役)で当主を失った加久見氏は、1597(慶長2)年の上地仕置検地によってすべての所領を失い、滅亡した。

　三崎周辺は足摺宇和海国立公園の拠点として、変化に富んだ海岸線をみせる。三崎から南にのびる千尋崎先端に近い見残周辺の化石漣痕(国天然)や造礁珊瑚(県天然)、すぐ西方の海中展望塔付近の竜串(県名勝)の景観は、はるばる足を運んだ旅人の心を魅了する。

　三崎から国道321号線を少し西進すると爪白キャンプ場西端の爪白バス停があり、そこから北へ300mほど進むと、道の東西に木造釈迦如来立像・木造阿弥陀如来立像を有する覚夢寺の釈迦堂と阿弥陀堂がある。

中浜万次郎生誕地 ㊲

〈M ▶ P. 218, 269〉土佐清水市 中浜 P
土佐くろしお鉄道中村駅🚌60分または🚌足摺岬方面行中の浜🚶3分

鎖国の扉を開く国際人ジョン万次郎を生んだ浦

　土佐清水の市街地から県道足摺岬公園線で足摺半島の西岸を足摺岬に向かう。バスは旧県道をとおり約8kmで中浜に着く。車の場合には、改修され集落の上方をとおる新県道から標識にしたがってくだるとよい。集落中央の中の浜バス停のかたわらに恵比寿神社参道石段があり、その上に「贈五位中濱萬次郎翁記念碑」がある。碑の前には万次郎が少年時代に奉公していた今津家から、石臼と台柄石が寄贈されている。また、すぐそばの旧県道のロータリー内には、2002(平成14)年、万次郎の帰郷150年を記念して中浜万次郎生誕地の碑が建立されたが、実際の生誕地はここから100mほど北方の路地裏にある。中の浜バス停から旧県道を100mほど北進する。左手

足摺岬周辺の史跡

に沿う小川を渡り小山をのぼった山上の大覚寺(浄土宗)には，万次郎の遭難を聞いて家族がつくった万次郎の仮墓，母汐・兄時蔵の墓などが並んでいる。

　万次郎は1827(文政10)年に中浜に生まれる。1841(天保12)年正月，出奔さきの宇佐浦(現，土佐市宇佐町)から5人で出漁中，嵐に遭遇。無人島の鳥島(東京都)に漂着して数カ月間すごし，その後，米国の捕鯨船に救われ，船長ホイットフィールドの故郷，アメリカ東海岸マサチューセッツ州フェアヘイブンで教育をうける。一人前の船乗りとなった万次郎は，1851(嘉永4)年帰国。2年後のペリー来航の際，旗本として召しかかえられ，1860(万延元)年の咸臨丸による幕府の遣米使節派遣時には，教授方通弁主務(通訳)として随行した。明治維新後は開成学校(現，東京大学)の徴士(二等教授)として教鞭をとった。

中浜万次郎の仮墓(大覚寺)

四国西南端の町土佐清水

また，中浜万次郎生誕地記念碑から旧県道を数百m南下した中浜小学校下の墓地には，江戸時代後期の土佐藩の代表的な万葉調歌人今村楽(鏡月)の墓がある。

松尾天満宮回り舞台 ㊳

〈M ▶ P. 218, 269〉 土佐清水市松尾 Ｐ
土佐くろしお鉄道中村駅🚌足摺岬行松尾🚶5分

カツオの浦の回り舞台　人びとは地芝居に興じた

　中浜から県道足摺岬公園線を足摺岬に向かう。大浜を経て，黒潮が日本本土で最初に接岸する地とされる臼碆を経由すると，5kmほどで松尾に至る。松尾バス停で下車し，旧県道を少し南下して右折，松尾漁港のほうにくだると松尾天満宮がみえてくる。

　松尾天満宮の回り舞台は，拝殿をそのまま利用して設けられている。間口9m・奥行6m，床を円形に切りぬいた回り舞台の径は5mで，これを床下の心棒に固定してある。舞台を回転させる際は，心棒に腕木を差し入れて人力で行う。

　藩政時代，土佐藩では遊芸は禁止されていたが，各地の農村・漁村では，豊年祭や漁祭の名目で地芝居が行われていた。明治維新後にこの禁令がとかれると，各地で芝居を演じる舞台がつくられるようになる。松尾浦は藩政時代よりカツオ漁で栄えた土地で，経済的に豊かであり，よそではあまりみかけない回り舞台がつくられたものと推測される。現存する舞台には明確な記録は残っていないが，言い伝えによると，1897(明治30)年ごろに建造されたものという。境内がそのまま観客席となり，多くの人びとが地芝居に興じたことであろう。

　本殿裏には，松尾のアコウの自生地(国天然)があり，天満宮から坂道をのぼり，旧県道を清水方面に少し戻った集落の中心部には，吉福家住宅(国民俗)がある。この住宅は明治初年より廻船業やカツオ節製造で巨万の富を得た吉福家によって，1901年に土地の良材を集めてつくられた。間取りは身分制から解放された自由な思想を反映し，封建時代の士農工商それぞれの家の機能と空間をあわせもち，高知の近代和風建築の傑作の1つと賞されている。さらに集落北側の山腹にある松尾金比羅宮の「安政七(1860)年」銘石灯籠は，灯台のない時代，その役目をはたしていたといわれ，これも松尾がカツ

オ漁で栄えたことを物語る貴重な資料といえる。

松尾天満宮の北方約2kmの海岸段丘上には、近年、古代の巨石信仰の遺構ではないかと注目を集めた唐人駄場遺跡がある。

金剛福寺と足摺岬周辺 ㊴㊵
0880-88-0038

〈M▶P. 218, 269〉土佐清水市伊佐21-1
P
土佐くろしお鉄道中村駅🚌足摺岬行終点🚶1分

足摺岬巌頭の名刹
伝嵯峨天皇宸筆の額

高知市より南西に140km余りの土佐清水市。足摺岬へはここからさらにバス便でも30分程度を要する。足摺岬は古来、現世と観音浄土の補陀落山との境とされてきた。バス終点の目前、岬の巌頭に位置する金剛福寺(真言宗)は、山号を蹉跎山補陀落院という。本尊は三面千手観音、四国霊場第38番札所で、弘仁年間(810～824)、嵯峨天皇の勅願により弘法大師空海が開創したと伝えられる。古来、紀州(現、和歌山県)の那智山補陀落寺とともに、補陀落渡海の聖地として信仰の対象とされてきた。

寺には伝嵯峨天皇宸筆の「補陀落東門」と記された扁額が残されている。古来、朝廷との関係は深く、境内には源満仲が清和天皇の菩提をとむらうために建立したと伝えられる多宝塔がある。ただし、現存のものは明治初年の再建である。また、逆修の塔とよばれる和泉式部の頭髪をおさめたとされる宝篋印塔も存在する。平安時代より幡多荘(現、幡多郡・高岡郡の一部)を領有していた藤原氏の保護をうけたこの寺には、たびたび所領を寄進された記録がある。『南路志』によると、寺領は往昔8000石、長宗我部時代には3000石、そして江戸時代初期には100石になったという。このように、寺勢は時代とともに大きく変化した。とくに鎌倉時代には3度の大火に見舞われ、寺は荒廃したが、13世紀末に南仏上人の努力で再興された。また近世初頭の衰退期を経て、寛文年間

金剛福寺多宝塔

四国西南端の町土佐清水

(1661〜73)には，土佐藩2代藩主山内忠義の援助で多くの堂塔が再建された。明治初期にも廃仏毀釈により大きな痛手をうけるが，住職天俊らの努力で南海の名刹として復興し，現在に至る。

中世の火災で多くを焼失したとはいえ，貴重な寺宝が数多い。境内には山内忠義寄進の十三石塔・梵鐘・手洗鉢・「元和四(1618)年」銘石灯籠がある。また，本堂軒下の鰐口には，南北朝時代の「至徳二(1385)年」の銘がある。本堂には本尊の木造千手観音立像のほか，木造不動明王像・木造毘沙門天立像・木造二十八部衆立像・木造風神・雷神像(いずれも県文化)など，室町時代の仏像が数多くあり，さらに愛染堂の木造愛染明王坐像(県文化)はヒノキの寄木造で，面相や衣文のつくりから平安時代末期の作と推測される。

また，同寺所蔵の紙本著色高野大師行状図画(県文化)は，1416(応永23)年の制作で，弘法大師の一生を絵巻にしたものである。そのほかにも「金剛福寺文書」とよばれる鎌倉から室町時代の古文書をはじめ，書画・彫刻・工芸品などが数多く所蔵されている。

寺の門前が足摺岬である。周辺にはツバキ林が広がり，そのツバキのトンネルをぬけたさきに白亜の足摺岬灯台がそびえたつ。灯台の下には，高知県出身の作家田宮虎彦の小説『足摺岬』の一節をきざんだ碑をはじめ，水原秋桜子や高浜年尾の句碑などがたつ。また岬をのぞむ駐車場の脇では，ジョン万次郎(中浜万次郎)の銅像が遠く太平洋の彼方のアメリカ合衆国の方向を向く。そのほか近辺には岬の眺望がすばらしい天狗の鼻，亜熱帯植物の群生がみられる足摺亜熱帯自然植物園などもあり，散策には格好の場所である。

金剛福寺の西隣には白山神社(祭神伊邪那岐命・伊邪那美命)がある。同社はもと白山権現と称し，加賀(現，石川県)の白山神社の分社として勧請され，白山洞門の上にまつられていた。1916(大正5)年，かつて金剛福寺の奥院として修験者の道場であった白皇権現と合祀され，現在の位置に社殿が造営された。白山神社はもと金剛福寺の守護神の1つで，土佐藩主山内氏の信仰を代々集め，藩が社の修造に関与したことを示す棟札が金剛福寺に伝わる。また，社宝として桃山時代の作とみられる木造の狛犬1対を所蔵する。

西の玄関宿毛市

⑨

西端の町宿毛は、西からの文化の入口であった。幕末から明治時代にかけて人材を輩出し、日本の近代化をリードした。

昔ながらの若者宿 地域社会との紐帯

浜田の泊屋 ㊶

〈M ▶ P.218, 274〉宿毛市山奈町芳奈
土佐くろしお鉄道中村駅🚌宿毛駅方面行芳奈口🚶15分、または平田駅🚶30分・🚗5分

　平田駅をでて、国道56号線の信号から少し中村方面に戻り、芳奈口バス停より県道橋上平田線を橋上方面に約1km進むと、右手山沿いに浜田の泊屋(国民俗)がみえてくる。泊屋は若衆宿ともいわれ、幕末から大正時代ごろまでは、幡多郡下の各村落に存在した。15歳ごろから結婚するまでの若者が毎夜宿泊し、夜警や災害救助などにあたるとともに、地域社会の構成員としての役割を自覚する場でもあった。

　浜田の泊屋は桁行・梁間ともに2間(約3.6m)。木造高床式平屋建てで、屋根は入母屋造・瓦葺きである。クリの天然木の柱材や大きな礎石が風格を感じさせるこの建物は、地元の大工浜田熊太郎による幕末期の建造で、1881(明治14)年ごろに改築されたといわれる。現在も、広い床下には若者たちが腕力をきそった力石があり、往時をしのばせる。なお、芳奈地区には浜田のほか、芳奈の泊屋(県民俗)として下組・道の川・靴抜の各集落にも泊屋が保存されている。

　国道56号線沿いの芳奈口バス停に戻り、国道56号線をさらに1km余り中村方面に進む。県立宿毛工業高校を右にみてそのさきの市道を左折し、北にはいった山奈町山田の山田八幡宮(幡八幡宮)が所蔵してきた兜飾りの一種の金銅大鍬形(県文化)は、高さ98cm・幅1m。1444(文安元)年、

浜田の泊屋

西の玄関宿毛市　273

平田駅周辺の史跡

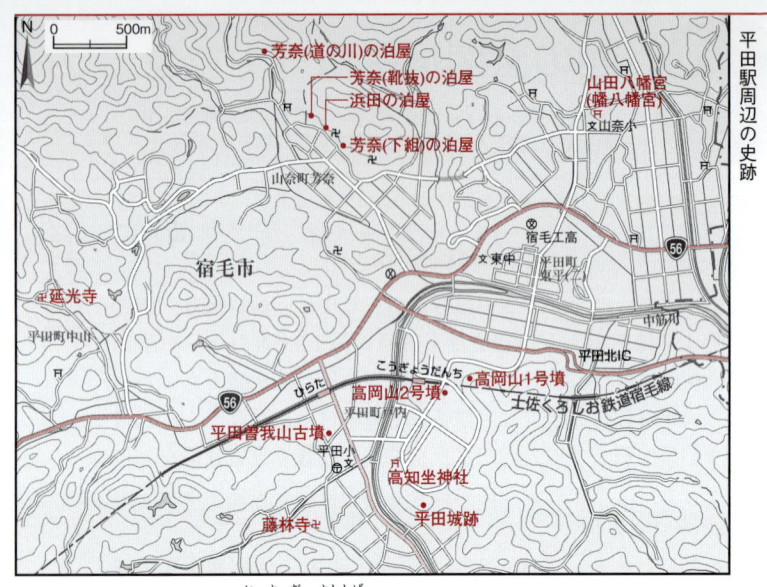

この地の領主藤原(伊与田)能重が奉納したものと伝えられ、日本一の大鍬形として、現在は宿毛市立宿毛歴史館が所蔵する。

高知坐神社(たかちにますじんじゃ) ㊷
0880-66-0834
〈M ▶ P. 218, 274〉 宿毛市平田町戸内 Ⓟ
土佐くろしお鉄道平田駅🚶15分

幡多有数の古社『延喜式』式内社の1つ

平田駅から、県道土佐清水宿毛線を三原方面へ数百m進み、平田小学校の手前を左折して西南中核工業団地入口にかかる橋を渡ると、右手前方に高知坐神社(祭神都味歯八重事代主神)の杜がみえてくる。同社は、土佐の『延喜式』式内社21社の1つで、幡多郡内でも有数の歴史をきざむ古社である。本殿(県文化)は柿葺き・三間社流造で、1544(天文13)年土佐一条氏4代房基の造営、および1768(明和5)年宿毛領主山内(安東)氏篤・氏益父子の修復を示す棟札が残っているが、現在は覆屋におさめられ見学はできない。

この神社のある高知山のすぐ南隣の峰が、源頼朝の弟希義を討ちとった武将平田太郎俊遠の居城平田城跡であり、周辺からは土塁や郭・堀切などの遺構が発見されている。

平田小学校裏をとおり、県道土佐清水宿毛線に並行する市道を小学校から南に500mほど進むと、山ぎわに土佐一条氏の菩提寺藤林寺(曹洞宗)がある。境内には土佐一条氏初代房家の墓とされる卵塔

土佐硯

コラム

産

土佐端渓土佐硯
溌墨佳良

　三原村は四万十市・宿毛市・土佐清水市に囲まれた標高約120mの台地上に位置する山村である。古くから土佐寒蘭の自生地として有名であったが、近年は大規模なトマト栽培でも注目されている。

　1966(昭和41)年、書家であり三原村の助役でもあった新谷健吉によって硯石の原石が発見され、旅館庄助の大原勝の協力で採石がなされ、硯が試作されたという。最初の原石発見場所は国有林地(宿毛営林署管内)であり、大原勝名義で採石許可をうけ、2～3人で採石し製硯がはじめられた。

　この硯石が書家たちの間で磨墨の良好さが中国の端渓石にも匹敵するということから「土佐端渓」とよばれるようになった。

　1982年、県・村・営林署の助力を得て、組合員15人で三原硯加工生産組合が設立された。生産がはじまったばかりでまだ未熟な製品が大半を占めていたころ、全国各地の物産展などで販売に協力したのは、四万十市在住の中津岩雄であった。三原硯の歴史のなかで特筆すべき恩人である。その後、組合では先進地域である山梨・宮城・山口県などを視察し、硯刻家の指導をうけるなど研鑽を重ね、秀硯として好評を得るに至った。1984年には作業場も完成し、村をあげての取り組みも軌道に乗った。1989(平成元)年には京都府内の著名書家ら40人の一行が三原村の加工場を見学し「墨がおりやすいうえ表面も滑らか」との感想をのべている。1994年1月、特許庁より銘石「土佐端渓土佐硯」の命名で商標登録をうける。

　県は2001年、独自に創設した伝統的特産品として、あらたに土佐硯を指定し、翌2002年3月には認定証を交付した。石質は6000万年前の中生代白亜紀の須崎層に属する黒色粘板岩で、青黒く、特殊な銅粉を含んでいて金星がみられる。鋒鋩は密生して磨墨にすぐれ、溌墨も佳良との評判である。

をはじめ、縁者を葬った五輪塔などが並んでいる。また、寺前方の水田には5代兼定の愛姿で、自害したお雪の供養塔がたつ。寺では毎年8月16日の夜にヤーサイ(野菜祭)とよばれる珍しい祭礼が行われる。無縁仏を供養する施餓鬼と、地元の人びとが新穀や野菜をそなえ、各自がタケを1本ずつかついで土俵の周囲をまわる竹回しなどが組みあわさった祭りで、土佐一条氏関連の伝承も残る珍しい行事である。

　高知坐神社の周辺には、かつて平田古墳群として古墳時代前期か

ら中期の古墳3基が存在した。このうち曽我山にあった平田曽我山古墳は全長54m余りで、高知県内唯一の前方後円墳であった可能性がある。大化年間(645～650)以前に存在したとされる波多国の国造の墓ではないかと推測され、獣形鏡2面・鉄剣数本、多くの土師器片などが出土している。また、同古墳からは中筋川の対岸にあたる西南中核工業団地内にも、かつては一辺18mほどの方墳である高岡山1号墳、径18mほどの円墳の2号墳が存在し、仿製鏡・鉄剣・勾玉などが出土し、高岡山古墳群出土遺物(県文化)として宿毛市立宿毛歴史館などに保管されている。しかし残念なことに、現在では3基とも工業団地の造成などで取りこわされ残存していない。

延光寺 ㊸
0880-66-0225

〈M ▶ P. 218, 274〉宿毛市平田町中山390 [P]
土佐くろしお鉄道平田駅■宿毛駅方面行寺山口🚶20分

四国霊場第39番修行の道場最後の札所

　国道56号線の寺山口バス停から、手前の市道を標識にしたがい北方に約1km進むと、四国霊場第39番札所延光寺(真言宗)に至る。724(神亀元)年亀鶴山施薬院宝光寺として行基の開山。本尊の木造薬師如来立像も行基の作と伝えられる。その後、空海によって795(延暦14)年に再興され、赤亀山寺山院延光寺と改称されたという。

　寺宝の銅鐘(国重文)は高さ33.5cmと小さい。赤いカメが背負って寺にもちこんだとの伝承をもつ。周囲に「延喜十一(911)年歳次辛未正月九日甲午鋳弥勒寺鐘」との銘があり、県内最古、全国的にも有数の古鐘である。そのほか、寺には清和天皇からの下賜と伝わる不動明王画像(通称笑不動)などが現存する。

　寺山口に戻りバスでさらに2kmほど宿毛方面に向かう。市山バス停でおりて進行方向にいくと、左手の山腹に押ノ川の一里塚がみえてくる。現在県内に残る一里塚はこの宿毛市押ノ川のものと、安芸郡の野根山街道のもののみで、今では

延光寺銅鐘

貴重な文化遺産である。

この一里塚にはもう1つ、塚の上に高さ298cmの「貞享元(1684)年」銘を記した法華経塔(県史跡)がある。この塔は、柏島(現、大月町)法蓮寺(法華宗)の日教上人が願主となり、国家の恩にむくいるためにたてた経塔の1つで、同じ形式のものが安芸郡東洋町甲浦の萬福寺参道と、高知市の五台山竹林寺境内に存在する。3基をまとめて貞享元年銘法華経塔(県史跡)という。また、押ノ川においては、ホドカ山採石場で発見された化石漣痕(県天然)も一見の価値がある。

宿毛城跡 ㊹

〈M ▶ P. 218, 277〉宿毛市松田町
土佐くろしお鉄道宿毛駅🚌中村駅方面行宿毛文教センター前🚶5分、または東宿毛駅🚶15分

土佐西辺の要衝土居付家老安東氏

宿毛市立宿毛歴史館のある文教センター前バス停で下車し、松田川沿いの県道宿毛津島線を少し上流に向かって歩くと、左手前方に宿毛城跡のある小山がみえてくる。この城は別名松田城ともいい、土佐一条氏配下の武将松田兵庫の築城といわれる。その後、長宗我部元親の一族、長宗我部右衛門大夫らの支配を経て、1601(慶長6)年、土佐藩初代藩主山内一豊の甥安東(山内)可氏が、6200石を拝領して入城することとなった。1615(元和元)年の一国一城令により廃城となったが、安東氏は城下に土居を構え、明治維新まで土佐西辺の守りをかためた。

現在、城跡は山頂に石鎚神社が勧請されており、わずかに当時の石垣が残り、また詰後方には一段高い天守の跡といわれるものも確認することができる。

宿毛城跡のすぐ東を流れる松田川に河戸の堰がある。近年の改修で可動堰に付け替えられ、往時をしのぶことができる遺構はわずかな石垣と用水の井流口のみとなった。もとの堰は3代宿毛領主

宿毛市中心部の史跡

西の玄関宿毛市

安東節氏のときに、土佐藩執政野中兼山の指導で築かれた。独特の糸流し工法で築かれた堰からは、宿毛市街地の側へ3本、対岸の和田側に1本の用水路が引かれ、近隣の田畑をうるおしてきた。

かつての宿毛は、松田川の支流がいく筋も流れ、大雨のたびに洪水になった土地であった。水害を防ぐために河戸の堰と同時期に築かれたのが、宿毛惣曲輪の大堤とよばれる堰から貝塚に至る長大な堤防である。

工事は1658(万治元)年に完成した。宿毛側の堤防に比べ、対岸の和田・坂ノ下側の堤防を2～3m低くしたため、洪水の際、水は対岸にあふれるようになり、以後、宿毛の町は洪水の被害をうけなくなった。一方、和田村(現、宿毛市和田)・坂ノ下村(現、宿毛市坂ノ下)は、毎年のように水害に見舞われるようになり、当地の人びとからは兼山に対する怨嗟の声が聞かれたという。

宿毛城跡東側の県道宿毛津島線を、松田川沿いに15kmほど北に進むと、旧石器時代のナイフ形石器が出土した池ノ上遺跡に至る。さらに2kmほど北に進み、JA高知はた楠山事業所手前の道を右側におりてどんぐり湖を渡ると、石器原産地遺跡で、旧石器時代のナイフ形石器が出土した楠山遺跡に至る。JAからさらに12kmほど北に進んだ出井の川床には、およそ1億年前の白亜紀四万十層に貫入した黒雲母花崗岩の層に、大小200もの甌穴群(県天然)があり、壮大な景観を形成している。

安東(伊賀)家墓所・野中兼山遺族の墓 ㊺
0880-63-3320(東福寺)

〈M▶P.218, 277〉宿毛市桜町16-2-2

土佐くろしお鉄道宿毛駅🚌中村駅方面行宿毛市役所前🚶3分、または東宿毛駅🚶15分

宿毛市役所前バス停で下車し、前の市道を200mほど東進して左折すると、山ぎわに宿毛を領有した土佐藩家老安東氏(伊賀氏)の菩提寺南泉山東福寺(臨済宗)がある。安東氏初代可氏は、土佐藩初代藩主山内一豊の姉通の子で、美濃(現、岐阜県)生まれ。父郷氏が織田信長にそむき、母とともに幽居された時期もあったが、のちに近江(現、滋賀県)長浜城主となった叔父一豊につかえ、一豊の土佐

宿毛領主安東氏墓所 幽閉された兼山の遺族

コラム

宿毛の先人たち

安東氏家中の俊英たち　近代日本の担い手

　古来、遠流の地とされた土佐、なかでも最果ての地が宿毛である。その地理的条件が反骨の気風をはぐくんだのか、この地はとくに幕末・明治時代以降、数々の人材を世に送りだした。藩政時代の領主安東氏の土居を中心とした市街地には、政財界、あるいは文壇で活躍した先人たちの足跡が数多くきざみこまれている。

　中央2丁目（旧土居下）の宿毛文教センター付近は、立志社傘下で宿毛合立社を設立し、自由党では筆頭幹事をつとめた林包明の邸跡である。また、文教センターから通りをはさんで南隣が立志社創立に参加、西南戦争の際、西郷軍への呼応を画策し入獄、その後、第1回衆議院議員総選挙から9回連続当選、逓信相や農商務相を歴任した林有造と、その次男で第二次世界大戦後衆議院議長をつとめた林譲治親子の旧邸である。

　また文教センターの北隣には、自由民権運動に奔走し、のちに衆議院議員となり、実業界でも活躍し、そして吉田茂元首相の実父としても名高い竹内綱の邸跡がある。現在の県立高知工業高等学校（高知市）の創立者である綱と、長男明太郎の業績を顕彰して、近年、同校校友会によって文教センター駐車場内に2人の記念碑が建立された。

　自由党色が濃い宿毛にあって異質な存在が小野梓である。明治維新後、英米に留学し、司法省・元老院などの書記官をつとめ、明治十四年の政変（1881年）の際には大隈重信とともに下野。立憲改進党に加わったのちに大隈らと早稲田大学の前身東京専門学校の設立にも参加し、「早稲田の母」とも称される。小野の生家跡は、文教センターから市道を西へ200mほどいった銀行脇にある。また、真丁商店街沿いの清宝寺には、彼の没後、東京の同志が寄贈した大記念碑がたつ。

　市役所の東、宿毛小学校北側には、明治〜大正時代に弱者救済の社会運動家として活躍した大江卓の旧宅跡がある。彼の業績としてまず特筆すべきは、1872（明治5）年のマリア・ルーズ号事件の際に、神奈川県権令として、マカオからペルーへ運ばれていた中国人苦力の身柄を解放した一件である。また部落改善融和運動に尽力し、1870（明治3）年には部落解放を政府に上申し、翌年の解放令発布につなげたほか、のちには帝国公道会を設立し、この問題の解決に半生をささげた。

　そのほか宿毛小学校校内や周辺には、歌曲「平城山」の作詞者としても有名な歌人北見志保子の生家跡、野中兼山遺族の配流地跡、岩村通俊・林有造（岩村家出身で林家の養子となる）・岩村高俊3兄弟の生誕地の碑などがたつ。

西の玄関宿毛市

野中兼山遺族の墓

入国にしたがって幡多郡宿毛（現，宿毛市）6200石を拝領した。子孫は山内姓を名乗ることを許され，260年余りにわたって宿毛を領有したが，明治維新後，東京へ移住する際に本家の姓に復帰し，伊賀を名乗るようになった。

東福寺山門をはいってすぐ左手の斜面が西山墓地で，初代可氏夫妻の五輪塔はその中腹に位置する。また，2代定氏以降歴代領主は，境内裏の東山墓地に葬られている。

西山墓地には可氏の墓所と並んで，土佐藩の奉行職として数々の土木工事や産業開発，学問奨励に功績のあった野中兼山の遺族の墓地が設けられている。2代藩主山内忠義の信任を得た兼山は，20年余りにわたって土佐藩政を主導したが，その強引ともいえる政治手法はほかの家老たちからの反発を招き，失脚。失意のうちに1663（寛文3）年その生涯をおえた。

兼山の死後も藩からの追及の手は厳しく，翌1664年3月，兼山の養母が安東可氏の娘であったことから，8人の遺児たちは生母らとともに，宿毛の安東氏の館にあずけられた。安東家では宿毛土居の西方，現在の宿毛小学校付近に幽閉用の屋敷をつくり，まわりを板塀と竹矢来で囲み，さらには番小屋を4軒設置して遺児たちを監視した。幽閉は40年にもおよび，この間に3人の男子が病死。最後に4男貞四郎が自害し男系がたえたことにより，寛・婉・将の3人の女子は赦免された。このうち寛と将は宿毛に残ったが，婉だけは生母池きさを伴って高知に帰り，郊外朝倉村（現，高知市）に移り住み，医業を営みながら儒学に傾倒し，父兼山の業績を後世に伝えた。

宿毛東福寺の西山墓地には，流人として一生をおえた長男清七一明以下4人の男子と，2女米・4女婉をのぞく2人の女子とともに，罪は問われなかったが，一緒に宿毛に移り住んだ兼山の義母よめ，

正妻市(いち)の墓碑がたつ。長男清七―明の墓には「於配所病死妹婉植之」とあり，この墓が婉からの送金でたてられたことがわかる。なお，遺子たちの罪が正式に許されるのは，1848(嘉永(かえい)元)年，孝明(こうめい)天皇即位の際のことであり，すでに流罪後184年が経過していた。

宿毛貝塚(すくもかいづか) ㊻ 〈M ► P. 218, 277〉 宿毛市貝塚
土佐くろしお鉄道宿毛駅 🚶15分

早くから知られた貝塚
郷土史家寺石正路が調査

宿毛駅から150mほど北進して県道宿毛 城(じょうへん) 辺線にでる。ここから正面の願成(がんじょう)寺(じ)山(やま)南麓(なんろく)一帯が宿毛市貝塚地区である。右折して200mほど進み，国道56号線にでる手前で左折すると宿毛貝塚(国史跡)を示す標柱のたつ小公園がある。

貝塚地区の住宅街の一角にある宿毛貝塚は，大きく西貝塚と東貝塚の2つに区分けされる。一部公有地化された西貝塚については，遺跡公園として整備が完了し，標柱によって位置を確認できる。一方，その東方50mほどの東貝塚付近は，宅地化が進んではいるが，田畑のなかなどに露出する貝層を散見することができる。

遺跡として最初にこの貝塚が調査されたのは，1891(明治24)年，高知の郷土史家の草分け寺石正路(てらいしまさみち)によってであるが，16世紀末の「長宗我部地検帳」のなかに，同地付近に宿毛貝塚村の地名が存在する。この付近から貝殻や獣骨が出土することは，かなり古くから知られていたようである。

宿毛貝塚の場合，貝殻などの散在面積は約10a，貝層の厚さは50〜100cmほどである。現在の貝塚は山ぎわに位置し，海からはかなり離れているが，1887(明治20)年，本土と片島(かたしま)をつなぐ宿毛―片島―小深浦(こぶかうら)間の大防潮堤が完成し，100町歩の新田が造成されるまでは，すぐかたわらが宿毛湾であった。宿毛貝塚からはおもに縄文(じょうもん)時代中期〜後期の土器・石器などが出土するほか，天然真珠やイノシシ・シカの骨などもみつかっている。また1969(昭和44)年の調

宿毛貝塚出土人骨

西の玄関宿毛市

査では，約3000年前の壮年期の女性の人骨も出土している。出土品の一部は宿毛市立宿毛歴史館で見学することができる。

円覚寺 47
0880-65-8221

〈M ▶ P. 218〉宿毛市宇須々木267
土佐くろしお鉄道宿毛駅🚌15分

古様を残す阿弥陀如来
周辺には旧海軍弾薬庫跡

　宿毛駅から県道宿毛城辺線を車で西に向かう。10分ほど進むと宇須々木の集落にはいる。土佐一条氏も対明貿易の拠点として利用したとも伝えられる宇須々木漁港前を右折する。車がやっととおれるような小道を少しのぼると，一条房家夫人の創建と伝えられる江海山**円覚寺**(曹洞宗)がみえてくる。円覚寺は旧称を長福寺といい，1720(享保5)年に現在の寺号に改称したという。本尊は**木造阿弥陀如来坐像**(県文化)で，大島浦(現，宿毛市大島)の漁民が海中より網で引き揚げ，寺に寄進したとの伝承がある。像高84cm，寄木造の古様を残す平安時代後期の作である。近世に面相を彫り直し粗悪な漆箔を押すなど，像容をそこねている部分もあるが，室町時代に補修された台座・光背を備え，おちつきと尊厳を感じさせる。

　そのほか宇須々木周辺にはみるべき史跡が多い。南方の昼知の**宇須々木遺跡**は，高知県内では数少ない旧石器時代から縄文時代中期にかけての複合遺跡で，旧石器時代のものとされるナイフ形石器や大分県姫島産黒曜石でつくられた縄文時代中期の打製石鏃などが出土している。また，宇須々木は第二次世界大戦中，海軍の第8特戦隊(特攻隊)の司令部がおかれた場所で，戦闘で枯渇した航空機にかわって，蛟竜・海竜・回天などの水中特攻兵器，震洋艇・魚雷艇などの水上および水中特攻兵器が配備され，「本土決戦」への備えとされた。宇須々木漁港奥には，現在も赤レンガ造りの**旧海軍弾薬庫の跡**が残っている。

　宇須々木より県道宿毛城辺線を宿毛方

円覚寺木造阿弥陀如来坐像

面に戻る。片島方面への分岐点となる大深浦の交差点に,「四国の道」として近年整備された松尾峠への道順を示す掲示板がある。峠への道は,土佐と伊予(現,愛媛県)を結ぶ旧官道で,道の起源は定かではないが,長宗我部時代にはすでに麓に松尾坂口番所が設けられていた。麓から徒歩1時間弱,標高310mの松尾峠には貞享年間(1684〜88),土佐藩と宇和島藩がおのおの建立した国境を示す2基の石柱がたつ。峠から西方300mには,天慶の乱(939〜941年)の際,九州に落ちのびようとした藤原純友が,妻を隠したとされる純友城跡がある。ここには展望台が設けられており,沖の島・鵜来島をはじめ宿毛湾周辺の島々の眺望がすばらしい。

柏島石堤 ⑱ 〈M▶P.218〉幡多郡大月町柏島 P

釣りとダイビングの島 兼山築造の大石堤

土佐くろしお鉄道宿毛駅🚌60分または🚌ふれあい大月方面行ふれあい大月乗換え柏島行新大橋兼山堤🚶すぐ

宿毛駅前から国道321号線で大月町をめざす。弘見の大月町役場をすぎ,道の駅大月を併設するふれあいパーク大月のさきの二ツ石で右折し,県道柏島二ツ石線を15km余り進むと,大月半島の突端と橋梁で結ばれる柏島にはいる。黒潮が直接ぶつかる周囲わずか4kmのこの島の周辺は,約1000種類の魚類が群れ泳ぎ,磯釣りとダイビングで全国的にも有名である。

近世初頭,周囲の好環境にもかかわらず,風浪激しく漁業に不向きであったこの島を,幡多郡内有数の漁港にかえたのは,土佐藩執政として藩内各所で土木工事を行った野中兼山である。兼山は防波のため慶安〜寛文年間(1648〜73),島の北・東・南の3面(馬蹄形)に長さ6町20間(約690m)・高さ1間4尺(約3m)・幅1間余(約1.8m)の柏島石堤(県史跡)を築き,漁民の生活の安定をはかった。その石堤の一部が島の入口の兼山堤バス停付近に残っている。

柏島

西の玄関宿毛市

さらに兼山は、島周辺の潮流をかえることにより漁場をつくろうと、島の南岸と対岸(大月半島側)との間に長さ2町30間(約272m)・高さ1間半(約2.7m)の大突堤を築き、折戸に白砂をしき、浅瀬をつくって漁場とした。これら築堤の大土木工事は、通算14年を要したと伝えられる。現在はこの石堤の上に防潮堤が築かれており、遺構はわずかしかみることはできないが、江戸時代前期の土木構造物として歴史的、文化的価値は高い。

　柏島から県道柏島二ツ石線を国道321号線方面に8kmほど戻る。浦尻で右折し町道を2kmほど進んだ古満目の春日神社で、毎年正月2日に行われる「水あびせ」の行事は、地区内の若者たちが防火を祈り海水を頭からかぶせられる珍しい行事として有名である。また、浦尻から2kmほど県道を二ツ石方面に戻った頭集の旧中央中学校脇の県道沿いには、近世初頭に浦尻で採取され、大坂城や名古屋城築城に使われる予定であった巨石の一部「残り石」がある。

　このほか場所的には広範囲になるが、大月町内の旧跡をいくつか列記する。二ツ石から国道56号線をさらに10kmほど土佐清水市方向に進む。才角の月灘小学校さきで右折し町道を4kmほど進んだ月山には、四国霊場の番外札所の1つとしても著名な月山神社がある。奈良時代行基の開基と伝えられ、幕末までは守月山月光院南照寺と称し、神仏混淆の霊場として信仰を集めていたが、1868(明治元)年の神仏分離令で南照寺は廃寺となり、月山神社と改称された。境内には河田小龍筆や絵金(弘瀬洞意)筆と伝えられる絵馬を所蔵する大師堂や神体の三日月形の巨石などがある。

　近年、有志によって大月町大浦から徒歩でこの神社に向かう遍路道も復元されたが、バス路線などはなく不便である。

　二ツ石から国道を宿毛方面に5kmほど戻り、宿毛市小筑紫町福良で左折し、県道安満地福良線を道なりに6kmほど進んだ大月町竜ヶ迫の竜ヶ迫天満宮の夏祭り(7月16日)に奉納される唐獅子踊り(県民俗)は、明治時代、伊予の人が伝えた獅子舞である。また同天満宮参道付近は、旧石器時代のナイフ形石器が出土した竜ヶ迫遺跡である。

あとがき

　「高知県の歴史散歩」改訂の打診を受けたのは2003年初めのことでした。本県の過去2回の版に携わったベテラン教員はすでに退職し，今回はおもに30代の若手を中心にメンバーを選定し，編集に取り掛かりました。脂の乗り切ったこの世代は，分掌の運営や部活動の面でも常に勤務校の中心的存在として活躍しており，公務繁忙化の煽りも受けて，取材や執筆に思うように時間が割けないというもどかしい状況が続きました。また，折からの平成の大合併も，本県においてはその帰着点がなかなかはっきりとせず，合併の構図が二転，三転する自治体も多く，徒に時間を浪費してしまいました。

　当初の編集方針は，①できる限り旧版の踏襲は避けること，②極力現地に赴き史跡を再確認すること，③旧版になかった史跡も細大漏らさず掲載すること等々でしたが，結果的に①はともかくとして，若い力を背景にして②③の課題については一定の成果をあげることができたと自負しています。

　21世紀を迎えた今日，国及び各自治体は財政難に悩んでいます。文化財保護に費やす各方面の予算も削減の方向にあります。願わくは，我々が世に問う本書が多くの方々を土佐路に導き，郷土の発展と貴重な文化財の保護に寄与することを念じてやみません。

　2006年5月

『高知県の歴史散歩』編修委員代表
高知県立仁淀高校　坂本　靖

【高知県のあゆみ】

風土

　四国の南半分を占める高知県は東西に長い県域をもち，北には標高1000mをこえる四国山地がひかえ，南には黒潮の流れる太平洋が広がる。気候は概して温暖多雨であり，年間の日照時間・降水量ともに全国トップクラスに位置する。夏から秋にかけてつぎつぎと高知県に接近する台風は，ときに集中豪雨となって家屋や田畑，交通などに大きな被害をもたらすことがある。

　このような激しい気候と地理的条件は，そこに住む人びとの生活や人生観にも少なからぬ影響をおよぼし，高知県の歴史にもまた，大きく影響しているといえよう。

　高知県はかつて土佐国とよばれ，また建依別ともよばれた。土佐という名称の由来については，住む人間の性質からついた「俊聡」，あるいはその地理・地形などからついた「遠狭」など諸説ある。

　古代律令制下の土佐国，近世の土佐藩，近現代の高知県とは範囲がほぼ一致しており，このことも高知県の歴史や県民性を考えるうえで重要である。ただ留意すべきは，県西部の幡多郡である。東九州や南予地方(愛媛県)とも地理的・歴史的に深いかかわりをもつ幡多には，当初，国造もおかれたとされる。土佐弁とは異なる幡多方言が存在し，幡多荘の拠点であった中村(四万十市)を中心に，高知の他地域とは異なる文化的特徴を有している。

原始

　高知県内の旧石器時代の遺跡では，宇須々木遺跡や池ノ上・楠山遺跡(宿毛市)，初瀬影野地遺跡(高岡郡檮原町)，奥谷南遺跡(南国市)などからナイフ形石器や細石器などが出土している。池ノ上遺跡出土のナイフ形石器は，瀬戸内地域を中心に分布する国府型ナイフ形石器である。

　縄文時代草創期は気候の寒冷な更新世末期にあたり，不動ヶ岩屋洞穴遺跡(高岡郡佐川町)など県内の遺跡数は少ない。早期には温暖な完新世にはいり，刈谷我野遺跡・飼古屋岩陰遺跡(香美市)・不動ヶ岩屋洞穴遺跡・城ノ台洞穴遺跡(高岡郡佐川町)と遺跡数が増加して，押型文土器など当該期の遺物が出土している。また十川駄場崎遺跡・川口新階遺跡(高岡郡四万十町)からは，大量の石器の剥片・細片や，石器製造に用いる敲石などが出土しており，石器製造場跡ではないかと推定される。同様の遺跡には，ナシバ森遺跡(幡多郡大月町)などもある。

　前期になると温暖化が進み，縄文海進によって現在の沖積平野の大部分が水没し，鬼界カルデラの噴火によるアカホヤ火山灰の降下の影響があったためか，松ノ木遺跡(長岡郡本山町)・奥谷南遺跡・車木遺跡(四万十市)と遺跡数は減少するが，これらの遺跡からは，九州の轟B式土器や姫島(大分県)産黒曜石，瀬戸内の羽島下層式土器と香川県産のサヌカイトなどが出土し，広域交流が行われていたことが

うかがえる。中期も前期から引き続く温暖化によって照葉樹が増加して実を食用とする広葉落葉樹の森林が減少したせいか遺跡数は少なく、宿毛貝塚(宿毛市)が知られる程度である。

後期になると、気温が低下してカシなどの森林が増加したためか、遺跡数は激増する。宿毛貝塚・大宮崎遺跡(四万十市)・広瀬遺跡(高岡郡四万十町)・松ノ木遺跡などが知られ、このうち宿毛貝塚からは、貝や魚骨のほか、シカやイノシシの骨も検出されており、当時の狩猟・漁撈生活の一端がうかがえる。瀬戸内の磨消縄文土器も出土しており、瀬戸内地域との交流があったことも推測されるほか、人骨も出土している。

晩期の遺跡としては、中村貝塚(四万十市)・居徳遺跡群(土佐市)・鴨部遺跡(高知市)がある。中村貝塚から栽培種のイネの花粉が検出されており、稲作の開始時期を考えるうえでも重要である。近年発掘調査の進んだ居徳遺跡群からは、西日本での出土は珍しい木胎漆器のほか、9人分15点の人骨が出土し、そのうち3体分には金属器によると思われる傷や鏃の貫通痕がみられた。平和な時代と考えられてきた縄文時代に、戦いがあった可能性を示すものとして注目される。

弥生時代にはいると、県中部最大の平野である香長平野の田村遺跡群(南国市)に、遠賀川式土器など朝鮮半島の無文土器の影響を強くうけた土器の出土がみられ、前期でも最古相の集落が形成されたと考えられる。その後、田村遺跡群では水田跡や環濠が構築されるが、下分遠崎遺跡(香南市)・仁井田遺跡(香美市)・鴨部遺跡・柳田遺跡・西分増井遺跡群(高知市)・入田遺跡(四万十市)など、県内各地でも前期の集落が形成されるようになる。

中期前半は遺跡の数・規模が減少するが、中期後葉から後期前半にかけて田村遺跡群の集落が最盛期を迎える。確認されている400棟以上の竪穴住居跡のうち、300棟以上が当該期のものである。この時期には下ノ坪遺跡(香南市)のほかに、本村遺跡(香南市)・龍河洞洞穴遺跡(香美市)・バーガ森北斜面遺跡(吾川郡いの町)など、平野周辺の丘陵地にも遺跡が形成されている。また、勇前遺跡(安芸市)・西分増井遺跡群・カマガ淵遺跡(高岡郡四万十町)など県内各地で拠点集落が形成される。県中央部では、瀬戸内地方の影響が強い凹線文を有する土器が多く、県西部は西南四国型甕とよばれる在地の土器が多く出土する。青銅器にも地域差があり、県東部は畿内の銅鐸文化、県西部は九州・瀬戸内の銅矛・銅剣文化の影響がみられるが、高知平野周辺では両者が混在する。

後期後半になると、田村遺跡群およびその周辺の集落は激減し、東崎遺跡(南国市)、ヒビノキ遺跡・林田遺跡(香美市)など内陸部に集落が分散する。西分増井遺跡群・カマガ淵遺跡など、西部の拠点集落は継続していく。西分増井遺跡・東崎遺跡からは、3世紀末の築造と推定される方形周溝墓が検出された。

古墳時代前期の古墳は、高岡山1号墳・同2号墳・平田曽我山古墳(宿毛市)・長

畝2号墳(南国市)と少ないが，具同中山遺跡群・古津賀遺跡群(四万十市)などの祭祀遺跡が大河川と支流の合流地点付近にみられる。中期の古墳も，長畝3号墳・狭間古墳(南国市)と少ない。後期になると，群集墳が香長平野を中心に多く形成される。小蓮古墳・舟岩古墳群・妙見彦山古墳群(南国市)，朝倉古墳(高知市)などは，石室の規模などから周辺地域の首長墓であった可能性が考えられる。伏原大塚古墳(香美市)は県内唯一の円筒埴輪が出土していることから，相当の有力者のものであった可能性が強い。古墳時代の土佐は古墳築造に関しては後進地域であり，また，大和政権に参加した首長層の墳墓に共通する前方後円墳がほとんどみられないことから，土佐が大和政権内でさほど高い位置になかったことも推測される。

古代

　律令制下，土佐国は7郡からなり，大・上・中・下国のうちの中国に位置づけられた。国府は現在の南国市比江付近におかれたと推定される。都から国府に至る駅路としては，当初伊予国(現，愛媛県)経由のルートがとられ，のちに阿波国(現，徳島県)経由のルート，さらに四国山地を縦断するルートがとられた。

　険阻な陸路のほかに，海路も発達した。10世紀前半に土佐国国司をつとめた紀貫之は，都に帰るにあたって，大津から浦戸・大湊・奈半・室津，そして室戸岬をめぐり，阿波国沿岸から淡路(現，兵庫県)・和泉(現，大阪府)へと進む海路をとっている。風待ちや海賊の襲撃など不安定な要素も多い海路であるが，北に山地を背負う土佐にとって重要な交通路であったことはまちがいない。

　中央との交通路が整備される一方，土佐国は724(神亀元)年に伊豆(現，静岡県)・安房(現，千葉県)・常陸(現，茨城県)・佐渡(現，新潟県)・隠岐(現，島根県)とともに遠流の国と定められ，都での権力争いに敗れた貴族など，多くの人びとが土佐に配流された。土佐での彼らの生活などについては不明な点が多いが，現在でも高知県内各地に流人伝承が残る。

　古代土佐の宗教をみると，寺院では，南国市の比江廃寺や高知市の秦泉寺廃寺などが7世紀末から8世紀はじめの例としてあげられ，8世紀には，鎮護国家の理想に基づき全国におかれた国分寺が，土佐にも建立された。9世紀にはいると，空海(弘法大師)の修行の場でもあった土佐では，真言密教系の最御崎寺や金剛頂寺(室戸市)，金剛福寺(土佐清水市)などの寺院が建立され，人びとの信仰を集めた。これらの寺院のなかには，土地の寄進をうけるなどして荘園領主となる例もでてきた。

　一方，神社では，『延喜式』神名帳に記された土佐の式内社は21社ある。そのうち唯一の大社である都佐坐神社(土佐神社，高知市)は，のちに土佐国の一宮になった。

中世

　土佐の中世は，源希義の挙兵にはじまる。1180(治承4)年，平家によって介

良(現,高知市)に配流されていた希義は,兄である源頼朝の蜂起に呼応して土佐で兵をあげた。夜須荘(現,香南市)の夜須七郎行宗が加勢に馳せ参じる前に,希義は平家方の蓮池権守家綱・平田太郎俊遠らによって討たれたが,行宗は土佐を脱して,頼朝のもとで源平の戦いに参加した。壇ノ浦の戦いでは行宗のほかにも,安芸郡司の出自をもつ安芸太郎実光とその弟が,平教経と組み打って海中に没したことが『平家物語』にみえる。

平家が滅亡して鎌倉時代にはいると,土佐国守護には梶原景時・佐々木経高・豊島朝経・三浦義村らが任じられた。なかでも三浦氏は44年間にわたって土佐国守護職にあったが,1247(宝治元)年に宝治合戦で滅亡し,以後,土佐は北条得宗の守護国となった。

一方,西部の幡多郡は頼朝から九条兼実に譲られたところであり,九条家領として,土佐の他の地域とは様相を異にしていた。幡多郡の大半は,1220年代に九条家領幡多荘として立荘され,1250(建長2)年には九条道家から3男一条実経に分与され一条家領となった。幡多荘のほかにも,高岡郡では京都下賀茂社領の津野荘(現,須崎市・津野町・檮原町),香美郡では鎌倉極楽寺領の大忍荘(現,香美市・香南市・芸西村)など,11世紀後半から12世紀にかけて,土佐国には多くの荘園が成立した。

南北朝の動乱期には土佐の各地でも,国人や国外からの援軍もまじえた南朝方と北朝方の対立があった。動乱のさなか,足利尊氏は土佐の武士たちの統合のために細川顕氏を派遣した。こののち一部の例外はあるものの,土佐国守護職は細川氏一族に継承され,しだいに世襲化した。守護が土佐に来国することはほとんどなく,都からは守護代が派遣され,現在の南国市田村にあった守護代所で職務を執り行った。

五台山の麓の吸江(現,高知市)には,1318(文保2)年,都からこの地にくだった夢窓疎石が吸江庵を開き,のちに足利義満の政治顧問的な存在となり,京都五山文学の双璧をなした義堂周信・絶海中津らの俊秀を輩出した。吸江庵は,守護代細川氏の庇護もうけて,室町時代の土佐の文化の中心としておおいに興隆した。

1467(応仁元)年,都で応仁の乱がはじまると,その影響は土佐にもおよんだ。守護代細川勝益らは,都の細川本家を援護するために上洛。一方,都からは前関白一条教房が,戦火を逃れて幡多荘に下向した。教房は幡多荘の中村(現,四万十市)に居を構え,加久見氏や入野氏など幡多の有力国人を取り立てつつ,幡多荘一帯の支配を行った。一条氏は教房の死後,房家・房冬・房基・兼定と4代にわたり,土佐一条氏として豊後(現,大分県)の大友氏や周防(現,山口県)の大内氏とも関係を結びつつ,公家大名的性格を強めた。

戦国時代の土佐では,「格別」と評されるほど強い影響力をもった土佐一条氏のほかに,安芸氏・香宗我部氏・長宗我部氏・本山氏・大平氏・吉良氏・津野氏ら,

俗に「七守護」とよばれる有力国人が互いに鎬を削っていた。はじめは本山氏の勢力が強大で，本山茂宗（梅慶）は本拠地の長岡郡本山から海をめざして南下し，朝倉城（高知市）に拠点をおいて，土佐・吾川・高岡郡にもその勢力をのばした。しかし，守護代細川氏の後ろ盾を失って一度は没落した長宗我部氏がしだいに頭角をあらわし，長宗我部国親とその子元親のとき本山氏を破った。元親はその後，津野氏を配下におさめ，東の安芸氏を破り，幡多の一条兼定を豊後に追放して土佐全域を統一。さらに阿波（現，徳島県）・讃岐（現，香川県）・伊予（現，愛媛県）と兵を進め，1585（天正13）年には伊予湯築城（愛媛県松山市）の河野氏を攻略せんとし，四国をほぼ統一する勢いであった。しかし同年6月には豊臣秀吉による四国攻めがはじまり，元親は阿波の白地城（徳島県三好市池田町）によって阿・讃・予3方から攻め寄る秀吉軍を迎え撃ったが，8月はじめまでに屈服し，土佐一国を安堵された。

豊臣政権下での長宗我部氏は，豊後戸次川の合戦や小田原征伐，また朝鮮出兵などに豊臣軍の一翼として従軍。このうち島津氏と対峙した戸次川では，元親は嫡男信親以下多くの家臣を失った。また，太閤検地の一環として土佐全域を対象に行われた検地は，太閤検地の方法を取り入れつつも，その記載方法などに長宗我部氏独自のものがみられる。この検地の結果は368冊の地検帳にまとめられ，土佐の土地基本台帳として，のちに土佐をおさめる山内氏にも引きつがれた。

元親の死後，家督をついだ4男盛親は，1600（慶長5）年の関ヶ原の戦いで石田・毛利の西軍に与して南宮山南麓に布陣，ほとんどたたかうことなく土佐に敗走した。戦後，徳川家康は長宗我部氏から領国を没収し，盛親は居城である浦戸城（高知市）を明け渡して土佐を去った。長宗我部軍の主力であった「一領具足」を中心に抵抗はあったが，同年12月には徳川氏重臣井伊直政の家臣鈴木平兵衛らが浦戸城をうけとり，土佐は新領主山内一豊を迎えることになった。

近世

1600（慶長5）年12月，兄山内一豊にさきだって土佐に入国した康豊は，旧来の支配のあり方を踏襲することを表明して，民心の動揺をしずめることにつとめた。翌年の正月には一豊も入国したが，1603年には，長宗我部氏旧臣高石左馬之助の指揮する本山郷（現，長岡郡本山町）の百姓が，年貢納入をめぐって一揆をおこすなど（滝川一揆），その支配は必ずしも順調にはじまったわけではなかった。

一豊は治安維持や支配力強化をはかって，領内の拠点に重臣を配した。すなわち佐川の深尾氏，宿毛の山内（安東）氏，窪川の山内（林）氏，本山の山内氏，安芸の五藤氏らである。彼らは土居付家老とよばれる。また，土佐一条氏の居城があった幡多郡中村（現，四万十市）には弟康豊をいれた。一豊は康豊に3万石をあたえるが，これがいわゆる「中村三万石」である。中村三万石は，やがて江戸幕府公認の内分の支藩としての性格を強めるが，1689（元禄2）年，3代豊明のときに5代将軍徳川綱吉の忌諱にふれて改易処分をうけ，その領地は一時幕府に没収された。さ

らに土佐藩の預かり地となったのち、1696年、正式に土佐藩に返還され、以後中村には幡多郡郡奉行所がおかれた。

土佐入部の当初、一豊は浦戸城にはいったが、城下町建設の便などを考慮して、長宗我部氏が一時居城を構えた大高坂山（高知市）に新城を築いた。潮江川（鏡川）と江ノ口川にはさまれたこの地域は、たびたび水害に悩まされたが、1610（慶長15）年、2代藩主忠義のときに三ノ丸が完成し、高智山城と改称された。城下には武士の住む郭中と、その東西に町人町が整備され、城下町としての体裁が整い、人びとの集住も進んだ。

藩政当初からの幕府による軍役・課役は藩財政を圧迫し、上方からの借金も膨らんだ。1631（寛永8）年に奉行職に就任した野中良継（兼山）は、この状態を打開すべくさまざまな改革や事業を展開した。その治績は多方面にわたるが、領内各地に堰を設けて用水路を開鑿し、新田開発を進めて蔵入地の増加をはかった。それと同時に用水路は水運としても重要な役割をになうものとなり、また港の改修も進めて上方や他領との流通体制を整えた。さらに長宗我部氏旧臣を中心に郷士の取り立てを進め、藩の軍制を強化するとともに地方に精通する郷士を起用して藩政改革を進めた。しかし、改革があまりに急進的であったため、人心の離反を招き、1663（寛文3）年に兼山は失脚し、直後に急逝した。兼山の治績はその後の土佐藩の大きな基盤となり、民力の伸長や社会の成熟に伴って、藩政は充実した。1690（元禄3）年には藩政の基本方針を示す『元禄大定目』も制定された。

しかし、その一方で藩の財政難は深刻であった。藩では山間部を中心に活況を呈していた製紙業に目をつけ、城下の特定商人に紙の販売権をあたえる御蔵紙制を導入、さらに1752（宝暦2）年には国産方役所をおいて指定問屋による専売制を強化した。これに対する農民の抵抗は大きく、1755年には津野山一揆がおこった。その後も、1787（天明7）年には池川・名野川（現、仁淀川町）の郷民が伊予（現、愛媛県）へ逃散するなど、18世紀なかばから19世紀にかけて、土佐藩内ではおもに藩の専売制強化に対する不満が一揆の形で頻発した。近年の研究で、これらの一揆の背後には藩領をこえた連携や指導者が存在したことがあきらかになっており、当時の商品流通が単に土佐藩内にとどまるものではなかったことを示唆する。

漁業では、カツオ漁や捕鯨漁、イワシ漁などが盛んに行われた。捕鯨は、寛永初年に安芸郡津呂（現、室戸市）の多田五郎右衛門が突取法をはじめたのが最初で、その後一時中絶したが、1660（万治3）年に多田一族により再開され、1664（寛文4）年には紀州（現、和歌山県）の網取法が導入されて発展した。カツオ節の製法も紀州から伝えられたとされるように、黒潮をつうじた土佐と紀州のつながりは深く、現在の土佐清水市域を中心に紀州の漁師が多く居住していたことを伝える史料も残る。

近世土佐南学の祖は谷時中である。その学問は、野中兼山・小倉三省・山崎闇斎らにうけつがれた。兼山は藩政を主導するにあたってこの学問を基盤とし、南学

はおおいに栄えたが、兼山失脚後、学者の多くは土佐を去った。藩では、1679(延宝7)年に京都堀河学派の緒方宗哲を藩主の侍読に迎えたが、宗哲の学問は土佐に根づかず、谷秦山によって南学が再興された。儒学のみならず、神道・天文・暦学にもつうじた秦山は、その学識を子垣守・孫真潮に継承させるとともに、多くの門人を育てた。1760(宝暦10)年に設置された藩校教授館でも、南学が教えられた。教授館は、1862(文久2)年開設の文武館、1865(慶応元)年開設の致道館へと継承される。また領内の土居付家老のもとでも、子弟を教育する郷校が開かれた。さらに南学の伝統は史実考証を重んじる学問姿勢を生み、秦山の直弟子である奥宮正明の『土佐国蠹簡集』をはじめ、武藤致和・平道の『南路志』、吉村春峰の『土佐国群書類従』など、多くの史料集が編纂された。

南学や国学は郷士や庄屋層にも広まり、彼らのなかで尊王思想が高まる下地にもなっていった。1841(天保12)年に細木庵常ら郷浦庄屋の有志が庄屋の復権をめざして結成した秘密同盟(天保庄屋同盟)も、国学と結びついた尊王思想を色濃く反映している。

1848(嘉永元)年、15代藩主となった山内豊信(容堂)は、吉田元吉(東洋)を起用して藩政改革をはじめた。容堂は将軍家継承問題で一橋派に属したため、安政の大獄の際、隠居に追い込まれたが、その間も東洋による藩政改革は進められた。東洋は福岡孝弟や後藤象二郎ら有能な人材を抜擢する一方、海防や教育に西洋の技術を導入し、藩の法令の集大成である『海南政典』の編纂も進めた。

同じころ、武市半平太(瑞山)を中心とする下士の間では尊王攘夷論が高まり、1861(文久元)年には武市を盟主とする土佐勤王党が結成された。勤王党は挙藩勤王をめざしたが、東洋はこの言を容れず、公武合体・開国を前提とした富国策を進めたため、1862年、東洋は武市の命をうけた勤王党員らによって暗殺された。しかし、1863年八月十八日の政変のあと、形勢は大きく変化し、容堂による勤王党弾圧の結果、武市は捕縛されたのち切腹、勤王党はほぼ壊滅の状態となった。

その一方で、土佐を脱藩した坂本龍馬や中岡慎太郎らはそれぞれ国事に奔走し、後藤象二郎の尽力で脱藩の罪を許された坂本は海援隊隊長、中岡は陸援隊隊長を命じられ、軍事や経済面で土佐藩の遊軍的な活動を展開する。坂本が後藤に示した新国家構想案「船中八策」は、大政奉還のもととなった。

1867(慶応3)年、容堂は15代将軍徳川慶喜に大政奉還を進言、慶喜は朝廷に上奏し、勅許されたのである。その1カ月後、坂本と中岡は京都で暗殺された。

近代・現代

1867(慶応3)年12月9日、王政復古が発令され、ここに江戸幕府は廃絶された。同日夜の小御所会議では、徳川慶喜の辞官・納地が決定された。公武合体を唱えてきた山内容堂にとって、これは容認できるものではなかったが、承服せざるをえなかった。

翌年1月3日に鳥羽・伏見で薩長軍と旧幕府軍は激突し、土佐藩兵も容堂の意向を無視して参戦、戦いは戊辰戦争に発展した。土佐にいた乾退助は、郷士を主体とする迅衝隊の大隊司令として兵を率いて上京。京で東山道先鋒総督府参謀を拝命し、土佐藩兵などを率いて東へ進軍、3月には甲府(山梨県甲府市)を占領した。この甲府占領に際して、乾は姓を板垣に改めたが、これには乾の先祖板垣氏が甲斐武田氏の家臣であったことを示すことで、人心の掌握をはかろうとのねらいがあった。板垣のもくろみはあたり、甲府の有志は断金隊を組織して、以後板垣の軍に従軍した。土佐兵は薩長などの諸軍と連携をとりつつ東北に進軍し、8月には会津若松城(福島県会津若松市)を包囲、同城開城後の9月には庄内藩(現、山形県鶴岡市)も降服させた。

　新政府は7月に江戸を東京と改称し、9月には明治と改元した。1869(明治2)年1月には、土佐藩主山内豊範は薩摩(現、鹿児島県)・長州(現、山口県)・肥前(現、佐賀県)の3藩主らと連署して版籍奉還を上奏、6月にはそれが認められた。1870年7月には廃藩置県が断行され、土佐(高知)藩は廃されて高知県が誕生した。明治維新とともに多くの新制度・新知識が導入され、また道路網の整備や、鉄道・電車・海運など各種交通機関の整備も順次進められた。これらの急速な変革は反発も招き、1870年12月には県内北部山間でいわゆる膏取り騒動がおこり、1874年には徴兵令に反発する血税一揆が、幡多郡川登村(現、四万十市)でおこった。県庁はこれら一揆の首謀者に対して厳罰でのぞんでいる。

　そのようななか、1873年には中央政府内で征韓論争がおこり、板垣退助や後藤象二郎らは参議を辞して下野した。その翌年、彼らは民撰議院設立を期する立志社を、片岡健吉や林有造らとともに高知に設立した。自由民権運動の始まりである。立志社は社内にさまざまな機関を設けて失業士族の救済事業にもかかわる一方、教育機関としての立志学舎を設立するなど、民権思想の普及・啓蒙につとめた。立志社の活動はやがて全国に波及し、植木枝盛らすぐれた論客のもと、全国的な運動を展開していくことになったのである。

　高知県はその後、戦争や南海地震による被害を乗りこえて、今日に至った。現在、高知県では人口自然減という厳しい現実に直面し、それに伴う住民の高齢化・過疎化が深刻な問題となっている。しかし、超高齢化社会・人口自然減現象は、じつは日本全体が近い将来直面する問題でもある。その意味では、高知県は一足さきにそれらの問題と対峙しているのであり、今後の高知県の施策は全国的なモデルともなる可能性を秘めている。また、高速道路網の整備や高知新港の開港により、アジア太平洋地域に対する玄関的役割が高知県に期待されていることも確かである。

　今や全国的なものに広がったよさこい踊りのように、独自のユニークな文化や方法論で、これまで日本全体がいだき続けてきた価値観にかわる、あらたな座標軸を提示することが、これからの高知県に求められているのである。

【地域の概観】

政治と経済・文化の中心——高知市とその周辺

紀貫之が土佐から都までの船旅を綴った『土佐日記』。このなかで，貫之ら国司一行は大津から船出する。平安時代，浦戸湾は現在よりも深く切れ込んでおり，高知平野の一部は海の底であった。大津をはじめ，小津や比島，葛島などの地名が内陸部にみられるのはその名残りである。このため，古代の寺社は現在の高知市中心部にはなく，北部の地名にその名をとどめる秦泉寺，東部の五台山竹林寺，『延喜式』神名帳にみえる朝倉神社や土佐神社，朝峯神社など，いずれも市周辺部に位置する。

南北朝時代のころから，高知平野の陸地化も進んだが，依然として低湿地の様相をみせていたようだ。戦国大名の長宗我部元親は岡豊（南国市）から高知平野中央の大高坂山に居城を移そうと試みたが，江ノ口川と潮江川（鏡川）にはさまれて水害も多かったため，結局，海辺に近い浦戸に居城をおいた。

1601（慶長6）年に土佐に入部した山内一豊も当初は浦戸城にいたが，浦戸の地形が城下町建設に不向きであることなどを理由に，大高坂山に築城を開始し，同時に城下町建設のための治水工事にも着手した。城は1611年に三ノ丸の完成をみたが，このとき「河中山城」から「高智山城」と改名し，この「高智」が現在の高知の由来となった。また，城下町も武士の住む郭中とその東西の町人町の建設が進み，領内各地から商人なども移り住み，現在の高知市中心部の町割の原型がほぼできあがった。高知城下町は堀川で浦戸湾と結ばれており，城下東側の下町には舟運によって領内各地の生産物が集まった。17世紀中ごろには城下の人口は2万をこえ，高知は土佐藩の政治・経済・文化の中心として繁栄と活気に満ちた。藩政期をつうじて，城下町は周辺への広がりをみせ，江ノ口村や井口村には町もうまれた。また城下近郊の村々も，城下町に準ずるあつかいをうけるようになった。

1874（明治7）年には現在の中央公園東に立志社が設立されたが，このほかにも高知市内各地域で多くの民権政社が結成された。市内を歩くと，それらの政社跡を示す標柱が各所にみられ，自由民権運動の中心であった高知の熱気を今に伝える。

1889年4月1日には，土佐郡から分離して高知市が発足した。初代市長は民権運動家であった一圓正興である。高知市はその後，1945（昭和20）年の米軍機による空襲や，翌年の南海地震によって壊滅的な被害をうけたが，みごとに復興した。高知の夏の風物詩よさこい祭りは，高知市民の健康と高知市の発展を願って，1954年にはじめられたものである。

2005（平成17）年，高知市は北に隣接する土佐山村・鏡村と合併し，2008（平成20）年には南の春野町と合併した。2010年10月現在，高知県の人口76万余人に対して，高知市の人口は34万余人。人口の一極集中はさまざまな問題をはらんでいるが，県の政治・経済・文化の中心として高知市は発展を続けている。

「土佐のまほろば」と清流沿いの伝統文化――県中央部

　高知市からV字状に高松市(香川県)と松山市(愛媛県)にのびる国道32号線と33号線。この両国道にはさまれた地域を本書では県中央部としてあつかう。県都高知市に近いことから比較的交通の便に恵まれるところも多いが，大部分が中山間地域に属し過疎化と高齢化の問題をかかえている。

　高知市東郊の南国市は香長平野の中心として県内最大の穀倉地帯を形成するが，近年は高知龍馬空港を利用した臨空港型の精密機械工業なども発展する。中世以前は南国市周辺が土佐の中心であったことから，史跡に富む同市は「土佐のまほろば」を自称する。南部の田村遺跡群は弥生時代の大集落跡として全国的にも著名である。また，北部には古墳も点在する。四国霊場29番札所国分寺周辺からは，土佐の国衙関連の施設跡が発見されており，付近には土佐国司として来国した紀貫之にかかわる史跡も残る。現在，高知県立歴史民俗資料館のある西部の岡豊山には，土佐の統一と四国制覇を成し遂げた戦国大名長宗我部元親の居城があった。

　四国三郎とよばれる吉野川の上流域にあたる嶺北地方。JR土讃線・高知自動車道など瀬戸内方面と高知をつなぐ交通の大動脈がとおる長岡郡大豊町には，四国最古で唯一の平安時代建築である国宝豊楽寺薬師堂が残る。同郡本山町は，中世末期に長宗我部元親と土佐中央部の覇権をきそった国人領主本山氏や近世の土佐藩執政野中兼山ゆかりの地でもある。さらに上流の土佐郡土佐町には，四国の水瓶早明浦ダムがあり，かつて白滝銅山で栄えた同郡大川村が続く。

　高知市西郊の朝倉には本山氏が拠点をおいた朝倉城跡，『延喜式』式内社朝倉神社などの古跡が残る。清流仁淀川沿いに位置する吾川郡いの町は，高知県の代表的な伝統工芸品土佐和紙の産地である。また，高岡郡日高村小村神社には，国宝の金銅荘環頭大刀拵大刀身が伝わる。

　世界的な植物学者牧野富太郎，勤王の志士でのちに宮内大臣をつとめた田中光顕をうんだ文教の町高岡郡佐川町は，土佐藩家老深尾氏の土居を中心に発展した。おちついた風情の名園を備えた寺や，造り酒屋の蔵が並ぶ町並みをゆっくりと徒歩でめぐってみたいものである。

　四国の山中には，源平の合戦に敗れた平家落人の伝説が残る。高岡郡越知町の横倉山は，長門の壇ノ浦(山口県)で入水したとされる安徳天皇が，じつは平家一門とともにおちのび，息を引きとった場所とも伝えられ，山頂付近には宮内庁より陵墓参考地に指定された区画がある。吾川郡仁淀川町には複数の土佐の神楽が伝承され，早春には土佐の三大祭りに数えられる秋葉祭で賑わう。

海の恵みと山の営み――県東部

　高知県東部の地形は，四国の高峰剣山地に連なる山々が海岸に迫り，その間を大小の河川が南流する。河口付近の小規模な平野には地域の中心となる町が形成され，それらを結び国道55号線と土佐くろしお鉄道ごめん・なはり線がのびる。地域

地域の概観

の産業の中心は、温暖な気候を利用した農業や林業、海沿いでの漁業となっている。

物部川の豊かな水に恵まれた香美周辺は、高知県内でもっとも早くから開けた土地であり、刈谷我野遺跡・佐野楠目山遺跡・龍河洞洞穴遺跡・伏原大塚古墳など旧石器時代から古墳時代の遺跡が点在する。中世には有力国人領主や地侍が覇権をきそい、近世には土佐藩執政野中兼山が構築した山田堰により下流域が豊かな穀倉地帯に変貌した。市の中心土佐山田町の特産品は、伝統の土佐打刃物である。また、中流域の香北町にはアンパンマンミュージアムがあり、県内外からの観光客も多い。

香美市の南、物部川下流左岸に位置する香南市野市町には、戦国時代の土佐七守護の1つに数えられる香宗我部氏の居城跡が残る。また、同市赤岡町は豪快な酒の飲みくらべが行われる春のどろめ祭りと、幕末の絵師絵金(弘瀬洞意)が製作した屏風絵を堪能できる夏の宵の絵金祭りで知られる。

高知と室戸の中間に位置する安芸市は土佐くろしお鉄道ごめん・なはり線沿線最大の平野を有し、ハウス園芸が盛んである。同市北部の土居には、土佐七守護の1人であった安芸国虎の安芸城跡、近世土佐藩の土居付家老五藤氏の廓中が残る。周辺には野良時計や三菱財閥の創始者岩崎弥太郎の生家、明治時代のジャーナリストで『万朝報』を創刊した黒岩涙香の旧宅などもある。

安芸市と室戸市の間が中芸地方である。安田川や奈半利川の流域には、地方色豊かな平安仏が伝えられている。周辺には、江戸時代に土佐藩の御留山であった魚梁瀬杉の天然林が残るほか、豊富な木材資源に恵まれ、近年はユズの加工品産業が活況を呈する。またこの地域は、安芸郡北川村出身で坂本龍馬と並び称される中岡慎太郎をはじめ、維新の志士を多数輩出した。奈半利を起点に野根(安芸郡東洋町)にのびる野根山街道は、土佐藩の参勤交代のルートであった。今でも各所に石畳の山道が残り、往時をしのばせる。

高知県の東南端に位置する室戸市は海岸段丘が発達し、また台風銀座としても有名である。室戸阿南海岸国定公園の一部をなす室戸岬周辺では、若き日の空海が修行したとも伝えられ、その足跡を訪ねる四国遍路の姿をよく見かける。また、近世には紀州(現、和歌山県)から導入された網取り漁法による捕鯨が盛んに行われ、近年は海洋深層水利用の先進地として知られている。

自然と歴史のふるさと——県西部

「最後の清流」と賞賛される四万十川。全長196kmにおよぶ大河は高岡郡津野町不入山に端を発し、四国西南部の複雑な地形に沿って蛇行を繰り返しながら太平洋にそそぐ。この川の流域を中心に高知県の西半分を占めるのが、高岡・幡多の両郡である。古来、遠流の地とされた土佐国内でも、この地域はさらなる僻遠の地と目され、古くは土御門上皇や尊良親王ら多くの流人が配された。近年、高速道路や鉄道の延伸で、中央との時間距離が飛躍的に短縮されつつあるが、以前は交通の便

に恵まれず，長く閉鎖的な空間を形成してきた。一方で，この地理的条件が幸いにも手つかずの自然を残し，独特の伝統文化を醸成する要因となっている。

　土佐市の中心高岡町は伝統工芸土佐和紙の生産が著名なほか，近年はハウス園芸農業が盛んである。須崎市の重要港湾須崎港にはセメントの積み出しや輸入木材の荷揚げのために大型船が出入りする。また，久礼坂をのぼった高岡郡四万十町窪川は，江戸時代，土佐藩家老林氏の土居を中心に発展した。

　須崎を起点に北上する国道197号線沿いの津野山は，中世五山文学の担い手義堂周信・絶海中津を輩出したほか，数多くの維新の志士を育んだ。なお，この道は坂本龍馬脱藩の道とも重なる。

　四万十川流域には現在もアユの火振り漁など伝統的な漁法が残る。また，北幡とよばれる中流域からは数々の縄文遺跡が発見されている。この川に多数残された沈下橋や，この流域を中心に四国西南部に散見できる茶堂は，地域の自然と調和し，独特な景観を形づくっている。また，下流で合する支流の中筋川，後川流域では古墳時代の祭祀遺跡が多数発見されている。

　幡多の中心四万十市中村の歴史は，1468（応仁2）年，一条教房の下向にはじまる。碁盤目状の街並みや，大文字焼きの残るこの町は，小京都として全国的にも有名である。また，西の玄関宿毛市は，幕末から明治時代に日本の近代化をリードする多くの人材を送りだした。

　藩政時代，「下灘」とよばれた県西部の長い海岸線には，数多の浦々が連なる。黒潮押し寄せる当地の磯は，多くのダイバーや磯釣り客で賑わう。土佐カツオ節発祥の地である土佐市の宇佐港は，漂流ののちに米国に渡った中浜万次郎が船出したことでも知られる。高岡郡中土佐町の久礼港，幡多郡黒潮町の佐賀港はカツオ一本釣りの拠点である。土佐清水市を中心に水揚げされるゴマサバは，「土佐の清水サバ」として近年は全国的に知られるようになった。その他，海食崖が連なる足摺半島，海中公園竜串・大堂海岸・大岐浜など，足摺宇和海国立公園に指定された四国最南端の海辺は訪れた人びとの心を魅了してやまない。

【文化財公開施設】　　　　　　　　　　　　　　①内容，②休館日，③入館料

高知市大津民具館　　〒781-5103高知市大津乙97-6　TEL088-822-6394(高知市教育委員会)　①民俗資料，②日曜日，祝日，12月28日～1月4日，③無料

高知市介良民具館　　〒781-5106高知市介良乙2517-1　TEL088-822-6394(高知市教育委員会)　①民俗資料，②日曜日，祝日，12月28日～1月4日，③無料

高知県立美術館　　〒780-8123高知市高須353-2　TEL088-866-8000　①シャガール版画，第1月曜日を除く月曜日，第1月曜日の翌日，12月28日～1月4日，③有料

高知県立牧野植物園　　〒780-8125高知市五台山4200-6　TEL088-882-2601　①植物園・牧野富太郎関係資料，②月曜日(祝日の場合は翌日)，12月27日～1月1日，③有料

竹林寺宝物館　　〒781-8125高知市五台山3577　TEL088-882-3085　①竹林寺所蔵の仏像，②無休，③有料

高知市濱口雄幸生家記念館　　〒781-8125高知市五台山4377　TEL088-884-8004　①濱口雄幸関係資料，②水曜日，12月27日～1月3日，③無料

三里小学校郷土資料室　　〒781-0112高知市仁井田1356　TEL088-847-0271　①民俗資料，②学校休校日(事前連絡で見学可能な場合あり)，③無料

高知市旧関川家住宅民家資料館　　〒781-8130高知市一宮1819　TEL088-845-8529　①江戸時代の豪農の屋敷を公開，②水曜日，12月27日～1月3日，③無料

田中良助旧邸資料館　　〒780-0975高知市柴巻381　TEL088-823-9457(高知市観光課)　①田中良助旧邸の公開，②月曜日，火曜日，水曜日，木曜日，③無料

横山隆一記念まんが館　　〒780-8529高知市九反田2-1 高知市文化プラザかるぽーと内　TEL088-883-5029　①横山隆一ほか漫画関係資料，②月曜日(休日の場合は開館)，12月28日～1月4日，③有料

高知市大川筋武家屋敷資料館　　〒780-0052高知市大川筋2-2-15　TEL088-871-7565　①江戸時代の武家屋敷を公開，②水曜日，12月27日～1月3日，③無料

高知市寺田寅彦記念館　　〒780-0915高知市小津町4-5　TEL088-873-0564　①寺田寅彦邸の公開，②水曜日，12月27日～1月3日，③無料

高知県立文学館　　〒780-0850高知市丸ノ内1-1-20　TEL088-822-0231　①高知県関係文学資料・寺田寅彦関係資料，②月曜日(休日の場合は翌日)，12月26日～1月1日，③有料

高知城懐徳館　　〒780-0850高知市丸ノ内1-2-1　TEL088-872-2776　①高知城天守の公開，②12月26日～12月31日，③有料

高知市旧山内家下屋敷長屋展示館　　〒780-0862高知市鷹匠町1-3-35　TEL088-873-1429　①旧山内家下屋敷長屋の公開，②無休，③無料

土佐山内家宝物資料館　　〒780-0862高知市鷹匠町2-4-26　TEL088-873-0406　①土佐藩関係資料，②12月26日～1月1日，臨時休館，③有料

平和資料館草の家　　〒780-0861高知市升形9-11　TEL088-875-1275　①戦争関係資料，②水曜日，日曜日，祝日，③無料

子どものための民具体験館　　〒780-0861高知市升形5-29 出雲大社土佐分祠内　TEL088-822-1764　①民俗資料，②無休，③無料(要予約)

高知市立龍馬の生まれたまち記念館　　〒780-0901高知市上町2-6-33　TEL088-820-1115　①坂本龍馬関係資料，②年中無休，③有料

高知市立自由民権記念館　〒780-8010高知市桟橋通4-14-3　TEL088-831-3336　①自由民権運動関係資料，②月曜日，祝日の翌日，③有料

高知県立坂本龍馬記念館　〒781-0262高知市浦戸城山830　TEL088-841-0001　①坂本龍馬関係資料(とくに書簡)，②12月26日～1月1日，③有料

雪蹊寺宝物殿　〒781-0270高知市長浜857-3　TEL088-837-2233　①雪蹊寺所蔵の仏像，②無休，③有料(要予約)

高知市立春野郷土資料館　〒781-0304高知市春野町西分340　TEL088-894-2805　①民俗資料・歴史資料・考古資料，②月曜日，祝日，第2木曜日，12月28日～1月4日，③無料

長岡農協民具館　〒783-0025南国市下末松169-4　TEL088-864-2148　①民俗資料，②土曜日，日曜日，③無料(要予約)

高知農業高校農業教育資料館　〒783-0024南国市東崎957-1　TEL088-863-3155　①農具・シルク関係資料，②土曜日，日曜日，祝日，③無料(要予約)

高知県立埋蔵文化財センター　〒783-0006南国市篠原南泉1437-1　TEL088-864-0671　①田村遺跡群出土品ほか県内埋蔵文化財，②土曜日，日曜日，祝日(企画展開催中は無休)，③無料

長尾鶏センター　〒783-0006南国市篠原48　TEL088-864-4931　①長尾鶏の公開，②木曜日，③有料

高知県立歴史民俗資料館　〒783-0044南国市岡豊町八幡1099-1　TEL088-862-2211　①県内歴史資料・考古資料・民俗資料，②月曜日(休日の場合は翌日)，年末年始，臨時休館，③有料

大豊町立民俗資料館　〒789-0167長岡郡大豊町粟生158　TEL0887-74-0301　①重要無形文化財ほか民俗資料，②月曜日，③有料

定福寺宝物館　〒789-0167長岡郡大豊町粟生158　TEL0887-74-0301　①仏教美術品・清朝時代の宝賢堂拓本，②不定休，③無料

土佐豊永万葉植物園　〒789-0167長岡郡大豊町粟生158　TEL0887-74-0301　①大賀蓮・万葉植物の公開，②不定休，③無料

大豊町碁石茶博物館　〒789-0303長岡郡大豊町川口2055-1　TEL0887-72-1121　①碁石茶製造関係資料，②現在休館中，③無料

小砂丘忠義記念館　〒789-0303長岡郡大豊町川口2055-1　TEL0887-72-1121　①小砂丘忠義関係資料，②現在休館中，③無料

大杉民具館　〒789-0311長岡郡大豊町杉106　TEL0887-72-0450(大豊町教育委員会)　①民俗資料，②不定休，③有料

旧立川番所書院　〒789-0427長岡郡大豊町立川下名28　TEL0887-78-0322　①旧立川番所書院の公開，②日曜日・祝日のみ開館，12月28日～1月3日休館，③有料

本山小学校郷土資料室　〒781-3601長岡郡本山町本山458　TEL0887-70-1022　①民俗資料，②学校課業日のみ公開，③無料

本山町立大原富枝文学館　〒781-3601長岡郡本山町本山568-2　TEL0887-76-2837　①大原富枝関係資料，②月曜日(休日の場合は翌日)，12月28日～1月4日，③有料

木遊館・樹華夢　〒781-3521土佐郡土佐町田井1488-1　TEL0887-82-1800　①森林関係資料，②月曜日(休日の場合は翌日)，③無料

酒蔵桂月館　　〒781-3521土佐郡土佐町田井418　TEL0887-82-0504　①大町桂月関係資料，②無休，③有料(要予約)

土佐町生涯学習交流館　　〒781-3401土佐郡土佐町土居206　TEL0887-82-0600　①民俗資料，②12月29日〜1月3日，③有料

大川村文化財展示室　　〒781-3703土佐郡大川村小松27-1　TEL0887-84-2211　①歴史資料・民俗資料，②土曜日，日曜日，祝日，③無料

いの町紙の博物館　　〒781-2103吾川郡いの町幸町110-1　TEL088-893-0886　①和紙関係資料・吉井源太関係資料，②月曜日(休日の場合は翌日)，③有料

ギャラリー「コパ」　　〒781-2110吾川郡いの町3626　TEL088-893-1200　①歴史資料，②月曜日(休日の場合は翌日)，12月27日〜1月4日，③有料

本川新郷土館　　〒781-2601吾川郡いの町長沢131-19　TEL088-869-2331　①民俗資料・鷹ノ巣山遺跡出土品ほか考古資料，②日曜日，祝日，③無料

日高村産業郷土資料館　　〒781-2152高岡郡日高村沖名1619-1　TEL0889-24-5231　①民俗資料，②土曜日，日曜日，祝日，③有料(要予約)

佐川町立佐川地質館　　〒789-1201高岡郡佐川町甲360　TEL0889-22-5500　①化石・岩石標本，②月曜日(休日の場合は翌日)，12月29日〜1月3日，③有料

佐川民具館　　〒789-1201高岡郡佐川町甲356-2　TEL0889-22-1110　①民俗資料，②年末年始，③無料(要予約)

佐川町立青山文庫　　〒789-1201高岡郡佐川町甲奥の土居　TEL0889-22-0348　①古文書，②月曜日，12月29日〜1月4日，③有料

酒ギャラリーほてい　　〒789-1201高岡郡佐川町字西町甲14700　TEL0889-22-1211　①酒造関係資料，②年末年始，③無料

蚕糸資料館　　〒781-1301高岡郡越知町越知甲1577　TEL0889-26-3400　①養蚕・製糸関係資料，②日曜日のみ開館，平日は要予約，③無料

横倉山自然の森博物館　　〒781-1303高岡郡越知町越知丙737-12　TEL0889-26-1060　①化石・岩石標本，②月曜日(休日の場合は翌日)，12月29日〜1月2日，③有料

仁淀川町教育委員会内郷土資料室　　〒781-1501吾川郡仁淀川町大崎460-1　TEL0889-35-0019　①民俗資料・歴史資料・考古資料，②土曜日午後，日曜日，祝日，③無料

池川郷土館　　〒781-1606吾川郡仁淀川町土居テラマチ甲916-3　TEL0889-34-2480　①民俗資料，②土曜日，日曜日，③無料(要予約)

仁淀川町歴史民俗資料室　　〒781-1802吾川郡仁淀川町高瀬3869　TEL0889-32-2771　①民俗資料，②月曜日，年末年始，③無料

香美市歴史民俗資料館　　〒781-4644香美市物部町別府ナロ373-5　TEL0887-58-2916　①民俗資料，②月曜日，木曜日，③有料

香美市立吉井勇記念館　　〒781-4247香美市香北町猪野々514　TEL0887-58-2220　①吉井勇関係資料，②火曜日(休日の場合は翌日)，12月28日〜1月4日，③有料

龍河洞博物館　　〒782-0005香美市土佐山田町逆川1434　TEL0887-53-4376　①龍河洞洞穴遺跡ひびのき遺跡出土品・鉱物標本，②無休，③無料

龍河洞珍鳥センター　　〒782-0005香美市土佐山田町逆川1433　TEL0887-53-5121　①長尾鶏の公開，②無休，③無料

甫喜ヶ峯森林公園県立学習展示室	〒782-0062香美市土佐山田町平山　TEL0887-57-9007　①自然史関係資料，②月曜日，祝日の翌日，年末年始，③無料
香南市香我美図書館歴史資料展示室	〒781-5332香南市香我美町徳王子2220-1　TEL0887-55-0022　①下分遠崎遺跡出土品，②月曜日，木曜日，祝日，月末，年末年始，③無料
絵金資料館	〒781-5331香南市香我美町岸本56　TEL0887-54-2528　①絵金関係資料，②火曜日，年末年始，③無料
絵金蔵	〒781-5310香南市赤岡町538　TEL0887-57-7117　①絵金関係資料，②月曜日(休日の場合は翌日)，③有料
龍馬歴史館	〒781-5233香南市野市町大谷928-1　TEL0887-56-1501　①坂本龍馬の活躍を蠟人形で展示，②無休，③有料
芸西村筒井美術館	〒781-5701安芸郡芸西村和食甲1262　TEL0887-33-2400　①筒井広道作品，②月曜日，12月28日〜1月4日，③無料
芸西村文化資料館	〒781-5701安芸郡芸西村和食甲1262　TEL0887-33-2400　①古文書・考古資料・民俗資料・安芸国虎書，②月曜日，12月28日〜1月4日，③無料
安芸市立書道美術館	〒784-0042安芸市土居953-イ　TEL0887-34-1613　①手島三兄弟関係資料，②月曜日，12月29日〜1月3日，③有料
安芸市立歴史民俗資料館	〒784-0042安芸市土居953-イ　TEL0887-34-3706　①古文書・民俗資料・考古資料・五藤家関係資料，②月曜日，12月29日〜1月3日，③有料
武家屋敷野村家	〒784-0042安芸市土居955　TEL0887-35-1011　①土居廓中の武家屋敷，②無休，③無料
岩崎弥太郎生家	〒784-0051安芸市井ノ口甲一の宮　TEL0887-35-1011(安芸市商工水産課)　①三菱財閥の祖岩崎弥太郎の生家，②無休，③無料
馬路村郷土館	〒781-6201安芸郡馬路村馬路3564-1　TEL08874-4-2512　①民俗資料・古文書，②月曜日，水曜日，金曜日，第4日曜日(休日対応可能)，③無料
岡御殿展示資料室	〒781-6410安芸郡田野町2147-1　TEL0887-38-3385　①民俗資料，②火曜日，12月28日〜1月2日，③有料
中岡慎太郎館	〒781-6449安芸郡北川村柏木140　TEL0887-38-8600　①中岡慎太郎関係資料，②火曜日(祝日の場合は翌日)，12月28日〜1月2日，③有料
金剛頂寺霊宝館	〒781-7108室戸市元乙523　TEL0887-23-0026　①金剛頂寺関係の仏教美術品，②不定休(要予約)，③無料
室戸小学校郷土資料室	〒781-7103室戸市浮津115　TEL0887-22-0888　①民俗資料，②不定休，③無料
キラメッセ室戸鯨館	〒781-6833室戸市吉良川町丙890-11　TEL0887-25-3377　①捕鯨関係資料，②月曜日，12月25日〜1月1日午前，③有料
吉良川まちなみ館	〒781-6832室戸市吉良川町甲2281　TEL0887-22-5142(室戸市教育委員会)　①重要伝統的建造物群関係資料，②不定休，③無料
須崎小学校くらしの資料館	〒785-0011須崎市東糺町2-9　TEL0889-42-1741　①民俗資料，②学校休校日，③無料
津野町郷土歴史館	〒785-0201高岡郡津野町永野468　TEL0889-55-2346　①民俗資料・考古資料・歴史資料，②土曜日，日曜日，祝日，③無料

檮原町立歴史民俗資料館　〒785-0610高岡郡檮原町檮原1444-1　TEL0889-65-1350　①民俗資料・考古資料，②年末年始，12〜1月の土曜日・日曜日，③有料

中土佐町立美術館　〒789-1301高岡郡中土佐町久礼6584-1　TEL0889-52-4444　①美術品・考古資料，②月曜日，③有料

酒蔵ギャラリー西岡酒造店　〒789-1301高岡郡中土佐町久礼6154　TEL0889-52-2018　①酒造関係資料，②日曜日，年始，③無料

四万十民俗館　〒789-1401高岡郡中土佐町大野見吉野12　TEL0889-57-2129　①宮野々遺跡出土品他考古資料，②年末年始，③無料(要予約)

四万十町立美術館　〒786-0004高岡郡四万十町茂串町9-20　TEL0880-22-5000　①美術品，②月曜日，祝日，年末年始，③有料

窪川ふるさと未来館　〒786-0011高岡郡四万十町香月が丘4-20　TEL0880-29-0270　①民俗資料・根々崎五反地遺跡出土品ほか考古資料，②土曜日，日曜日，祝日(要予約)，③無料

古渓城　〒786-0002高岡郡四万十町見付665　TEL0880-22-1654　①民俗資料・古文書，②不定休(要予約)，③無料

四万十町郷土資料館　〒786-0301高岡郡四万十町大正32-1　TEL0880-27-0132　①民俗資料・考古資料，②月曜日，③有料

四万十町立民俗資料館　〒786-0301高岡郡四万十町大正430-1　TEL0880-27-0132　①民俗資料，②土曜日，日曜日，祝日，③有料(要予約)

重要文化財旧竹内家住宅　〒786-0301高岡郡四万十町大正1311　TEL0880-27-0132　①江戸時代の民家の公開，②第1・3日曜日開館，③無料

四万十町民具館　〒786-0511高岡郡四万十町昭和1211-10　TEL0880-28-5115　①民俗資料，②土曜日，日曜日，祝日，③無料(要予約)

佐賀町農協民具館　〒789-1703幡多郡黒潮町拳ノ川1774　TEL0880-55-7311　①民俗資料②土曜日，日曜日，祝日，③無料(要予約)

大方あかつき館・上林暁文学館　〒789-1931幡多郡黒潮町入野6931-3　TEL0880-43-2110　①上林暁関係資料，②月曜日，祝日，月末金曜日，年末年始，③有料

四万十市立郷土資料館　〒787-0000四万十市中村2356　TEL0880-35-4096　①歴史資料・三里遺跡出土品ほか考古資料・民俗資料，②12月31日〜1月1日，③有料

四万十市立図書館郷土資料展示室　〒787-8501四万十市中村大橋通4-10　TEL0880-35-2923　①幸徳秋水関係資料，②月曜日，祝日，月末(土曜日・日曜日・祝日の場合は直前の金曜日)，12月29日〜1月3日，③無料

四万十市立四万十川学遊館　〒787-0019四万十市具同8055-5　TEL0880-37-4111　①生物標本，②月曜日(休日の場合は翌日)，③有料

高知県立足摺海洋館　〒787-0450土佐清水市三崎字今芝4032　TEL0880-85-0635　①水族館，②12月第3木曜日，③有料

足摺海底館　〒787-0450土佐清水市三崎4124-1　TEL0880-85-0201　①海中の生物を直接見学，②無休，③有料

土佐清水市立竜串貝類展示館　〒787-0452土佐清水市竜串23-8　TEL0880-85-0137　①貝類標本，②木曜日(祝日の場合は開館)，③有料

サンゴ博物館　〒787-0452土佐清水市竜串28-13　TEL0880-85-0231　①珊瑚関係資料，②無休，③有料

ジョン万ハウス　〒787-0337土佐清水市養老字吹越303 海の駅あしずり内　TEL0880-82-3155　①ジョン万次郎関係資料，②水曜日，③有料

宿毛市立宿毛歴史館　〒788-0001宿毛市中央2-7-14　TEL0880-63-5496　①歴史資料・考古資料・民俗資料，②月曜日，年末年始，③有料

大月町郷土民具資料館　〒788-0302幡多郡大月町弘見字小山4163　TEL0880-73-1118　①ナシヶ森遺跡出土品ほか考古資料・民俗資料，②土曜日，日曜日，祝日，③無料(要予約)

【無形民俗文化財】（◎は「国選択」にも指定されている）

国指定

吉良川の御田祭◎　　室戸市吉良川町甲宮原　御田八幡宮　西暦奇数年5月3日
岩原神楽　　長岡郡大豊町岩原　岩原神社　10月15日
永渕神楽　　長岡郡大豊町永渕　永渕神社　旧9月18日
幡多神楽　　高岡郡四万十町十川　十川星神社　10月28日
津野山神楽◎　　高岡郡檮原町川西路2196　三嶋神社など　10月29日〜11月30日
名野川磐戸神楽　　吾川郡仁淀川町下名野川　二所神社など　11月8日〜12月21日
本川神楽◎　　吾川郡いの町中野川エトコ　中野川大森神社など　11月14日〜12月4日
津野山古式神楽　　高岡郡津野町北川河内　五社神社など　11月15〜19日
池川神楽◎　　吾川郡仁淀川町土居乙907　池川神社　11月23日
安居神楽　　吾川郡仁淀川町安居　氷室天神社など　12月8・12日
いざなぎ流神楽◎　　香美市物部町　不定期

国選択

土佐の茶堂の習俗　　高知県
土佐の焼畑習俗　　高知県

県指定

星神社のお弓祭　　安芸郡北川村木積　木積星神社　西暦奇数年1月8日
秋葉祭◎　　吾川郡仁淀川町別枝　秋葉神社など　2月9〜11日
野見のしおばかり◎　　須崎市野見潮ばかり公園　旧1月14日
シットロト踊◎　　室戸市内　神社・仏閣30か所　旧6月10日
竜ヶ迫唐獅子踊　　幡多郡大月町竜ヶ迫　天満宮　7月16日
地吉の大念仏　　高岡郡四万十町地吉　地吉生活改善センター　8月5日
古城の大念仏　　高岡郡四万十町古城　8月6日
大川の花取太刀踊　　土佐郡大川村大藪　天王宮　8月15日
手結盆踊　　香南市夜須町坪井　ヤシイパーク駐車場　8月15日
瑞応の盆踊　　高岡郡佐川町瑞応　瑞応寺　8月16日
川奥の花取踊　　高岡郡四万十町米奥　川奥白河神社　旧7月27・28日
ひよこち踊　　安芸郡東洋町甲浦小池　河内八幡宮　3年に1度　旧8月14日
鳴無神社の神踊　　須崎市浦ノ内東分字鳴無3579　鳴無神社　旧8月23日
興津八幡宮の古式神事　　高岡郡四万十町興津馬場屋敷1604　興津八幡宮　10月15日
室戸市佐喜浜八幡宮古式行事　　室戸市佐喜浜町根元5621　佐喜浜八幡宮　体育の日の前日
中川内獅子舞　　室戸市羽根町乙戎町1318　羽根八幡宮　西暦偶数年10月15日
花採太刀踊　　高岡郡日高村沖名　城八幡宮　10月15日
椎名太刀踊　　室戸市室戸岬町椎名　椎名八王子宮　10月15・16日
大谷花取踊　　須崎市大谷　大谷須賀神社　10月18日
赤野獅子舞　　安芸市赤野甲165　赤野大元神社　10月19日
多ノ郷の太刀踊　　須崎市多ノ郷甲1780　多ノ郷賀茂神社　10月20日
加領郷獅子舞　　安芸郡奈半利町甲加領郷　信守神社　旧9月25日に近い土・日曜日
手結のつんつく踊◎　　香南市夜須町手結　八大龍王宮・夜須町西山　夜須八幡宮　旧9月

26・30日

市野々神踊り　　土佐市市野々　市野々天満宮　旧9月15日に近い土曜か日曜日
葉山村花取踊　　高岡郡津野町姫野々　大宮三島神社　10月28日
蓮池太刀踊　　土佐市蓮池　西ノ宮八幡宮　10月31日
佐川町太刀踊　　高岡郡佐川町四ツ白　四ツ白仁井田神社　11月1日
大利太刀踊　　高知市鏡大利トチノキ　新宮神社　11月3日
大川上美良布神社の御神幸　　香美市香北町韮生野大宮243　大川上美良布神社　11月3日ごろ
川又花取踊　　吾川郡仁淀川町川又　川又八所神社　11月6日(現在不定期)
若一王子獅子舞　　香南市香我美町徳王子1791　若一王子宮　11月8日
棒踊　香南市香我美町山北　浅上王子宮　11月18日
津賀之谷獅子舞　　吾川郡いの町上八川丙津賀谷　八所川内神社　11月23日(現在不定期)
磯ノ川太刀踊　　四万十市磯ノ川　磯ノ川天満宮　旧9月26日(近年は実施していない)

【おもな祭り】(国・県指定無形民俗文化財をのぞく)────────────────
謡の口開け　安芸郡馬路村馬路4281　金林寺　1月1日
小野伊勢踊　高岡郡四万十町小野　1月11日
里川の伊勢踊・コ море　高岡郡四万十町里川　河内神社　1月3日, 10月30日〜11月1日
百手祭　香南市夜須町西山字馬場崎　夜須八幡宮　1月第2卯・辰の日
烏喰儀　香南市香我美町徳王子1791　若一王子宮　旧1月1日・5月5日・9月9日
弓射式　安芸郡馬路村魚梁瀬553-2　魚梁瀬熊野神社　旧1月4日
川戸百手　長岡郡大豊町川戸　宇佐八幡宮　旧1月15日・9月15日
お伊勢踊　高岡郡津野町久保川　大本神社　旧1月16日
桃原百手　長岡郡大豊町桃原熊野　十二所神社　旧1月17日・9月17日
広埜神社祭礼　高岡郡中土佐町上ノ加江　広埜神社　旧2月第2午の日・新10月4日
久万川のあみだまつり　高知市土佐山東川　久万川阿弥陀堂　旧3月3日
山瀬の花祭　高岡郡四万十町古城山瀬　旧4月8日
河内のオサバイサマ祭　高岡郡四万十町河内　高雲寺　6月16日
入河内獅子舞　安芸郡入河内　船岡神社　7月第1日曜日, 11月第1日曜日
西諸木の太刀踊　高知市春野町西諸木1167ロ　西諸木若一王子　旧6月7日
朝峯神社祭礼　高知市介良乙1927　朝峯神社　7月10日(夏祭), 10月第3日曜日(秋祭)
百万遍祭　土佐郡土佐町南川456　大谷寺　7月土用入り後最初の土・日曜日
土佐山の地蔵祭　高知市土佐山　旧6月20日
仁ノ八幡宮夏祭(太刀踊)　高知市春野町仁ノ　旧6月20日
普賢堂の盆踊(くろす)　香美市物部町笹上　普賢堂　旧6月23日
山瀬の虫送り　高岡郡四万十町古城山瀬　旧6月24日
竹原熊野神社祭礼(花取踊)　高岡郡中土佐町大野見　竹原熊野神社　7月29日・10月29日
施餓鬼念仏　高岡郡四万十町下津井　8月1〜21日の「茶上げ行事」のなかで実施
椿山太鼓踊　吾川郡仁淀川町椿山　氏仏堂　8月3・4・14日
中切のお薬師祭　高知市土佐山中切　中切薬師堂　旧7月7日

河内の盆行事四万十川の精霊迎	高岡郡四万十町河内	8月14日
こっぱ踊	高岡郡四万十町里川　集会所	8月14日
施餓鬼念仏	高岡郡四万十町木屋ヶ内	8月14日
地吉の綾踊	高岡郡四万十町地吉　地吉生活改善センター	8月14日
東浜盆踊	安芸郡奈半利町東浜	8月14・15日
盆踊	高岡郡四万十町奥打井川	8月15日
有井川庄司踊	幡多郡黒潮町有井川	8月16日
野菜祭	宿毛市平田町戸内　藤林寺	8月16日
施餓鬼舟	長岡郡大豊町9地区	旧7月16日・新暦8月16日
間崎大文字送り火	四万十市間崎	旧7月16日
伊田の新吉踊	幡多郡黒潮町伊田浦	8月17日
越知面二十日念仏	高岡郡檮原町越知面	8月20日
古城の水神祭	高岡郡四万十町古城下組　集会所	旧7月21日
蜷川の常清踊	幡多郡黒潮町蜷川	8月24日
大内神祭(花取太刀踊)	吾川郡いの町大内地区内　4カ所の神社	9月10・15・26・27日
久礼八幡宮大祭	高岡郡中土佐町久礼6515　久礼八幡宮	旧8月14・15日
天日八幡宮の秋季祭祀と宮相撲	高岡郡四万十町小野	旧8月15日
都の太鼓踊	吾川郡仁淀川町別枝都2061　白王神社	旧8月22日
三番叟・邌	高岡郡檮原町大蔵谷	9月29日
四万川花取踊	高岡郡檮原町四万川	10月第1日曜日
野根八幡宮(神事・棒踊)	安芸郡東洋町　野根八幡宮	10月第1日曜日
川上神社秋祭(小川獅子舞)	安芸郡安田町小川明神口　川上神社	10月7日
室津八幡宮秋例祭(馬子唄)	室戸市室津原池　室津八幡宮	10月9・10日
寺内若一王子宮大祭(太刀踊)	長岡郡大豊町寺内　若一王子宮	旧9月12日
不破八幡宮神事	四万十市不破八幡ノ下1374-1　不破八幡宮	体育の日前日の日曜日
宇佐若一宮秋祭(花取太刀踊)	土佐市宇佐町西郷　宇佐若一宮	体育の日
山路のコッキリコ	四万十市山路	旧9月15日
大砂子新田神社祭礼(獅子舞)	長岡郡大豊町大砂子　新田神社	10月16日
永渕百手	長岡郡大豊町永渕　永渕神社	旧9月18日
音無神社秋大祭(太刀踊)	幡多郡大月町赤泊　音無神社	10月22日
久保川の花取踊	高岡郡四万十町久保川　天神宮	10月25日
十川の花取踊	高岡郡四万十町十川　星神社	10月28日
郷社星神社の秋季祭祠	高岡郡四万十町十川　星神社	10月28日
三島神社秋大祭(おなばれ)	高岡郡津野町姫野々　三島神社	10月28日
八坂神社の三番叟	南国市廿枝祇園1692　八坂神社	10月28日
古城の花取踊	高岡郡四万十町古城　八幡宮	10月31日
本川花取踊	吾川郡いの町桑瀬	不定期(10月ごろ)
五ツ鹿踊	高岡郡四万十町地吉奥組　地吉八幡宮	11月1日
川口の花取踊	高岡郡四万十町川口　八坂神社	11月1日
口大道の花取踊	高岡郡四万十町口大道古谷口サクラガホリ　黄幡神社	11月1日

立山神社秋祭(棒術獅子舞)	香南市野市町土居	立山神社	11月1日
若井春日神社大祭(花取踊)	高岡郡四万十町	若井春日神社	11月1日
檜生原花取踊	高岡郡四万十町	檜生原神社	11月3日
広瀬の花取踊	高岡郡四万十町広瀬	河内神社	11月5日
河内の花取踊	高岡郡四万十町河内		11月7日
津野神社大祭(三番叟)	高岡郡中土佐町大野見寺野	津野神社	11月7日
高川仁井田神社秋祭(早飯喰い)	高知市土佐山高川778	高川仁井田神社	11月8日
弘瀬仁井田神社秋祭(おなばれ)	高知市土佐山弘瀬2062	弘瀬仁井田神社	11月8日
ふいご祭	高岡郡四万十町十川		11月8日
朝倉神社秋季祭礼	高知市朝倉丙イ1100	朝倉神社	11月10日
伊勢踊	高岡郡四万十町浦越	河内神社	11月10日
上夜須二十人棒	香南市夜須町上夜須	八王子宮・仁井田神社	11月上旬
白倉神社秋祭(花取踊)	高岡郡佐川町中組芝の坊	白倉神社	11月12日
井崎の花取踊	高岡郡四万十町井崎	八坂神社	11月12日
能津四社神社秋祭(神籤)	高岡郡日高村長畑	能津四社神社	11月14日
津野山花取踊	高岡郡津野町上郷・船戸		11月第2土・日曜日
大井川の花取踊	高岡郡四万十町大井川	大井川神社	11月15日
小村神社秋季大祭(頭家なばれ)	高岡郡日高村下分字宮の内	小村神社	11月15日
戸川の花取踊	高岡郡四万十町戸川	黄幡神社	11月17日
小野の花取踊	高岡郡四万十町	小野八坂神社	11月21日
奥大道の花取踊	高岡郡四万十町奥大道	天神宮	11月22日
椙本神社秋の大祭(御神幸・古代神事)	吾川郡いの町大国町3093	椙本神社	11月22日
当屋祭	高岡郡四万十町下道	春日神社	旧11月12日
天の神の神楽	安芸郡馬路村馬路4246	馬路熊野神社	12年毎旧11月15・16日
さし踊	高知市春野町秋山	不定期	
一ノ宮万才	安芸市井ノ口	一ノ宮神社	不定期(要請があれば)
古城の三番叟	高岡郡四万十町古城	不定期(要望があれば)	
中平花取踊	高岡郡檮原町中平	(近年は実施していない)	

【有形民俗文化財】

国指定

高野の舞台	高岡郡津野町高野	高野三嶋神社	高野三嶋神社
土佐豊永郷及び周辺地域の山村生産用具	長岡郡大豊町粟生158	町立民俗資料館	大豊町
八代の舞台	吾川郡いの町枝川八代	八代八幡宮	八代八幡宮
浜田の泊屋	宿毛市山奈町芳奈	浜田地区	

県指定

津野山舞台	高岡郡檮原町越知面田野々	三嶋五社神社など	三嶋五社神社など
芳奈の泊屋	宿毛市芳奈下組・道の川・靴抜	下組部落・道の川部落・靴抜部落	

【無形文化財】(◎は「国選択」にも指定されている)

国指定
土佐典具帖紙　　吾川郡いの町神谷　浜田幸雄

国選定
手漉和紙用具製作　　吾川郡春野町弘岡下64　土佐手漉和紙用具製作技術保存会

県指定
一絃琴◎　　高知市小津　一絃琴白鷺会
狩山障子紙　　吾川郡仁淀川町楮原　土佐和紙技術保存会
須崎半紙　　高岡郡津野町　土佐和紙技術保存会
土佐薄様雁皮紙　　吾川郡いの町加田　土佐和紙技術保存会
土佐清帳紙◎　　吾川郡仁淀川町岩戸・寺村　土佐和紙技術保存会
土佐典具帖紙◎　　吾川郡いの町神谷　土佐和紙技術保存会

【散歩便利帳】
[県・市町村の観光担当課および教育委員会]

高知県観光振興課　〒780-0870高知市本町2-4-1 県庁本庁5F　TEL088-823-9608

高知県東京事務所　〒105-0001東京都港区虎ノ門2-6-4 虎ノ門森ビル8F　TEL03-3501-5541

高知県大阪事務所　〒541-0053大阪市中央区本町2-6-8 センバセントラルビル1F（四国銀行内）　TEL06-6244-4351

高知県名古屋事務所　〒460-0008名古屋市中区栄4-1-1 中日ビル4階　TEL052-251-0540

高知県観光コンベンション協会　〒780-0053高知市駅前町3-20 ジブラルタル生命高知ビル1F　TEL088-823-1434

高知の観光ガイドよさこいネット　http://www.attaka.or.jp/YosakoiNet/index.do

高知県観光コンベンション協会東京事務所　〒105-0001東京都港区虎ノ門2-6-4 虎ノ門森ビル8F　TEL03-3501-9600

高知県観光コンベンション協会北海道事務所　〒060-0001札幌市中央区北一条西2丁目北海道経済センター内　TEL011-251-8834

高知県教育委員会文化財課　〒780-0850高知市丸ノ内1-7-52 高知県庁西庁舎内　TEL088-821-4761　http://www.pref.kochi.jp/~bunkazai/

高知市教育委員会　〒780-0862高知市鷹匠町2-1-43　TEL088-823-9478

高知市観光課内高知市観光協会　〒780-0870高知市本町5-1-45 高知市役所内　TEL088-823-9457

高知観光インフォメーションセンター　〒780-0841高知市帯屋町1-11-40 新京橋プラザ内　TEL088-823-0211

土佐観光ボランティア協会　〒780-0901高知市上町2-6-33 高知市立龍馬の生まれたまち記念館内　TEL088-820-1165・桂浜案内所　TEL088-842-0081

南国市教育委員会　〒783-8501南国市大埆甲2301　TEL088-863-2111

南国市商工水産課内南国市観光協会　〒783-8501南国市大埆甲2301　TEL088-880-6560

大豊町教育委員会　〒789-0312長岡郡大豊町高須231　TEL0887-72-0450

大豊町観光開発協会　〒789-0312長岡郡大豊町高須231　TEL0887-72-0450

大杉観光センター（道の駅大杉）　〒789-0311長岡郡大豊町杉743-1　TEL0887-72-1417

本山町教育委員会　〒781-3601長岡郡本山町本山506-3　TEL0887-76-3913

本山町観光協会　〒781-3601長岡郡本山町本山582-2　TEL0887-76-4187

土佐町教育委員会　〒781-3401土佐郡土佐町土居206　TEL0887-82-0483

土佐町企画振興課　〒781-3401土佐郡土佐町土居194 土佐町役場内　TEL0887-82-2450

土佐町土佐さめうら観光協会　〒781-3521土佐郡土佐町田井1463-2 土佐町商工課内　TEL0887-82-2450

大川村教育委員会　〒781-3703土佐郡大川村小松27-1　TEL0887-84-2211

いの町教育委員会　〒781-2110吾川郡いの町3597　TEL088-893-1922

いの町産業経済課　〒781-2110吾川郡いの町1700-1　TEL088-893-1115

日高村教育委員会　〒781-2153高岡郡日高村本郷61-1　TEL0889-24-5115

日高村産業振興課　〒781-2153高岡郡日高村本郷61-1　TEL0889-24-5111

佐川町教育委員会	〒789-1201高岡郡佐川町甲356-2	TEL0889-22-1110
佐川町産業振興課	〒789-1201高岡郡佐川町甲1650-2	TEL0889-22-7708
越知町教育委員会	〒781-1301高岡郡越知町越知甲2562	TEL0889-26-3511
越知町産業建設課	〒781-1301高岡郡越知町越知甲1970	TEL0889-26-1105
越知町観光協会	〒781-1301高岡郡越知町越知甲1947-6 越知町商工会内 TEL0889-26-1004	
仁淀川町教育委員会	〒781-1501吾川郡仁淀川町大崎460-1	TEL0880-35-0010
仁淀川町産業建設課商工観光係	〒781-1501吾川郡仁淀川町大崎124	TEL0889-35-1083
香美市教育委員会生涯学習課	〒782-0034香美市土佐山田町宝町1-2-1	TEL0887-53-1082
香美市商工観光課内観光協会	〒782-0034香美市土佐山田町宝町1-2-1	TEL0887-53-1084
香南市教育委員会生涯学習課	〒781-5601香南市夜須町坪井270-3	TEL0887-57-7523
香南市商工水産課商工観光係	〒781-5241香南市吉川町吉原95	TEL0887-57-7520
香南市観光協会	〒781-5232香南市野市町西野2056	TEL0887-56-5200
芸西村教育委員会	〒781-5701安芸郡芸西村和食甲1262	TEL0887-33-2400
芸西村企画振興課	〒781-5701安芸郡芸西村和食甲1262	TEL0887-33-2111
安芸市教育委員会	〒784-0001安芸市矢ノ丸1-4-40	TEL0887-35-1021
安芸市立歴史民俗資料館(問い合せ)	TEL0887-34-3706	
安芸市商工水産課観光ボランティアガイド	〒784-0001安芸市矢ノ丸1-4-40 TEL0887-35-1011	
馬路村教育委員会	〒781-6202安芸郡馬路村馬路443	TEL0887-44-2216
馬路村産業建設課	〒781-6202安芸郡馬路村馬路443	TEL0887-44-2336
馬路村観光協会	〒781-6202安芸郡馬路村馬路3564-1 馬路温泉内	TEL0887-44-2026
田野町教育委員会	〒781-6401安芸郡田野町1456-42	TEL0887-38-2511
田野町まちづくり推進課	〒781-6401安芸郡田野町1828-5	TEL0887-38-2811
奈半利町教育委員会	〒781-6402安芸郡奈半利町乙1659-1	TEL0887-38-8188
奈半利町総務企画課	〒781-6402安芸郡奈半利町乙1659-1	TEL0887-38-4011
有限会社奈半利町観光文化協会	〒781-6402安芸郡奈半利町乙1305-6	TEL0887-32-1288
北川村教育委員会	〒781-6441安芸郡北川村野友甲618	TEL0887-32-1223
北川村産業建設課	〒781-6441安芸郡北川村野友甲1530	TEL0887-32-1221
安田町教育委員会	〒781-6423安芸郡安田町西島40-2	TEL0887-38-5711
安田町経済建設課	〒781-6421安芸郡安田町安田1850	TEL0887-38-6711
室戸市教育委員会	〒781-7100室戸市浮津25-1	TEL0887-22-5141
室戸市観光深層水課	〒781-7100室戸市浮津25-1	TEL0887-22-5134
室戸市観光協会	〒781-7101室戸市室戸岬町6939-40	TEL0887-22-0574
東洋町教育委員会	〒781-7414安芸郡東洋町生見758-3	TEL0887-29-3037
東洋町企画商工課内東洋町観光協会	〒781-7414安芸郡東洋町生見758-3 TEL0887-29-3392	
土佐市教育委員会	〒781-1192土佐市高岡町甲2017-1	TEL088-852-7723
土佐市産業経済課	〒781-1192土佐市高岡町甲2017-1	TEL088-852-7679
須崎市教育委員会	〒785-8601須崎市山手町1-7	TEL0889-42-5291

須崎市観光協会　〒785-8601須崎市山手町1-7 産業課内　TEL0889-42-3591
津野町教育委員会　〒785-0501高岡郡津野町力石2870　TEL0889-62-2258
津野町かわうそ自然公園管理事務所もんたオフィス（葉山の郷内）　〒785-0201高岡郡津野町永野471-1　TEL0889-55-2021
檮原町教育委員会　〒785-0610高岡郡檮原町檮原1444-1　TEL0889-65-1350
檮原町産業振興課　〒785-0610高岡郡檮原町檮原1444-1　TEL0889-65-1111
中土佐町教育委員会　〒789-1401高岡郡中土佐町大野見吉野12　TEL0889-57-2023
中土佐町水産商工課　〒789-1301高岡郡中土佐町久礼6602-2　TEL0889-52-2473
四万十町教育委員会　〒786-0008高岡郡四万十町榊山町3-7　TEL0880-22-2594
四万十町商工観光課　〒786-0004高岡郡四万十町茂串町3-2　TEL0889-22-3281
四万十町観光協会　〒786-0005高岡郡四万十本町5-1　TEL0889-29-6004
黒潮町教育委員会　〒789-1931幡多郡黒潮町入野2089　TEL0880-43-1059
黒潮町役場　〒789-1931幡多郡黒潮町入野2019-1　TEL0880-43-2117
NPO砂浜美術館観光部　〒789-1911幡多郡黒潮町浮鞭3573　TEL0880-43-4915
三原村教育委員会　〒787-0803幡多郡三原村来栖野580　TEL0880-46-2559
三原村産業建設課　〒787-0803幡多郡三原村来栖野346　TEL0880-46-2111
四万十市教育委員会　〒787-0015四万十市右山五月8-22　TEL0880-34-6299
四万十市商工観光課　〒787-0033四万十市中村大橋通4-10　TEL0880-34-1783
四万十市観光協会　〒787-0014四万十市駅前町6-16　TEL0880-35-4171
土佐清水市教育委員会　〒787-0392土佐清水市天神町11-2　TEL0880-82-1116
土佐清水市観光課　〒787-0392土佐清水市天神町11-2　TEL0880-82-1111
土佐清水市観光協会・海の駅あしずり　〒787-0337土佐清水市養老吹越303　TEL0880-82-3155
足摺岬観光案内所　〒787-0315土佐清水市足摺岬1349　TEL0880-88-0939
竜串観光案内所　〒787-0452土佐清水市竜串　TEL0880-85-0808
宿毛市教育委員会　〒788-0006宿毛市桜町6-10　TEL0880-63-1102
宿毛市商工観光課内宿毛市観光協会　〒788-0006宿毛市桜町2-1　TEL0880-63-1119
宿毛観光インフォメーションセンター　〒788-0010宿毛市駅前町1-70-3 宿毛駅構内　TEL0880-63-0801
大月町教育委員会　〒788-0302幡多郡大月町弘見2230　TEL0880-73-1118
大月町水産商工振興課　〒788-0302幡多郡大月町弘見2230　TEL0880-73-1115
大月町観光協会　〒788-0300幡多郡大月町弘見2610　TEL0880-73-1199

[県内のおもな公共交通機関・駅]
〈航空便〉
高知龍馬空港　TEL088-863-2906
ANA東京便・伊丹便問合わせ　TEL0120-029-222
JAL東京便．JAC福岡便問合わせ　TEL0120-25-5971
〈JR〉
高知駅案内　TEL088-882-3916

後免駅　　TEL088-863-2674
佐川駅　　TEL0889-22-0051
須崎駅　　TEL0889-42-1515
窪川駅　　TEL0880-22-0156
土佐山田駅　　TEL0887-52-2067
〈土佐くろしお鉄道〉
安芸駅　　TEL0887-34-8800
奈半利駅　　TEL0887-38-3500
中村駅　　TEL0880-35-4961
宿毛駅　　TEL0880-63-6000
〈阿佐海岸鉄道〉
甲浦駅　　TEL0887-29-3916
〈土佐電気鉄道〉
電車課　　TEL088-833-7121
〈バス会社〉
高知県交通　　TEL088-845-1611
土佐電気鉄道(バス)　　TEL088-833-7131
JR四国バス高知支店　　TEL088-885-0125
高知東部交通　　TEL0887-35-3148
高知西南交通　　TEL0880-34-1266
高知駅前観光　　TEL088-847-8200
My遊バス(高知県観光コンベンション協会)　　TEL088-823-1434
県交北部交通　　TEL088-846-4888
高知高陵交通　　TEL0889-42-1705
土佐電ドリームバス　　TEL088-832-2210
嶺北観光　　TEL0887-82-0199
北幡観光　　TEL0880-27-0040
高南観光　　TEL0880-22-1131
黒岩観光　　TEL0889-22-9225
〈フェリー・定期船〉
宿毛フェリー(宿毛〜佐伯航路)　　TEL0880-62-1100
宿毛市定期船事業所(沖の島・鵜来島航路)　　TEL0880-65-8257

【参考文献】

『赤岡町史』　赤岡町史編集委員会編　赤岡町教育委員会　1980
『赤岡町の史跡』　赤岡町教育委員会　1993
『吾川村史』上　吾川村編　吾川村　1987
『吾北村史』　吾北村編　吾北村　2003
『安芸市史』概説編・民俗編・歴史編　安芸市史編纂委員会編　安芸市　1976-80
『安芸市史』資料編　安芸市史編纂委員会編　安芸市教育委員会　1981
『伊野町史』　伊野町編　伊野町　1973
『馬路村史』　安岡大六　馬路村教育委員会　1966
『馬路村の文化財　熊野神社の宝物』　馬路村教育委員会編　馬路村教育委員会　1984
『馬路村の文化財　金林寺薬師堂』　馬路村教育委員会編　馬路村教育委員会　1984
『馬路村の文化財　仏像・神像編』　池田真澄　馬路村教育委員会　1982
『馬路村の歴史と伝説』　山中巌　馬路村教育委員会　1996
『絵金と幕末土佐歴史散歩』　鍵岡正謹・吉村淑甫　新潮社　1999
『大方町史』　大方町史改訂編纂委員会編　大方町　1994
『大川村史』　大川村史編纂委員会編　大川村　1962
『大月町文化財地図』　大月町教育委員会　2000
『大月町史』　大月町史編纂委員会編　大月町　1995
『大豊町史』古代近世編　大豊町史編纂委員会編　大豊町教育委員会　1974
『大豊の史蹟と文化財』　大豊町文化財等調査委員会編　大豊町教育委員会　1978
『大野見村史』　大野見村史編纂委員会編　大野見村　1981
『越知町史』　越知町史編纂委員会編　越知町　1984
『お弓祭』　橋詰延寿　北川村教育委員会　1963
『陰陽師──安倍清明の末裔たち』　荒俣宏　集英社新書　2002
『皆山集』第3・4巻　平尾道雄ほか編　高知県立図書館　1976
『改訂新版　郷土資料事典38 高知県観光と旅』　人文社観光と旅編集部編　人文社　1979
『海南先哲画人を語る』　若尾瀾水(若尾慎二郎編)　亜細亜書房　1998
『香我美町史』上・下　香我美町史編纂委員会編　香我美町　1985・93
『各駅停車全国歴史散歩40　高知県』　高知新聞社編　河出書房新社　1980
『画人河田小龍』　別府江邨(宇高随生編)　「画人河田小龍」刊行会事務所　1966
『角川日本地名大辞典39　高知県』　「角川日本地名大辞典」編纂委員会編　角川書店　1986
『歌舞伎・俄研究　資料編　室戸市佐喜浜町俄台本集成』　佐藤恵里　新典社　2002
『香北町史』　松下実編　香北町教育委員会　1968
『香北町史』　香北町教育委員会編　香北町　2006
『北川村史』通史編　北川村史編集委員会編　北川村史編集委員会　1997
『旧各社事蹟』　島崎猪十馬　自由民権百年高知県記念事業実行委員会　1981
『郷土史辞典　高知県』　山本大　昌平社　1983
『国指定重要無形民俗文化財　本川神楽』　高木啓夫　本川村教育委員会　1998
『窪川町史』　窪川町史編集委員会編　窪川町　2005

『芸西村史』　　芸西村史編纂委員会編　芸西村　1980
『高知共立学校資料集』　　土佐女子高等学校編　土佐女子学園　1992
『高知県安芸郡・安田町・馬路村の文化財』　　高知県地域文化遺産共同調査・活用事業プロジェクト編　高知県地域文化遺産共同調査・活用事業プロジェクト　2002
『高知県遺跡地図』　　高知県教育委員会文化財保護室編　高知県教育委員会　1998
『高知県史』考古編・古代中世編・近世編・近代編　　高知県　高知県　1968-71
『高知県人名事典』　　高知県人名事典編集委員会編　高知市民図書館　1971
『高知県人名事典　新版』　『高知県人名事典新版』刊行委員会編　高知新聞社　1999
『高知県地名大辞典』　　山本大ほか　角川書店　1986
『高知県の指定文化財』　　高知県教育委員会　1978
『高知県の歴史』　　山本大　山川出版社　1970
『高知県の歴史』　　荻慎一郎ほか　山川出版社　2001
『高知県の歴史散歩(新版)』　　高知県高等学校教育研究会歴史部会編　山川出版社　2000
『高知県百科事典』　　高新企業出版部編　高知新聞社　1976
『高知県文化財ハンドブック』　　高知県教育委員会編　㈶高知県文化財団　1996
『高知県歴史辞典』　　高知県歴史辞典編集委員会編　高知市民図書館　1980
『高知県歴史年表　増補改訂版』　　高知地方史研究会編　高知市民図書館　1995
『高知県立歴史民俗資料館　総合案内』　　高知県立歴史民俗資料館編　高知県立歴史民俗資料館　1994
『高知市史』　　高知市編　高知市　1920
『高知市史跡めぐり』　　橋詰延寿　高知市観光協会　1973
『高知市の文化財』　　高知市の文化財編集委員会編　高知市教育委員会　1992
『高知市北部・西部地区ガイドブック』　　土佐観光ガイドボランティア協会編　高知市観光課　1996
『高知城跡　伝御台所屋敷跡史跡整備事業に伴う発掘調査報告書』　　宮地早苗・曽我貴行編　高知県文化財団埋蔵文化財センター　1995
『高知城下町読本』　　土佐史談会編　高知築城四〇〇年記念事業推進協議会　2001
『高知城下町読本　改訂版』　　土佐史談会編　高知市観光課　2004
『高知城伝下屋敷跡　高知家簡裁庁舎敷地埋蔵文化財発掘調査報告書』　　池澤俊幸編　高知県文化財団埋蔵文化財センター　2002
『高知城とその周辺ガイドブック』　　土佐観光ガイドボランティア協会編　高知市観光課　1992
『高知城を歩く』　　岩崎義郎　高知新聞社　2001
『高知南国散歩24コース』　　宅間一之・坂本正夫・横山和雄　山川出版社　2005
『五台山・東部地区　ガイドブック』　　土佐観光ガイドボランティア協会編　高知市観光課　1995
『近藤長次郎　龍馬の影を生きた男』　　吉村淑甫　毎日新聞社　1992
『坂本龍馬』　　飛鳥井雅道　講談社学術文庫　2002
『佐川町史』上巻　　佐川町史編纂委員会編　佐川町　1982
『参勤交代北山道』　　高知県教育委員会編　高知県教育委員会　1995

『潮江・桂浜地区ガイドブック』　土佐観光ガイドボランティア協会　高知市観光課　1993
『四国遍路のあゆみ』　愛媛県生涯学習センター編　愛媛県生涯学習センター　2001
『史跡巡り資料　本山町指定文化財』　本山町文化財保護委員会　2002
『実業の詩人　岩崎弥太郎』　嶋岡晨　名著刊行会　1985
『新池川町誌』　池川町編　池川町　2002
『人物叢書　新装版　幸徳秋水』　西尾陽太郎　吉川弘文館　1987
『新安田文化史』　安岡大六　安田町　1975
『宿毛市史』　宿毛市史編さん委員会編　宿毛市教育委員会　1977
『宿毛市集落の歴史と文化財』　橋田庫欣　宿毛市文化財愛護会　1996
『須崎市史』　須崎市史編纂委員会編　須崎市　1974
『図説高知県の歴史』　山本大編　河出書房新社　1991
『図録高知市史　考古～幕末・維新篇』　㈶高知市文化振興事業団編　高知市　1989
『図説　土佐の歴史』　平尾道雄　講談社　1982
『大正町の文化財』　今城英雄・新谷宗義・小野川和昭　大正町教育委員会　2006
『田野町史』　田野町編　田野町　1990
『田野町の文化財』　田野町教育委員会編　田野町教育委員会　1990
『田村遺跡群発掘調査概報』　高知県文化財団埋蔵文化財センター編　高知県文化財団埋蔵文化財センター　2002
『追跡！純信お馬』　岩崎義郎　高知新聞社　2005
『寺川郷談』　春木次郎八繁則　本川村　2002
『伝説の里を訪ねて』　高知新聞社編集局編　高知新聞社　1994
『東洋町資料集　野根山街道(Noneyama Road)』　原田英祐　私家版　2004
『東洋町の文化財──仏像』　高知県地域文化遺産共同調査・活用事業編　高知県地域文化遺産共同調査・活用事業　2000
『とき連綿と──宿毛小史・宿毛の人々』　宿毛の歴史を探る会編　宿毛市教育委員会　2001
『土佐偉人伝』　寺石正路　歴史国書社　1976
『土佐郷士清岡道之助』　浜氏幹夫　文芸社　2005
『土佐市史』　土佐市史編集委員会編　土佐市　1978
『土佐清水市史』上・下　土佐清水市史編纂委員会編　土佐清水市　1979
『土佐清水市の指定文化財』　土佐清水市教育委員会　1990
『土佐史談』198号　土佐史談会編　土佐史談会　1994
『土佐人の銅像を歩く』　岩崎義郎　土佐史談会　2003
『土佐・人物ものがたり』　窪田善太郎ほか　高知新聞社　1986
『土佐町史』　土佐町史編集委員会編　土佐町　1984
『土佐電鉄の100年』　㈱高知新聞企業　土佐電気鉄道株式会社　2004
『土佐日記を歩く』　井出幸男・橋本達弘　高知新聞社　2003
『土佐の近・現代史を歩く』　高知大会記念誌発行編集委員会編　高知県歴史教育者協議会　2003
『土佐の自由民権』　外崎光弘　高知市民図書館　1984

『土佐の神仏たんね歩記』　市原麟一郎　高知新聞社　2001
『土佐の神仏出逢い旅』　市原麟一郎　リーブル出版　2001
『土佐の神仏巡拝』　市原麟一郎　リーブル出版　2002
『土佐の峠風土記』　山崎清憲　高知新聞社　1991
『土佐の仏像』　池田真澄　高知市民図書館　1979
『土佐の祭り』　高木啓夫　高知新聞社　1992
『土佐の道』　山崎清憲　高知新聞社　1998
『土佐の民家』　高知新聞社編集局学芸部編　高知新聞社　1997
『土佐の料理』　宮川逸雄　土佐民俗学会　1979
『土佐藩郷士記録』　平尾道雄編　高知市立民図書館　1964
『土佐山田町史』　土佐山田町史編纂委員会編　土佐山田町教育委員会　1979
『土佐山田町の史跡・名勝』　土佐山田町教育委員会編　土佐山田町教育委員会　1986
『十和千祭』　竹内荘市　飛鳥出版室　2005
『十和村史』　十和村史編纂委員会編　十和村　1984
『中江兆民全集』全17巻・別巻　中江兆民　岩波書店　1983-86
『中岡慎太郎読本』上　前田年雄　北川村教育委員会　1987
『中土佐町史』　中土佐町史編さん委員会編　中土佐町　1986
『中土佐町の文化財』　中土佐町教育委員会編　中土佐町教育委員会　1996
『中村市史』　中村市史編纂室編　中村市　1969
『中村市史』続編　中村市史編纂室編　中村市　1984
『中村市の仏像』　前田和男　中村文化財愛護友の会　2000
『中村市の文化財　一覧集編』　中村市教育委員会社会教育課　中村市教育委員会　1987
『奈半利の文化財名所・旧跡』　奈半利町教育委員会編　奈半利町教育委員会　1989
『南国市史』上・下　南国市史編纂委員会　南国市　1979・82
『南国の歴史を歩く』　南国市教育委員会編　南国市教育委員会　1998
『南路志』全10巻　高知県立図書館編　高知県立図書館　1990-97
『日本の食生活全集39　聞き書き高知の食事』　「日本の食生活全集　高知」編集委員会編　農山漁村文化協会　1986
『日本歴史地名大系40　高知県の地名』　平凡社(平凡社地方資料センター)編　平凡社　1983
『仁淀村史』　仁淀村史編纂委員会編　仁淀村教育委員会事務局　1969
『野市町史』上・下　野市町史編纂委員会編　野市町　1992
『野市町の歴史と文化財』　野市町教育委員会・野市町文化財保護審議会編　野市町教育委員会　2003
『野中兼山・婉女そして土佐山田』　依光貫之　野中神社改築委員会　2000
『野根山街道』　山崎清憲　北川村教育委員会　1971
『秦地区史蹟報告』　秦史談会編　高知市教育委員会　1999
『馬場孤蝶帰郷日記』　岡林清水編　孤蝶の碑を建てる会　1987
『葉山村史』　葉山村史編纂委員会編　葉山村　1980
『葉山村の文化財』　葉山村文化財保護審議会・「葉山村の文化財」編集委員会編　葉山村

教育委員会　1982
『春野町史』　春野町史編纂委員会編　春野町　1976
『春野町の史跡と文化財』3集　春野町教育委員会編　春野町教育委員会　1988
『東島文化史』　安田町東島部落自治会東島文化史編集委員会編　安田町東島部落自治会
　　東島文化史編集委員会　2001
『東津野村史』　東津野村教育委員会編　東津野村教育委員会　1989
『日高村史』　日高村史編纂委員会編　日高村教育委員会　1976
『平尾道雄選集』全4巻　平尾道雄　高知新聞社　1979-80
『ふるさとの文化財』　ふるさとの文化財編集委員会編　高知県教育委員会　1974
『北海道開拓と移民』　田中彰・桑原真人　吉川弘文館　1996
『北光社探訪』　田村喜代治　北見虹の会　1993
『本川村史』　本川村史編集委員会編　本川村　1980
『三里地区史跡報告』　三里史調査委員会編　高知市教育委員会　1993
『三原村史』　三原村史編纂委員会編　三原村教育委員会　1971
『無形板垣退助』　平尾道雄　高知新聞社　1974
『室戸市史』上・下　室戸市史編集委員会編　室戸市　1989
『本山町史』上・下　本山町史編さん委員会編　本山町　1979・96
『物部村史』　松下実編　物部村教育委員会　1963
『物部村史』続　松下実編　物部村教育委員会　1975
『森田正馬が語る森田療法　「純な心」で生きる』　岩田真理　白揚社　2003
『森田正馬評伝』　野村章恒　白揚社　1982
『夜須町史』上・下　夜須町史編纂委員会編　夜須町教育委員会　1984・87
『夜須町文化財めぐり』　夜須町文化財めぐり編集委員会編　夜須町教育委員会　1998
『山田堰――物部川水利史』　山田堰記録保存調査委員会編　土佐山田町教育委員会　1984
『櫟原町史』　櫟原町史編纂委員会編　櫟原町教育委員会事務局　1968
『櫟原町史Ⅱ』　櫟原町史編纂委員会編　櫟原町教育委員会事務局　1988
『夢・人・自由　土佐の自由民権マップ』　高知新聞社編　高知新聞社　1989
『よさこい祭り50年』　よさこい祭振興会編　よさこい祭振興会　2004
『吉川村史』　吉川村史編纂委員会編　吉川村　1999
『よみがえる田村遺跡群』　高知県教育委員会編　高知県教育委員会　1987
『龍馬，柴巻にあそぶ』　田中良助邸調査委員会編　高知市教育委員会　2005
『龍馬の手紙――坂本龍馬全書簡集・関係文書・詠草』　宮地佐一郎　講談社学術文庫
　　2003
『龍馬　ゆかりの人と土地』　㈶高知県文化財団・高知県立坂本龍馬記念館編　㈶高知県文
　　化財団　1997
『私のメモ帳』全4巻　前田和男　私家版　1994-2005

【年表】

時代	西暦	年号	事項
旧石器時代			南国市奥谷南，大月町竜ヶ迫，大月町ナシケ森，宿毛市楠山
縄文時代		草創期	佐川町不動ヶ岩屋，四万十町十川駄場崎，四万十町森駄場
		早期	香美市刈谷我野，佐川町不動ヶ岩屋，香美市飼古屋岩陰，四万十町木屋ヶ内，香美市開キ丸，南国市奥谷南
		前期	四万十町広瀬，四万十市車木，本山町松ノ木，大月町竜ヶ迫，津野町西の川，南国市奥谷南
		中期	宿毛市宿毛貝塚，四万十市国見，四万十町十川駄場崎，四万十市大宮宮崎，本山町松ノ木，南国市田村
		後期	本山町松ノ木，宿毛市宿毛貝塚，四万十市三里，土佐市水市片粕，四万十市大宮宮崎，南国市田村
		晩期	土佐市居徳，四万十市中村貝塚，四万十市入田，土佐町八反坪，高知市鴨部
弥生時代		前期	南国市田村，香美市仁井田，香南市下分遠崎，春野町西分増井
		中期	香南市本村，南国市田村
		後期	南国市田村，四万十市カマガ淵，安芸市勇前，香美市ヒビノキ，香美市林田，春野町西分増井
古墳時代		前期	四万十市具同中山，四万十市古津賀，宿毛市高岡山1・2号墳，宿毛市平田曽我山古墳，南国市長畝2号墳
		中期	南国市長畝3号墳，南国市狭岡古墳
		後期	高知市朝倉古墳，高知市秦泉寺古墳群，香美市伏原大塚古墳，南国市小蓮古墳，南国市舟岩古墳群，南国市妙見彦山古墳群
			天韓襲命，波多国造となる（崇神朝）
			小立足尼，都佐国造となる（成務朝）
			味耜高彦根尊（一言主神）を土佐高賀茂社にまつる（雄略朝）
			吾川郡仲村郷本尾山に種間寺建立（敏達朝）
			吾川郡日下郷小村天神をまつり，二宮とする（用明朝）
	684		白鳳南海地震のため田苑50万頃（約1200ha），海に没する
奈良時代	718	養老2	土佐へはいる伊予（現，愛媛県）経由の官道に阿波（現，徳島県）経由の官道を増置
	719	3	伊予国主高安王，阿波・讃岐（現，香川県）・土佐の按察使を兼任
	724	神亀元	配流の制が定まり，土佐は遠流の国となる。このころ行基，竹林寺・延光寺・豊楽寺を建立と伝える
	741	天平13	国ごとに国分寺・国分尼寺を設置
	752	天平勝宝4	土佐郡鴨部郷50戸，吾川郡大野郷50戸が東大寺の封戸となる
	770	宝亀元	弓削浄人父子，土佐に流される

	792	延暦11	土佐国の健児30人と定められる
平安時代	797	延暦16	土佐の駅家12を廃止し，吾椅・丹治川の2駅を新設，伊予経由・阿波経由の官道は廃止
	807	大同2	空海，最御崎寺・金剛頂寺・峰寺・大日寺など建立
	823	弘仁14	空海，金剛福寺建立
	826	天長3	久満荘・田村荘を神護寺伝法料とする
	841	承和8	吾川郡8郷のうち4郷を割いて高岡郡新設
	866	貞観8	肥後守紀夏井，応天門の変で土佐に流される
	901	延喜元	菅原高視，土佐介に左遷される
	930	延長8	紀貫之，土佐守となる（4年後に帰京）
	940	天慶3	藤原純友の一党，幡多郡に放火
	1070	延久2	延久の荘園整理令に基づき，金剛頂寺，石清水八幡宮領奈半利荘を訴える
	1151	仁平元	長岡郡大豊町豊楽寺の薬師如来坐像（伝釈迦如来坐像）造立
	1156	保元元	藤原師長，土佐に流される
	1160	永暦元	源希義，土佐に流される（平治の乱）
	1178	治承2	土佐国，藤原経宗の知行国となる
	1180	4	土佐国，平教盛の知行国となる。源希義，年越山で殺される
	1182	寿永元	源頼朝，蓮池家綱・平田俊遠を討つため伊豆右衛門有綱を土佐に派遣
	1185	文治元	安芸太郎時家・次郎実光の兄弟，平教経と壇ノ浦で戦い戦死。源頼朝，吾川郡を六条若宮に寄進
	1187	3	夜須行宗，壇ノ浦の合戦の戦功について梶原景時と争論する
	1190	建久元	夜須行宗，本領を安堵される
鎌倉時代	1192	3	このころ，佐々木経高，土佐国守護をつとめる
	1193	4	中原秋家，香美郡宗我部・深淵両郷の地頭に任命される
	1203	建仁3	三浦義村，土佐国守護職に補任される
	1207	承元元	法然，土佐に流されることとなったが，讃岐へ遷される
	1221	承久3	土御門上皇，土佐に流される
	1247	宝治元	宝治合戦で三浦氏滅亡，土佐守護職が没収され，まもなく北条氏の一族が補任される
	1250	建長2	九条道家，幡多荘を一条実経に譲り渡す（一条実経はのち，土佐の知行国主となる）
	1318	文保2	夢窓疎石，五台山に吸江庵建立
	1327	嘉暦2	仏師の法眼定審，金剛頂寺の真言八祖の像をつくる
	1332	正慶元（元弘2）	尊良親王，幡多郡に流される
室町時代	1336	建武3（延元元）	南北朝両軍，浦戸で戦う。以後両軍の戦闘激化
	1340	暦応3	北朝方，土佐の南朝方拠点大高坂城攻略，大高坂松王丸，戦死

年表　319

		(興国元)	
	1365	貞治4	細川頼之,土佐国守護となる
		(正平20)	
	1380	康暦2	細川頼益,土佐守護代となり,香美郡田村荘に拠る。以後その
		(天授6)	子孫が土佐守護代を継承する
	1448	文安5	細川勝元,香宗我部親秀の旧領を安堵する
	1468	応仁2	前関白一条教房,応仁の乱を避け,幡多荘中村に下向
	1508	永正5	本山・大平・吉良・山田の諸氏,岡豊城を攻め,長宗我部兼序を殺す。子の国親,中村の一条房家のもとにのがれる
	1511	8	長宗我部国親,岡豊城に帰還
	1549	天文18	長宗我部国親,山田氏を滅ぼす
	1558	永禄元	長宗我部国親・元親父子,国分寺金堂を造営
	1560	3	長宗我部元親,長浜戸ノ本の戦いに初陣,国親死去し,嫡子元親,家督を継承する
	1563	6	本山茂辰,朝倉城を放棄し,本山へ後退する。長宗我部元親の弟親貞,吉良氏の名跡をつぐ
	1568	11	本山氏,長宗我部元親に降る
	1569	12	長宗我部元親,安芸国虎を滅ぼす。香宗我部親泰,安芸城にはいる
	1571	元亀2	津野勝興,長宗我部元親に降る。元親3男親忠,津野氏をつぐ
安土・桃山時代	1574	天正2	一条兼定,長宗我部元親の攻撃をうけ豊後へ敗走
	1575	3	長宗我部元親,野根氏らを滅ぼし土佐統一,渡川の戦いで大友宗麟の支援をうけた一条兼定を破る
	1578	6	讃岐の香川元景,長宗我部元親に降る
	1582	10	長宗我部元親,十河存保を破り,阿波勝瑞城を陥れる
	1584	12	長宗我部元親,讃岐の十河城を攻略する
	1585	13	伊予河野氏,長宗我部元親に降り,元親四国統一を達成。羽柴秀吉,長宗我部元親追討令をだす。元親,秀吉に降る
	1586	14	長宗我部元親,豊臣秀吉の島津氏追討命令をうけて出陣,豊後戸次川で敗北,元親の嫡子信親戦死
	1587	15	長宗我部元親,土佐一国の検地を開始する
	1588	16	長宗我部元親,岡豊より大高坂城に移る(のち浦戸城へ移転)
	1590	18	長宗我部元親,豊臣秀吉の小田原北条氏討伐に従軍
	1592	文禄元	長宗我部元親・盛親父子,豊臣秀吉の命をうけ朝鮮に出兵する
	1596	慶長元	「長宗我部氏掟書」制定
	1599	4	長宗我部元親,京都伏見で病没,盛親,家督を継承する
	1600	5	長宗我部盛親,関ヶ原の戦いで西軍に与し,敗走する。山内一豊,土佐国主となる
	1601	6	山内一豊,浦戸に入城
	1603	8	大高坂城が落成,山内一豊移り,河中山城と改める

江戸時代	1605	慶長10	山内一豊,死去。忠義あとをつぐ
	1610	15	河中山城,高智城と改称
	1614	19	山内忠義,大坂冬の陣に出陣
	1615	元和元	長宗我部盛親斬罪。一国一城令により中村・宿毛・窪川・佐川・本山・安芸の諸城が破壊される
	1617	3	山内一豊の妻見性院死去
	1621	7	元和改革(藩政改革)に着手
	1631	寛永8	野中兼山,執政となる
	1646	正保3	沖の島の国境紛争おこる
	1652	承応元	八田堰完成。長岡郡稲吉を開いて御免町とする。尾池四郎左衛門,捕鯨業をおこす
	1663	寛文3	野中兼山,失脚(寛文の改替)。兼山死去
	1664	4	山田堰完成
	1671	11	伊達兵部,土佐藩へお預けとなる
	1703	元禄16	藩札発行
	1707	宝永4	宝永大地震と津波により領内甚大な被害
	1727	享保12	高知城下で大火(1300余戸焼失),高知城も類焼
	1732	17	虫害により凶作となる(享保の飢饉)
	1749	寛延2	高知城本丸,再建
	1752	宝暦2	国産方役所設置,国産仕法を推進
	1755	5	津野山一揆おこる
	1759	9	訴訟箱を設置,上書の制はじまる
	1760	10	藩校教授館設立
	1787	天明7	池川紙一揆おきる
	1793	寛政5	細川半蔵,改暦のため幕府に登用される
	1808	文化5	伊能忠敬,土佐領内測量
	1820	文政3	尾戸焼の窯,能茶山へ移転
	1841	天保12	天保の藩政改革。天保の庄屋同盟なる
	1842	13	吾川郡名野川郷民,伊予へ逃散
	1843	14	馬淵嘉平らおこぜ組,異学の禁で失脚
	1844	15	医学館開設。西洋流砲術を伝える
	1852	嘉永5	中浜万次郎,アメリカより帰還
	1853	6	鋳砲所設置。吉田東洋,参政に登用される
	1854	安政元	安政の南海地震がおこり,被害甚大
	1859	6	コレラ大流行。安政の大獄で山内豊信謹慎
	1861	文久元	武市瑞山,土佐勤王党結成
	1862	2	吉村虎太郎・坂本龍馬ら脱藩。文武館(のち致道館)開設。吉田東洋暗殺される
	1863	3	吉村虎太郎ら天誅組,大和で挙兵。武市瑞山ら投獄される
	1864	元治元	清岡道之助ら二十三士,奈半利川原で処刑される

	1865	慶応元	武市瑞山，獄中で切腹を命じられる
	1866	2	開成館設立
	1867	3	海援隊組織。薩土討幕の密約締結。坂本龍馬・中岡慎太郎暗殺される
明治時代	1868	明治元	土佐藩兵，伏見で戦う。堺事件おこる
	1869	2	山内豊範，薩摩(現，鹿児島県)・長州(現，山口県)・肥前(現，佐賀県)藩主らと版籍奉還を建白
	1870	3	藩境を自由に通行させる。四民平均の令でる
	1871	4	廃藩置県により高知県となる。膏取り騒動おこる
	1873	6	高知城を公園とする。共立社，『高知新聞』を発行
	1874	7	後藤象二郎・板垣退助ら民撰議院設立建白書を左院に提出。板垣ら，高知に立志社創立
	1875	8	板垣退助ら，大阪に愛国社おこす
	1876	9	阿波国，高知県に編入(1880年3月に分離)
	1877	10	立志社の獄おこる
	1878	11	郡町村制施行
	1879	12	県会開設
	1880	13	片岡健吉ら，国会開設の請願書を提出
	1881	14	板垣退助ら，東京に自由党を組織
	1882	15	岐阜で板垣退助遭難。海南自由党結成。『高陽新聞』発行
	1889	22	高知市制施行
	1890	23	高知県汽船会社設立
	1892	25	第2回総選挙，選挙干渉問題おこる
	1893	26	四国循環県道完成
	1896	29	朝倉に歩兵第四十四連隊設置
	1898	31	土佐電気鉄道株式会社創立
	1904	37	枡形・堀詰，潮江・桟橋間に電車開通。高知新聞社創設
	1908	41	桟橋・伊野間に電車開通
	1910	43	自動車がはじめて高知にはいる
	1911	44	幸徳秋水刑死。堀詰・後免間に電車開通
大正時代	1923	大正12	旧制高知高等学校開校
	1924	13	高知・須崎間に鉄道開通
昭和時代	1928	昭和3	坂本龍馬の銅像除幕式行われる
	1929	4	濱口雄幸，内閣を組織
	1930	5	濱口雄幸，東京駅で狙撃される(翌年死去)
	1932	7	高知放送局(JORK)開局
	1935	10	国鉄土讃線の高知・高松間全通。寺田寅彦死去
	1936	11	玉錦，横綱となる
	1937	12	南国土佐大博覧会開催
	1939	14	高知港開港

	1945	昭和20	高知市大空襲。レンス大佐指揮の連合軍,高知に進駐
	1946	21	昭和南海大地震で大きな被害をうける
	1947	22	国鉄土讃線,影野まで開通
	1949	24	高知大学・高知女子大学開学
	1950	25	南国土佐産業博覧会開催
	1951	26	国鉄バス,高知・松山間の急行開設。国鉄土讃線,窪川まで延長
	1954	29	宿毛市・中村市・安芸市・土佐清水市発足。足摺国定公園指定。高知・大阪間に準定期航空路が開かれる。須崎市発足
	1955	30	高知城天守閣改築
	1957	32	牧野富太郎死去
	1958	33	NHK高知テレビ放送局,正式電波を流す
	1959	34	土佐市・室戸市・南国市発足
	1964	39	室戸阿南海岸国定公園指定
	1966	41	南国産業科学大博覧会開催
	1967	42	国道32・33号線完成
	1970	45	足摺海中公園指定。国鉄中村線開通。台風10号で甚大被害
	1972	47	足摺宇和海国立公園指定
	1973	48	早明浦ダム完成
	1974	49	国鉄予土線,全線開通
	1975	50	台風5号で甚大被害
	1976	51	台風17号で甚大被害
	1982	57	田村遺跡群で発見あいつぐ
	1984	59	黒潮博覧会開催
	1985	60	高知市,中国蕪湖市と友好都市締結
	1986	61	国民休暇県高知を宣言
	1987	62	高知自動車道路(大豊・南国間)開通
	1988	63	高知学芸高校の上海列車事故
平成時代	1991	平成3	新知事に橋本大二郎
	1992	4	第1回まんが甲子園開催
	1994	6	葉山村に全国初の女性村長誕生
	1997	9	高知工科大学開学。土佐くろしお鉄道宿毛線開通
	1998	10	高知市,中核都市に指定。'98高知豪雨で甚大被害
	2001	13	高知西南豪雨で甚大被害
	2002	14	高知国体・よさこいピック開催。土佐くろしお鉄道ごめん・なはり線開通
	2003	15	高知競馬「ハルウララ」全国人気
	2004	16	台風あいつぐ
	2007	19	新知事に尾崎正直
	2008	20	平成の市町村合併が一段落し,高知県は11市17町6村となる

【索引】

―ア―

赤鬼山……113
赤土峠……128
安芸国虎の墓……165
安芸郡奉行所跡……188
安芸三郎左衛門の墓[伝]……118
安芸市書道美術館……168
安芸城跡……167, 168
安芸市歴史民俗資料館……168, 171
秋葉神社……133, 134
浅上王子宮……156
朝倉古墳……91, 92, 113
朝倉城跡……111
朝倉城山遺跡……111
朝倉神社……112, 113
朝峯神社……88
足摺岬……260, 262, 265, 271, 272
芦田主馬大夫屋敷跡……156
阿闍梨神社……149
飛鳥井曽衣の墓……90
薊野城跡……52
愛宕神社・愛宕神社裏古墳……49
愛宕不動前古墳……49
尼ヶ森城跡……161, 162
天石門別安国玉主天神宮(高岡郡佐川町)……130
天石門別安国玉主天神社(吾川郡いの町)……118
荒倉神社……63, 64
有井庄司の墓……249, 250
有沢家住宅……185
安政地震の碑……157
安東(伊賀)家墓所……278, 280
アンパンマンミュージアム……146, 148, 150
安楽寺……39

―イ―

伊尾木洞穴……172

池川神社……133
池里の一里塚……191
石田英吉旧宅……178
石丸神社……72, 73
維新の門(和田城跡)……237
伊豆田神社……263
泉家住宅……226
板垣退助……6, 14, 20, 22, 26-28, 30, 40, 44, 61, 62
板垣退助誕生地……26, 27
板垣退助邸跡……62
板垣退助の墓……46
一木神社……205
一条神社……257, 258
一条教房の墓……258
一条房家の墓……274
一宮神社(安芸市)……165, 166
一領具足供養の碑……72
一宮神社(四万十市)……260
居徳遺跡群……221, 223
伊能忠敬測量地跡……157
いの町紙の博物館(土佐和紙伝統産業会館)……117
今村楽(鏡月)の墓……270
入野松原……252, 253
岩崎弥太郎……23, 36, 58, 70, 165, 166, 177
岩佐関所跡……191
石土神社……100
石船神社……158
岩本寺……242, 243
岩屋神社……133

―ウ―

植木枝盛……40, 41, 43, 61
殖田神社……99
上街公園(本山氏土居屋敷跡)……108
宇賀神社……73
潮江天満宮……59
宇須々木遺跡……282

内原野公園	169
内原野陶芸館	169
宇津野遺跡	50
宇津野1号墳・2号墳	50
馬路村郷土館	180
馬詰親音(権之助)	12, 23
梅ノ木城跡	57
浦戸城跡	74

── エ ──

永源寺	99
永福寺	42
絵金資料館	157
枝川古墳群	115
江藤新平君遭厄地	216
恵日寺	154
円覚寺	282
円行寺跡	54
円光寺	90
延光寺	262, 276
円通寺跡(安芸郡北川村)	197
円通寺跡(高岡郡津野町)	233

── オ ──

大江卓旧宅跡	279
大方あかつき館	253
大川筋火力発電所跡	39
大川筋武家屋敷資料館(旧手嶋家宅)	37, 38
大岐城跡	264
大谷寺	109
大津城跡	91
大津民具館	90
大寺廃寺跡	66
大豊町民俗資料館	106
大西家住宅	192
大野豊前守の墓	185
大原富枝文学館	108
大町桂月	13, 75, 76, 83, 103
大山岬	171, 172
大利新宮神社	57
岡御殿	186
岡城跡	190
岡田以蔵の墓	46
岡田家住宅	189
岡本寧甫塾舎跡	23
岡本弥太の詩碑	157
奥大道番所跡	246
奥谷南遺跡	94
小倉三省	63, 68, 80
岡豊城跡	93, 94
岡豊八幡宮	93, 95, 138
尾崎家住宅	152
押ノ川の一里塚	276
小津神社	38
鳴無神社	47, 230
尾戸焼窯跡	39
小野梓生家跡	279
小野神社	94
小村神社	120, 121
御田八幡宮	200, 201

── カ ──

飼古屋岩陰遺跡	141
開成館跡	18, 20
海蔵寺	261
鑑雄神社	199
柿ノ又河内神社	57
加久見五輪塔群(旧香仏寺)	267, 268
加久見城跡	267
嶽洋社跡	34
掛川神社	45, 46
柏尾山城跡	67
鹿島ヶ浦	249
鹿島神社(土佐清水市)	266
鹿島神社(幡多郡黒潮町)	249
柏島石堤	283, 284
春日神社(幡多郡大月町)	284
葛原神社	121
片岡健吉	14, 21, 27, 30, 60, 61
片岡健吉・美遊の墓	49, 50
片岡(徳光)城跡	130
片山敏彦の墓	54

索引

葛木男神社	48
葛木咩神社跡	48
桂浜	70, 72, 74-76, 100
神奈地祇神社	140
香美市立吉井勇記念館	150, 151
上山郷上分番頭大庄屋墓地	245
鹿持雅澄	6, 43, 163, 171, 188, 199
烏ヶ森城跡(安芸郡北川村)	196
烏ヶ森城跡(香美市)	142
唐船島	266
刈谷我野遺跡	146
川上神社	179
川久保家住宅	153
川田家住宅	185
河田小龍生誕地墨雲洞跡	17, 18
河間光綱の墓	128
観海亭	76
歓喜寺	200
神在居の千枚田	238
願船寺	206
加牟曽宇城跡	134
甲浦港	215
甲浦八幡宮	216
観音寺	232
観音正寺観音堂	67

―キ―

帰全山	107
北会所跡・教授館跡	10
北川玄蕃頭息女(せつ)乳母の墓	190
北川玄蕃頭墓所	196
北添佶磨屋敷跡	122
北寺	178, 179, 181
義堂周信	80, 233, 235
絹巻の駄場	248
紀貫之船出の地	89
紀貫之邸跡	98, 99
紀夏井邸跡	153
旧岡家住宅	185
旧掛橋和泉邸	239
旧川口橋	132, 133

吸江寺(吸江庵)	8, 80, 93
旧立川番所書院	107
旧田野町役場	185
旧味元家住宅	94
旧山内家下屋敷長屋	25
共行社跡	22
清岡家住宅	185
清岡治之助屋敷跡	178
清岡道之助旧邸	187
清川神社(高知市比島町)	45
清川神社(高知市横浜東町)	68
玉泉寺	213
清滝寺	222-224
吉良城跡	64

―ク―

久喜橋	134
鯨坂八幡宮	128
楠瀬喜多	34
九反田地蔵尊	19
朽木峠	237
国澤新九郎生誕地	42
熊野神社(安芸郡馬路村馬路)	180, 181
熊野神社(安芸郡馬路村魚梁瀬)	182
熊野神社(安芸郡東洋町甲浦)	215
熊野神社(香美市土佐山田町)	139
熊野神社(高岡郡四万十町田野々)	244
久礼城跡	241
久礼八幡宮	240, 241
黒岩(寺野)城跡	129
黒岩涙香旧宅	170
桑瀬神社	119
桑名古庵の墓	53
薫的神社	38

―ケ・コ―

芸西村文化資料館	163, 164
兼山神社(土佐市)	221
古井の森城跡	57
高照寺	148
高善寺	221
香宗城跡	155, 156

神田南城跡	58
高知県立坂本龍馬記念館	73, 74
高知県立図書館	9
高知県立文学館	9
高知県立歴史民俗資料館	70, 94, 95, 102, 110, 154, 158, 162, 220
高知師範学校跡	41
高知城	4-8, 24, 29, 35, 41, 59, 60, 65, 74, 79, 101, 144, 159, 171
高知市立自由民権記念館	21, 84
高知市立龍馬の生まれたまち記念館	33
幸徳秋水の墓	258, 259
河戸の堰	277, 278
河野敏鎌生誕地	34
神峯寺・神峯神社	173, 174, 176
鴻ノ森城跡	43
香仏寺(土佐清水市三崎)	268
光明寺	263
高蓮寺	112
国分寺	95, 97
古渓山城跡	241, 242
コゴロク廃寺跡	192
御在所山	151
五社神社	214-216
五台山竹林寺	5, 77-79, 82, 125, 216, 229, 277
古津賀古墳	254
後藤象二郎	10, 13, 14, 20, 27-29, 33, 70, 84, 166
琴ヶ浜	163
小蓮古墳	91, 92, 114
小松神社	151
小南五郎右衛門	37, 50
金剛寺	110
金剛頂寺(西寺)	173, 178, 202, 203
金剛福寺	243, 260, 262, 271, 272
近藤長次郎生誕地	34, 36
金宝寺	194
金龍寺	194
金林寺	178-181

―サ―

細勝寺	102
齋藤家住宅	225
齋藤(旧大西)家住宅	190
西福寺跡	185
西養寺跡	88
坂本家墓所	42, 43
坂本直寛(南海男)	21, 34
坂本龍馬	10, 18, 21, 24, 28, 32, 33, 36, 42, 58, 73, 75, 84, 124, 152, 163, 176, 196, 232, 237
坂本龍馬誕生地	32-34, 36
佐川地質館	123
佐喜浜経塚	210, 212
佐喜浜城跡	212
佐喜浜八幡宮	211
桜井跡	23
佐々木高行生誕地	69
佐竹義直逆修五輪塔	241
佐野楠目山遺跡	141
佐野家住宅(千福)	188
猿田洞	122
澤村家住宅	221
山嶽社跡	55
三光院	190
三社神社	119

―シ―

椎名八王子宮	210, 211
塩田家住宅	221
塩の道	147
茂串(窪川)城跡	241, 242
地蔵堂(香南市香我美町吉川)	157
島浪間の墓	70
四万十川源流点	235
四万十市立郷土資料館	257, 260
下津井村関番所跡	245
下ノ坪遺跡	153
下夜須城跡	161
釈志静禅師の墓	176
修立社跡	18

純信堂	229
正覚寺	189
成願寺	195, 197
常行寺跡	175
乗光寺	176
乗台寺	125, 126
浄貞寺	164, 165
正念寺	225, 227
定福寺	105, 106
城福寺	213
菖蒲洞	55
青龍寺	224
松林寺	196
少林塾(鶴田塾)跡	70
正蓮寺不動前遺跡	52
地吉八幡宮	248
初平ヶ岩屋洞窟遺跡	55
白太夫神社	90
白浜	214
真覚寺	79, 227
新川御大師堂	64
新川の落とし	64, 65
真行寺	161
津照寺	206
真乗寺	216
真静寺	257
秦泉寺城跡	52
秦泉寺廃寺跡	50-52
新長楽寺	257
真如寺	38, 59
真念庵	262
新之丞の碑	118

── ス ──

瑞応寺跡	128
水車公園	260
末延家住宅	163
菅原高視邸跡・墓	62
椙本神社	116, 117
杉原神社	130
宿毛貝塚	281
宿毛(松田)城跡	277, 278
須藤家住宅	185
隅田家住宅	185
純友城跡	283

── セ・ソ ──

青源寺	124-126
青山文庫	124, 125
関川家住宅	46
絶海中津	80, 233, 235
雪蹊寺	68-70, 216
禅師峯寺	99, 100
善法寺	133
千本山	182, 183
善楽寺	47
宗安寺	114
宗楽寺	261

── タ ──

大雲寺	246
大乗院	127, 128
大日寺(香美市)	149
大日寺(香南市)	154
大日堂(安芸郡奈半利町)	193
太平寺	255, 256
平教経屋敷跡	182
大領遺跡	141
高岩橋	119
高岡(五社)神社	243
高岳親王塔	224
高知坐神社	274, 275
高野の舞台	238
高橋家(のし屋本家)住宅	221
高浜虚子の句碑	76, 98, 163
高間原古墳群	90
高松順蔵・千鶴の墓	175
尊良親王御宮址碑	250
竹内家住宅	245
多気坂本神社	192, 193
竹崎家住宅(高田屋)	190
武市瑞山(半平太)	10, 12, 13, 24, 33, 43, 82, 176, 186, 236

武市瑞山殉節の地	12
武市瑞山邸跡・旧宅	22, 23, 82
武市瑞山の墓	82
竜ヶ迫遺跡	284
竜ヶ迫天満宮	284
立石摂津守の墓	263
伊達兵部宗勝の墓	80
立山神社	156, 157
田中貢太郎誕生地	83
田中光顕の墓	124
田中良助旧邸資料館	54
谷垣守・真潮邸跡	40
谷家の墓地	94, 95
谷時中	8, 63, 68, 69, 108, 216
谷秦山	40, 51, 95, 138, 139
谷干城	17, 51, 53, 139, 242
種田山頭火の句碑	133, 163
種間寺	65, 66
田の口古墳	254
田野八幡宮	184, 185
玉錦の墓	157
田村遺跡群	102
田村城跡	101
為松公園	231, 259
太郎川公園	237

―チ―

千屋菊次郎・金策の墓	233
超願寺跡	216
長谷寺	162
朝鮮国女の墓	252
長宗我部国親	71, 93, 96, 128, 156
長宗我部信親の墓	70
長宗我部元親	5, 14, 35, 38, 43, 45, 47, 51, 69-72, 74, 76, 84, 91, 93-96, 99, 101, 104, 113, 117, 122, 126, 140, 141, 165, 167, 183, 191, 193, 196, 210, 214, 227, 233, 242, 251, 252, 257, 263, 267, 277
長宗我部元親の墓	72
長宗我部盛親	70, 73, 74, 141, 214, 228, 233
長徳寺跡	110
長法寺(安芸郡田野町)	186
長法寺(四万十市)	257
長楽寺跡	244

―ツ―

月山神社	284
土御門上皇仙跡碑	158
綱掛松跡	47
津野親忠の墓	140
津野山舞台	238
釣鐘森城跡	162
津呂港	204, 206

―テ―

手結港	160, 161
手箱山氷室番所跡	119, 121
寺田寅彦	13, 39, 40, 49, 53
寺田寅彦邸跡(寺田寅彦記念館)	39, 40
寺村観音堂(成福寺跡)	132
寺村家住宅	168
天狗岳不整合	141
天神の大杉	158

―ト―

土居廓中	168
土居邸	116
堂海公園	235
唐人駄場遺跡	271
東福寺	278, 280
道文神社	244
藤林寺	274
土佐カツオ節発祥の地	229
土佐国衙跡	98
土佐国分寺跡	95
土佐神社	46-48, 71, 230
土佐神社西遺跡	47
土佐日記那波泊の碑	188
土佐藩砲台跡	232, 266
土佐まほろばのみち	139
土佐山内家宝物資料館	26
土佐和紙工芸村	117
百々越前邸跡	41
轟の滝	151

戸ノ本古戦場跡	70
豊岡上天神社	94

―ナ―

長畝古墳	94
中江兆民(篤介)	23, 24, 30, 182, 259
中岡慎太郎	33, 176, 191, 194, 196, 207
長芝刑場跡	54
中島観音堂	109
中城家	84
永野修身生誕地	23
中浜万次郎生誕地	268-270
中平善之進銅像	236, 238
中村貝塚	255
中山高陽生誕地	16
七子峠	241, 242
七ツ淵神社	52
奈半利焼窯跡	192
名留川観音堂古仏群	212, 213
南学講学の地(上の坊)	109
南学発祥地	63

―ニ―

仁井田神社(高知市土佐山桑尾)	56
仁井田神社(高知市土佐山高川)	56
仁井田神社(高知市土佐山弘瀬)	56, 57
仁井田神社(高知市北秦泉寺)	51
西尾家住宅	189
西田家住宅	133
西分増井遺跡群	66, 223
二十三士の墓	186
若一王子宮(香南市)	156
若一王子宮(長岡郡本山町)	108, 109
韮ヶ峠	237
韮生山祇神社	151

―ヌ・ノ―

布師田金山城跡	48
布師田御殿跡	48
野市の三又	152-154
能茶山窯跡	58
野口家住宅	153
能勢達太郎生誕地	188
野中婉女宅址	114
野中兼山	8, 9, 39, 45, 59, 60, 62-64, 66, 68, 80, 95, 107, 108, 114, 139, 140, 142-144, 152, 160, 206, 216, 221, 260, 277-280, 283
野中兼山邸跡	8, 9
野中兼山墓所	60, 62
野中神社(お婉堂)	139
野根遺跡・野根小学校遺跡	213
野根八幡宮	213
野根山街道	188, 212, 213, 276
野々宮の森(野々宮神社)	152, 161
野村家住宅	189
野良時計	168

―ハ―

バーガ森北斜面遺跡	115, 223
波川玄蕃城跡	118
白山神社(土佐清水市)	272
橋本家住宅	133
橋本家店舗	157
蓮池城跡	226, 228
蓮池西宮八幡宮	226, 228
秦神社	70
八王子宮	140
羽根八幡宮	199, 201
馬場末遺跡	66
馬場辰猪・孤蝶(勝弥)生誕地	30
土生岡遺跡	187
濱川家住宅	186
濱口雄幸	13, 81, 82, 187
濱田家(増田屋)	189
浜田の泊屋	273
「浜千鳥」の碑	171
林田シタノヂ遺跡	141
播磨屋宗徳の墓	69
はりまや橋	14-18
春野郷土資料館	65
春野神社	144
春宮神社	56

ヒ

比江廃寺塔跡	98
比江山史跡	99
東股番所跡	215
東山家住宅	190
土方久元生家跡	51
ひびのき遺跡	141
姫倉城跡	158
姫倉月見山	156-158, 160
姫野々城跡	233
百年舎	138
日吉神社(高知市)	54
平石の乳イチョウ	109, 110
平田城跡	274
美良布神社	146-148
弘瀬洞意(絵金)	46, 50, 55, 140, 159, 284
弘田龍太郎	171

フ

深淵城跡	152
深淵神社	152
福岡孝弟	20, 28, 29, 70
福田家住宅(土佐鶴酒造佐古分工場)	153
福田寺	186, 187
普光院	261
普光江家住宅	186
伏原大塚古墳	141
藤村製絲株式会社	189
婦人参政権発祥之地	34
布施ヶ坂	234
仏海庵	212
不動ヶ岩屋洞窟遺跡	126
舟岩古墳群	92
豊楽寺	103-105
フランク・チャンピオンの碑	31
不破八幡宮	256

ヘ・ホ

平家の滝	57
別役家住宅	221
遍照院	106
法喜院	213
宝鏡寺跡	156
法厳城跡	130
宝珠寺	149
法泉寺	133, 134
宝幢院	158
星神社(安芸郡北川村木積)	193-195
細川潤次郎生誕地	22
細川半蔵頼直	97
法華寺跡	228
北光社移民団出航の地	21
発生寺	232
最御崎寺(東寺)	178, 202, 203, 208
仏が崎	161
本川新郷土館	119, 121

マ

前里城跡	52
牧野植物園	78
牧野富太郎	78, 124, 130
間崎滄浪(哲馬)	24, 37, 53
松岡家住宅	122
松尾酒造	138
松尾城跡	123
松尾天満宮	270, 271
松尾峠	282, 283
松尾八幡宮(土佐市)	220, 224
松熊神社	53
松ノ木遺跡	109
萬福寺	216, 277

ミ

三上八幡宮	118
三里遺跡	247, 261
三島神社(高岡郡津野町)	233, 234
三谷観音堂	51
三谷城跡	52
水口半四郎の墓	153
南村梅軒	63, 69, 80
源希義の墓	88, 89
箕浦猪之吉誕生碑	60
宮野々番所跡	237
明見彦山古墳群	90, 91

妙国寺	60, 101
妙山寺	170
妙楽寺跡	197
弥勒寺	118

―ム・モ―

無人島長平の墓	157
武藤致和邸跡	17
室津港	204
室津の泊	207
室戸岬	107, 178, 196, 202, 206-208, 210
毛利吉成の墓	51
元親井戸	84
本山城跡	108
森家住宅(旧野村茂久馬邸)	189
森田正馬	155

―ヤ―

八坂神社(長岡郡大豊町)	103
八代の舞台	115
安岡家住宅	159
安田(泉)城跡	177
安田八幡宮	174, 176
夜須八幡宮	162
矢野家住宅	221
山内一豊	4-9, 26, 28, 35, 37, 51, 59, 60, 99, 125, 190, 191, 206, 242, 251, 277, 278
山内家墓所	59, 60
山内大膳邸跡	42
山内豊信(容堂)	9, 10, 13, 14, 20, 22, 25, 26, 28, 29, 50, 59, 83, 176, 186
山崎闇斎	8, 63, 68, 76, 80, 107, 108, 139, 216
山崎家住宅	57
山田堰跡	142, 143
山田(楠目)城跡	142
山田八幡宮(幡八幡宮)	273
山中家住宅	118, 119
山根遺跡	66
山本家住宅	138

―ユ―

有信社跡	37
雪ヶ峰城跡	142
行当の切抜	64
ゆすはら座	238
檮原町立歴史民俗資料館(旧檮原村役場庁舎)	238

―ヨ―

要法寺	60
陽和工房登り窯	169
予岳寺	142
横倉山	130, 131
横倉山自然の森博物館	131
横山隆一記念まんが館	18
吉井源太生家	117
吉田東洋	10, 13, 14, 18, 26, 28, 29, 70, 82, 166
芳奈の泊屋	273
吉野城跡	149
吉野朝廷時代古戦場址	29
吉弘古墳	51
吉福家住宅	270
吉村虎太郎邸跡	235

―リ―

立志社跡	14
龍河洞	144-146
龍乗院	44, 45
龍馬歴史館	152

―レ・ロ―

暦景亭跡	51
蓮光寺	265, 266
蓮台寺	261
六條八幡宮	65

―ワ―

若宮八幡宮(吾川郡いの町)	119
若宮八幡宮(高知市)	71
和霊神社	58

【写真提供・協力者】(五十音順，敬称略)

安芸市立歴史民俗資料館	真覚寺
いの町産業経済課	津照寺
植木茂充	宿毛歴史館
馬路熊野神社	青源寺
梅原デザイン事務所	雪蹊寺
絵金蔵	禅師峯寺
円覚寺	大乗院
延光寺	太平寺
大豊町教育委員会	多気坂本神社
小村神社	田辺寿男
片岡光宣	田野八幡宮
香美市教育委員会	竹林寺
観光写真お貸し屋さん(HP)	土佐打刃物会館
北川村教育委員会	土佐市教育委員会
北寺	土佐山内家宝物資料館
吸江寺	土佐山西川地区
清滝寺	若一王子宮(本山町)
高照寺	仁淀川町教育委員会
高知県教育委員会文化財課	農林水産省四国森林管理局
高知県立図書館	浜田眞尚
高知県立美術館	林勇作
高知県立歴史民俗資料館	不破八幡宮
高知市教育委員会	豊楽寺
高知市立市民図書館	最御崎寺
高知市立自由民権記念館	松尾八幡宮
高知大学人文学部考古学教室	妙山寺
国立国会図書館	室戸市教育委員会
金剛頂寺	森澤鮮魚店
成願寺	安田町教育委員会
乗台寺	安田八幡宮
定福寺	檮原町立歴史民俗資料館
青龍寺	蓮光寺

本書に掲載した地図の作成にあたっては，国土地理院長の承認を得て，同院発行の50万分の1地方図，20万分の1地勢図，5万分の1地形図，数値地図25000(空間データ基盤)，数値地図2500(空間データ基盤)を使用したものである(平18総使，第78-3012号)(平18総使，第79-3012号)(平18総使，第80-3012号)(平18総使，第81-3012号)(平18総使，第82-3012号)。

【執筆者】(五十音順)
監修者
宅間一之 たくまかずゆき(県立歴史民俗資料館館長)

編集・執筆者
江戸秀輝 えどひでき(県立高知工業高校)
岡昌子 おかあきこ(高知県教育センター)
坂本靖 さかもとやすし(県立図書館)
畠中宏一 はたけなかこういち(県立高知小津高校)
畠中美穂 はたけなかみほ(県立高知南高校)
渡邊哲哉 わたなべてつや(県立図書館)

執筆者
浦田真紀 うらたまき(県立高知北高校)
上村賢一 かみむらけんいち(県立高知追手前高校)
村井啓子 むらいけいこ(県立高知南高校)
小松直子 こまつなおこ(県立高知南高校)
田村伊平 たむらいへい(元県立佐川高校)
中津吉弘 なかつよしひろ(県立大方高校)
西岡秀和 にしおかひでかず(高知市立高知商業高校)
福井恵子 ふくいあやこ(高知県教育委員会心の教育センター)
織田恵里 おだえり(県立高知南高校)
南友博 みなみともひろ(県立大方高校)
味元真紀 みもとまき(県立高知追手前高校吾北分校)
山下夏子 やましたなつこ(県立須崎高校)

歴史散歩㊴
こうちけん れきしさんぽ
高知県の歴史散歩

2006年8月30日　1版1刷発行　　2013年1月30日　1版2刷発行

編者────高知県高等学校 教 育 研 究 会 歴史部会
　　　　　こうちけんこうとうがっこうきょういくけんきゅうかいれきしぶかい
発行者───野澤伸平
発行所───株式会社山川出版社
　　　　　〒101-0047　東京都千代田区内神田1-13-13
　　　　　電話　03(3293)8131(営業)　　03(3293)8135(編集)
　　　　　http://www.yamakawa.co.jp/　　振替　00120-9-43993
印刷所───図書印刷株式会社
製本所───株式会社手塚製本所
装幀────菊地信義
装画────岸並千珠子
地図────東京地図出版株式会社

＊

Ⓒ　2006　Printed in Japan　　　　　ISBN 978-4-634-24639-3
・造本には十分注意しておりますが，万一，落丁・乱丁などがございましたら，
　小社営業部宛にお送りください。送料小社負担にてお取り替えいたします。
・定価は表紙に表示してあります。

防予諸島
興居島
由利島
松山市
松山空港
松前町
東温市
西条市
新居浜市
笹ヶ峰
1860
瓶ヶ森
1896
石鎚山
1982
伊予富士
1756
二ノ森
1929
石墨山
1456
筒上山
1859
砥部町
伊予市
伊予灘
青島
大洲市
愛媛県
久万高原町
いの町
吾川郡
高知県
松山自動車道
壺神山
971
大洲市
内子町
大川嶺
1525
明神山
1541
仁淀川町
仁淀川
越知町
佐川町
虚空蔵山
675
八幡浜市
鞍掛山
629
予讃線
肱川
御在所山
669
雨包山
1111
不入山
1336
津野町
須崎市
西予市
宇和川
御在所山
915
鬼北町
高研山
1055
檮原町
檮原川
高岡郡
中土佐町
大小権現山
693
広見川
四万十町
四万十川
高島
九島
三本杭
1226
松野町
堂が森
857
五在所の峰
658
予土線
宇和島市
大黒山
1106
土佐くろしお鉄道
幡多郡
黒潮町
観音岳
762
篠山
1065
松田川
四万十市
愛南町
宿毛市
鹿島
幡多郡
三原村
今ノ山
868
高茂岬
鼻面岬
黒崎鼻
大島
宿毛湾
幡多郡
大月町
土佐清水市
在岬
布岬
足摺半島
足摺岬
鵜来島
勤崎
宿毛市
柏島
浅啓崎
妹背山
404
蒲葵島
沖の島
姫島
櫛ヶ鼻
朴崎
叶崎
砥崎
尾浦崎
井の岬
神島
大津崎
矢田部崎
冠岬
興津岬
いよし
いよかみなだ
いよながはま
いよながやま
うちこ
いよおおず
やわたはま
うのまち
いよよしだ
むでん
いずめ
きたうわじま
うわじま
えがわさき
とおかわ
とさたいしょう
くぼかわ
とさかれ
すさき
あわ
さかわ
とささが
とさいりの
なかむら
すくも
たかはま
みつ
まつやま
よこがわら
317
11
194
56
33
494
379
378
380
439
194
440
197
441
320
381
321